a MEXIC
eón de
olica el
México

生活即教育

社会即学校

教学做合一

陶 行 知 全 集

第3卷 论著

古庙敲钟录
普及教育
怎样做小先生
普及教育续编
普及教育三编
中国大众教育问题
集外文汇
附录

四川教育出版社
·成都·

图书在版编目（CIP）数据

陶行知全集. 第3卷 / 方明主编. —2版. —成都：四川教育出版社，2009.4
ISBN 978-7-5408-5050-0

Ⅰ.陶… Ⅱ.方… Ⅲ.陶行知（1891~1946）-全集 Ⅳ.G4-52

中国版本图书馆CIP数据核字（2009）第033526号

装帧设计 宁成春
责任编辑 金成林 伍 尧 孙晓燕
技术编辑 顾求实
责任校对 史敏燕
责任印制 田东洋
出版发行 四川教育出版社
地 址 四川省成都市锦江区三色路238号新华之星A座
邮政编码 610023
网 址 www.chuanjiaoshe.com
印 刷 成都市金雅迪彩色印刷有限公司
版 次 2020年1月第3版
印 次 2024年2月第2次印刷
成品规格 152 mm×228 mm
印 张 45.5 插页 4
字 数 593千
全套定价 2200.00元

如发现印装质量问题，影响阅读，请与本社联系。总编室电话：(028) 86365120
编辑部电话：(028) 86365129

再版前言

1991年，张劲夫同志祝川版《陶行知全集》出版，在《人民日报》撰文，称这部巨著是一笔宝贵的精神财富。他在文章的结尾深情地写道："新版《陶行知全集》的出版，必将永育后人，光照千秋！"

陶行知是一位伟大的社会改革家，是中国20世纪推动现代化的先驱。他坚持以与时俱进的生活教育来推动川流不息的现代化。他热爱人民，躬亲实践，手脑并用，勇于创新，对祖国和人类所作出的贡献及取得的成果是多方面的。从《全集》中可以看出，他涉猎的领域很广，诸如对政治制度、经济发展、社会道德、国际交往、科学普及、民族团结、宗教信仰、新文字推广、环境保护、计划生育等等均有精辟的论述。陶行知又是伟大的人民诗人，其诗的大众化"独开风气之先"，《全集》中收入他的诗800余首，仍未搜齐。当然最突出的仍是他创立的生活教育理论。大家熟悉的"生活即教育"、"社会即学校"、"教学做合一"和他倡导的全民教育、终身教育、创造教育、民主教育以及他身体力行的崇高师德，是多么贴近我国的现实与未来的走向啊！

随着我国改革开放的不断深化，现代化进程的长足发展，人们对陶行知留下的这笔精神财富的借鉴意义也愈益有了更清晰的认识。近两年不少读者要求购书，有的省市成立了陶行知研究会，要求供应几十套上百套。而当年印制的新版《全集》8000套，早已罄尽。面对这日增的需求，中国陶行知研究会也希望能尽快再版。在此情势下，四川出版集团、四川教育出版社决定高质量地再版《陶行知全集》（十二卷本），并组成再版的编辑出版班子，对初版进行认真修订。《全集》约800万字，修订任务繁重，原来各卷的责任编辑年事已高，有的已经辞世（本套书第一版出版后辞世的编纂、出版人员未在《全集》编辑委员会和出版工作者委员会成员名单中注明）；最初使用的原稿，已交有关的博物馆和纪念馆保存，这更增添了校订的难度。出版社抽出十几位年富力强的编辑分担各卷的编务及协调工作，并请有关专家指导，两位老主编和张行可、吴琴南也全力投入，中国陶行知研究会又寄来陶行知自选集的影印本供校勘用。在共同努力下，终于按计划完成了再版的修订任务。

这次修订的主要情况如下：

一、原体例不变

开初有同志提出不论著作体例，统按时间顺序排列；有的主张前十卷不变，将最后两本补遗卷打散，分类按时序插入前面各卷。多数认为这样做不仅工作量过大，原有特色会消失，且不易查阅，故决定再版仍保持原状。

二、改错字及改正注释中的一些讹误

《全集》出版后，原来的编辑发现一些错处，特别是不少读者陆续来信指出发现的问题，这次都做了认真考证校订并逐一改正。此类改正达几百处，但仍有个别人名无从查考。这里特向来信的热心读者表示敬意和谢意。

三、几项调整

将各卷的人名索引合为一处，避免了重复，删去了该人名出现在书中的页码。人名索引刊在第九卷卷末，将原第九卷中1940年1至7月的书信移入第八卷。

抽去了两首重复的诗歌。另抽去第九卷附录中的《陶行知年表》，部分内容并入第十二卷《陶行知及其生活教育活动纪略》。抽去第十二卷附录中致陶行知的信57封，对《陶行知西旅长编》作了删节。另有少量附录因篇幅关系按时间顺序做了移动。

卷首的图片有小调整，第五卷和第九卷各换了一张照片，第四卷增加了一幅手迹。

最可喜的是增加了15篇最近得到的陶行知的佚作。一是1939年写给沈钧儒的信；二是1946年在中国人民救国会第五次大会上的报告记录；还有13篇是香港中文大学哲学博士何荣汉先生提供的英文稿：《一个金陵大学学生的自述》（1912年）、《陶文濬的伊利诺斯州立大学政治学博士入学申请表》（1914年）、《中国的道德和宗教教育》（1916年）、陶文濬致德芬道夫的4封信（1915~1917年）、《祈先生的新贡献》、《中国在转变中》、《中国的乡村教育运动》（1927年）、《生活即教育》（1932年）、《创造的教育》（1933年）、《小先生和识字运动》（1934年），这些均已翻译为中文编入第十二卷。这里，特向何荣汉先生致谢。

这次不仅认真校订内文，对书籍的开本、版式、封面等都提出了高要求，为此还请了北京的装帧设计家宁成春先生做装帧设计，力争出精品。

本书编辑中的不妥处，恳希读者指出，因为陶行知留下的这笔珍贵精神财富是属于我国人民和全世界人民的。

编　者

2004 年 12 月 1 日

《陶行知全集》

编辑委员会

主　　编　戴自俺

副 主 编　孙传华　苏辛涛　郭　笙　陶晓光

分卷主编　理论卷（第 1~4 卷）　孙传华　苏辛涛　洪　桥　祝德顺　周正章

教材卷（第 5 卷）　戴自俺　陶　城　陈贻鑫

英文著译卷（第 6 卷）　温致义

诗歌卷（第 7 卷）　聂大朋

书信卷（第 8、9 卷）　张邦民

衙备忘卷（第 10 卷）　庞曾漱

编　　辑　（按姓氏笔画为序）

王超英　刘有声　江长风　李　冬　陈　思　杨立义

张　颖　张德生　姚启安　鲁　风　裴未如　韩忠祥

程翊德　储朝晖

审　　定　陆静山（主任）吴树琴　楼化篷　徐明清

丁　丁　龚思雪　李能寿

特邀主编　胡晓风

新版《陶行知全集》
出版工作委员会

编辑说明

一、陶行知（1891—1946）是我国伟大的人民教育家、伟大的共产主义战士。他为中国教育改造、普及人民教育、争取民族解放和建立人民民主的新中国奋斗了一生，留下了大量的著作。他的著作，散见于1913年到1946年的国内外报刊。生前曾以各种形式出版各种专集，流传甚广，影响深远。延安也曾出版《行知教育论文选集》。1946年，延安各界追悼陶行知筹备委员会倡议出版《陶行知全集》，但因限于当时条件，未能实现。1957年7月，张宗麟曾在《人民教育》发表文章，公开建议人民教育出版社编辑出版《陶行知全集》。1959年原中央教育部所拟定的《教育科学规划》曾有出版《陶行知全集》的项目，但因当时各种阻力尚未排除，终未实现。中国共产党第十一届三中全会以后，研究陶行知的活动又活跃起来。1981年，由邓颖超同志主持的陶行知诞辰90周年纪念大会在北京市全国政协礼堂召开。安徽、上海、江苏、四川、北京等地相继成立了陶行知研究会。1982年，华中师范学院（现华中师范大学）教育科学研究所和湖南教育出版社，在征得安徽、上海、江苏、四川、北京等省、市陶行知研究会赞同和陶行知先生亲属的大力支持下，组成《陶行知全集》编辑委员会，由华中师范学院教育科学研究所主编，湖南教育出版社于1985年出版了六卷本《陶行知全集》，在抢救我国民族文化遗产、促进我国教育改革、建设具有中国特色的社会主义教育体系等方面作出了有益的贡献。

二、1985年9月，中国陶行知研究会、中国陶行知基金会成立，对陶行知的研究开始了新的篇章。随之，中国陶行知研究会陆续收到了陶研工作者，陶行知生前友好、学生以及部分读者的许多宝贵建议，要求中国陶行知研究会争取时间，趁陶先生的一些老朋友和学生以及部分陶行知研究的老专家尚健在的时候，组织力量，在原有的基础上，重新编辑出版一部较完备的新版《陶行知全集》（以下简称《全集》），在1991年陶行知诞辰100周年时出版，以应时代及广大读者的需要。

三、本版《全集》的编辑工作，本着求“全”、求“真”的原则，增补了迄今为止收集到的佚文、佚诗、佚信等，并作了认真的校勘；在考订的基础上加了注释；对作者用外文所写著作均作了新的校译；各卷插图有了新的补充和调整。特别要指出的是，本版增补了作者自1936年4月至1946年7月所用的小笔记本55册，以作者所题《衡备忘》为名全部整理编入第十卷，约40万字，系首次发表，是研究陶行知最后十年战斗生涯的极为珍贵的史料。

四、本版《全集》按文章体裁分类，共成十卷。各卷保留了作者原有自编专集的原貌；专集外的文章，再按时间顺序排列。第一至四卷为论著卷（包括论文、演讲记录、谈话、提案等）；第五卷为教材卷（包括各类教材及编辑手稿、儿童科学读物、寓言、歌曲等）；第六卷为英文著译卷（包括英文著述、英文书信；著述中译、书信中译；中译英、英译中等）；第七卷为诗歌卷；第八、九卷为书信卷；第十卷为《衡备忘》。

五、本版《全集》的编辑原则为：（一）尽可能做到“全”；（二）保持陶行知著作的原貌；（三）所收文稿，均经慎重的考证、核查。

六、本版《全集》的注释要求是：（一）以具有中师毕业以上文化程度的广大教师及其他读者为对象；（二）注释条目的选择，以有助于理解原文为准；（三）文字力求简明扼要；（四）对人物、事件，介绍历史背景，力求客观真实，不带政治帽子；（五）人名索引根据其与原著及作者的关系而确定其详略。

七、本版《全集》的编辑和校勘，除充分利用中国陶行知研究会所珍藏的资料以外，并专门组织了力量，到江苏、上海、安徽陶行知纪念馆，中国第二历史档案馆以及华中师范大学近代历史研究所，浙江湘湖师范学校等单位查核大量原件，还尽量查阅手稿及各种版本的专集，多方比较、考证，以求臻于完善。凡有增删或改动者，均采用注释加以说明或以其他方式处理，以便对照。

八、本版《全集》的编辑工作是由中国陶行知研究会领导下组成的编辑委员会主持进行的；出版工作是由四川省党政领导及有关人士组成的出版工作委员会主持进行的，特别是中共四川省委宣传部在多方面给予了大力支持。

九、在编辑过程中，得到南京中国第二历史档案馆，北京中央档案馆，广东省档案馆，北京图书馆，华南师范大学图书馆，南京大学图书馆，南京图书馆，北京师范大学图书馆，上海图书馆，上海辞书出版社图书馆，中央教育科学研究所图书馆，安徽省图书馆，四川省图书馆，四川大学图书馆，广东省图书馆，广州中山大学图书馆，华中师范大学近代史研究所，江苏晓庄陶行知纪念馆，上海陶行知纪念馆，安徽陶行知纪念馆，四川教育学院，各省、市、自治区陶行知研究会以及陶行知先生生前友好、学生和亲属的赞助及支持，在此谨一一深表感谢！

十、由于水平及各种条件所限，本版《全集》疏漏、错误在所难免，敬请读者教正。

《陶行知全集》编辑委员会

1990年12月

凡 例

一、本全集编入迄今收集到的陶行知的全部文稿，有文章、诗歌、教材、书信、演讲、小说、谈话、章程、提案、文电、广告、备忘录等2530篇（其中教材13本、小说1部、备忘录55册）。凡有作者手稿，有作者个人署名，或虽未署名但有根据可确认为作者所著者，均收为正文；合署而非作者起草，或虽有个人署名但不能确认为作者所著的文稿，均与其他参考材料一起作为附录。附录共314篇（包括附在第九卷末的年表），一种为文末附，一种为卷末附录。

二、作者的自编集共17本（其中小说1部），大体上按出版的年代排在有关卷的前面，作为第一部分。自编集以外的集外文汇、集外诗汇、集外书信等均按写作或发表的时间逐年编入有关各卷，作为第二部分。有的诗文收入几种自编集内，此次只在一本集子中排印，其余均存目。第六卷英文著译卷，分类按年编排。第十卷《衛备忘》用手稿影印，一册为一篇，在篇末加少量的译文与注释。

三、除少数姓名和文言文中的个别字外，统用简化字，以国家语言文字工作委员会1986年重新发表的《简化字总表》为准。

四、陶行知原著中的纪年、数字、译名及章节标题的分层序码等均保持原貌。纪年多系民国纪年，如三年、廿一年、卅二年（即公元1914年、1932年、1943年）等。数字则汉字与阿拉伯字并存。翻译的人名、地名与通译不同的，在注释中注明通译的名称。编者所写的注释文字统用公元纪年，数字用法按国家语委等七部门公布的试行规定。

五、论著、诗歌、教材及儿童读物的标题用原题，个别有变动的在题注中说明。书信的标题，除作者自编集外，多系编者从信中摘取原话为题。

六、原著无标点的，由编者加添标点；原著用旧式标点或标点不规范的，重新标点。

七、改正了原稿中的错字，删除了衍文，漏字在〔 〕内添补，无法辨认的字用☐号代替。通假字、古今字、异体字等，除文言文中的少数字外，均按有关规定处理。

八、编者的题注为脚注。书信及一些档案资料现存放何处，均不作注。

九、作者本人的署名，1934年7月16日前为“陶知行”，现一仍其旧。编者所写注释中则一律称“陶行知”。

十、第十卷和课本、小说不作人名索引，其余各卷正文中出现的人名，均按姓氏笔画作索引，附在卷末。附录不作人名索引和注释。

本卷收入小说《古庙敲钟录》1 部，自编文集 5 册（《普及教育》《怎样做小先生》《普及教育续编》《普及教育三编》《中国大众教育问题》）和 1932 年至 1936 年的集外文汇。除小说外，以上共计正文 174 篇，篇末及卷末附录 40 篇。

1　1936 年 11 月，陶行知在美国探望母校——哥伦比亚大学，并发表演讲

2　1934 年陶行知在山海工学团作推广小先生制动员报告（中为大会主席戴自俺，右一为小先生张健）

3　1935 年，杭州西湖儿童旅行团到上海山海工学团参观时留影

4　1936 年广西南宁小先生救国活动

1

2

3

4

5　陶行知乘英轮考夫号赴欧考察教育，1936 年 7 月 15 日经新加坡时在船上留影

6、7　陶行知手迹

5

謙謙君子
用涉大川

長春紀念
陶行知

6

文章好不好要問
老媽子
老媽高興
聽可以賣稿子
老媽聽不懂就算
是廢紙廢紙那个
要送給書獃子

老媽子先生歌
陶行知題

7

8

9

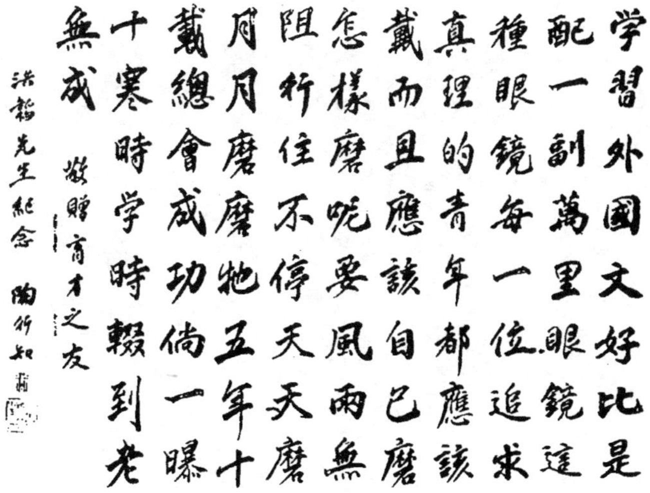

学習外國文好比是配一副萬里眼鏡這種眼鏡每一位追求真理的青年都應該戴而且應該自己磨怎樣磨呢要風雨無阻行住不停天天磨月月磨磨牠五年十載總會成功倘一曝十寒時学時輟到老無成

敬贈育才之友

洪韜先生紀念 陶行知

10

8 方明在晨更工学团用留声机教孩子们唱抗日歌曲

9 新安小学部分师生在古庙校舍前留影

10 陶行知手迹

民之所好好之
民之所惡惡之
教人民進步者
拜人民為老師

陶行知

11

目 录

普及教育续编　203

普及教育三编　281

1933年

1934年

1935年

古 庙 敲 钟 录

古廟敲鐘錄

卷一

陶知行題

申報六十周年紀念 獻給
自由世界之創造者

做人只做自由人
敲鐘只敲自由鐘
眾生共走自由路
海闊天空路路通

不除庭草齋夫

编者按

《古庙敲钟录》是以艺术形象展现生活教育模式的一本小说，原在1932年5月21日—8月15日的《申报》上连载。1933年3月由上海儿童书局出版单行本，10月再版。单行本未收第七十九节至八十四节，此次已补入。《申报》连载时，序号有重复和错漏，作者自编本书时已作调整。

《古庙敲钟录》是一位敲钟工人随手所写的笔记，并不是一部有系统的著作。在这里面，您可以看出他把自己的生活与全村大大小小的生活打成一片，描写到他们心灵深处的跳动。您可以说这是他的自传，也可以说它是一个小小的社会的生活史。社会便是学校，生活便是教育；那末您要说它是一个学校的写真，或是一种教育的小影，也无不可。这篇文字，是用蚂蚁一般小的小楷写在他所敲的钟上，从里写到外，从底写到顶，把一个十万八千斤的大钟都写满了。敲钟人没有留下姓名。因为他的工作是敲钟，小时人家喊他钟儿，长时人家喊他钟先生，这个封号他是默认了。他所写的笔记也是有文章而无题目，恕我就题作《古庙敲钟录》介绍与大家相见吧。

一

人人都说我所住的这个庙是世界第一古庙，可是追问到它究竟是哪一个朝代建造的，村中是一个人也不能回答。庙前的两棵松树的年轮，告诉人说，它们是站在那儿一千五百年了。然而就因此推定这古庙的年纪是和松树一般大小，也未免近于武断。但是我们村庄里的人是没有工夫考究这些。他们仍旧挂在嘴上的是，世界第一古庙！如果有客人来，他们总是自负的指着古庙说："这是世界第一古庙！"一次来了一位游客，听了这种大话便告诉领路的说："世界上自有人类以来是有一百万年了；没有人以前，地球从太阳里炸裂出来是有二十万万年了；没有地球以前，全宇宙的星宿布置在那儿已经是几万万万年了。你们这个几千年的小庙算得什么？"他这几句话虽然说得有理，我们一时也无从驳他，但是事后想起来，我们也有理由为古庙辩护。这庙是比村中什么房子都要老些。村中最老的老翁都说他的祖母、曾祖母曾在这里许愿烧过香。的确，这古庙眼看见汉人两次亡国，两次又从别人的手里把中国拿回来。

二

文化的使者在中国是坐着特别慢车游历。海亘史[1]远在一六五六年已经发明了摆钟，而我们这个古庙里是从来没有买过自鸣钟。村庄里也没有一家见过这个东西。从前大家在早晨是听公鸡的号令起来，黄昏是看太阳落山才动手烧晚饭。自从我担任了敲钟工作之后，大家似乎是靠着我报告时刻了。我每天敲三回钟：一回在早上敲，称为晓钟；一回在中午敲，称为午钟；一回在晚上敲，称为晚钟。村民听我敲晚钟就上床，听我敲晓钟便下床，听我敲午钟就吃午饭。这些几乎成了村民的不成文的宪法。

有一天，我发现了一件奇事！村里的张胡子是依着古庙的钟声抽大烟。晚钟惊醒了他的美梦，他便拿起他的枪杆去吞云吐雾；晓钟一响他什么也不管，便四肢摊成天字样儿躺在床上，一动也不动，脱衣、盖被都等候着他的小老婆为他办善后。

这是张家老妈、沈大嫂子到庙里来烧香的时候告诉我的。我于是开始怀疑我的工作。我自己追问自己："敲钟有什么意义？把一个人敲醒去抽大烟……做抽大烟的人的公鸡……这配算是我终身大事吗？"我怀疑了好多天，有一次我几乎是要罢工了。但是时间漂白了这个疑虑。我打听得清清楚楚，早上被我敲钟起来种田做工的是多数，晚上被我敲醒起来抽大烟的只是少数中之少数。后来，我是下了一种新的决心：假使我敲这口大钟只有力量敲醒一个人起来种田做工，我还是愿意继续的敲，敲到无力再敲的时候才肯罢休。

三

在我的手里是掌握着全村人民工作休息的枢纽。这口大钟我能随便的敲吗？今天迟一点，明天早一点，不就算是失信用吗？

怎样可以把这个钟儿敲得准？我是一面敲钟，一面绞着我的脑汁，要找出一个解决来。

午钟的时刻是比较容易规定。我看见太阳照在人身，地上便落了一个黑影。太阳在东，影落在西；太阳在西，影落在东；太阳在南，影落在北。太阳在起山的时候，影子是长得无以复加。此后太阳逐渐高升，影子逐渐变短，直得太阳当顶，那影子是变得最短。过此，太阳逐渐降低，影子也逐渐伸长，直到太阳落山的时候，影子又变成无限的长了。太阳当顶，影子从长缩成最短，复想从最短伸长之时，便是本地之正午。这时太阳在正南，影子在正北，依影子画一条线便是子午线，也就是南北线。我运用这个道理拿一根笔直的竹竿，笔直的插在地上。如何使一根竿子插得笔直？这点小手艺我是从砖匠王司务砌墙的时候看来的。谁愿留心观察砖匠砌墙，谁都懂得这个道理。天晴的时候，我是等着竿影短之又短，短到不能再短而有意伸长的当儿，便动手敲我的午钟。一声钟响，皆大欢喜，全村的人是在预备享受他们的午餐。……我又错了。不久我发现有好些劳苦大众是没有午饭吃。听得到午钟，吃不着午饭，这是一种什么人生啊！我愿意不敲这悲哀的午钟。

四

我如何能不悲哀呢？一同被我敲醒起来种田做工的人，于今白日当天，有的是在兴高采烈的“吃午饭”，有的是在愁眉皱额的“无饭吃”。我想到这里，连手儿都抖了起来，何能再有力量去敲这凄惨之钟？然而我现在也没有勇气痛痛快快的向和尚辞职，因为靠敲钟吃饭的人，若不敲钟，便没有饭吃。敲吧！忍心的敲吧！从此我所敲出来的钟声，不再代表有饭吃的人的欢呼，而是没饭吃的人的叹息。

五

我不该把话语拉得太长。钟儿既是要敲，自不得不考究敲的方法。天晴的午钟似乎是能敲得准确了。阴天怎样办？夜里又怎么办？这些的确是使我烦心的问题。

我小时就听说古人用漏壶报时。一天下雨，看见屋檐水一滴一滴的滴下来，便想用这个道理试做一个漏壶。不久，我是有相当的成功。我做了一个圆筒式的壶，装满了水，壶底开了一个小孔，让水一滴一滴的流下来。壶高二十四寸，代表二十四个时辰。每寸又平分为二，代表四十八个小时。可以用两天两夜。第一次要对准太阳射影在子午线时，才让水儿开始滴，滴到大约十二寸的地方即是次日中午，滴到最后之一滴便是后日之中午。阴天夜里都用得着它。可是用这东西报时不容易准确。水高压力大，滴得快；水低压力小，滴得慢。天气干燥或潮湿都影响它的快慢。我起初完全信用它，往往为它所误。如果制造得巧，运用得妙，才能得它一些帮助。这是要屡试屡验之后方才有此结果。但那夜里最准确的计时，不是壶里的水，乃是天上的星。平时我是依着天上星宿之运行来敲我的晚钟和我的晓钟。

六

天上的星是不断的运行。他们每天从东边起来，经过我所立的子午线，向着西边走去。我用漏壶与天星比较，看出一件很奇怪的事。我拿一个两尺长的大竹筒，两头打通，向外的一头用一根丝线做直径紧粘在筒上，使平分筒口为两个半圆。再将这竹筒使筒口丝线配准子午线安在一个架上，使竹筒能上下转动。等到一颗星走近子午线的时候，我便将竹筒上下转动去瞄准这颗星，当这颗星走到丝线上的时候，我便检查漏壶里的水滴到了那一格。真奇怪，过十五天，这颗星是提早一小时中天，过一个月，它是提早二小时中天，过十二个月，它是提早二十四小时中天。

我起初怀疑漏壶出毛病。后来有一位游客在我们庙里住了七天，他带来了一个圆而扁的怪物。他说这个怪物叫做表，短针每半天转一周为十二小时，长针每小时转一周为六十分，一点也不差。我拿这表来看北斗之天枢星每天经过竹筒口中线时间。我察出每过一天则天枢星是提早四分钟经过。这与漏壶比较的结果恰合，每天提早四分钟，半个月恰是提早一小时。后来又有一位游客带来一个更精细的表，一分一秒都能报告出来。拿这个东西试了几天，我察出每个星宿第二夜比第一夜是提早三分五十六秒中天。拿这个数目乘一年的日数三六五日五时四八分四六秒，差不多是总共提早二十四小时。

我为什么要这样啰唆呢？因为我那晚钟、晓钟之所以能够准时的敲，全靠这一点。我先用脸儿朝北去找北斗七星，次找七星中之天枢、天璇二星。如斗柄朝右，天枢、天璇就在极左，天璇在南，天枢在北。次从天璇出一线到天枢，再伸长五倍便遇着靠近北极之北极星。次以北极星做中心，观察天枢、天璇联线之旋转，便推定了一年之二十四节气和一日之二十四小时。为便利起见，我取一个小孩子玩的大铁圈，用十二根线做铁圈的十二道直径，各以相等弧度交于圈之中心。这十二根交线便把铁圈分成二十四等分，每等分成为十五度。每隔十五度画一个方向，共二十四向。那四个正向是正东、正南、正西、正北。次把圈心之交点对准北极星，将正南、正北二点切合子午线，那么，正东是靠右手，正西是靠左手。次看天枢、天璇联线落在圈中那个方向，只要知道是何节气便知道是何时间，只要知道是何时间便知道是何节气。比如晚上八时，天枢、天璇联线春分在东南，立夏便在正南，夏至便在西南，立秋便在正西，秋分便在西北，立冬便在正北，冬至便在东北，立春便在正东。我每晚八时敲晚钟便是这样敲的。晓钟是早晨四时敲，也是照这样推定的。每小时星行十五度，相隔八小时即移动一百二十度。如晚八时是在正南，早四时则必在西偏北三十度了。每过一天，星儿早三分五十六秒中天，若在一定的时间观察，这星是自东由南向西每天移动不到一度光景（五十九分多），每节气移动十五度。北斗在极北，不易看见，我便用王良一等星代替。因此每夜敲钟的钟点都因星行方位而规定。诸位怕是有些不耐烦了。我说了这一大套，只是表明我受了众人付托担任这个敲钟的职务，是不敢丝毫苟且。我知道我的办法，照天文学严格的说起来，还不能算是最正确。可是在可能范围之内，我这个乡下孩子是努尽了力了。当然，我还在追求那最正确的敲法咧。

七

乡下人一谈到我，就联想到敲钟，所以喊我钟儿，久而久之，钟儿便成了我惟一的名字。但是我在古庙里做的事不止是敲钟。大概是因为敲钟这一件事曾与乡下人发生密切的关系，他们便把它牢牢的记着，其余不和他们发生关系的事，他们就不大知道了。我的日常工作，除敲钟之外是挑水、种菜，还有为和尚倒夜壶。挑水、种菜二事，我是做得和敲钟一样的认真，暂时无庸多谈，只有为和尚倒夜壶那件事，我是不好意思说，却又不忍不说。

我从六岁起就做着这个工作，算到现在差不多是倒了十年的夜壶。起初我只知道夜壶的气味有些难闻，还以为这是孩子们应该做的事。和尚用得着《论语》的时候，也是孔子的信徒。他时常把“有事，弟子服其劳”这句话解释给我听。据他说，这些事里面是包含了倒夜壶。

最近，我开始怀疑了：“和尚也有手，夜壶为什么不自己倒？病人、老人是应该有人看护，年纪轻轻的和尚，又不害病，为什么要我服侍？”我想到这里，立刻提起笔来写了四句话：

我有一双手，
敲钟种菜蔬。
为人倒夜壶，
不是大丈夫！

当晚我是下了一个绝大的决心：从今以后，只做大众的公仆，不做个人的听差。

次日晚饭后，和尚拿起夜壶，觉得很重，知道是没有倒，喊我进房，用旱烟管指着夜壶说："你饭也忘记吃了吗？倒去！"

我说："我不能倒！"

他说："你的手烂掉了不成？"

我说："你的手呢？自己的夜壶自己倒！"

他气得拿旱烟管瞄准我的头脑壳敲来，我顺手接了过去，括擦一声便折为两段！他马上向我胸前送来一拳，我退一步，右手接着他的拳，左手托着他的肘，笑嘻嘻的推他一推说："用你打人的力气去倒自己的夜壶吧！"

当我接着和尚的拳，托着和尚的肘，只要顺手一压，便可以叫他跌在地上吃泥。我为什么不这样干呢？和尚实在是打不过我。我的拳头不打那比我力小的人。何况我的宗旨只是不再为他倒夜壶，他动手打我，我不得已出而抵抗，只须使他知道我是威武不能屈就算罢了，何必卖弄我的力气呢？和尚终不觉悟，气愤愤的说："滚蛋！这个庙里的饭，不是你吃的。背着你的破布烂棉花滚！"说了，和尚悻悻走出庙门，不知道他到哪儿去过夜了。

我是等着敲过最后一次晓钟，告别了乡下朋友，再向那海阔天空去赚饭吃。

八

半夜里，猛而急的敲门声惊醒了我，接着送到我耳朵里来的是村庄里的吵闹声、冷笑声、喊打声。我披了衣服起来开门，一看不是别人，是和尚的干儿子阿羊，他跑得连气都透不转，很惊惶的告诉我：“爸爸被人捆起来了，请你去讨个情。”

我急急忙忙把庙门锁好，跟着阿羊跑向村里去救和尚。阿羊的家门口点着了几根火把，我差不多走到大门口的时候，就听见有人喊：“把他们抬到城里去。……那才好看咧。……钟儿来了。好，钟儿！你进去看看你们大和尚干的好事。”赤裸裸的两个肉人捆在一团！一个是阿羊的妈妈，一个便是和尚。一幅乡下捉奸图活跃在我的面前。

和尚见是我来，便说：“好钟儿！求求他们把我放了吧。”我脱下一件短衫盖在他们身上，说：“我愿意代你请求。”我能拒绝和尚的请求吗？不能，断断乎不能。我向村友说：“让他们在这里停一刻，我们到茶馆里去谈一谈，看看有什么办法没有。”铁匠老李建议，派两个人站在这里看守。大家同意，便到茶馆里去开谈判。

我问：“你们预备怎样办？”

众人说：“送县！”

我问：“和尚是不是强奸？”

众人说：“好几年老夫妻了，你还不晓得，他们是多么的恩爱！”

我问：“阿羊的妈妈有没有丈夫，今年是几多岁了？”

铁匠老李说：“阿羊的妈妈倒是一个可怜人，二十二岁就死了丈夫，现在是二十五岁了。”

我说：“律师赵公平先生一次到庙里来玩，我请教了他许多法律问题。他说，无妇之夫与满二十岁无夫之妇两相情愿要好，并不算犯法。照这样看来，你们就把和尚送县，县里也决不能办。弄到后来，你们怕还要白费力气白费钱呢。”

木匠老吴说：“谁愿管这些闲事？这都是有人吃醋闹出来的呀！”

我说：“我们做事总要思前顾后，不可乱来。”

众人说：“照你看，这件事应该怎么办呢？”

我说：“照佛门规矩，既做和尚便不许娶妻；既要娶妻，便不能做和尚。他既情愿要老婆，便不该再做和尚。我们可以在庙里办起一个学堂来，使全村的小孩子都可以上学。如果他情愿，我们可以划十亩地给他们夫妇，只许自耕自吃，不许典卖与人。这样，他们将来也可成为村中自食其力的人民。如果大家赞成，我就去对他说。”

众人斟酌了一些时候，到最后，除了那个吃醋的砖匠老许，都以我这个计划是一举数得。

和尚是千肯万肯。老李便解了他们的绳子，了结这一段风流公案。后来，他与阿羊的妈妈正式结婚之后，我去吃他的喜酒，他还特别的感谢我，请我坐首席。

敌人变成朋友，古庙变成学校，这一切的一切都在几小时中发生，那是多么不可思议的事啊。

九

天上的明月笑嘻嘻的一路送我回到古庙来。我走到庙门口的时候，抬起头来望了一望，只觉得一缕银光射入我的心窝，告诉我说：“钟儿，你的‘古庙为公’的理想是会实现的。努力吧！我是等在这里观看你们最后的成功。”“知心的明月，谢谢您，再会！”我把庙门关好，一想，又把它随便的开在那儿。为什么关门？我有什么东西给人偷？为了一些破布烂棉花就把天上来的朋友关在门外，于心何忍！我愿意从此不再关门。

我吹了火，上床睡。……奇怪！平常的日子，我一上了床，便呼啊呼的像个猪样睡到敲晓钟的时刻。今夜是翻来覆去，连眼皮也不能睐。我如何睡得着？“学堂办起来，我也要上学。我愿意拿我的劳力和先生换些学问。我可以挑水给先生喝，种菜给先生吃，等他空闲的时候，向他讨讨教，大概不至于拒绝我吧。我还有义务可尽，除了晓钟、午钟、晚钟，我可以代敲上学钟、散学钟，先生要敲几回，我都可以代劳。我总不要先生吃亏，我愿意出我最高的血汗，换先生的学问。……月亮照进我的窗……月亮照上我的床……天上的朋友，我求学问不是为着升官发财，您信我吧！我从先生那儿得来的学问，一点一滴、一丝一毫都要献给小朋友，献给大众。月亮！您若不相信，我可以把我的心剖开给您看。……是，全村的孩子们无论贫富都得上学。这些小朋友来到庙里，便算是庙里的新菩萨、小菩萨、活菩萨。我有这许许多多活的、小的、新的菩萨供奉，比着从前向泥塑木雕的东西烧香叩头，不是格外有意思吗？……这位先生究竟要到那里去请？一定要请一位有本领的先生。一位客人告诉我，从前年羹尧写过一副对联说：'不敬师长天诛地灭；误人子弟男盗女娼。'我对于上联有些怀疑，下联是无可辩驳的。师长可敬自当敬他，若误人子弟则不成师长，敬他何来？那误人子弟的人不知不觉中是先误了自己的子女，所以男盗女娼只是自然律之处分，难以逃避。总之，我们必须礼请一位可敬的师长，不致误人子弟。这样的师长在哪儿？我们南赡部洲中可能访得着？……"

奇怪！脚步响！黑影一个进来了！谁？"钟儿！你怎么开门睡觉？我听说你们要在庙里办学堂，这个我可以尽义务。我虽没有中过举，进过翰林，但是教几个小小蒙童，总可以胜任。钟儿！恕我毛遂自荐了。请你代我运动运动，我总不辜负你。……"

呜呼哀哉！张胡子烟瘾过足了，要做古庙的先生！

十

"张先生！你请在我房里宽坐一下。等我敲了钟再来陪你谈。"

说了，我便去敲我的晓钟。我一面走一面想，这个胡子倒是给了我一个难题目。我必得拒绝他。但是他在乡下是有一部分的势力。他成事不足，败事有余，我必得留神。我虽必须拒绝他，却决不可以得罪他。不是冤家不碰头。敲钟把他敲醒抽大烟，已经是使我够受了。现在我提倡办学堂，他又要来做先生，天下有这样巧事，真是使人可笑可恼。可是怎么办呢？……

我敲了钟，走进房，只见张胡子躺在我的床上打呼了。这大概是晓钟的效力吧？他听见我的晓钟是必须睡倒吗？谁知道？好，率性让他睡吧，睡到我有办法的时候再叫醒他。

有了！这个学堂应该归全村的人民主持。谁能独断独行？谁能私相授受？好，就这么办，每家派一个代表到庙里来共同商议。我想而又想，觉得这是最公平的办法，除此以外，再也想不出更好的。我于是走遍村庄，挨家招呼说："每家请派代表一人，公议开学请先生，听我钟声一响就来。"

小孩们是欢天喜地的说："要开学堂了……我们有学堂进了。……"

我一一招呼完毕，即回到庙里来布置一切。这些人来开会，会是如何开法呀？这村庄里自从盘古开天辟地以来，是没有开过一次正式的会，我也没有这种经验。这个创校会议是多么的重要，我们能够随便的开吗？不错，我抽屉里有一本什么会议通则，何不拿出来看看。这本书是一位青年游客送我的。现在这部书便成了惟一的指导。我以为翻几翻，晓得一个大概，便可以动手敲钟。其实没有如此容易。我这次做事，未免过于匆忙，好像临渴掘井一般。但是我以为临渴掘井还是凭着自己的努力去谋解决，总比站在那儿等天下雨好些。我一连看了两个多钟头，才把开会的重要秘诀弄清楚。我于是大胆的去敲那召集创校会议的钟。

十一

我不能瞒着张胡子开会。我必得把他唤醒使他可以参加，才算公道。但是他如果向大家毛遂自荐，我自必起来反对。这样一来，一定要弄得两不讨好，结成怨恨。我为大众谋福利，哪怕任劳任怨？但是能少一分怨恨，便少一分阻力，于自己，于社会都好。那末如何可以渡过这个难关？……我想了又想，决定用友谊的态度，开诚布公的劝他不要运动做先生。

主意打定，我把胡子推醒说："请你快些起来，全村代表就要到庙里来开会，商议聘请先生。府上玉儿、金儿要上学，你也得到会。我们这次必定要请一位顶顶有本事的人来做先生，使玉儿、金儿这样的好孩子，个个都学成栋梁之材。不瞒你说，你的学问旧了一些，不大合用。我的学问远不及你，更不能做先生。倒不如请一位品学兼优的先生来，我们一起跟他学，则我们将来也或者有做先生的一日。我想我们要请的是一位总指导，你我可以尽义务做他的帮手，同时做他的学生。但是做帮手或学生，你也必得把大烟戒掉！你看我的意见错不错？"

"你的话虽也说得有理，但是吃大烟的先生多着咧！我的表兄在城里高级中学当训育主任，还不是老瘾？不过他是偷偷的吃，我是公开的吃罢了。但是玉儿、金儿我倒想得一位名师教教他们，我这点八股文章现在是有些背时了。那么，拜托你去访一位好先生来。如果请的先生不好，还是我做先生。你记着！"

张胡子这样轻易放弃他的钻营，使我喜出望外。我们谈到这里，各家代表已经拥挤的来到大殿上。代表是色色俱全，约有一百人光景：农人最多，砖匠、木匠、石匠、裁缝、杂货店老板都有，老太婆到的也不少，还有几家家长不能来，却派了小孩子来。我们的破天荒的村民大会便是如此这般的开幕了。

十二

大殿的北面是如来佛的宝座。我们在殿之西头摆了一张八仙桌，两把交椅，预备给主席和书记坐的。庙里有二十来条长板凳都搬了出来，横排成七路。小孩子坐在最前列，其次是年青妇女坐，最后是老太婆与年长一些的男子混杂的坐着。惟独我们青年男子是享有站在后面的权利。

我先报告："今天开会宗旨在创办一个全村人民共同管理的学校。学校为公是天下为公的一个基础。中华民国的主人翁要在做上学，在做上教。学校的主人翁也要在做上学，在做上教。我们今天开会就是请大家来学做学校的老板，学做学校的主人翁。"报告完毕，我就说明开会的方法。例如：

推举主席和书记；对准提议案说话，不能随嘴乱说，同时只可由一个人说话，每人说话必须先得主席许可；对于每一提议赞成就举手，不赞成不举手，多数举手就算通过，少数举手就算失败，简便些，凡提议无反对者也算通过。这些法子我都扼要地报告给大家听，并且用浅近的比方表明出来，使得大家能懂。

现在要推主席。我说："这是一个农村的学校。主席这把交椅只有真农人能坐。什么是真农人？靠自己动手种田吃饭的人是真农人。我们村庄里种田种得顶好的无过于黄春生老哥。他为人公平，热心，又会说话，我提议请他做主席，赞成不赞成！还有别人要举吗？"

众人说："春生哥做主席，赞成。"

我说："凡赞成春生哥做主席的请举手。"……一百零八只手大多数赞成春生做主席。我是被举为书记。

春生哥穿着草鞋，腿上黄泥未干，走到桌边就职。他说："我做这主席真好像是乡下人进城第一次吃海参，又想吃又有些害怕。可是我愿意试试看。如果做错了，我就自己睡倒在地上，省得你们来打倒我。好，学堂是要办的，但是怎样办呢？请大家发表意见。”

砖匠老许吃了镇江醋，一晚酸性未消，气愤愤的站起来说：“我看学堂是办不得的。办了学堂，毁了菩萨，我们靠谁保祐呢？老太太、少奶奶，你们不要瞎听钟儿的鬼话。办了学堂，看你们到那里去烧香？我主张不办学堂，另外去接一个好和尚来。”

主席：“老许的话有人赞成吗？”

“赞成！不办学堂！”一位杂货店的老板站起来说。他是顾虑到他的金银香纸的买卖。

好大的声势！出我意料之外，我们今日竟遇着这厉害的劲敌。

十三

开了学堂便没处烧香，这是老许愚惑女人的催眠术。我是多么的心急啊。如果老太太、少奶奶们信了他的话，加入反对我们的集团，我们便要一败涂地。我是闭着眼儿在想抵制的对策。

忽然听得一声“主席！”只见那位胖胖的宋老太正要开始说话。坐在她前面的吴大妈也喊起主席。王二嫂子拉拉吴大妈的衣服轻轻的对她说：“钟儿说过，两个人不能同时说话，等宋老太说了你再说吧。”吴大妈就坐了下来。好一位循循善诱的王二嫂子，吴大妈的从善如流也不可及。比一比那些摔墨盒打得头破血出的大人先生怎样？谁说我们乡下人拿了民权要闹乱子？

宋老太平日爱助贫苦人，负一乡重望，大有举足轻重之势，我是急于要听她的议论。她说：“老许劝我们不要瞎听钟儿的鬼话。我于今要以一个老太太的身份出来回复。我们都有眼睛，耳朵也没有聋，怎么叫做瞎听？钟儿年纪虽小，也是一个人，为什么他说的话是鬼话？办学堂不限定毁菩萨，怎么没处烧香？老身要拜佛，孙儿要上学。在佛殿里办学，烧香的时候可以看看孙儿念书，可谓一带两便，再好没有。我反对许大哥的提议。”

主席喊吴大妈说话，吴大妈说：“我要说的话，都给宋老太说完了。我赞成办学堂，不毁菩萨。”

讨论完毕，主席付表决，反对办学的只伸出老许一只手。一只手！那是多么寂寞啊！最有趣的是那位杂货店老板，因为不毁菩萨，无害于他的金银香纸的买卖，他也顾不得老许的寂寞了。

十四

次议先生的资格。大家都赞成要请一位顶好顶有本事的人来做先生。至于怎样才算是顶好，怎样才算是顶有本事，你只要看一看当日记录，就明白我们乡下人理想中的先生是个什么样子：

张胡子说：“先生要贯通《四书》《五经》。八股现在没用，要会做策论[②]才行。”

新近打败官司的余老五说：“顶好要懂得法律。”

为儿子到处找媳妇的朱老太说：“要会配八字，写喜帖，那才便当咧。”

预备买田的丁老五说：“一定要一位会写契据的先生。”

富有经验而怕张胡子染指又怕城里时髦先生的宋老太说：“我们要请一个五不先生：一不缺课，二不抽烟，三不赌博，四不《毛毛雨》，五不《妹妹我爱你》……”[③]她说得痛快淋漓，引得人哄堂大笑。

我说找一个好的师范毕业生，以上的条件都可以达到。最后大家通过的是要找一位合乎以上资格的师范毕业生来做先生。

酬劳也曾谈到。大家轮流供饭。每学生三节送礼[④]，每节自一元至二元不等，赤贫免送。庙款充设备费。

春生哥、宋老太、我三个人是被推为筹备员，负责去找一位顶顶好、有本事的先生来。

十五

春生哥、宋老太和我约好第二天早晨一同进城去请先生。我怕当天晚上或者不能回来，便把敲钟的事托付给小和尚，并细细的教了他一番。我们吃过早饭就动身。宋老太是时常到城里去过的。春生哥虽然也挑过柴火进城卖，但是柴一卖了就回来，对于城里的风景他实在赏得很少。我呢，一个十足的乡下佬。我进城好比是上学，宋老太便是我的老师。我的脚步一踏进城，就觉得样样东西与乡下不同。我一路走，一路问，宋老太也津津有味的回答，我是多么的幸福啊！

我们进了城门，走不得多少路，便见一个漆黑的大东西比马还快的冲来，把我们前面的一只老牛骇得乱跳。宋老太说，汽车来了，留心些。老实说，我也像那条老牛一般，吃了一大惊，忙着向路边退。只见它一阵风过去，灰尘扑得我满脸，不是我眼睛眨得快，若把灰尘弄到眼睛里去如何得了。奇怪！牙床怎么齐擦起来？灰尘到我嘴里去白相了。原来这路叫做马路，不是人走的。我就是这样一路吃灰吃过去，嘴里哼出了几句话：

大老倌儿坐汽车。
小老倌儿坐洋车。
没得车坐的吃灰。

春生哥、宋老太听了都大笑而特笑。当我们走进一条小街的时候，看见一位大姑娘在前面走着。这姑娘奇怪！她没有梳头也不拖辫子，有点像尼姑；但是尼姑是剃得光光的，这姑娘的头发却比尼姑养得长。宋老太说：“这是城里最时髦的女学生。你们看她脚上的皮鞋，和从前假小脚一样，这叫做高跟皮鞋。”不多时，我们赶上了这位女郎，迎面来了一个顽皮孩子，对着她嘻皮笑脸的唱道：

二道毛，
笑嘻嘻，
三言两语成夫妻。

宋老太说："唱得一点也不错。"我问："二道毛怎么讲？"她说："从前女孩子总要剪一回头发，使它容易长得好些。这些女学生是剪第二回了，所以叫做二道毛。我想是这样讲，不晓得错不错。"

十六

我们走到师范学堂门口，宋老太告诉门房说："我们是来请教员，要看校长。"门房说："校长还没有来，你们在这里等一会儿吧。"听！一、二、三、四、五、六、七、八、九，这东西会自己当当当地敲。宋老太说："这就是自鸣钟。"好一个自鸣钟，我是久仰大名，今天才得会面，那是多么快乐的一件事啊。我们一等，再等，三等，等到不耐烦了，就走到里面去看看。一间房里坐着三十几个学生，黑板上写了几个字，由一位穿西装的先生在那儿教学生念。黑板上写的字不像中国字，声音却辨得清楚。大家是跟着先生同声在念："爱、闭、细、弟……"宋老太说："他们是在学洋文。"我们又走到另一间一模一样的房子边，只听得大家都在喊："汪、土、司利……"有趣！闻所未闻。宋老太说，我们乡下用不着这东西。我却不敢这样武断。宋老太似乎不大欢喜洋文，她轻言轻语的向我耳朵边说：

"爱、闭、细、弟，
汪、土、司利，

中国人的嘴里放洋屁。”

哈哈！春生问我们为什么笑，我告诉了他，他也不住的笑了起来。

钟敲十下，校长来了，大有县老爷的架子。我们把来意说明，请他介绍一位顶好顶有本事的先生下乡。他说：“我们还有三个毕业生，我写信去喊一位来和你们面谈。你们明天这时候来吧。”宋老太听说有三位，心里很欢喜，她想三位都要看看，然后在三位当中选择一位。她选择女婿是惯用这个法子。可是竟被校长拒绝了。校长说：“我选一位顶好的朱先生和你们先谈，如果你们觉得很好，他就可以下乡。万一你们觉得不行，再介绍别人不迟。”宋老太知道她的选择女婿的方法在此地不能适用，也不坚持。我们便与校长点头而别。

今天是没有下乡的希望了。宋老太拉我们一起到她的姊姊家去玩。她外甥吴大少硬要请我们到饭馆里去吃大菜。我猜想是大头菜烧肉，后来我才知道是吃外国菜。这餐饭实在是吃得比挑水还费力。我猜吴大少是个吃大菜的内行，便小心跟他学。他用匙喝汤，我也用匙喝汤。他用刀切肉用叉吃，我也用刀切肉用叉吃。他不动手，我也不敢动手。奇怪！他喝汤和和尚吃稀饭一样，一声也不响。我于是喝汤也不敢响。春生哥却不然，他没有留心跟吴大少学。他喝汤几乎如同老牛喝水一般的响。他还闹了一个大笑话，把大家的肚子都笑痛了。他用刀送肉进嘴吃，一不小心，把舌头割了一刀。只听得他哎哟一声，满嘴的菜一起吐出，血儿还在一滴一滴的滴个不止。正是：

乡下佬，
吃大菜。
刀儿当做筷。
我的妈呀！

舌头去了一块。

十七

吃过大菜，我们回到吴公馆，闲谈了一些时候，吴大少便请我们到“大世界”⑤去游玩。宋老太主张游公园，并说“大世界”这种地方乡下人是去不得的。我想，为什么去不得？这里面必定有些奇怪，我好容易进城第一次，何能不去见识见识？宋老太说这话的目的无非是想阻止我们到“大世界”去，她不知道这番话反而引起我的兴奋，使我非去不可。春生哥心里也有点痒，宋老太终于被我们的软求所屈服，和我们一起去游“大世界”。这里一切的一切，我都是见所未见。宋老太心里总有些不满，特别是不满意那些花花公子和摩登小姐。她是叽哩咕噜的见一个讲一个，把他们批评的体无完肤。我虽不以她的态度为然，但从她的谈话里，我实在学了一些不可多得的知识。离我前面一丈路光景，有一位小姐在散步，我见她失落了一块手巾在地上，便喊说：“哪个的手巾掉了？”那位小姐正在回头望我一望的时候，只听得后面一声：“钟儿！”宋老太继续的说：“那是野鸡！拆白党！你惹她做什么？她是特为摔掉手巾引你和她招呼。我讲这个坏地方，乡下人来不得。若不是我在这里，保你们今天要上她一个大当。跟到她家里去，白银子化光，衣服给人剥掉，驮一顿毒打，抱着头儿回到乡下，有人问起，倒说是跌了一跤跌伤的。对不对？”宋老太的话，我有几分懂。我实在觉得难为情，我两颊发红，我不得不为自己辩护。我说：“我们乡下人见了人家失落东西，总是要告人的。为什么城里失落手巾的是野鸡，告诉人要驮打？”吴大少抢着说：“他倒是好意。”宋老太说：“钟儿是我们顶好的孩子。我知道他是好意。我说这些话只是惊醒他，要提防坏人。总之，这种地方乡下人是不来为妙。我的老腐败的意见是：

“大世界，
小世界，
七离八怪，
不教人好教人坏。”

我不能完全赞同宋老太的意见。“大世界”里却有好的东西。特别引我注意的是那些镜子，把我变得像一个七十二变的孙悟空。奇怪！这是什么道理？我得问问先生。我非把这个道理找出来不可。

十八

晚上我们就在吴公馆里过夜，春生哥和我住在一房。春生哥说：“我们吹了灯再睡吧。”……呼……呼，呼……“奇怪！这灯儿怎么吹不乌呀？钟儿！你起来看看。”我也吹了几吹，火光一动也不动。仔细看看，正是：

城里灯，
一点油也无。
洋火点不着，
大嘴吹不乌。

这灯儿是妙极了。我的确不懂从那儿来的火光。那根线大概是很有关系。你看，那是一根双股线。这双股线里必定有奇妙的把戏。“吴大少！你府上这个灯儿怎么吹不乌？”吴大少在客厅上哈哈大笑说：“乡下佬，这是电灯，怎么吹得乌呢？你要它乌也不难。你看，……得搭……不是乌了吗？……得搭……不是又亮了吗？”我说：“让我试一试……得搭而乌……得搭而亮……有趣！”春生哥也来试了几试。我们愈试得有趣便愈觉得莫名其妙。吴大少的一知半解的说明，不能满足我的求知欲。我睡在床上足足想了一个钟头都想不出什么道理来。最后我是下了一个决心，明天要请的先生，别的资格我可以将就，若是他说不出电灯是如何发光，我是不愿意请的。对，我千万不要忘记问他那些镜子里的人影，为什么现出这么多的奇形怪状。这个道理他若是说不出来，也不配做我们古庙的先生。因为他若回答不出这些问题，于我有什么益处，于我们村庄里的孩子们有什么益处？哈哈，先生没有考我们，我们倒先要考起先生来，岂有此理！哎，除此以外，我还有什么别的办法呢？

十九

第二天早上，我们和朱先生在师范学堂的会客室里相见。那些客套话恕我不述了。我们把进城请先生的来意详详细细的说了一番。朱先生听了，脸上现出很高兴的样子。他说："你们请先生和我找学校都不是容易的事。诸位一定感觉到，有时是合得人意，合不得我意；合得我意，合不得人意。我在去年六月六日写了几首小诗。大家知道六月六日是叫做教师节。我们做先生的人在这一天都要开会，讨论先生们如何可以负起培养小孩子以创造新中国与新世界的重大使命。先生是应该如何做法？我那几首小诗便代表了我的主张。请诸位看一看。若是大家赞成，我很愿意下乡帮忙；若不赞成，那也不必勉强。总之，我是在找一个能行主张的学校，也如同诸位是在找一位合意的先生。"

我说："朱先生！那是再好没有了。我来读，不懂的请先生讲。"宋老太和春生哥倾耳静听着：

（一）

去年六月六，小孩骇得哭。

今年六月六，宝宝多幸福。

（二）

去年六月六，板凳粘屁股。
今年六月六，满身汗如雨。

（三）

年年六月六，死书不再读。
只做活学问，越做越不足。

（四）

年年六月六，先生自种谷。
肚子饿起来，喝碗绿豆粥。

（五）

年年六月六，先生进地狱。
地狱变天堂，众生自成佛。

二十

宋老太说："好极了！我顶欢喜头四句。从前的先生简直是个阎罗王，小孩子见了先生面，骇得比个小鬼还不如。我那小孙儿放在这种先生面前，老身何能放下心来？先生以小孩子为小宝宝，我就无忧无虑了。"

春生哥说："'先生自种谷'，足见先生看得起务农，我们农人一定欢迎。"

我说："这五首诗中，我有一句不大明白。'板凳粘屁股'是怎样讲？请先生指教。"

朱先生说："从前读书人倒了霉，才愿教蒙童馆。因此他的事业叫做'坐馆'。在他们看来，坐馆是个穷差使。因为竞争的人不多，所以又叫做‘坐冷板凳’。初坐上去的时候，难免觉得有点冰人，等到坐之既久，则热而粘起来了。这句诗是形容一个‘坐而不做’的先生。现在呢？这板凳依旧的冷。一天劳苦之后，我们可以坐在上面休息休息；若是贪图舒服依旧坐到粘起来，那就辜负了这条可贵的冷板凳了。在我给一位朋友的信里，我曾进一步主张这种生活之改革。现在也不妨说出来请诸位指教。我在这封信里写的是：

从前的先生，爱坐冷板凳。
现代的先生，赤着脚挑粪。

我们听了末一句，都忍不住的笑了。可是在笑声中却流露了一种说不出的敬意。最后我问：“听说有人谈到教师节是有‘重士’的意义，朱先生以为何如？”

朱先生说：“师是不是士？士该不该看重？重士是不是重师？我们要想把这些问题回答清楚，必先知道从前所谓之士，究竟是什么？这是古代农人对于‘士’的认识，而由我描写出来的一幅‘士’的小影：

四体既不勤，五谷也不分。
达则做官去，穷则教学生。

这样的一类人，在现代是不配受任何人的敬重了。从前那些好吃懒做的士，是居四民[⑥]之首。现在只有靠自己动手种田做工赚饭吃的人，才算是一品大百姓。士的地位是没落了。我们虽不可重士，却不可不重师。教人种田种得好的是农之师。教人做工做得好的是工之师。教四万万国民起来拿民权，保民族，厚民生，以创造出一个名实相符的中华民国，并与以平等待我之民族联合起来，以创造出一个平等的、自由的新世界的是国民之师、人类之师。农不重师，则农必破产；工不重师，则工必粗陋；国民不重师，则国必不能富强；人类不重师，则世界不得太平。但是要人敬的必先自敬。重师首在师之自重。把顶戴去掉！把博士帽、硕士帽、学士帽去掉！把想比百工高一个头的野心去掉！把一双可以自由活动的手伸出来！‘士’化为‘工’，乃可以为师。六六节的本意在重师，——重这样的师。若是拿它来维护士大夫的地位，那便是开倒车了。所以我认为教师节的重大意义在化士为工，在化教书之师而为做工之师，教人做实验之工，做生产之工，做建设之工，做创造新乡村、新中国、新世界之工。诸位看我这个意思对不对？”

二十一

我们听见朱先生这番话，是五体投地的钦佩。宋老太、春生哥和我异口同声的说：“朱先生这种主张一点也不错。”我补了一句说：“就请朱先生到我们村庄里去把这些主张行出来吧。”宋老太、春生哥也毫不迟疑的表示赞同。朱先生听见我们三个人一致欢迎他下乡，便站起来说：“我对于乡下的事是一窍也不通，但是愿意跟大家学。如果诸位愿意随时教我，我马上就下乡去做诸位的学生。我还有一个弟弟，也要带去拜诸位做先生。”宋老太说：“先生是说反话吧？我们请得先生下乡，大家都可以向您请教，那是多么的幸福啊！先生总是先生，我们能做您的学生，已经是天大的福气。于今先生还说要拜我们做先生，那是折我们的福了。”春生哥也说：“朱先生的话我们是不敢当。总之我们今天陪先生一起下乡，那是荣幸极了。”朱先生说：“不是客气。将来你们看吧！我能教你们的很少，你们能教我的很多。”我想起敲钟的事，急于要下乡，便说：“大家都不要客气了。我们一起下乡吃午饭。朱先生！请您就去把小弟弟带来，我们在这儿候驾，好不好？”朱先生说了一声：“好！”就去了。

宋老太与春生哥在那儿谈话，口口声声称赞朱先生。我是一个子在这儿呆想。宋老太大概是忘了吧？她最反对的是《毛毛雨》、《妹妹我爱你》。她已经提议不请提倡这种歌曲的先生。她能担保朱先生不到乡下去干这个把戏吗？她何以把这个重要的条件忽略掉？朱先生对于这一点抱了什么态度？她是一句话也没有问！我呢？那是格外无以自解了。我曾经下了决心，凡是不能说明电灯如何发光和“大世界”镜子里如何有这么多变化的人，我都不愿请他做先生。何以见了朱先生一句也不提？忘了吗？乡下佬见了城里人就怕问吗？奇怪！这一切的一切是不消问了。朱先生所提出的主张是出乎我们意料之外的伟大，把我们这些小问题都一网打尽的包罗在内。我之所以不急于追问那电灯和镜子里的奥妙，是因为朱先生明明的告诉我，他“只做活学问，越做越不足”。他若是知道这里面的奥妙，那么等他下乡后再请教也不迟；他若是不知道吧，他日后会把它们当作活学问去研究，总有一天把这奥妙的道理找出来。我如何可以凭着这一两点零碎知识而定一位先生之去留呢？宋老太的顾虑怕是和我的一样，同被朱先生的主张打得粉粉碎，飞到九霄云外去了吧？

二十二

朱先生也和我们一样的奇怪。他没有问我们每月给他多少束脩，也没有问我们一天要他教几点钟课。这是什么道理？难道他是个阔佬，不愿在这薪水和钟点上打算吗？这薪水和钟点问题为什么在他心中不成问题？莫不是因为得了一个地方能行自己的主张就快乐得把这些问题忘了吗？谁知道呢？……

两个人挑了两个担子渐渐的走近了。谁？那个大个子不是朱先生吗，小的一定是他的弟弟了。先生自己挑铺盖！我是今生第一次遇见。……“朱先生！您怎么自己挑行李？这正是我们效劳的机会了。……春生哥！你代小弟弟挑，我代先生挑，好吗？”

我自告奋勇的说。春生哥跑上去抢先生的较大的行李，一面对我说："你年纪小些，该挑小的。"

哪里知道朱先生是下了决心要自己挑铺盖下乡，无论怎样说，总不肯让我们挑。他的理由却很简单。他说："这是我跟你们学的第一课。乡下人自挑柴火进城卖，我们应该效法。"可是，我们如何可以依他，他是我们新请的先生，让他自己挑铺盖，我们却两手空空舒舒服服的看着先生流汗，问心如何说得过去。最后宋老太提出一个折中的办法，两个行李担四个人轮流挑。不过走近古庙的时候，一定要让春生哥和钟儿代挑。宋老太的建议是被双方接受了。究竟先生的肩脖嫩得很，小弟弟的更嫩，到了古庙，打开衣服一看，肩上是如同擘痧一般的红，并且是肿起了两个肉瘤。小弟弟后来说，睡了一夜格外觉得酸痛。他以为这次挑担下乡是很有意思的。他说他从此不再看轻挑担的人，因为他曾经挑过担子，知道出一分力才能走一步路。这位小弟弟是多么的可爱阿！

二十三

乡下人进城闹笑话，那是不必说了。谁知道城里人下乡也会闹笑话，我们那位可爱的小弟弟，闹的笑话不比我少。别的不说，只说一件。当我们走到庙门口的时候，小弟弟指着庙前绿油油的田园说："你们种这许多韭菜，怎么吃得了？"这句话引得大家哄堂大笑，简直把一个天真烂漫的小弟弟都笑呆了。他不知道大家为什么笑，还是宋老太嘴快："这是麦苗，不是韭菜，你欢喜吃韭菜吗？"小弟弟自己也笑得满脸通红。朱先生说："我讲过吧，你们能教我们的东西多着咧。小弟弟！你是多么幸福呀。宋老太教你知道麦子是什么了。你还得把麦苗与韭菜详细比较一下，找出究竟有什么分别，你以后只要虚心问人，就能天天长进。至于自己不知道的东西，是要勇于请教，怯于瞎讲，才对。"

二十四

村庄里的人听说新先生请来了，男女老幼都跑来看，如同看新郎一样的热闹。我们一个一个的介绍与朱先生相见。朱先生立刻把孩子们招在一块，说："小朋友！我讲一个故事给你们听吧。从前有一个农人，只管代人种田，把自己的田荒在那儿。后来没有米吃，就饿死了。在他死的时候忽然来了一只鸟，停在屋角上'布谷，布谷'的叫。从此乡下人以为这只布谷鸟就是那个饿死的老农变的，天天叫人'布谷'以免挨饿。这个故事你们是早已知道了。但是你们可知道这布谷鸟所叫的究竟有什么意思呢？它所讲的话是：

布谷布谷，快快布谷。
　如不布谷，没米煮粥。
如要煮粥，快快布谷。
　布谷煮粥，煮粥布谷。

你们大家念念看，要念得快，念得不错。谁念得顶好，我就把这个小皮球交给他管。"

大家念得高兴极了。王二嫂子的小儿子樱儿是念得顶快，一个字也没有念错。他快乐得像个活神仙一般，就这小皮球管理之职。朱先生便开始教小孩们拍这个奇怪而好玩的东西。这小球儿就是年长的农人也没有看过，有几位插进小孩子的队伍里去拍了一两拍，笑嘻嘻的说："这东西好玩！"

二十五

朱先生进去喝了一两口茶便说："钟儿！请你带我去看看学

堂应该设在哪儿。”我就领朱先生看大殿，这儿供奉的是如来佛。次看看后殿，朱先生忽然问道：“和尚庙里怎么来了一位太上老君？奇怪！佛教怎么和道教妥协？”我告诉他说：“这是和尚因为进款不敷支出，在五年前加进来的。原是离这儿十几里路的地方有个紫霞洞。凡是村庄里信仰道教的人都去那儿去烧香。当我们这里太上老君开光的那一天，和尚得意洋洋的说：‘这个利权从此不致外溢了。’的确，自从太上老君进来之后，每年庙里是多了五六十元的收入。这和尚是会做生意。”……我们走着谈着，一忽儿就到了别殿，朱先生问：“这是些什么菩萨？财神我认得，那些是什么？”我一一回答说：“这是麻神，这是痘神，这是蚕神，这是牛神。”朱先生说：“我猜想这一切的一切，怕都是和尚老板的伙计吧。哪个顶会做买卖？”我说：“这要看流年。前年小孩子出天花的顶多，痘神是走了红运。去年春蚕发瘟，蚕神门市竟赛过财神。”朱先生说：“这是多么有趣的一个店铺呀！”我说：“现在既要改做学堂，总得把这些菩萨移动移动，使得小学生有个地方坐才是。小学生便是我们的活菩萨，等他们都坐到这里来，那时庙中必定是另有一番新的气象。”朱先生开始说我所不能懂的话了。他叹了一口气说：“如果叫小学生一个一个的都坐到这里来，他们也就变成泥塑木雕的菩萨了。那时这些小朋友便成了先生糊口的小伙计，如同菩萨做和尚的伙计是一样的可笑。”我不大懂这些话。难道菩萨不搬动就能容纳这许多小学生吗？这葫芦里是装了什么药？朱先生继续的问：“还有地方可看吗？”“没有了！”是我的简短的答复。朱先生又说：“学堂好比是一条老牛，这几间房子不过是牛身上的一根毛，只是一根毛！”我心中可着急了。朱先生显然是瞧不起我们这个古庙。我万分的忧虑，怕他不愿意做我们这里的先生。这，这，应该怎么办呢？

二十六

“我们到外面去看看吧。庙里不大行。”朱先生一面说，一面向大门外走。我说：“庙外再也找不出一个更合式的地方。村庄里只是一些茅草棚，怎么做学堂？张胡子的家里虽是石库门，也比古庙小得多，决不合用。”朱先生说：“我们出去看看，总不碍事。钟儿你不要拘执成见，也许还有更好的地方在那儿等着我们去找咧。”我于是领导朱先生穿村庄里经过。好热闹呀！连姑娘、小姐、少奶奶都跑到家门口来看，一个个的爆蚕豆样说：“那就是先生！”小孩们是三五群的像尾巴样在后面跟着。

我们走到铁匠铺，李铁匠放下那通红的铁，出来与我们招呼。朱先生笑嘻嘻的对我说：“这个铺子就是一个顶好的课堂，李司务便是我们的先生。我们以后要向他请教咧。”李司务很客气的说：“朱先生不要见笑。我这个粗人，懂得什么，一定要先生指教我才对。”

我们别了李司务，远远的看见老许在那儿砌墙。朱先生说：“那个砌墙的地方也是我们的一个课堂，砖匠司务也是我们的老师。那司务叫什么名字？”“那是砖匠老许，反对办学堂就是他。”我便把他的历史一五一十的告诉了朱先生。朱先生说：“尽管他反对，我们要学砌墙的道理，总得请教他。”

再走过去，是一个很大的菜园，赵小二哥正在那儿浇粪水。小二哥种菜是顶有名的，菜儿长得又大又嫩，村庄里是没有人比得上他。朱先生说：“赵家菜园也是我们的一个课堂。小老二便是教我们种菜的先生。”

离菜园半里路是一座山，遍山是松树，叫做万松岭。万松岭上有一棵老松树，老松树上有一只老鹰在那儿做巢。朱先生问：“这棵老松树是什么？那老鹰又是谁？”我毫不迟疑的而且十分自信的回答说：“这棵老松树是我们的一个课堂。那老鹰便是我们的先生。”朱先生说：“聪明的钟儿！飞鸟是很好的建筑工程师，传说古人造房子便是跟鸟儿学的。我还想问你一句，这里是我们的课堂，那里又是我们的课堂，那么我们的学堂究竟是在什么地方？”我说：“朱先生，我的学堂完全被你打破了。我现在知道你心中的学堂是什么。你的学堂是以青天为顶，大地为底，二十八宿为门墙，万物都是你的先生，都是你的同学，都是你的学生。我完全懂了，你打破了我的鸟笼式的小学校而给了我一个森林似的大学校。我们在这海阔天空中过生活，那是多么的快乐呀！”朱先生说：“聪明的钟儿，你是知道了一半！”

二十七

我想在海阔天空中过生活，便是在海阔天空中受教育，必定是皆大欢喜，各得其所，还有什么缺憾呢？我自以为得到了朱先生的法宝，哪里料到他说我只知道了一半。这个我必得追问下去：“请教那一半是什么？”朱先生说：“人生有三种境界，教育也有三种境界。你所说的是第一种境界。海里的鲸鱼，空中的仙鹤，森林里的狮子是多么的自由，又是多么的幸福啊！人生得到自由也是一样的幸福。教育办到这种境界，学堂是造成天堂，小孩们是变为活神仙了。但明明是空中的一只鸟，有人偏偏要把它捉进笼里去；明明是海里的一条鱼，有人偏偏要把它捉进盆里去；明明是森林里的一只野兽，有人偏偏要把它捉进棚栏里去。假使你是这只不幸的鸟，假使你是这条不幸的鱼，假使你是这只不幸的野兽，你该怎么办？”“我不愿意到笼里去，我不愿意到盆里去，我不愿意到棚栏里去。”“他不管你愿意不愿，简直一味横蛮的把你捉了进去，你又怎么办？”“我要用我的小小生命的力量，我要联合一切小小生命的力量和这人奋斗。我要啄破鸟笼，冲破鱼盆，咬破棚栏，向那海阔天空投奔而去！”“又比如你是森林里一只自由自在的睡狮，突然来了一只老虎向你侵略，你又该怎样？”“我当与老虎决一死斗！”朱先生说：“好，生命遇着对敌，必起而奋斗，这是第二种境界。”我说：“对！我要自由！我要奋斗！”朱先生说：“你再看一粒种子！它在那天寒地冻的时候是被压在泥土里。你说它被泥土压着不自由便把泥土拨开，你说它被壳儿包着还不自由便把壳儿剥掉。好，一粒赤裸裸的种子暴露在自由之土地上，一只肚子饿了半天的雀儿从枯枝上飞来，一啄就把它整个的吞了下去！钟儿，这粒种子要想发芽、抽条、开花、结果，你必得让它用一些时间深藏在壳里，潜伏在地中，慢慢去吸收水分、肥料、空气、阳光，以发挥它的生命。这是第三种境界。”

我欢喜极了，便笑对朱先生说：“先生是算错了账。我所知道的是三分之一而不是一半。”

二十八

从万松岭回来，我一路把朱先生所说的话放在我的脑海里漂了几漂。朱先生是胸有成竹，我要从许多破碎的观念中建设出一个活跃的学校的小影。古庙学校必是一个有生命的学校。在这个学校里是有生命的潜伏，有生命的自由，而且是有生命的奋斗。我三番五次的考虑之后，把我们所要办的古庙学校，画了下面一幅简笔画：

“静默如地下的种子。
自由如空中的鸽子。
猛勇如斗虎的狮子。”

我写好了，拿给朱先生看并请他指教。他欢喜极了，立刻拿起笔来，说，我也写上几句：

“行动是老子。
知识是儿子。
创造是孙子。”

二十九

朱先生写的这几句话，可就把我弄糊涂了。依我从前的意思看来，是先有知识而后有行动。现在朱先生以行动为老子，知识为儿子，创造为孙子，恰恰与我的意思相反。如果我是对的，他必定是错了；假使他是对的，我必定是错了。我思来想去，不能说我一定对，也不能说他一定错，我是在一个圆圈里打转，找不着出路。我自己不能自圆其说，终于问朱先生要证据来说明他的主张。

朱先生问我：“你知道骑牛吗？”我说：“知道。”“你这骑牛的知识是如何得来的？”“在牛背上骑了几回就会了。”“好。骑牛是行动，会骑是知识。那么知识是行动里产生出来的，不是吗？”“对！”

朱先生又问：“你知道游水吗？”我说：“知道。”“你再想想那游水的知识是如何得来的？”“在水里游了几回就会了。”“好，游水是行动，会游是知识。又可见知识是从行动里产生出来的，不是吗？”“对！”

我想了一忽儿，反问朱先生：“我们知道火是烫人的，遇了火便缩手。知火烫人是知识，遇火缩手是行动。这不是先知而后行吗？”朱先生说：“火是什么？烫人又是什么？你是生来就知道的吗？”“我想不是生来就知道的，说不定是人家告诉我的。”“人家可以告诉你火是烫人的，也可以告诉你火是冰人的，谁真谁假，你如何判断，如何分别，如何知道？你怎么知道火一定是烫人的，火一定不是冰人的？你怎么知道那告诉你火是烫人的是说真话？又怎么知道那告诉你火是冰人的是说假话？”“我想拿手在火上试一试便知道了。”“对！你在你妈妈怀抱里的时候，有一次伸手玩火，被火烫了，便知道火是个厉害的东西，所以以后见着火就把手缩去。伸手玩火是行动，知道火烫人手是知识。这不是证明先行而后知吗？”

三十

朱先生说到这里，我是有几分明白了。但是行动产生知识的理论究竟对于我们的学校要发生什么影响，我还不能推定，便打破砂锅纹（问）到底的向朱先生请教。朱先生说：“我们这个学校是根本与传统的学校不同了。传统的学校是一个鲍鱼罐头公司。学生好比是一个一个的罐头。先生好比是装罐工人。伪知识便是装在罐头里的臭鱼，没有煮熟，没有消毒，令人看了好看，吃了呕心泻肚送老命。何能怪人连罐头一起摔掉呀！可是这个罐头公司是个老店，挂的是历代圣贤亲笔所写的招牌。我不要说别人，只拿那主张‘知行合一’的王阳明的理论来谈一谈，你便知道传统学校的根是安得很深了。他说：‘知是行之始。行是知之成。’这两句话是代表了传统学校的教育方法。我们在学校里用十年五年光阴把‘知’的功夫做好了，再到学校外去‘行’。依传统的方法，你要学游水是在课堂里听游水的演讲，在图书馆里看游水的书，到大考的时候写一篇《游水论》，得七十分就算及格，得一百分就算是个游水大王。谁能否认你呢？你的学校是有先知后行的哲学根据，你的考卷是有博士们的双圈，你的文凭是有教育部盖的印子。谁能否认你呀！可是你得留神，海龙王只认本领不认文凭。大达轮船失了火，如果你也是船上的一个搭客，那时可真是过游水的大考咧。好，传统学校是必得拆掉。王阳明的‘知是行之始’得翻半个筋斗。怎么叫做半个筋斗呢？孙悟空一个筋斗十万八千里。他是站在如来佛的手掌上翻筋斗，翻好了一个，他还是站着。翻一个筋斗是画三百六十度，半个筋斗是画了一百八十度，恰是颠倒了过来。我们的理论应该是这样：

行是知之始，
知是行之成。

我们是要在行动中追求真知识。行动遇着困难便不能不思想，思想贯通便取得了真知识。运用真知识以行动，便走上了创造之路。今日之学校是行以求知的地方。有行动的勇气，才有真知之收获，才有创造之可能。”

三十一

我们前次公议由各家轮流供饭。第一回就轮到春生哥的头上。他今天是辛苦了，一到乡下就忙着去预备饭菜。我的嘴福倒不浅，春生哥硬要拉我去做陪客。

当我们动身之前，朱先生把小弟弟叫到一边，招呼他说：“你平常是吃肉不吃皮。今天在农人家里去做客，可要守些规矩，连皮一起吃。农人拿他血汗换来的钱请我们吃饭是很不容易的。若要嫌精拣肥，把可吃的东西白白的糟［蹋］掉，那就是辜负他们的好意了。”小弟弟点点头。

我们到了春生哥的家里，只见宋老太、李司务、赵小二哥、丁老五都在那儿了，连主人恰恰坐满一张八仙桌。春生嫂嫂是在厨房里亲手弄饭做菜。他们的两个可爱的孩子——梅香和莺儿，是忙着冲茶、上菜、添饭、打手巾把子。今晚所上的菜是四碗四盘。盘菜是干丝、腌菜、鸭蛋、香肠；碗菜是青菜豆腐汤、腌鲤鱼、清炖鸡、红烧肉。这种菜在我们乡下要隔几个月才吃得着一次。今晚的菜是特别弄得结实而丰富，用村庄里顶大的盘子和顶大的碗子端出来。朱先生是有先见之明。那红烧肉的皮是有牛皮那样厚，而且是一根一根的黑毛，怒发冲冠的竖着。我留心小弟弟怎样去对付。我猜想他是欢喜吃红烧肉。如果在自己家里他必是老实不客气用筷子看准一块取来，把肉与皮交界处放在门牙间一咬，随将带毛之皮放在桌上，再从容去细嚼那美味的肉。他今晚一定不能痛快的干。他要就不吃，要就连皮带毛一口吞。他是在考虑。毕竟他是下了决心，取得一块，眼睛眨了一眨送进嘴去。

我们先商量什么日子开学。

乡下破蒙学生总要过了二月二才能进馆，已经破过蒙的可以早些。但无论如何总得拣个好日子。自然，那官历是我们的惟一的指导书。春生哥拿了一本官历来请朱先生拣。朱先生拣定了阳历三月十五日即阴历二月初九日。赵小二哥说："给我看看。"李司务说："你认不得字，字也认不得你，你怎么看得出日子好坏。"小二哥说："香瓜看官历，一行到底是好日。朱先生拣的这个日子好极了。"

三十二

我们在酒席上所谈的第二个问题便是招学生。宋老太问朱先生预备多少人。朱先生说："一个也可，一千也可。"宋老太说："要上学的学生多着咧，我只怕收不下，朱先生连一千也能收，那就不必我们烦心了。"春生哥问："几岁的孩子就可以上学呢？"朱先生说："一岁也可，百岁也可。"大家都笑了起来，说："照这样讲，我们都可以做学生了。那好！"李司务问："有许多孩子想来而不得来，又有什么办法？比如住在我隔壁的牛儿，靠守牛吃饭。他想进学堂，简直是如同害了相思病一样。但是进学堂就没得饭吃，要吃饭就不能进学堂。先生看，像牛儿这样的孩子是有许多，怎么办呢？比如我老李，虽然是虚度了四十岁，也想认识几个字，但总不能关了铺子去求学吧。因为关了铺子就要饿了肚子，当了裤子，这决不是好玩的（大家哄堂而笑）。先生看，如何是好？"朱先生说："有办法。与其招学生进学校，不如送教育上门。我们把教育送上牛背，不是不可能。如果您不见弃，我们也可以拿点教育的礼物来送送您。”李司务听得高兴极了，大家都说这法子好。

在满屋的欢笑声中我是免不了怀疑。朱先生这些话都有点出乎我意料之外。我不得不思索。我不能随声附和。朱先生是单身匹马来到这里，一千个学生，谈何容易，一个子怎么忙得过来？那一千个人并不是最高限度，细味他的口气，再多些，他似乎也吃得下。至于一岁的孩子，那是多么的难养呀！朱先生又不是女人，倘若来上几十个吃乳的婴儿，这座古庙岂不成了一个活的进来死的出去的育婴堂吗。他还不满足！还要送教育上牛背！还要送教育进铁匠铺！他是有一百只手一百条腿也干不了。他是说大话吗？他是说笑话吗？他是随便敷衍乡下人吗？这些我能担保，他决不是那样的一个人。我的脑壳是成了这些矛盾的意见的战场。我是听呆了，想呆了。我又想当场质问朱先生，又怕说错话，一直到散席，我是成了一个哑巴子。

三十三

回到庙里，我就把我所怀疑的一五一十的说出来，请朱先生解释。

朱先生说：“现在政府一面提倡普及教育，一面小孩子进小学要考，甚至于进幼稚园也要考，这种自相矛盾的政策是应该存在的吗？我那小弟弟也不见得笨，四年前投考小学居然考不取，我不得已只好在家里教他。小学也要过考，真是二十世纪的一个大笑话。我们在这里办学，决不可以利用入学考试来淘汰小朋友。我们只好来一个收一个，才算是民国的教育。假如有人要来学做国民，你说要先考他一下。好，他可以说让他学好了再请你考。他或者可以问：‘倘使考不取就不必学做国民吗？’请问你有什么话回答？你说经费不足，先生不够，课堂容不下。他可以说考得取的固然不会做国民，考不取的是格外不会做国民，那末考不取的小孩子是应该尽先入学，你又有什么话回答？我们抱着一个‘来者不拒’的态度便没有这个矛盾了。而且我办学堂如同韩信点兵，多多益善。你怕我一个人干不了，这固然说得有理，但是村庄里有的是人，何止我一个？我现在问你：‘我一个人教十个人，行不行？’”“那怎么不行！”“如果十个人在前一点钟学会做一件事，后一点钟就拿这件事再去每人教十人，行不行？”“这行！”“好，这样一人教十人，十人教百人，百人教千人，并不是不可能。你只须看那最好的军队里，军长、师长、旅长、团长、营长、连长、排长、士兵一贯的训练下去，就知道我这个意思是可以实现的。我把我心里的办法告诉你吧。我要先招先生，后招学生，其实我是要先招大徒弟，后招小徒弟。我的办法是：师傅教大徒弟，大徒弟教小徒弟。这也没有说得十分恰当。我实在是要教大徒弟去教小徒弟去自己教自己。好了，这句话才把我的意思充分的发挥出来。现在离开学还有好多天，你可以带我去会会村庄里的小朋友、大朋友。同时也可以请他们随时到我们古庙里来玩玩谈谈，这样在开学之前我便可以认识谁能做师傅，谁能做大徒弟。找着了几位师傅，几十位大徒弟，我们便能从整个村庄的生活里办出整个村庄的教育来。钟儿！你在大徒弟当中算是顶大的了。但是你要明白：我不一定是师傅，师傅不一定是我。”

三十四

我说：“朱先生要我做一个徒弟，我倒是很情愿的，但只是会的教人，不会的跟人学，似乎不必分什么大小。至于师傅这把交椅，那就请先生老实不客气的坐了起来，用不着推让。”

朱先生说：“广义的说起来，不但是徒弟没有大小，就是师傅与徒弟的区别也不能分得清楚。就拿我来说吧，我有些事情能做你的师傅，有些事情倒要做你的徒弟。不说别的，只说那敲钟一件事，我就该拜你做师傅。莫说我应该拜你做师傅，世界上不必拜你做师傅的人就不多见咧。”

朱先生这番话倒说中了我的心眼。年青的人，谁不欢喜听人恭维呢。我知道朱先生决不是要在我心里撒下几粒骄傲的种子，他只是拿一件浅近的事证明师生间是没有严格的界限。不过我必得留神，不要因为敲钟一件小事受人恭维，就真的摆起师傅的架子。我将来就做了师傅，还要肯得虚心做人徒弟，才有长进的希望咧。朱先生办学如韩信点兵，多多益善，我是赞同。但是招收一岁的婴儿，总不以为然，因为我实在是想不通。最后我只得老老实实的提出质问：“先生要招收婴儿，最好是重新考虑一下。您看，这些婴儿来了之后，一天到晚，哭啰，抱啰，喂啰，尿啰，屎啰，先生一手包办吧，如何忙得了，叫大徒弟帮忙吧，谁情愿？”

朱先生说：“这个你不必顾虑，我有现成的徒弟。这徒弟便是每个婴儿自己的母亲，我们教了每个母亲便是教了每个婴儿。”

我说：“这也有困难。我们村庄里风气不开通。先生是个男子，怎么好去教导女人？一旦瓜田李下，有了闲话，可不是小事呀。”

朱先生说：“女人教女人总行得通吧？我看宋老太倒不错。如果她老人家肯出来领导，还有问题吗？我们帮她老人家的忙总该没有闲话吧？”

我说：“那是保险了。可是先生为什么要急急的从婴儿教育下手？”

朱先生说：“小孩子的情感、习惯、倾向，在六岁以前如果培养的不得当，将来要改那可费事啦。比如怕鬼是一种最不合理的情感，几乎完全是妇女们造谣造成功的。结果呢？小时怕鬼，终身怕鬼。六岁以前的教育是多么的重要啊！所以要培养小学生，先须培养幼稚生，更须培养婴儿，即须培养婴儿的母亲，那才是根本的办法咧。不注重母教要想把小学办好，比如是水中捞月，如何可能！”

三十五

我说：“小时怕鬼，终身怕鬼，这是千真万真的。我是天不怕地不怕，甚至于老虎都不怕。止有那鬼呀，只要一说到这个字，我的毫毛就站起来了。朱先生！可有法子消除这个黑夜的恐怖？”

朱先生说：“我像你这大年纪是和你一样的怕鬼。我的祖母、我的外婆以及左右邻居的亲戚朋友，描写给我听的鬼，不下十几个，一个个的都在他们的嘴唇上活跃，在我的心窝里作怪，使我站在旁边，全身都打寒战而发抖。我听过之后，再也不敢独自一个进到房里去，梦里是必定几次被那披头散发的东西骇得哭。小孩们的恐怖，老人家是不会体谅，风雨之夜没事，还是依旧的谈，谈得我们的胆子都要骇破了。”

我插了一嘴说：“你现在还怕不怕？”朱先生说：“现在不怕了。我在十七岁的一个夏天，当太阳落山的时候，下了一个决心要去看鬼。我家离学堂有六十里路程。这时暑假刚刚过了一半。我是日里到学堂里来访朋友。本来可以在朋友家过夜，可是我想做两种试验：一看我能不能走一百二十里；二看路上究竟有没有鬼。所以就决定当晚回家。一路要经过好多个亭子，内中有三个亭子据说是出鬼的。朋友们的劝阻都不听，我买了一个小灯笼、几支蜡烛、一盒火柴就动身。走了一点多钟，远远的望见第一个亭子就打了一个寒战。离亭子差不多十丈路光景，我的毫毛全都站起来了。将近到亭子门口，我看准了出口，闭了眼睛，两步当一步的跑出亭子。好家伙！越跑越恐怖，好像是有鬼在后面追来。跑了几十步，脱离了鬼的势力范围，我开始质问自己说：‘你干什么？你不是来看鬼吗？如果有鬼，你能跑得掉吗？如果无鬼何必闭起眼睛跑呢？对！我来为的是看鬼。到了第二个亭子，我一定要看！’新的决心增加了我百倍的勇气。走到第二亭，毫毛还是有些竖起。这新决心叫我大胆前进，我是一步一步的从从容容的走进亭子，到了亭心，四边一望，没有什么，便大步阔步的走了出去。第三个亭子是同样走进走出，连毫毛也不竖了。我征服了鬼！我征服了我心里的鬼！我征服了我的长辈无意中骇了我十几年的虚造之鬼！我这个胜仗是用了九牛二虎之力冲锋冲出来的。你要想征服你心里的鬼，也得要奋斗。只有决心的奋斗能征服一切，连鬼在内。我们若能教导乡下妇人不再和小孩们讲鬼，小宝宝们要少几多恐怖。等到他们长大起来，也就用不着像我们这样费力的去打鬼了。”

三十六

我们三个人——朱先生、小弟弟、我——去到野外散步，看见陈大嫂子在塘边洗衣服，朱先生指着背后草地上说：“那是什么意思？”我顺着朱先生所指的地方看去，只见一个活活泼泼的小孩子在一个大筐子里坐着！原来这是陈大嫂子的小宝宝，家里没有人帮忙照应，又怕他在塘边玩水，所以他妈妈弄了一个筐子要他坐在那儿。陈大嫂子是洗了几下便回过头来望望。朱先生问：“像这一类的事，多不多呢？”我说：“有一天早上，孙大妈左手拿了一条小板凳，右手牵着她的四岁女儿到庙里来说：‘钟儿！我要挑柴进城卖，巧姑托你代我看管半天，只须叫她坐在凳子上，不要给她东跑西跑就得了。’这一类的事是常有的，托邻居、亲戚照应的比较多些。”

朱先生和筐里的小宝宝玩了一会儿，便一面走一面想，忽然兴高采烈的说：“钟儿！我们今天是探获了一个新大陆！我看出那筐子里的小宝宝是陈大嫂子的一个累。巧姑是同样的累了孙大妈。还有那些在家里像尾巴样跟前越后，使妈妈奶奶累得发急的还多着哩。”我说：“先生的话很对。这些孩子，不过三五岁，又不能守牛，又不能割草，又不能送饭，在家里挡手挡脚，出门去尾大不掉，农家妇女的确是累得没有办法。先生怎么看了这事如此的欢天喜地，你所发现的新大陆是什么？”

朱先生说：“这些孩子是没有你所说的那一大堆困难了。哭啰，抱啰，屎啰，尿啰，喂啰，是都不大成问题了。如果我们有一个地方给这些小孩们玩，做妈妈的把他们寄托在这里，可以放心去做事，而且早上送来，晚上抱去。一天不见，如隔三秋。母子间之亲爱幸福，可想而知。在城里收这样小孩的地方叫做托儿所、幼稚园。托儿所、幼稚园下了乡，真是得其所哉。乡下是托儿所、幼稚园的新大陆！”

三十七

我说：“这么大的孩子收进来，只须有人陪他们玩，想去是办得通的。先生的主张我想用两句话来代表，不知道对不对？这两句话是：

‘来者不拒；不来者送上门去。’

乡村的孩子们，稍微长大一点，便要守牛割柴，虽有学堂而不能来。那些抱在手中的小宝宝，即来也不能收。这些，我们只好把教育送上门去。惟独是像巧姑那般大的三五岁的孩子，我们倒不妨把大门开得大大的，给他一个‘来者不拒’。因为他们不在家里，家里倒少些麻烦，进了学校，学校也不致受很大的累。我承认今天先生是发现了一个新大陆。但是细味先生的口气，好像城里的幼稚园是有些不得其所。不知道我猜错了没有？”

朱先生说：“对！我告诉你一件有趣的故事吧。这故事我是间接听来的，但是千真万真，不是笑话。一位少奶奶死好打牌。她爱打牌过于爱她的孩子。她那孩子却是一个小天使，十分可爱，但是娇养惯了难免有时撒娇。当这少奶奶打牌打得兴高采烈的时候，她的孩子往往要来打搅。他是一刻要吃糖，一刻要吃馄饨，一刻喊抓痒，一刻喊撒尿，闹得这个少奶奶不得安身。她对孩子说：‘你再这样闹，我就把你送到幼稚园里去。’小孩子懂得什么，一天一天的依旧做了他妈妈的眼中钉。最后她竟硬着心肠把孩子送进幼稚园去。回到麻将椅上，笑嘻嘻的说：‘小东西不在这儿，咱今天可以痛痛快快的打它几圈。’钟儿！城里幼稚园的先生是做了少奶奶们的老妈子，帮她带孩子，使她无挂无累的赌博。你看教育的事业是变成这样的无聊。幼稚园下乡便立刻帮助了农妇生产，岂不是得其所哉！我要补说一句，城里在纱厂、丝厂旁边办的幼稚园是一样的有意思。可惜那些小姐式的幼稚教师，好像是甘心情愿要做少奶奶们的老妈子而不能自拔。这真是令人难解。我们这些新大陆上的披榛斩棘的工作，要待谁去做呢？”

我说：“当然是我们自己干！”

三十八

我们散步到邻近的一个大村庄，听见有些小孩子“诗云、子曰”的在一个人家里面喊得热闹极了，知道这一定是个私塾，便走进去看看。这里引我最注意的是一个牌位，上面写的是：

“大成至圣先师孔夫子之位”

我为什么注意呢？因为我想古庙学校里也得有这样一个牌位。我怕朱先生没有注意到，特为指给他看，并且告诉他说：“像这样的牌位，我们古庙学校里恐怕也得要有一个才对。”朱先生问：“你读过《论语》没有？”“读过的。”“我们回去温习一遍再决定吧。”我心里想：“这倒奇怪了。难道孔夫子的牌位也成了问题吗？为什么先要温习《论语》才能决定呢？”

朱先生一回到庙中，便在提箱里拿出一部《论语》：“钟儿，小弟弟，你们两个人一同温习《论语》。拿笔墨纸来。你们温习的时候，凡是看见耕田种菜或孔子对农人或是农人对孔子发表的意见，都摘录下来给我看。”这是我所摘录下来的：

> 樊迟请学稼。子曰：“吾不如老农。”请学为圃，子曰：“吾不如老圃。”樊迟出。子曰：“小人哉，樊须也！上好礼，则民莫敢不敬；上好义，则民莫敢不服；上好信，则民莫敢不用情。夫如是，则四方之民，襁负其子而至矣，焉用稼？”
>
> 南宫适问于孔子曰：“羿善射，奡荡舟，俱不得其死。禹稷躬稼而有天下。”夫子不答。南宫适出。子曰：“君子哉若人！尚德哉若人！”

小弟弟抄了两条：

> 子曰：“君子谋道不谋食。耕也馁在其中矣。学也禄在其中矣。”
>
> 子路从而后，遇丈人，以杖荷篠。子路问曰：“子见夫子乎？”丈人曰：“四体不勤，五谷不分，孰为夫子？”植其杖而芸，子路拱而立。止子路宿，杀鸡为黍而食之，见其二子焉。

三十九

我和小弟弟摘抄好了，便把一个个的意义查清楚，问明白，然后开始讨论。我说：“樊迟问种田问种菜，可算是一个关心农事的学生，不过他是问错了人。向一个读书人问这些有什么用处呢？”小弟弟说：“孔子说他种田不如老农，种菜不如老圃，倒是老实话。知之为知之，不知为不知，也不失为先生之态度。可惜孔子没有勉励樊迟去向老农、老圃请教，反而背面骂他为小人，这未免失了先生的体统。”“我看他是杀鸡骇猴子。骂一个樊迟，不啻是警告他的三千学生。他只希望他的弟子在礼义信上做功夫，好去做官，不要他们在种田种菜上去考究。凡在种田种菜上考究的都要像樊迟一样碰钉子，都是没得出息的小人。”“但是，当南宫适拿禹稷亲自种田而得天下一段故事问孔子的时候，孔子为什么不回答？为什么又在背后称赞南宫适为君子？”“禹稷躬稼是古代传下来的故事，孔子不能否认。禹稷不是平常的老农而是做了皇帝的老农，自当另眼看待。同是问话人，樊迟是一个小学生，南宫适是一个大官，不能没有分别。假使樊迟是个大官，南宫适是个小学生，我猜想那君子和小人的毁誉是要换一个位次。否则，这种矛盾是不可解释的。”“孔子说君子谋道不谋食。那么谋食不谋道的是小人，一面谋食一面谋道的岂不成为半君子半小人吗？请问君子不谋食，食从哪里来？孔子的意思是，学道吃不了，耕田要挨饿。学道吃不了的是君子，耕田要挨饿的是小人。不种谷而吃饱饭的自称为君子，种谷而没饭吃的反被骂为小人，这是何等的不公平！”“照孔子的理想看来，一国之中不能尽是君子。如果尽是君子，便没人谋食，没人耕田，君子都要饿死了。在他的社会中必须有一部分人专门耕田，耕田的人要把自己饿得瘦瘦的，使君子可以养得胖胖的坐在那儿管他们。这种瘦己令人肥的人是被骂为小人。”“孔子骂农人为小人。农人的嘴也没有放他过去。你看‘四体不勤，五谷不分，孰为夫子？’十二个字是骂得多么凶呀！可见得当时的农人和孔子是没有好感。”“但是为什么一直到现在中国的农人总是崇拜孔子，并且在每一个私塾里是供奉着他的牌位？我们想不通。”朱先生说：“孔子是地主的代表。‘谋道不谋食’是有地租收可以吃现成饭。私塾是地主的麻醉机关。帝王与地主拿孔子做偶像，孔子的吃饭懒做一心想升官发财的门徒又到处宣传，农人经过二千多年这样的麻醉，所以弄得糊里糊涂。”好，牌位的问题是不成问题了。

四十

细想起来真好笑。同是一部《论语》，从前那样读法觉得圣人的书没有一句错，现在换个法子读，便觉得句句有重新估价之必要。我是懊悔极了，为什么应该怀疑的地方我乃丝毫无疑？然而不幸中之大幸，我于今却得着朱先生之指点，从此对于古人的书连一句也不使它轻易放过。我记得有一个人说过："学贵知疑：大疑则大进；小疑则小进；不疑则不进。"这个"疑"字我当重用它。

我今次读《论语》，读到"公山不扰[7]以费畔"一段是忍不住笑了。当孔子想去勾结叛逆的时候，子路不欢喜，孔子说："我又不是一个葫芦，岂能挂在这儿不吃饭？"你既知道要吃饭，为什么又说"君子谋道不谋食"呢？

四十一

阿羊跑来叫我到门口去，轻轻的告诉我："他们讲你们请来的朱先生没有本事，在城里考背榜的。"我追问他哪里听来的，他说是王二嫂子听人说的。我追去问王二嫂子，她说是裁缝司务老钱说的。我便去问老钱，老钱说是吴木匠传来的。等我追到吴木匠那儿，详细盘问了一下，才知道这风声是砖匠老许造出来的。他还在这里捣乱！

我追到了谣言的根源，就回到庙中，想告诉朱先生。但是我怎么能够唐突。我思来想去，正不知如何进言。小弟弟忽然跑来，毫不隐藏的对朱先生说："哥哥！村里人讲你在城里考背榜，又说什么倒数第一。"天真烂漫的小弟弟，说话竟这样不知轻重吗？我为什么没有他的爽直与勇敢？他是有什么话说什么话，应该说的他都说了。

“这是砖匠老许造的谣言，我已经明白了。”小弟弟才说完，我就说明谣言的来历，为的是要给朱先生知道老许故意造谣，使他心里可以安慰些。

朱先生说：“老许不是造谣。我在城里过考，的确是背榜。倒数第一是一点也不错。他大概是实地调查来的。”

四十二

朱先生为什么考人不过？这是出我意料之外的一个消息。我起初只道是老许造谣，决不相信。哪里料得朱先生竟自认不讳，反而把我弄糊涂了。依我看来，朱先生是决不会背榜的。我想来想去，想不通，终于老老实实的去请问朱先生。

朱先生说：“我幼时听见一句俗语，叫做‘老鼠钻进牛角筒’。你知道牛角这个东西是口儿大大的，越进去越小，一直小到不能再小才到角尖。牛角是越钻越不能出来，到了最后，只是死路一条。老鼠钻进牛角筒便是中国传统教育之小影。成千成万的学生是向着这牛角筒里钻去。学生后面有教师，教师后面有督学，督学后面有局长、厅长、部长，拿着鞭儿一群一群的往牛角筒里赶。教官拚命的赶，学生不得不拚命的钻。赶得顶起劲的升官。钻得顶起劲的得一百分，领最优等文凭。我只是在角口徘徊不进，虽有人在后面赶也不情愿钻，钻不得几步路，又回过头来。我不是应当背榜吗？老许何曾造谣？我只恨当时既不愿钻牛角筒，何不痛痛快快的向那海阔天空投奔而去。那牛角筒边有什么可以眷恋？于今竟因此一念之差留下这个痕迹，也是我当时没有斩钉截铁的决心，才闹出这个乱子。”

原来如此，我这闷葫芦是完全打破了。

四十三

次日早晨，在朱先生的书桌上，我看见一张纸条子，上面写的是这几句话：

“城里不要他，跑到乡下来。
他们这样说，便算我无才。”

一位初到乡下来的人受了这个打击，随便怎样达观的人，总难免有些灰心吧。朱先生却毫不介意，最少，他面上是没有一点牢骚的样子。他写的这四句诗，初看淡如米汤，但是字里行间仔细观察，只见一位肯吃小亏的朱先生是在纸上活跃。我对朱先生说：“从前有人说过，‘我自为龙为虎；任人呼马呼牛’。先生所写的那首小诗，是有这种抱负。”朱先生说：“随手写来，聊作努力修养的参考罢了，算不得什么抱负。但是你既提及这两句成语，我倒想把它们颠倒过来，做我们大家互相勉励的方针。龙为古代怪物，老虎有时吃人，那牛马才是民众的忠仆咧。”他说了便拿起笔来写：

“我自为牛为马；任人呼虎呼龙。”

“你看如何？”“你这样一改，使我在劳苦的生活中看出一种新使命。你在我面前的平凡境界里，开拓出一种不可描写的奇境。我是决定要跟你在这奇境中去漫游了。”

朱先生虽是达观，但他在这里的工作是受了很大的阻力。“古庙里的先生没本事”是传遍了人间，一直传到张胡子的烟铺上。砖匠老许于是与张胡子联盟反对朱先生，唆使家长、学生不与朱先生合作。

四十四

全村的人都轰动了，朱先生叫我出去看看是什么事。“土匪要来打劫了，你去看看。”小二哥在路上对我说。我在人群中挤过去，只见土地庙的墙上贴了一张奇怪的纸条，上面写的是：

“国民军十三师师长赵飞令张胡子即日送五千元到木樨湖犒军。我们是五个月没有发饷了。你若忍心坐看我们饿死，那就是一个没有仁道的守财奴。限你三天内送钱来，以手电灯为记。过限没有钱，莫怪我翻脸无情，切切此谕。”

这条子你猜是用什么贴的？谁也不易猜着。是用泥贴的，有趣吧？张胡子从烟霞洞里惊醒了。我看他第一次在太阳光下慌慌忙忙的跑来问讯。他有什么法子呢？家私差不多吃光了。奔走了三天连五百元也凑不足，只好把全家搬到城里去躲避，从此不再下乡。第四天早上土地庙前又贴了一张字条，比上次还要厉害：

“国民军十三师师长赵飞再令张胡子。你不服从本师长命令，可恶已极。再限你三天报效一万元。若再失信，把你全家亲友杀得鸡犬不留，切切此令。”

这几天以来，村友个个惊心吊胆。有枪的是二十多家，但是各人自保，毫无组织，等候土匪来缴械罢了。保安队是请了十几次也没有一个肯来。我们古庙里的几个人却是高枕而卧。土匪来，请他们喝两杯清水。要吃糙米饭，也可敬他一大锅。破布烂棉花如果爱上了，也可以奉送。我和小弟弟还以被绑为虑。朱先生说：“绑去正好试办土匪教育。”这些是我们茶余饭后的打算。

第五天，离古庙五里路地方的一个五岁的孩子被土匪撕了票的消息传来。这孩子的父亲是一个自己耕种的老农。土匪绑去之后索价八百元。这老农典田卖屋四处借贷凑上四百元去赎。土匪把白银子收下，指着一个小土堆说：“你要你的孩子吗？在那土堆里。”

朱先生一怒而进城去。他去做什么？我们来不及问。老许又放谣言说：“朱先生怕土匪绑他，所以跑了。”

四十五

朱先生这样匆忙的进城去，究竟是为什么？这是颇费猜想的。我却深信朱先生是一定要回来。他没有带小弟弟一同进城，他能不回来吗？

果然，在夕阳的红光中，朱先生是回来了，我们喜出望外。朱先生还有一位朋友与他同来。经他介绍，我们知道这位朋友是一位退职的军官。

朱先生说：“钟儿！你到村庄里去挨家打个招呼，说我有个好法子防备土匪，凡是家里有枪的，一听见钟声就请背枪来开会。”这是多么好的一个消息啊！村友等不及我敲钟，也没有吃晚饭，都蜂拥而来了。有枪的固然是赳赳的来了，没有枪的也来凑热闹。我说错了，他们并不是来凑热闹，乃是急急要知道如何可以防备土匪！我其实是不必敲钟召集，因为钟未敲大家是已经到齐了。但是我必得如约而敲。奇怪！今晚的钟声是特别的洪亮，令人听了，不禁增加勇气百倍。

大殿容不下，只得在古庙前面空场上集合。朱先生说：“我对于逼上梁山的好汉，是有相当的同情。但是做强盗也要有个道理。杀小孩子的强盗便是无道之盗。小孩子是我们的上帝，杀小孩子的强盗，我们必须与他奋斗。强盗也许今天晚上就来！他们要绑的孩子也许就是你抱在手上的小宝宝。只有一个法子能叫强盗不敢来：有枪的联合起来服从一个总指挥学作紧急战！我请了我的朋友江营长来教你们。我们不要学立正、开步走、向后转一类的武八股。江营长要教你们的是在打仗上学打仗。假使今天晚上十点钟就有强盗来绑我们的孩子，或是有帝国主义者来占领我们大好的山河，我们在这三四个钟头内应该如何学法，才能以一当百的去抵抗？好，我们便在打倒强盗上去学打倒帝国主义。现在请江营长指教。”

江营长：“我不愿教武八股，也不愿说客套话。还有四个钟头强盗就要来了，怎么办？（一）打起火把来学打靶子。每人先学瞄准，轮流打三粒子弹，如果子弹少，打一粒也可。（二）学装枪拆枪。（三）学紧急集合。（四）有枪的分两队，一队装强盗，一队装自卫团，学攻守野战。”

江营长说了，即刻打起火把干。当夜四项学毕后，即分配轮流守夜。口令是“岳飞”二字，不知道口令不能通过。于是全村进入戒严状态。壮丁个个变成大无畏的战士，从前那种惊心吊胆的恐怖心理早已烟消云散了。

四十六

江营长说：“你们乡下人真能干。学了四个钟头就敢与土匪周旋。平常的军事八股就是学他四个月也比不上今天的实在。”

依我看来，今天是两个人合做一个先生。江营长的武艺高明极了，处处令我钦佩。当这帝国主义高压的时代，这样年青的好军官为什么退职？我是有些不解。朱先生对于军事是素来没有学过，但江营长似乎是少不了他。江营长的武艺多半是真本领，但是也参了不少的武八股。当他们讨论怎样着手训练的时候，江营长说了许多事体要学，朱先生则专点他的真本领而撇开他的武八股。江营长好一比是开了一个菜馆，朱先生是为我们点菜，写菜单。鱼翅、燕窝、熊掌、猴脑、龙虎斗一概不要，所要的只是青菜、豆腐、红烧肉、蝴蝶面，都是一些省钱、好吃、吃得饱的东西。江营长每提一样，朱先生老是问“四小时后土匪就来，这可是必需今晚学的？”这样除去糟糠提取精华，才定出那四种紧急训练。

还有一件事我不可忘记叙述。铁匠老李说：“我们发现土匪来的时候，先向天空放一空枪，使土匪知难而退。我们若不先放空枪警告，就把他打死，他的党羽记了仇恨，必定报复。若先放空枪，他还要来，那时开实枪击他，他死也无怨。”这一点大家认为很合人道，一致赞成。因为我们组织这个民团，只图自卫，决不愿伤人性命，自做好佬。

朱先生也加了一个提议，说：“就是有敌人来，也当瞄准他的腿上射击。我们只要使他失去战斗力就算达到自卫目的，不可定要致人死命。我们要有不杀无辜的精神才可以掌握民众的武力。”这也是一致通过了。这个办法是比较难行，因为在黑夜里战斗，是不易瞄准。但是朱先生的主意正因为黑夜不易瞄准，就不要大家轻易放枪，以免误伤自己的人。好，我们的这个古庙自卫团不啻是一个古庙菩萨团。有趣！老实说，醉翁之意不在酒，打强盗不算一回什么事，保护小孩子，扑灭帝国主义才是我们真正的目的哩。

四十七

一夜平安无事。朱先生告诉我：“昨天是开了学。所希奇的是没有拣日子大家也肯来上课。你看这军事生活是多么重要的一种教育。它能培养大无畏的精神以打破无理的胆怯。它能培养团体生活的习惯以打破农人一盘散沙的无政府的脾气。民众在自己的武力保护之下才能过合理的生活，办合理的教育。你们觉得如何?”我说：“先生的主张我完全赞同。可是单单训练这二十几个有枪的人，效力未免太小，我们要想个法子使这种训练普遍于全村才行。”朱先生说：“对！全村皆兵，全乡皆兵，全县皆兵，全省皆兵，全国皆兵，而实无一个靠当兵吃饭的兵，乃是普及军事教育的最大目的。我们在村说村，今天得召集一个村民大会公议全村皆兵的计划。”江营长说：“现在是人多枪少，可以规定钟点，分排轮流训练。一天每排训练一小时，二十多枝枪我可以训练六排人。六个人共使一枝枪。一旦有事，伤一个，上一个，人伤了五个，而枪还在第六个人的手中。我们抱着人可死枪不可失的精神出而应战，必定是铁城一样的难破。”我说：“壮丁全体必须一律受射击训练，这是无可怀疑的。但是一旦临阵，要六个人保一枝枪，在运用人力一面看来，似乎是有点不经济。我的意见想加组大刀队助战。”江营长说：“大刀砍了人，血迹被风一吹，凝结起来，便不好使用，这不如刺剑。我赞成加组剑队，矛子也有大用，何妨再组一矛队，那就人人具备战斗力，声势浩大，可以不战而退人之师。”我说：“我会打几手拳，一次我和王老二开玩笑，三拳两腿竟把他手上的枪夺了过来。会打拳的可以借人家的枪打人，不会打拳的只是拿枪送上门给人打。依我看来，我们必得人人学会打拳才行。”江营长很以为然。朱先生问本村可有好的拳师。我说：“要学夺枪的本领，必得请一位会打散手拳的拳师。我那师傅张飞虎一生心血都在散手上，他会一百多套散手。我们化费一二年光阴学他三四十套，也就得了一些基本的功夫，以后继续学去必定可以发生很大的力量。他也会剑术，矛子是不必说了。张师傅是住在万松岭那边，如果他肯来，必定可以帮助江营长造成一支无敌的民团。”

四十八

商议既毕，我就去到村里召集村民大会，钟一敲就来了一百五六十人。春生哥被推为主席。今次开会有两件事是我们没有想到的。一是王二嫂子提议女人也得学习武艺。她的力气本来很大，也会两手拳，王二哥不是她的对手。听见我们谈到剑队、矛队，她也提议要组织镰刀队、锄头队。宋老太并说：“女子历来受男子保护，这是女子最大的耻辱。平日女子无力保护自己，受尽男人的气；一旦有事，不被俘虏便受强奸，丝毫不能抵抗；等到清白玷污，只得上吊跳塘。这都是女子没有把武力拿在自己的手里闹出来的乱子。当然我们女子学会了武力，决不是和自己的男子比武。我们一定要枪口向外，不能专在房里打老公，闹得隔壁邻居不能睡觉。总之，我们古庙有的是木兰女，若是娘子军不能成立，未免可惜。”我们听了这番大道理，当然是赞成女子加入军事训练了。二是宋老太提议组织红十字会，训练止血、消毒、包裹、抬人、人工呼吸等等紧急救人法。这次大家抱着少说话多做事的目的讨论问题，议决下列六大要案：

（一）本村男子在二十岁以上四十岁以下应一律受军事训练，有病者应分别延缓或免受。

（二）本村女子愿受军事训练者听其自由投效，不加强迫。

（三）本村军事训练包含散手拳、剑术、矛术、石锁、铁杠、枪法、排教练、连教练、营教练以及种种新战术。

（四）本村组织救护队，挑选合格者训练充任。

（五）江营长、张师傅为总指导，钟儿为助教，李锥、赵小二哥、孙老五、钱老三、王二嫂子为排长，宋老太为救护队长。

（六）平时每天训练一小时，农忙暂停，闲月增为二小时。

宋老太被推去请她的亲戚吕医士来指导救护工作。我被推去敦请张飞虎师傅来教国术。散会后，朱先生和江营长便开始组织。我乃翻过万松岭去请张师傅。他愿来吗？这重要的使命可不能失败呀！

四十九

张师傅见了我来，十分欢喜。我们是有半年没有会面了，难免有些寒暄要叙。他非常关心我的武艺，我一五一十的告诉了他，他很满意，并且要拿几套新拳传授给我。我于是把来意说明，他认为很值得一干。他说：“打拳这样东西是不可轻易传授。你若教了一个武松，他能在景阳冈上打倒白额虎，为民除害。你若教了一个西门庆，他会利用他的武艺做靠背山，向良家妇女吊膀子。我的徒弟好的固然很多，坏的也是不少。有些人学了武艺，专好闯祸，所以我近来收徒弟，非常谨慎。如果大家要请我去教拳术，每个人都得向青天立一誓：

防身保国伸人道，
助弱攻强平不平。
我若鱼肉老百姓，
天诛地灭有眼睛。

你去问问大家，有几个人愿意立誓？有一个教一个，有两个教一双，一个没有就不必我徒劳往返。”

我这次见了张师傅格外觉得他的人格可敬。他这几句誓词是他自己凑成功的。我五年前就听他嘴里时常的哼。但是他从前哼的四句和现在的有些不同。他是一面哼一面改，要改到自己听得中意了才罢休。他是有时改得比原来好，但是有时弄巧成拙，改得没有原来的自然。比如“助弱攻强平不平”，从前是哼作“移山填海平不平”。我以为“移山填海”的气魄之伟大是代表了壮年的张师傅。但是张师傅自己是以为“助弱攻强”好些，因为人人听得懂。又比如“防身保国伸人道”，从前是哼作“防身保国伸公道”。这个“人”字他以为是的确改得好了。现在是有人在奴道、畜道上过日子。他要伸人道是把奴道、畜道上的人一起提到人道上来。在人道上只有人中人，没有人上人，也没有人下人，便也包含了公道在内。他并且说在国内伸公道不够的，公道必得以人类为范围。那么改为人道是格外醒目了。他的意思是要在人类当中伸人道，即所以在人类当中伸公道。体认得这一点，就哼作人道可，哼作公道也可。

五十

张师傅的誓词一致通过之后，他是兴高采烈的来到古庙。朱先生、江营长与张师傅大有相见恨晚之慨。他们口口声声称赞张师傅为一位最谦虚的人。我也不妨把张师傅的生平大略叙一叙。他当年青的时代，曾在米剑华师傅的门下做徒弟。我们的祖师爷平日总以排纷解难做训练的目的，所以从他那儿出来的徒弟总不敢行强闯祸。他老人家时常对徒弟说："初学三年，天下能行。再学三年，寸步难行。"张师傅后来也哼了四句，大意与此仿佛。他说："学拳三天，天下无敌。学拳三年，捉鸡无力。"所以我们这一门出来的人是越学越不敢打人，即使不得已而动手，也是打强不打弱。张师傅有一件趣事。一次他在茶馆店里和一个朋友闹翻了。那个朋友使劲给他一拳。我们听到乓的一声，以为张师傅一定不肯吃这人前亏。谁知他一手也不回，只说："老朋友！喝杯茶吧。多年的朋友，何必这样？"事后我们问他怎么不回手。他说："他打我不过，我何必使他难堪呢？"我上次不肯打和尚便是从张师傅那儿学来的。……好，闲话少说，朱先生派我做张师傅的助手，我认定这是一个最好的差使。我固然能给张师傅一些帮助，但是我所以欣欣然接受这个差使，还不免有点私心。何以呢？近水楼台先得月，我很想凑这机会跟张师傅多学一些真本领。可是就职之后，我立刻发现一个困难。张师傅只能几个几个的教。若来他几十个人，同时要他教，他就没有办法。我忽然想起前夜朱先生和江营长合做一个先生的一段趣事，正不妨试他一试。我请朱先生指点了一下，便大胆的开始和张师傅合做一个拳术的先生。朱先生的指点说起来还是那一套："你和张师傅合起来教几个大徒弟去教小徒弟。"

我老实不客气，请张师傅开菜馆，让我点菜。我对张师傅说："假使今晚强盗要来夺我的枪，我要学哪几手拳才能保护我的枪不给他夺去？又假如我手上没有枪，强盗拿了盒子炮跳到我身边，我如何可以借他的枪来干他？”

张师傅说：“有办法！夺人的枪要学‘顺风扫叶’、‘獴到擒猍’、‘金关落锁’。保自己的枪要学‘铁锁链孤舟’。”

我们于是连夜拼命学习这几手拳。这便是我们的国术第一课。

五十一

紧急菜好一比是打各种预防针，使我们可以抵抗天花、伤寒、白喉、虎列拉。他不是培养元气的家常便饭。我们以后所要点的该是青菜、豆腐一类的东西了。张师傅说：“我们把这几套紧急拳学得像个样子，就开始学些基本拳。基本拳可用五个字来代表，这五个字便是：‘龙、虎、豹、蛇、鹤。’”

我问这五个字怎样讲。张师傅说：“鹤字门的拳用力在臂；蛇字门的拳用力在腰；豹字门的拳用力在胸；虎字门的拳用力在背；龙字门的拳用力在周身。拳有打手国手。我们必得按部就班的把这些功夫学好，才算是国手的入门。否则学得几手拳，运用不知变化，即使能够打倒三五个人，也不过是个打手罢了。大事小做，未免可惜。”

我说：“功夫固然要不断的做，但是不知变化，便是蛮做，瞎做，乱做。师傅说要变化，正是一针见血。但不知学这变化可有什么秘诀？”张师傅说：“秘诀是有的，我先教你十四个字：

‘猫窜，狗让，寒鸡步；
鹰眼，猴手，狐狸心。’”

我说：“这十四个字我懂得十二个，只有那‘狗让’二个字不大懂。狗何尝肯让呀？”

张师傅说："空口说白话，没有用。你去和狗比一比武，就知道他那让的本领和怎样的让法。你想打它可不容易打中咧。你说你懂了十二个字，我想你没有懂得这么多。留意看，虚心学，努力干，总有一天成功。"

五十二

从此以后，国术的指导便依照张师傅所画的路线进行，我是不断的一一追问："这是不是真本领？可有武八股杂在里面？"因为张师傅虽是一位出类拔萃的国手，但是他的荷包里也装了不少的传统观念，我是必得帮助他像剥芭蕉样一层一层的把它剥掉。他是从善如流，只要我说得有理，他无不采纳。因此，我们便发生了一种新希望：要创造一种新国术，打破那些装饰品的武八股。

朱先生、江营长都加入了我们的队伍里来。"张师傅的方法和我们的简直像得是一个祖宗传下来的！"朱先生一面学鹰眼一面赞叹说："你们张师傅是取万物之长以成己之长。我们人什么事都不如畜生，只有一个长处，这个长处便是会学。人之所以为万物之灵，就是因为他会拜万物做老师。若生而为人，不肯跟万物去学，那便成了世间之蠢物，必受天然淘汰。"

空手打空拳，有些人是觉得单调。我探得农友们的心理，商得张师傅的同意，几天内便把刀队、枪队、棍队、剑队一起成立。我们是太精明了，因为一开始便向张师傅要秘诀。这个张师傅是有求必应。他说初学也记不得许多，每门先指点几个字，练熟了再求上进。这是张师傅对于各队的指点：

"棍诀：劈、挠、点、撩。
枪诀：刺、扎、抖、进。
刀诀：摅背搨弓；盘头裹脑。

剑诀：描眉护膝；到手按门。”

张师傅分队指点后又给了大家一个总诀。他说：“家伙响，往里闯！”又说：“刺剑要刺急，刺急人不知，若知刺急法，敢把敌人欺。”他的意思是：制胜之法，贵在神速，总要学得“迅雷不及掩耳”的本领，才能以巧胜力，以少敌众。

我自从听了江营长说起剑比刀好，便一心要学剑术。张师傅说：“你学剑也好，但不可性急。古语说：‘一年棒，二年刀，学剑十年见分毫。’你要学剑，必得有恒心才行。”

恒心我是有的。十年才能学得一分一毫，那末，活到老学到老，总会学成吧？

五十三

我这些时候对于我的敲钟职务是觉得更有意义。古庙的生活似乎是与我所敲的钟声结了不解缘。就以这军事与国术的训练讲吧，便离不了钟。我们没有喇叭，也没有号筒，这口大钟便代替了它们做那发号施令之工作。因为大家干得起劲，我也就敲得起劲。可是农人说因为我敲得起劲，所以他们就干得起劲。大概这两方面的话都对，干得起劲便敲得起劲，敲得愈起劲便干得格外起劲了。

今天晚上黄团长、朱先生、江营长、张师傅秘密会议，议决于夜深十二时下紧急集合令演习夜战。全村没有第五个人知道这个秘密，连我都不知道今晚会有这么一套把戏。紧急集合令是三声、三声的急敲。凡是这种钟声一响，大家都得立刻从被窝里跳出来，拿了各人保管的武器，跑到各人预定的地点，听候命令。无故不到或迟到的，或忘带保管之武器或跑错了地点，都要受严厉之处分。他们在十一时五十分的时候，把我从被窝里拖出来，要我敲这从未敲过之紧急集合钟。这虽是出我不意，然而我是想之已久了。我是多么的高兴啊！只听钟声一响，妻子推丈夫，嫂嫂喊叔叔。姊姊喊弟弟，妈妈喊儿子，都说是土匪到了，快起来！各人依距离的远近，三分、五分、七分、十分钟都到了预定的要塞上预定的地位，听候命令。到了这时才知道今晚是演习，并不是真的土匪来到。但是演习也是一样认真干。

朱先生是早已有了打算。他连日打听那家有老人，那家有病人，我起初不知道他用意所在。他在弄醒我之前，特别派了几个人去预先告诉老人家和病人使他们不受惊骇。

黄团长从前对大家讲过，土匪有时是西边放火东边打劫。一忽儿我们看见对面火起，半天通红。他们虽派了一些人去救火，但大队人马都是胸有成竹，丝毫不为所动。

五十四

说来真奇怪，朱先生的问题是没有问题了。这些日子再也没有一个人提到他那背榜的一回事。连老许自己也夹在棍队里很起劲的上操。张胡子不知怎的也回来了，在农人武力保护之下大抽他的鸦片烟。他是超过了强迫军事训练的年龄，所以他也不须上操，不须守夜。他居然成了我们村庄里最舒服的一个人。

五十五

开学的好日子——三月十五——到了。小孩子换得一身新鲜，很早就一个个的来了。他们好像是过新年一样的高兴。的确这在他们的生命史上是开一个新纪元。他们自己是不是已经预料到？我除非是重生为一个小孩子，哪能体会出来呢。

春生团长下了一个命令说，今天第一次开学是本村一件大事，要团员全体武装参加开学典礼。一时步枪队、猎枪队、剑队、刀队、枪队、棍队，加上临时组织的锄头队、镰刀队足足有二百人，摆着队伍，吹着鼓角，放着爆竹，绕着全村走到古庙来。朱先生和江营长说，这样庄严威武的开学是从来没有见过的。城里民众学校开学有时找几个童子军帮帮忙，或是雇一个军乐队助助威，那不过是装装门面罢了。但是今天我们亲眼所看见的是全村的小孩子在全村人民自己的武力保护之下上学，这里面所包的意义是丰富无比了。

五十六

朱先生以为在这尚武的环境中，小孩子最好是先上一套尚武的功课，学做一个小小兵。他提议教小孩子几手拳。这是容易办的。张师傅虽然教了不久，但是已经找着十几位很有希望的大徒弟。他们也要拉我充数做一个小孩子的拳术教师。我们这十几个人是足敷分配了，用不着张师傅自己烦神。你们想一想，当那些小小拳头在草地上挥来挥去，亲戚朋友看见是多么够味儿的一件事啊！

五十七

“小孩们是来读书，哪能老是打拳！”一般不懂事的人或者要这样说。朱先生和我不约而同的已经预料到这一点。当他叫我去叫小学生来看书认字的时候，正是我要向他上条陈。我知道自己的见解不错，心中很欢喜。这是朱先生自己写的几课课文：

（一）

小小兵，
劝你莫看轻。
你若欺中国，
小命和你拼。

（二）

小小兵，
爱打抱不平。
我们起来了，
不用再招兵。

（三）

小小兵！
问："你要学谁？"
"别人都不学，
但愿学岳飞！"

五十八

朱先生教了一课，即派几位大徒弟分头教小学生写课文，每人要写一张拿回家去给家长看，农友在旁边看得高兴极了，有人竟开口向朱先生说："请你也教我们一课，好吗？"这句话正问到朱先生的心眼里去了。朱先生常说："从前学堂门口挂着两块虎头牌，上面写的是：'学堂重地，闲人莫入'。我们现在不但不挂这样的虎头牌，而且要把学堂的门墙完全拆掉，欢迎大家到学堂里指教。乡下人看见我们教错了，可以给我们一些善意的批评；如果看见我们教得不错，也可以引起他们一些求学的兴趣。"因此，朱先生是要把大门开得大大的欢迎大家来。他听得这样一个请求，自然是兴高采烈的满口答应了。他拿起笔来立刻写了几课，教这些穿草鞋的武装同志。这就是他写起来教他们的第一套文字：

（一）

琅珰一琅珰，
青菜萝卜汤。
草鞋穿好了，
背枪上战场。

（二）

琅珰一琅珰，
辣油豆腐酱。
少将打倒了，
瞄准打大将。

（三）

琅珰一琅珰，
三月还飞霜。
麦子长不成，
十人九吃糠。

（四）

琅珰一琅珰，
五洲一老娘。
兄弟如相打，
缴了他的枪！

五十九

古庙是成了另一世界，大人是大兵，小孩是小兵，男的是男兵，女的是女兵。一村都是兵，其实是没有一个靠当兵吃饭的兵。

我们这军事教育是一定可以成功了。这实在是我们梦想不到的。不但我这孤陋寡闻的人没有预算古庙会有这一天，就是朱先生也没有想到他能在古庙办到全村皆兵。我想到得意时又怀疑起来了。古庙的办法是否可以通行全国？我怕这种干法是含有地域性、时代性，不是处处行得通，也不是随时可以干得了。如果它的成功只限于现时的古庙，那末这种教育也就难以普遍而不能发生伟大的力量。从另一方面看，一个孤僻的古庙竟能在这短少时期中成立这破天荒的民众的自卫的武力，那末它的价值自然是不可磨灭。我不能想透，终于拿我的怀疑之点向朱先生请教。

朱先生说："你这个疑点，虽是过虑，但是值得讨论一番。古庙的军事训练之普及，初看是偶然，其实是适应生活之要求而来的。你只须把事实上的线索寻出，就知道我们的办法是必然的结果而不是偶然的遭遇。你看看小孩被土匪撕票，东三省被日本占据，弱小民族被人压迫，凡是以社会为学校，奉小孩为上帝的人，决不能袖手旁观。如果要办教育，必定是最先培养保护小孩、国土与打倒强权的武力。古庙所受的这种压迫在中国是普遍的现象，那末，古庙的解决便可以通行而无弊。但是某个地方应该在什么时候推行却是要考虑咧。古庙之军事教育，我未来之前已有必办的决心，而土匪惨杀小孩实给我以立刻举办之机会。因为没有这惨酷的刺戟，乡下人不觉得切肤之痛，我们虽拼命提倡，难得一致响应，便等于无效。总之教育是应生活之要求而来。你依人民生活之要求，运用教育的力量去助他解决，总不会错。知道这一点，那末从自卫入手也可，从做工入手也可，从种田入手也可，从吃饭入手也可，从生儿子入手也可，甚而至于扫地抹桌入手都无不可。若是一双眼睛望着弱小民族被人侵略，东三省被人夺去，小孩子被人撕掉，不教人民学些真武艺，偏偏还要学生们坐在讲台下读死书，像这样的教育便叫做奴隶的教育，亡国的教育，灭种的教育。"

六十

我说："古庙之所以能够办到全村皆兵，多半是因为江营长肯得下乡尽义务。如果全国普遍的推行起来，那有这许多的退伍军官肯任指导？"朱先生说："现在全国有二百多万军队，用现成的军队训练当地人民自卫是简便无比。军队的责任不但是保国卫民，而且要训练人民起来保护自己的村庄和自己的国家。如果各地的军队都负起这个责任，那末，教官是现成的，学兵是现成的，枪械是现成的，不要多少时候，便能把中华民国造成一个钢铸的江山，谁也不能破坏它。现在最大的困难是大家不明白自己的责任，只要人民认清保护国家与村庄是自己的责任，而各地军队也认清训练人民自卫为自己当尽的义务，其余的一切都好办了。"

六十一

我又问："现在国家已到生死存亡关头，中华民族除军事之外，还应该受什么训练才能起死回生转危为安？"朱先生说："教育是在与国难赛跑。依我看来，中华民族应该同时受六大训练才能渡过难关。这六大训练是：

（一）普遍的军事训练，使人人成为保国的健儿；

（二）普遍的生产训练，使人人成为造富的工人；

（三）普遍的科学训练，使人人能在劳力上劳心；

（四）普遍的识字训练，使人人获得传达思想的符号；

（五）普遍的民权训练，使人人成为中华民族的主人；

（六）普遍的生育训练，使人人到了生育年龄可以生得少，生得好，以再造未来更优良的民族。"

六十二

朱先生的讨论，好一比是金鸡纳丸[8]，初尝是甜蜜的，只要你失误咬了下去，便立刻尝到苦味。他老是在糖果里夹下一两块黄连使你吞不下去。比如听他所说的六大训练，头五种是毫无疑问，为什么要加上这生育的训练？“生得好”当然是人人赞成的，谁愿意生坏孩子呢？“生龙生蛇，全凭天老爷”虽然是句迷信话，但是把这天老爷当做天然老爷看，也就言之成理。谁愿说，他一定会生好孩子，不会生坏孩子？照平常的眼光看来，帝尧生的孩子总该是好的吧，何以偏偏生出一个不肖的丹朱？从另一方面看，瞽叟生了一个傲慢的象是不足为奇，但他何以偏偏又生出一个大孝大智的舜？朱先生能教尧不生丹朱吗？他能教瞽叟不生象而单生舜这样的人吗？至于“生得少”三个字，我就格外不能了解了。现在中国受了帝国主义的压迫，正要奖励生聚，运用伟大人口的力量去抵抗，何能教人少生小孩子以自减国力？况且朱先生时常说他收学生如韩信点兵，多多益善，于今他却要提倡减少人口，真是出我意料之外。老实说，这块黄连我吞不下去。我不敢盲从，却不愿信口批评。同时，我承认朱先生总不是随嘴乱说，他必定是有一些事实做他的主张的根据。我要先审查他所根据的事实，再去批评他的主张，最后才能决定我对于这种主张是否赞同。我主意打好了之后，就向朱先生说：“我对于先生的减少人口的主张很怀疑，现在想请你给我一些事实上的证据看看。”朱先生说：“你这个态度是学者做学问的一个根本态度：‘拿证据来！’学理必须建立在证据上才能颠扑不灭。不过我对于你还有进一步的希望。你既怀疑我的主张，难免不怀疑我搜集的事实。我希望你两步当做一步走，自己在人口问题上去搜集事实，让这些事实自然而然的唤出主张来，你心里不要有一丝一毫的成见。等到你从事实里滤出主张，再拿来和我的事实与主张比一比看是谁的对。那时如果是我的对，你便放弃你的主张；如果是你的对，我一定把我的主张放弃掉依从你。你得便进城可以到大学图书馆、市立图书馆以及别的图书馆里把人口问题的著作都浏览一下，然后跑到社会里——事实的源头上——去亲自详细访问。这个工作是很有趣味。你可以从容的干。好在我的一个铜板的节育法还没有发明，等你研究好了，再次决定我们的方针也不迟。”好，就这么干吧。

六十三

今天是一个特别有意思的日子，开了一个特别有意思的会，叫做计划会议，由小朋友共同定出一年工作的计划。

小朋友对于这个会起初是不了解。玉儿说：“今天学堂里开菊花会。”春香说：“不是的，是开鸡花会。”朱先生终于不得不说明计划是什么：“小朋友！你想一天吃几餐饭？”樱儿说：“吃三餐饭。”玉儿说：“我要吃四餐饭。”朱先生说：“好，樱儿的吃饭计划是一天三餐；玉儿的吃饭计划是一天四餐。”小三说：“我知道了，计划会是吃饭会吧？”朱先生说：“吃饭是一件要紧的事，我们必定要把吃饭这件事放在计划里。但是你一天除吃饭之外还有什么事要做？”秋儿说：“读书，写字。”兰花说：“还有扫地，烧饭。”宝珠说：“打拳。”羊儿说：“玩，睡觉。”阿二说：“撒尿、出恭也可以算是要紧的事吧？”朱先生说：“是要紧的事，你必得天天通大便。大便一天不通，晚上就得做恶梦，人也觉得不舒服。出恭是很要紧的一件事。”大家都笑了。朱先生继续说：“我们把一天之内，吃饭、读书、写字、扫地、烧饭、打拳、睡觉、玩、撒尿、出恭这些事都写出来，并且什么时候做什么事，什么事做多少钟点或做多少分量，便成了一天的计划。秋儿，你定出你的一天计划给我听听。”秋儿说：“吃饭三餐，每餐两大碗，种园半点钟，做木工一点钟，国语一点钟，算学一点钟，写字半点钟，玩科学把戏一点钟，家里扫地半点钟，打拳一点钟，睡觉十点钟，玩两点钟，出恭一次，撒尿不一定。”朱先生说：“这就是秋儿的一天的计划。他虽然遗漏了好些事，但的确是一个计划。计划就是把我们所要做的事，开起一个单子，使我们时常看见，不致做了这样，忘了那样。我们主张过什么生活就是受什么教育；过有计划的生活就算是受有计划的教育；过没有计划的生活就算是受没有计划的教育。说到计划：有一天的计划，有一个月的计划，有一年的计划，有三年、五年、十年的计划，有终身的计划。我们小朋友在今年这一年当中应该做些什么事，每件事应当做多少，都要计划出来，才不致手忙脚乱。好，我们来定一个古庙儿童的一年计划吧。”

六十四

秋儿问：“一年的计划可是我们从大年初一朝一直到三十晚所要做的事呢？”朱先生说：“是的。在这计划里应该包括各人所要做的事和大家合起来所要做的事。你们看一看我们四周的山，都是秃着头，好看吗？有什么法子叫它不秃头？”樱儿说：“秃头的山不好看，应该栽树。”朱先生说：“对！古庙的一年计划中该列入栽树。你们算一算每个孩子能栽几棵树？若把四山栽满要育多少树苗？一共要多少人才能把它们栽满？我们小朋友能栽几个山头？这些问题都要算出来，才能定出一个精确的计划。山上无树不但是不好看，而且还有许多别的坏处。你们也要慢慢的去研究，今天却没有功夫讨论这个。你们看，除了栽树之外还有什么要紧的事要做呢？下雨天你们到学堂里来有什么不方便？”春香说：“下雨路不好走，我们前次滑了一跤爬起来，简直成了一个泥菩萨。我想要把路做得好些。”朱先生说：“造路是我们该做的一件迫切的工作。从前罗马帝国的军队每到一处，必造一条大路通到罗马。我们古庙的学生无论住在哪个村庄里，必造一条小路通到古庙。好，还有别的事吗？夏天给蚊子叮，觉得舒服吗？”羊儿说：“这该死的蚊子咬得我一晚不能睡。还有那壁虱哟！先生，你若有法子把这两种坏蛋除掉，那我就快乐了。”玉儿说：“我妈妈说：‘壁虱是个木客。木客怕盐商。只要弄些盐放在床缝里就把壁虱腌死了。’”朱先生说：“玉儿的法子，大家可以试试看。我没有经验，不敢保险。总之这壁虱与蚊子好一比是帝国主义，我们必须打倒它。还有一个东西比壁虱、蚊子更厉害，你们猜是谁？它欢喜在茅厕缸里玩，玩厌了又飞到你的菜碗里吃点心。这样它时常从粪坑里带些粪来送人吃，叫人吃得吐泻，甚而至于送命。它是什么？”香姑说：“这是苍蝇！也要除掉。”朱先生说：“好，从前周处除三害的故事，你们是听过了。我们现在也要除三害：一除蚊子；二除壁虱；三除苍蝇。你们再想想，现在东三省已经被日本军阀夺去了，小朋友应该怎样尽你们的小小力量把东三省拿回来？”武儿说：“我们赶快学打拳。”李儿说：“玩科学把戏，发明小炸弹轰他走。”玉儿说：“向爸爸要些钱寄给义勇军。”朱先生说：“你们讲的这些法子都好。但是玉儿的法子我有些怀疑。用爸爸的钱捐给义勇军只是你爸爸尽的力，不是你尽的力。”玉儿说：“那末，我提议我们每人用自己的劳力赚一些钱作为收复东三省之用。”……

六十五

这样讨论了好几次，最后成立了古庙儿童一年计划，现列举如后：

（一）会认会写会用一千个字；

（二）会玩科学把戏三百套，并会说明每一个把戏里所包含的道理；

（三）认识恒星四十颗，行星五颗，并懂得天体运行及昼夜季候的道理；

（四）认识植物四十种，并懂得一种植物生长之过程；

（五）认识动物四十种，并懂得一种动物生长之过程；

（六）认识矿物十种，并懂得每一种对于人生之功用；

（七）自己的衣服自己洗，四季共洗一百套，

（八）洗澡一百次；

（九）种牛痘一次；

（十）喝豆腐浆七百三十碗半，共同种豆，轮流做浆，各人喝；

（十一）会唱十二首歌；

（十二）会打十二套拳，耍一套家伙，大孩子手枪会拆会装，会射击；

（十三）写信四封给国内外小朋友交换学识；

（十四）开会时会参加讨论做主席；

（十五）四季种菜四种，一百儿童共同产菜五千斤；

（十六）养鸡或鸭一只生蛋，一百儿童共同得蛋五千个；

（十七）种树五十棵，一百儿童共同种树五千棵；

（十八）造路五丈，一百儿童共同造五百丈；

（十九）演戏两出；

（二十）做简单仪器、玩具、用品二十样，一百儿童共同制造仪器、玩具、用品二千具；

（二十一）加入灭蝇队，肃清本村与附近的苍蝇；

（二十二）加入灭蚊队，肃清本村与附近之蚊子；

（二十三）加入灭壁虱队，肃清本村与附近之壁虱；

（二十四）加入灭蝗螟队，肃清本村与附近之蝗螟；

（二十五）观察社会生活两种，如木匠、砖匠、石匠、铁匠、老农、老圃等等的生活，每人每年任选两种，每学期观察一种；

（二十六）拿自己认得的字和别的学问另教一个人，一百儿童共教一百个人；

（二十七）用自己的劳力至少赚一元钱作为收复东三省之用，

一百儿童至少共赚一百元为抵抗外患费。

六十六

古庙儿童一年计划是古庙每个儿童的一年计划，也可说是古庙全体儿童的一年计划。计划上所列的事是每个儿童所作的事，如果每个儿童都依照计划去实行，那末，个人成绩的总和便成了全体的成绩。

计划所列的事是最少限度。本事大一点的孩子，尽可多做几件事或是每件事多做一些。万一能力够不上，就是这最低限度也做不了，经过审查之后也该有通融办法。

这个计划是一个试行的草案。因为第一次定这计划，大家都没有充分的经验，决不能定得十分正确。有的分量怕是定得太高，有的分量怕是定得太低。我们可以一面试行，一面将缺点记录下来，以为修正本年计划或重定来年计划之参考。

计划是为人定的；人不是为计划生的。如果计划行不通，或是勉强实行而于人生有害，我们尽可以提出修正。我们宁可为小孩而牺牲计划，决不为计划而牺牲小孩。不过计划是大家共同所定的，修正也得由大家共同通过。个人觉得计划上有缺点时，尽可向大众提议讨论，决不可任意行动。

日常生活中如吃饭睡觉，不须天天提醒的就没有列入计划。日常生活中之须改善的如洗澡、喝豆腐浆之类，在计划中是大书而特书。大家对于喝豆腐浆是免不了怀疑吧？我告诉你："乳白豆腐浆，胜过人参汤；喝到肚子里，爽快而健康。"你若不信，试他一试吧！这些新事等到由习惯而成自然的时候，我们又不必将它们列入计划了。

这次计划一个特别重要之点就是团体活动。你看种菜、栽树、造路、灭害虫、教别人做学问、赚钱援助东北，都是运用众人的力量造成公共的成绩。一个人的成绩虽少，若积少成多，自然大有可观。

我们自从定了这个计划之后，越发觉得学校与社会必须打成一片，才能发生伟大的力量。我们讨论的时候，发现村庄里有许许多多的事要做，而小学生只能做到一部分。那一部分的事可以搁置起来吗？如果搁置起来，连小孩子的生活也不能健全。我不说别的，只说一样。古庙的人吃的是脏水，而且连这脏水也不够吃。我们若想每个小孩子长得丰润，洗得清洁，百草千花与孩子们一样的欣欣向荣，那就非开几口大井不可。开井是办学的第一件大事。可是这开井的工作绝非小孩们所能胜任。像这类的事是有许多。我们已经下了决心不使一个人逃出生活教育之网。小孩子的力量既够不上做这种工作，朱先生便想到青年农人的头上去。青年的农人！将农村变成乐国，将地狱变成天堂，你们是负有这个使命在小孩子的前面领导着。

六十七

古庙的青年起来了。大家看了儿童的一年计划，又看见儿童实实在在的按着计划活动，不但是心里有点痒，连一双手儿也痒起来了。我自己呢，是在儿童与青年之交界处。但是与其说我是个儿童，不如说我是个青年。我是拿了一个火把到处烧：“儿童已经成立了一个一年计划，我们青年怎能落后！”不久，全村的青年便兴高采烈的开了一个会，通过了古庙青年一年计划如下：

（一）开一口井；

（二）造一条大路通到城门口；

（三）组织青年造林会，创设苗圃，每人种树至少二百株；

（四）用新稻种，每人种一丘田试试看；

（五）用新麦种，每人种一丘田试试看；

（六）农暇工艺如织布、织毛巾、织袜等等每人学会一种，从事增进生产；

（七）组织青年国术会，学拳十二套，刀枪剑棒任学一样；

（八）加入自卫团，完成连教练，演习野战四次打活动靶子，三枪连中的；

（九）加入灭蝇队、灭蚊队、灭壁虱队，灭蝗螟队，与全村儿童合作，肃清全村与附近之害虫；

（十）组织合作社；

（十一）组织青年戏剧团，表演四次；

（十二）组织青年音乐会，每人须学会乐器一种，歌曲五套；

（十三）认识运用一千字；

（十四）玩科学把戏五十套，并能说明每套把戏里所包含的道理；

（十五）从实地观察上懂得天体运行、日夜、寒暑的道理和一种植物一种动物之生长的过程；

（十六）组织青年书报会，每人天天看报，每月看新书一册，不会看的赶快学；

（十七）每人用自己的劳力赚五元钱，为收复东三省之用；

（十八）自告奋勇或推举二人以上加入收复东三省义勇军，全村青年合任家庭自卫，以免卫国战士后顾之忧。

六十八

“到东北去！”

“把东北拿回来！”

这是古庙从来没有听过的新的呼声。这呼声是从古庙青年的心灵中发出来的，震动了全村人民的耳鼓，透进了全村人民的心窝，致使全村人民都觉得“到东北去”，“把东北拿回来”成了一种天经地义，以为不如此便不能算是中国人，并不能算是古庙人。

在长江以南的乡村里所流传的格言是：“好铁不打钉，好男不当兵。”古庙的人何尝没有受过这种人生观的麻醉，何以现在不但是赞成人人当兵，而且还要与外来暴力在战场上周旋？这种心理上变化之线索是不难寻觅。古庙人民自从组织了自卫团，已经懂得民众武力之伟大。那些惨撕小孩的土匪不但是不敢再来打劫，并且连恐吓信也不敢再来粘贴了。因为生活教育的效力，民众不久就从一村想到一国，从古庙的自卫一跳而计划到全国的自卫。

“两个人太少了，我们一起去！”热血沸腾的青年在会场上几乎是异口同声的这样说。朱先生是费了九牛二虎之力引导我们用冷脑来指挥热血。他说：“古庙出了两个壮丁，你们不要嫌太少。依我看来，这两个人不啻是两百万人。古庙的使命是先尽自己的责任，再唤起全国一百万个村庄去同样的尽责。假使每个村庄出壮丁二名，便得精兵二百万，可以负起收复东北之使命。我们多出一个人，固可算是多尽一分责任，但是同时是减轻了别的村庄的责任。况且我们必须通盘计划才能制胜。投军的村友所留下的田地，必须由我们代为耕种，付托的老幼必须由我们服侍教养。我们一言既出，驷马难追，决不能出空头支票，以增加卫国战士之忧虑，所以我主张投效名额暂定二人，将来如有急需再行增加。”

这两个人是如何分配呀？用不着推举。自告奋勇的是有十三人之多。我们上了他们一个封号，称他们为古庙十三太保。这个保字是有广大的意义。他们所保的是整个的中华民族和全世界的弱小民族，不是少数人的特殊利益。古庙十三太保只能去两位，这倒有些不好办。有人主张拈阄，有人主张以家累最少之两青年先去。但结果是十三太保一个也不肯留在家乡。这是出于朱先生意料之外！朱先生能叫青年起来，不能叫已经起来的青年再坐下去。最后朱先生只得牺牲自己的主张，日夜加紧十三太保的训练，以便向东北出发。

六十九

古庙学校是已经轰轰烈烈的办了一个多月，门前连一块牌子也没有。它不但是校牌没有，而且校名也没有定好。有的人喊它为古庙学校，有的人喊它为古庙学堂，有的人喊它为古庙小学，有的人简直就光头光脑的把它喊做古庙。它好一比一个可爱的小孩子没有取名字，和尚尼姑随人喜欢喊。我心里想，古庙既是一个学校，总得要挂一块牌子，有了牌子，校名自然会统一了。我终于向朱先生要求把校牌写起来，让我拿去雕刻油漆。

朱先生说："这是一个难题。我也曾经想写一块校牌，但至今没有想出一个好的名字，如何写得起来？老实说，古庙不是一个平常所谓之学校。如果是一个学校，那末拿起笔来一挥就成，又有什么困难。无奈我们在这里所办的虽是一个小学堂，但同时是一个小工场，又是一个小社会。学堂的主要意义是长进；工场的主要意义是生产；社会的主要意义是平等互助，自卫卫人。工场与工厂大不相同，凡露天的生产工作如种植、开矿、造路、筑桥都包括在内。所以我们这个集团是含有这三种意义。你可以简称它为"三一主义"。你还要知道这三种意义是贯彻我们整个的集团的生活。它与平常所谓工读学校是根本不同。工读学校是半天做工，半天读书，工自工，读自读，不相联串。我们这小小实验是将工场、学堂、社会打成一片。我要把它成一个学堂吧，便难免失掉生产与社会的意义。我想不称它为学校。古庙工学社和古庙工学团这两个名字行不行？"

我说："古庙工学团更合我意。团字含有团结或集团的意义。社字比较宽泛。中国社会之大病就是一盘散沙，惟独集团的生活可以纠正这个毛病，并且可以发挥出众人的力量来。"

朱先生虽然赞成我的选择，但是他还不肯立刻把牌子写出来。我看他心里还有未决的问题。他说："我们仔细想想，过几天再写也不迟。”

七十

这古庙工学团是占据了我全部的思想。我吃过晚饭一个人在院子里散步的时候，古庙工学团又从我的脑海中浮出来了。一忽儿，接二连三的来了许多疑问要求我解答：“把一个工场呆板的当作一个工场办，有什么意思？把一个学校呆板的当作一个学校办，有什么意思？把一个社会呆板的当作一个社会办，有什么意思？”大家怕要以我为武断吧，我的答案是：“呆板的办工场，呆板的办学校，呆板的干社会工作都没有意思！因为这样的干是割裂人生，使活的细胞解体，所以办的人个个弄得焦头烂额，找不着出路。刽子手的生活有什么意义呀！你若是办一个工场，如果你同时注意到工人之长进的机会和平等互助的关系，便立刻变成一个有意义的工场了。你若是办一个学校，如果你同时注意到师生之生产的机会与平等互助的关系，便立刻变成一个有意义的学校了。你若是在改造一个社会，如果你同时注意到各分子之生产与长进的机会，便立刻变为一个有意义的社会了。”我最后似乎是更加觉悟了。名字之改变究属形式。如果办一种事业是含有这三种意义，那末就称它为学校也可，称它为工场也可，称它为社会也可。倘使没有把这三种意义打成一片，虽是挂着工学团的招牌，便不啻是挂了羊头卖狗肉。我想到兴高采烈的时候，便一五一十的告诉了朱先生。他说：“你的推论果然不错。工学团的意义而不是工学团的名字，会叫一切较久的人生集团变成富有意义的集团。古时的家庭差不多就是一个小小工学团。中国有几支著名的军队是大规模的工学团。凡是较有永久性之集团，若没有工学团的意义包含在内，便变成了枯燥的生活而流于衰老。任何一种集团都不能呆板的办。比如监狱，如果呆板的办，便比地狱还不如。你想，如果全国的监狱都变成工学团，那是多么富有意义的一件事呀！你再想一想，如果全国的家庭、商店、工厂、学堂、军队、乡村一个个都变成工学团，人人生产，人人长进，人人平等互助，人人自卫卫人，那末中华民国是变成何等庄严的一个国家呀！中华民族的新生命是在工学团的种子里潜伏着。园丁们，普遍的撒下去吧！”

七十一

中华民族之新生命是在工学团的种子里潜伏着，我有这种认识，我有这种信仰，我愿意做一个园丁将这种子遍撒人间。但是一粒种子必定要撒在适宜的土壤里才能发芽，抽条，开花，结果；若是撒在流沙上，岂不是浪费了种子，虚耗了生命？现在一般的学校是不是欢迎这粒新种子？这粒新种子在学校里能不能长成？一般的教师可能做工头？青年学生们可能做工人？师生若不能做工，则工学团根本不能成立。工学团的名字也许是多数觉悟的知识分子所赞同，可是真正要他们流汗的时候一到，长褂党，旗袍党，西装党，高跟皮鞋党，双料太太、老爷少爷小姐党难免不群起而反对它。传统学校是否能够变成工学团，在我心里却是一个大大的疑问。

一般的工厂是异途同归的令我悲观。平日工作时间是占据了十二小时以上。身体疲乏得像害病一样，还能有余暇去求长进吗？况且现在工人是做了机器的奴隶，卖尽劳动力而得不到一饱，在极不平等待遇下，如何谈得到互助。工学团能在这种园地里发荣滋长吗？中国的兵大多数是农人，但是听了“当兵三年，不肯种田”的民谣，不由人也要悲观起来。今日之军队究竟有几处能把工学团的力量发挥出来？商店里一般的老板、管事是不许伙计徒弟做学问，听说以前都市里推行平民教育之最大的阻碍，便是这般不懂事的人。他们既反对平民教育，难道偏要欢迎工学团吗？

我想到这里，从乐观降到悲观，从喜马拉雅山之最高峰沉到玛丽娜海之最深处。

工学团的种子有了；工学团的园地安在？

七十二

工学团的园地安在？我每逢想不通的时候，只有一个办法，便是请教朱先生。朱先生近来在乡下得了一个新封号，叫做路路通。当你走到山穷水尽的时候，只要和他谈一谈，自然会看见新的天地。我于是把实现工学团的困难和我考虑这个问题的过程一五一十告诉了他，并问他有什么出路。

朱先生说："你想古庙工学团会不会成功？"我答："古庙一个乡村里的工学团断然可以成功。不但可以成功，而且可以发达。但是我们的问题是如何可以将工学团推广到全国？古庙一处的成功于大局没有多大影响。"朱先生说："在古庙一类的村庄里推行工学团会不会成功？"我答："教育没有普及，推广的人才没有，能否成功，怕无把握。"朱先生说："教育没有普及，倒是一件好事，如果普及了，工学团将更难推行。何以呢？因为中国传统的教育是养成四体不勤、五谷不分的士大夫。万一这种教育普及到每一个村庄里去了，我们的工学团的种子便要弄得无处安身。中国的乡村是新教育之新大陆。它是工学团最好的育苗场。园丁就在苗圃里连带培养。我们开辟一个苗圃便培养一批园丁。这些园丁便可带着幼苗到处栽培，使它繁殖到天尽头。传统教育没有普及，正是我们普及工学团的绝好机会。等到中国一百万个村庄，个个都变成了工学团，那末，依整个的中华民族算来，百人中是该有八十五人个个生产、个个长进、个个平等互助自卫卫人了。你还有什么悲观？"我说："照先生这样说来，在乡村里新创工学团，前途倒是不可限量。我的悲观也就减少了好多。但是那些已经开办的学校就让它们在那儿制造游民吗？监狱里的犯人就让他们在那儿过着地狱的生活，浪费掉他们宝贵的生命吗？军队里的官兵就让他们天天在那儿立正、举枪、开步走、向右转、向左转的拿着武八股混饭吃吗？工学团的种子是必得撒进这些地方去才赶得上救国救种，乡村工作似乎是嫌太慢，先生有何高见?”朱先生说：“愚公移山的故事你是听我说过的，还有铁杵磨针也不要忘掉。沙漠造成良田，在埃及可以看见这人工的奇迹。二十二年前，我们中国这块土地叫做大清帝国，现在叫做中华民国。从大清帝国变成中华民国，这个奇迹是中国人的力量干出来的。你不要小看自己的力量。世界是人的决心与智慧所造成的。只要你有决心与智慧，你必定可以开辟出一个新的天地来。况且这工学团是一个有意义的东西。凡是有意义的东西都可以不翼而飞。它会自己飞进学校里去。它会自己飞进工厂里去。它会自己飞进监狱里去。它会自己飞入军队里去。它会自己飞入任何集团里去。”

七十三

我说：“工学团可以不翼而飞，我有相当的信心。但是飞进传统的学校里去，难免有人要把它捉起来，关进笼里去，或者存心不良投它一弹，送它老命，也未可知。”朱先生说：“这个我们当然是要顾虑到。你所说的这些不幸的事，有时是会发现。但是我们决不可因为或者要发现的事而心灰意懒。这工学团的传布大概不出两个方式：一是自然的传布；二是强制的传布。自然的传布是靠人态度的改变。如果现在有人请你去办一个学校，或是开一个工厂，或是管一个监牢，或是带一支军队，你想预备怎样去干?”我说：“我无疑的要把它办成一个工学团。”“你在一个月前可有这个信念?”“没有。”“那末你的个人的态度的改变只是一个月来的功效。你既能在一个月内改变了你的态度，别的人有些是和你变得一样的快。我的年纪比你大些，变化也就来得慢些，可是我的教育上的主张的改变也不过是三五年的事。人是会变的。传统的教师会变成革命的教师。你不要以为，你是一个维新的分子，就以为别人都是守旧的分子。你更不可以为，一个人现在守旧便永远守旧。谁愿走死路？走死路的人不外两种：一是如同老鼠钻进牛角筒，不知道自己走的路是死路；二是如同海船上失火急得跳下水去，以为烧死比溺死更可怕。如果你真能指示出牛角筒是死路，真能摔下一个救命圈，谁愿固执己见，自寻死路。假使我们在行动上、事实上证明了工学团是中华民族之救命圈，传统学校是中华民族的死路，谁还愿去办传统学校，谁不愿把传统学校改做有意义的工学团。一个学校的师生有此觉悟，便是一个工学团成功；一个工厂的职员、工人有此觉悟，又是一个工学团成功；一个监狱的典狱官、犯人有此觉悟，又是一个工学团成功；一个军队的带兵官、兵丁有此觉悟，又是一个工学团成功。这事是简之至，易之至。只要每一集团的人，肯做工，肯长进，不肯把自己的脚踏在别人的头上，也不肯让别人的脚踏在自己的头上，就得了，这工学团便自然而然的成功了。

七十四

我说："个人态度的改变固属可能，但是专靠个人的努力来推动工学团是靠不住的，并且是缓不济急。现在中国已经到了生死关头,时势决不许我们个人从从容容的去脱这传统的蛇壳。我不耐等候这工学团的自然的传布,我急愿听你说一说那强制的传布。"

朱先生说："强制的传布便是必然的传布。工学团的必然的传布是从两条路来：（一）现在全国一般的现象是要进小学而不得进的学龄儿童，超过小学新生容纳量数倍；要进中学而不得进的小学毕业生超过中学新生容纳量数倍；要进大学而不得进的中学毕业生超过大学新生容纳量数倍。新的大学，新的中学，新的小学是无力加开，那末不能考进大学、中学、小学的大多数的学生往哪里去？他们的求知欲已被启发，事实决不许他们进纯粹求知的学校，这工学团是恰合他们的需要。（二）传统的大学、小学、中学是会消费而不会生产。他们所造就出来的人也自然是会消费而不会生产。会消费而不会生产的人是没有人要的。从前南开大学曾有‘轮回教育’之讨论。所谓‘轮回教育’，即是先生教学生，学生变先生，轮回不已，都在学校的围墙里兜圈子。现在连这轮回的圈子也靠不住了。大学毕业生要想做小学先生已是难事，那中学毕业生是更不必说了。一个小学教师出缺，候补的有时是多至数十人。这明明指示我们说，传统学校是到了山穷水尽。有用之物如果生产过剩，尚且卖不出去，何况废物！传统学校造出来的原是‘废人’，不易出卖，幸有低级学校教师的位置，让他倾销，现在连这倾销之路已塞，还能再造废人吗！这些事实是必然的来到，必然的逼迫全民族觉悟，必然的强制全民族另找生路而不许他再在这三叉路口有片刻的徘徊。在这个生死关头上，全民族也许下个总动员的命令，要大家一齐过些工学团生活，那么，转危为安便易如反掌了。”

七十五

我问：“工学团要想办成功该有几个条件？”朱先生说：“一要有创办的决心；二要有工作的技术；三要有可用的原料；四要有劳动力；五要有资本。”

我问：“在传统的学校里创办工学团，创办的决心在于态度的转变；工作的技术可以虚心学来；可用的原料当然是就地取材；劳动力是现成的，肯得用出来也在念头之一转；惟独那资本，当这民穷财尽之秋，是如何的得来？”

朱先生说：“也是现成的！只要念头一转，这伟大的资本便近在眼前不必求人。你到教育部去把最近出版的《教育统计概况》找来，我们便可以算出究竟有多少资本可以供我们运用。”

七十六

我们在教育部和别方面的统计里得到了一些惊人的事实。“从民国一七年八月至一八年七月：全国公私立大学、专门学校，以已经立案的为限，有学校八六所，教职员六九八五人，学生五三四一〇人，支出经费是三千六百七十九万元；全国公私立中等学校，未立案的都算在内，有学校一三三九所，教职员三〇三四八人，学生二三四八一一人，支出经费二千四百六十万元。”大学生个人用费每年每人约三百元，总起来便是一千六百零二万元。中学生个人用费每年每人约一百五十元，总起来便是三千五百二十二万元。将个人费用加上办学费用，大学、专门学校八六所一年消费国力是五千二百八十二万元，中等学校一三三九所，一年消费国力五千九百八十二万元。中学以上学校一年的总消费是一万一千二百六十四万元。这种消费是年年开支出去，继续消费他十年，便是十一万二千六百四十万元化为乌有。我们办这些不事生产的学校，简直是叫人坐吃山空。假使大家转过念头，学校变成工学团，这一年一万一千二百六十四万元的消耗，便一跃而变成生产的资本，三万七千教师和二十八万八千学生都从高等游民一跃而变为生产的工人。八十六所大学，每所有六十万资本，便是一个中等工厂。一千三百三十九所中学，每所有资本四万六千，是一个小工厂。资本既是用作生产，一年年的滚上去，到了十年，每个中等工厂是拥有六百万的资本而变为大工厂了，每个小工厂是拥有四十六万的资本而变为中等工厂了。这样自能把一个穷的中国变成一个富的中国。若是念头不转，必至人财两空，一起呜呼哀哉！中华民族，这念头要快快的转呀！

七十七

朱先生说："惊人的事实还多着咧。全国公私立小学的学生是有七百万光景；旧式的私塾里也至少有七百万学生。这一千四百万小学生的费用每年总计至少是十万万元。这每年十万万元在传统教育之下是完全消费掉了。小学生年纪太小，固然不能充分生产，但是养几只鸡，种几棵菜，种几株树，总不能算是过分吧。再不然，扫扫地，抹抹桌，洗洗自己的衣服，便省掉成人许多力量，移到生产上去。每个小学生每年用自己的劳动力赚一元钱便是一千四百万元，赚十元钱便是一万四千万元。据我的观察，小孩子的力量如果引导适宜，是能造出意料之外的奇迹。小孩子能做一点小生产、小建设。中华民国之创造，少不了这些小工人。你再看一看民国十八年七月一日至十九年六月三十日之财政报告。这一年内之国库支出，为四万九千五百零七万元，其中百分之四十九点六为军费，便是二万四千五百五十五万元。这二万四千五百五十五万元是年年花在军事上，继续花他十年便是二十四万五千五百五十万元。这笔款不但是纯粹消费，而且是毁灭生产。照十九年九月份的统计看来，全国正式军队有二百五十九万九千二百人，非正式的军队还不在内。这二百五十九万多人，多半是农人，原来可以生产，但是一入军队便立刻变为消费者。兵多不能御外侮，自必有内乱。内乱一来，则工人不能做工，农人不能种地，生产力又被毁灭了。国家养兵好一比是请人保镖。请人保镖只是富翁的勾当。穷人只能联合自保，哪里请得起保镖的。中国是个穷国，靠当兵吃饭的兵是决养不起。我们如果能把这二万四千五百万的养兵费充作生产资本，把这二百六十万兵化为生产的工人，那又是多么伟大的一个建设的力量呀！"

七十八

我这几天的主张是越弄越激烈了。朱先生突然问我说："假使你拿了一省或全国的教育权，你预备怎样去干？"我毫不迟疑的回答说："停办学校，改设工厂！"朱先生问："为什么不办工学团？那工厂二字可怕！"我说："我要办的当然是工学团，不过我想要偏重生产之工以纠正传统的消费之学。我在城里听说几十年来农业学校、工业学校、实业学校、职业学校是几乎完全失败。我考察他们失败的原因虽多，而主要的就害在这块学校的招牌。挂了学校的牌子，那些只会动嘴不会动手的先生学生都可以滥竽了。他们用学校的招牌做盾牌，可以暂时躲避时代的攻击。他们哄骗社会说：'我们是在提倡生产教育了。可是你们不要性急。你不能捉只老母鸡来立刻叫它生蛋。过几年，或者过几十年我自然会生大鸡蛋，你看。'现在我们已经知道这只老母鸡是只会拉屎不会生蛋了。我不愿书呆子再躲在工学团的盾牌后面做蛀书虫，所以直截了当的把学堂一齐改成工厂。"朱先生说："你的办法极痛快！可是你要留心，书呆子虽然不会做工种田，却会演说、登报、写文章、上条陈、发宣言。你的命运是会背着摧残教育之罪名下台。结果是你的工厂办不成，他们仍旧办他们的学校一直到亡国。亡国他们也不怕，因为殖民地也用得着不事生产的先生学生做麻醉的工具咧。还有一层你要留心。你只知道学校里有蛀书虫，不知道工厂里有拜金虫。只要你把工厂的招牌挂起来，那些拜金虫都会蜂拥而来了。这里大家只顾赚钱，这里黄金贵于一切，比人命还贵重！所以即使你能把工厂办成，也不是你心目中的工厂了。一般办学校的是抱着书本而忘了人生；一般办工厂的是抱着黄金而忘了人生；一般社会运动者是抱着标语而忘了人生。从这样改到那样，从那样改到这样，若忽略了人生的大前提，都会使你失望。我们的工学团只是以人生为大前提，在我们心目中，人生是超过一切。因为要培养合理的人生，所以反对学校、工厂及一切忽略人生之组织，而要创造出一种富有人生意义的工学团。你把学校改为工厂是以一种缺乏人生意义的组织来替代另一种缺乏人生意义的组织。结果是赶了一群狼，来了一群虎。我不愿在你的热烈的火花上浇冷水。也许你的意见是含了一部分真理：要想打破根深蒂固的积习，难免要用些矫枉过正的手段。但是千万不可忘了'培养合理的人生'乃是我们真正的宗旨。"

七十九

我说："学校改工厂或改工学团是一个大问题，可以从长讨论，让我再仔细想想。好在现在决没有人要把一省或一国的教育行政的责任放在我的肩上，似乎无须急急解决。可是我们古庙的工学团是势在必办了，生产方面究竟要注重那样工作才对，是不可以不早些考虑。"朱先生说："我在古庙看见了一个奇怪的现象。你们这里出产棉花，是不是？你们把棉花便宜的卖掉，倒过来，个个人身上穿的却是贵布！你看奇怪不奇怪？""这的确是奇怪！我从来也没有想到这一点。读书读呆了叫做书呆子；我们这些人真是种田种呆了，变成一群'田呆子'。棉花便宜卖，老布费钱买，田呆子的确是吃了不少的亏。那么如何是好？"朱先生说：

"棉花、粗纱、老布；
被、褥、鞋、袜、褂、裤；
自种，自织，自用；
经济后防巩固。"

八十

古庙毕竟是个怪物，渐渐引起了城里人的注意。有些人起初是来看风景，忽然发现这个怪物，就好像哥仑布发见了新大陆一般，便一传十、十传百的告诉别的人，以致来宾络绎不绝，弄得我整天的烧水忙、泡茶忙、送客忙，忙得满头大汗。流汗我是不怕，所怕的是汗儿白白的流了。他们那个走马看花的模样，是把我们这古庙当作"大世界"玩。我倒想顺便和他们谈谈各种活动的意义，使他们带些种子到别处去撒。哪知道总是使我失望。他们老是问我："你们这里有多少学生？先生有几位？一年经费多少？"我的舌头跟着我是不大舒服，整天要回答这些千篇一律、干燥无味的话语。

今天是破天荒，来了一位经济学博士唐先生，听说我们办了一个乡村工学团，特为跑来参观。他是仔仔细细的问，我是兴高采烈的答，真是痛快极了。我那舌头今天算是幸福，抵偿了许多天的徒劳而有余。最后，唐博士给了我一个惊人的问题："现在是一个机器的世界。机器做出来的东西是价廉物美，决不是手工艺所能和它竞争。你们要自己种棉花，自己纺棉纱，自己织棉布，自己做棉衣服穿。这虽然是一个美丽的理想，但是靠你们古庙自己的力量来干，只能办到木头机的手工艺，怎好与机器的产品竞争？人家是价廉物美，你的是价贵物粗，如何卖得出去？手工艺遇着机器是被压得粉碎，怎么能提倡？古庙应该领导农人迎头学外国。迎头学外国是学外国最新的机器，如何开倒车？"我是被唐博士问呆了，简直是被他问倒了。不要紧，这倒是我求学的一个好机会。我从来没有像今天这样受窘过。我以为受窘越厉害，进步越实在。朱先生与唐先生的见解是针锋相对了，他们俩必有一个对，一个错。赶快去请朱先生来，让他开一个辩论会。不管哪个对，我总能长些见识。"唐博士请坐一会儿，我去找朱老师来和你谈。”

八十一

朱先生与唐博士相见的时候，难免有些客套话，我只得从略，单记他们质疑问难之议论。唐先生首先把问我的话来问朱先生：“贵村既然提倡生产，似宜运用新机器，迎头去学外国，才能发生伟大的效力，先生为何还要用手工艺来干？”朱先生说：“迎头学外国是要把整个过程彻底的学来才是正轨。比如用西法印书，须从造林、制纸、冶钢一直学到做印刷机和用大机器印刷。如果单学机器印刷，那末要造机器没有钢，要造纸没有木料，结果办一个印书馆或是一个报馆，就非买外国机器和外国纸不可。于是印书馆与报馆便成了外国纸的大规模的推销机关，甚至于本身生命就操在外国纸商的手里。迎头学外国是要先学他造林、制纸、冶钢、做机器，后学他的大机器印刷。造纸、冶钢、做机器没有学好以前，一跃就要学他的大机器印刷，那是危险极了。所以依我看来，迎头学外国是有顺序的，这顺序一经颠倒便要发生实业界的不安。敝村所提倡之生产事业中有一样是从种棉花一直到裁缝。种棉花是采取最新的科学方法，至于纺纱、织布、裁缝还是用手工艺，不过在手工艺上也是要力谋技术之进步。”唐先生说：“手工艺织的布如何可以与机器出品竞争？”朱先生说：“汽车与轿子竞争，胜败如何？”唐先生说：“当然汽车胜，轿子败，上海从民国十八年起是一顶轿子也没有了。”朱先生说：“上海没有一顶轿，却有许多手车。汽车能把轿子赶得精光，却赶不动那独轮的手车。这是什么缘故？坐轿的人改坐了汽车，所以汽车是适者生存而轿子则被天然淘汰了。坐手车的人依旧只坐得起手车而坐不起汽车，所以手车还是适者生存。汽车虽凶，打不倒手车。机器只能打倒一部分手工艺，还有一部分是不容易打倒的。对不对？”

八十二

唐先生说："汽车打倒轿子，打不倒独轮的手车，我承认是事实。但是这个例子能不能应用到纺织业上去是一个很大的疑问。以纺纱而论，用手工艺纺纱，每人每天多则纺八两纱，少则纺四两纱，平均亦不过六两纱。机器纺纱，每人每天八小时能纺二十磅，效力要大四十倍。有的时候拿纺好的粗纱出卖，还卖不上棉花的价钱。因此，与其用自己纺的纱，倒不如拿棉花去换机器所纺的纱。手工纺纱之不能抵抗机器纺纱，似乎是一个很显明的事实。手工纺纱好比是轿子而不是手车。机器纺纱便好比是汽车，赶走手工纺纱如同赶轿子一样，势必要赶得精光，一个不留。如何还能提倡?"朱先生说："手工纺纱与机器纺纱单独作战，好一比是比利时独自一个子与德意志开火，难免一败涂地。但是比利时到今日依然存在，因为他是与许多国联合起来干。我们不是单独提倡手工纺纱以与机器纺纱奋斗。如果我们是那样干法，自然要失败无疑。我们所主张的乃是棉业整个生产过程之联合战线。从棉花、纺纱、织布一直到做衣服，统统是抓在棉花区域的人民的手里，丝毫不让外力突破阵线。若是零碎的干，不但是手工纺纱会失败，即手工织布也非失败不可。你用买来的纱在乡下织布，每天起早落夜织他丈把，赚得拾几枚铜板，如何可活？但产棉区域整个生产过程之联合战线是有胜利之可能。种棉花不卖，省掉棉花运费，免除棉商剥削；纺纱又不卖，省掉棉纱运费，免除布厂剥削；织布自己穿，省掉棉布运费，免除布商剥削；并通盘计算产棉区域外的消费量，酌定产布余额以应需要而免过剩。这样不是可以立于不败之地吗？你讲手工纺纱没有机器纺的好却比机器纺的贵，是有一半对。专靠手工纺纱过活是活不了。但是我们农人每年是有五个月的空闲。全国有三万六千万人住在乡下，除去老少，至少有二万万人是能做充分的生产工作。

一匹马力约等于八匹人力。我们是有二千五百万匹马力，每年五个月放在那里不用。机器不用则上锈；人无事做则赌博、抽大烟，无所不为。机器不开，不必烧煤；人无事做，还要吃饭。中国乡村里是有二万万匹人力，每年五个月天天烧煤而不工作，这是多么大的一个浪费呀！现在最新的机器每匹马力要烧多少煤炭？”唐先生说：“两磅光景。”朱先生说：“我们这二万万匹空闲的人力是一磅煤炭也不必加，如果用他纺纱织布，是决不致比机器的出品贵，你看呢？”

八十三

我不耐老是做哑巴子，现在是我开口的时候了。我说：“白烧煤而不工作的马力还多着咧。二百六十万兵便是三十二万五千匹不事生产的马力。一千四百三十多万的先生、学生便是一百八十万匹不事生产的马力。城里一千六百万的太太、小姐、少奶奶又是二百万匹不事生产的马力。这四百多万匹马力真奇怪，他们不做工作倒要烧外国上等煤炭！我主张要太太、小姐、少奶奶、先生、学生、兵士自己织布自己穿。这里面是含有两层重要关系。（一）自己织布自己穿是一个富有意义的运动。买来的粗布不肯穿，自己织的无论多么粗，穿在身上都觉得比锦绣还漂亮，因为它是自己的劳动力的结晶。（二）穿了自己织的布便自然而然的把洋货抵制掉了。”唐先生说：“这倒是很有意思。”朱先生说：“这可说是一种不得而已主义，因为不如此便要亡国灭种。”我说：“仔细考察起来，自己织布自己穿，并算不了一件什么难事。每人平均一年穿十丈布，每丈布约须纱一斤光景。算他三天纺一斤纱，一天织一丈布，四十天便完全告成。农人有五个月空闲，取它四十天，还有一百一十天干别的事。兵士每天少上一小时的武八股就行。太太、小姐、少奶奶，每天少打两圈麻将也得了。先生、学生呢？费他半个暑假或是一个寒假，总不能算是耽误他们的蛀书生活吧。”唐先生说：“有人发明了一种手工纺纱机，每天每人可以纺两磅多纱，不过纺出的纱粗细不匀，所以已往是失败了。我看你们是不在乎美观，何妨用这种纺纱机试一试。如果行得通，纺一天织一天便可出一丈布，岂不便利得多?”朱先生说；“这是很好。要费心请你介绍一架。我们可以把这种纺纱机加以研究改造，若能使它出纱粗细均匀那就好了。总之，我们愿意试他一试。”

八十四

唐先生说：“虽是这样讲，你们的生产比较了近代的机器生产是太慢了，终久必归淘汰。你们要想不被淘汰，必得采取弗德主义：‘一个人一个动作。’”朱先生说：“为什么要快?因为出产比人快，价钱比人廉，可以把别人的市场夺了来。这纯粹是个人竞争主义在机器构造上之表现。要想生产快而又快，便把工作分得细而又细，直到‘一个人一个动作’为止。我想把弗德这句话颠倒过来说，更能描写他的精神。弗德主义的结果是‘一个动作一个人’。一个人，一天到晚，一年到头，一世到老专干这一个单调的动作，若不弄得半死半活，便免不了要发神经病。所以弗德主义是始于以一个人干一个动作，终于以一个动作毁一个人。他是把好人变成疯子，把人间变成地狱。你叫弗德自己在汽车工厂里照‘一个人一个动作’的办法干他一年半载，看他自己愿不愿再干，看他愿不愿叫他的儿女去干，看他还愿不愿执行这‘一个人一个动作’的主张。”唐先生说：“你似乎是反对机器，是不是?”朱先生说：“我不是反对机器，不过我觉得我们对于机器的观念需要一个根本的改变。前人制造机器，全副的目光都放在生产上，生产得愈快、愈多、愈好，便可算是一架尽善尽美的机器。他把用机器的工人完全忽略了。今后科学家发明机器的目光，要移转到工人的身上来。我们要造人用的机器，不造奴人的机器；要造益人的机器，不造害人的机器；要造养人的机器，不造灭人的机器。我们的宗旨是要造种种机器，使得用它们做工的人可以乐在其中。未来的世界里只有这人生中心的新机器可以存在。一切奴人、害人、灭人的机器都要敲得粉碎，放在火炉里重新造出那人生中心的新机器来。这种人生中心的新机器没有什么奢望，它不想把人间造成天堂，它不会把人间造成地狱；它的使命是把一个不合理的人间，造成一个合理的人间罢了。这便是我们要实现的新机器主义。”

注释

① 海亘史　通译惠更斯。

② 策论　即策问性的议论文。起源于汉代，后世科举制考试曾用以取士。清康熙、光绪年间也一度以策论取代八股取士，不久即废。

③《毛毛雨》《妹妹我爱你》　当时的流行歌曲。

④ 三节　指春节、端午节和中秋节。

⑤ 大世界　当时上海最大的娱乐场所。

⑥ 四民　指士、农、工、商。

⑦ 公山不扰　即公山弗扰，鲁人。公山为复姓。

⑧ 金鸡纳丸　即金鸡纳霜药丸，奎宁的俗称，治疟疾的药物。

普 及 教 育

普及教育

陶知行著

编者按

《普及教育》由上海儿童书局于1934年10月出版，收入文章、诗歌及书信等38篇。卷首有照片三幅：一为小桃教祖母识字图，见本全集第五卷；另两帧为叶浅予所摄《小先生的工作》，因复印件不清晰，不能用。内文中的《小先生》和《生活教育》都并入长文《普及现代生活教育之路》（见《普及教育续编》一书），前篇改为“小孩子能做小先生吗”，作为文章最后一个标题，后篇改为“什么是生活教育”作为起首部分；诗5首收入《知行诗歌续集》（见第八卷），这里均存目。实存31篇。4篇文末附，为此次编者所加。

普及教育运动小史

这十几年来，我有时提倡平民教育，有时提倡乡村教育，有时提倡劳苦大众的教育，不知道的人以为我见异思迁，欢喜翻新花样；其实我心中只有一个中心问题，这问题便是如何使教育普及，如何使没有机会受教育的人可以得到他们所需要的教育。民国十九年春天，我曾一度草成一个二十年内完成的普及教育计划。这计划曾由教育部提出全国教育会议通过。与这计划同时提出的有一个成人补习教育初步计划。成人补习教育初步计划之所以不能实行，是因为被一位不懂事的官剪去一段重要的办法，成了一个残废的计划，所以失了效用。那二十年内完成的普及教育计划之所以失败，却是我自己的错误。我写那计划的时候，以为中国既系从农业文明渡到工业文明，便误认每年工业之进展，足以应济教育普及率逐渐增高之需要。我们的幼稚的工业在帝国主义高压未曾铲除以前，决不许我们存这奢望。那时我对于儿童大众的力量还没有正确的估定，对于学校式的传统教育还没有彻底的看破，这些都是构成那个普及教育计划根本失败的重要因子。现在我们所发起的普及教育，是建筑在极困难的农业经济的基础上。它是一个农业国的普及教育方案。假使工业文明暂时没有多大的进展，教育仍有普及的可能。在儿童大众的力量的新估计之下，如果大家把传统学校彻底的看破，则普及中国教育不但是有可能性，并且是可以一举而成，万世不灭。

从穷人教育想到穷国教育*

假使一个农家有四个小孩，只能给长子上学，余下三个孩子，一个要守牛，一个要扒狗屎，一个要在家里打杂。那个读书的儿子，渐渐的手也懒了，脚也懒了，看不起务农了。种田的爸爸，养蚕的妈妈，打杂、守牛、扒狗屎的弟弟妹妹，都不放在眼睛里了。他把知识装满一脑袋，一点也不肯分给亲人。大家也不以为奇，因为做先生是要得了师范毕业文凭才有资格。他初小毕业，欠人的债已把老子的背脊骨压得驼起来了。等他高小毕业，老子又卖了一匹老牛。他从小学考进初中、高中、师范的时候，他的老子是从自耕农跌到佃农、雇农的队伍里去了。弟弟们有的短命死了，有的长得像茅草一样了。他自己是学了师范弄不到教员做，毕业不啻是失业，老起面皮做“守知奴”，吃着没知识的人的饭，还嫌不卫生，受人栽培还骂人愚笨。这一家是难免家破人亡。

假使这个长子进的不是消费的传统学校，而是富有意义的工学团。日里从工学团里学了生活所需的知识技能，晚上便和盘托出献与父母，教导弟弟妹妹。他对于学问是贩来就卖，用不着的便不要。他认得一个字便有资格教这个字，便认定他的责任是把这个字教与别人知道。如果弟弟守牛没有回家，他便到草地上去

* 本篇原载1934年3月1日《生活教育》第1卷第2期。

施教。倘使父亲是个种棉花的农人，他一定想法子把种棉学术和他父亲沟通起来。他与其浪费时间学跳舞，宁可去请教人家如何选种条播。他学得几样不费钱的卫生法必定是当天传给家里的人。他是一个社会人，只是从家里出发。他其实是要把他做得到的学问立时贡献给社会。他是与社会、家庭共同长进。学问没有止境，他的进步，他的家庭的进步，社会的进步，都没有止境。他是活到老，做到老，学到老，教到老，一直到进了棺材才算毕业。一样的穷人，走的道路不同，结果是一个天一个地。

上面所说的是穷人所走的两条路，即是穷国所走的两条路。第一条是灭亡之路，以前的中国便是马上加鞭在这条路上飞跑。第二条是生命之路，从今以后，中国必须悬崖勒马，朝着这条路上走来，才能起死回生。其实说破不值半文钱，只要转过头来，即是康庄大道！

从救水想到小孩的力量*

我们的黄河是时常有决堤的危险。每次决堤的时候是什么人的力量都要号召来救水。这时候连一个六岁小孩搬一块小石头来，也是用得着的。当这小孩起劲搬了一块小石头来到的时候，假使有人说："你这小孩没有在河海工程学校毕业，不配救水。"我们听了这番话，一定要讲那个人胡说。现在中国受着帝国主义的压迫，正是大难当头，好一比黄河之水天上来，已经把河堤冲了许多大洞。这时候是一刻也不能游移，对于一切的力量都要下总动员令，把他们号召来与帝国主义决一雌雄。办教育便是以教育的力量来参战。这时候教育是与亡国赛跑，连一个六岁的小孩搬一两个小字，一两样小知识，一两点小觉悟，一两斤小力量加在这个空前的教育战线上，也是用得着的。但是出人意外，这千千万万的小孩子是关在模范监牢里，只许他们做自私的守知奴，不许他们把知识传给人，也不许他们把力量发挥出来干一点小创造。大家是异口同声的说："小孩子没有用！愚民没有用！没有文凭，不配教人。"士大夫与教育官都在打算：中国教育要靠师范生普及，师范学校要官办！醒醒吧！不要再说梦话了。大水已经冲到你的家门口，要立刻号召全村的小孩一齐出动才能堵住决口啊！

---

* 本篇原载1934年3月1日《生活教育》第1卷第2期。

从守财奴想到守知奴 *

社会里有一种人叫做守财奴。这种人的惟一的嗜好是把金子银子弄到自己的腰包里来。腰包装满了，藏到皮箱里去；皮箱藏满了，埋到地下去。他惟一的遗憾是棺材太小，虽然小，还是要拼命的装。带得多少便带多少去，是他不得已的苦衷。当他活着的时候，肚子总是大大的。他的肚子比人大，固然是平日保养得好，其实另一原因是那腰包点水不漏。纵然看见一个人冻得要命，饿得要死，他是一个钱也不肯花。

这个大肚的怪物，只要提起他的名字，人都知道，而且看不起他，不屑跟他学。有志的青年谁愿做守财奴呀？但是要留神，还有大头鬼在那儿等着您呢！

这些大头鬼会用一种漆黑的东西灌在您的脑袋里去，不给他流出来，久而久之，您的头就渐渐的大了。这种漆黑的东西据说是乌金——一字值千金。灌头礼是在所谓之学校里举行。因此，您一进小学，头就觉得大了一些；进了中学，更大一些；进了大学，更大一些。如果您还嫌不够大，可以出洋，再给外洋大头鬼灌一会儿回来，那末您在中国的大头鬼中可算是一个大王了。那时，您看大家的头都比您小，好不开心！可是，您要知道，开心虽是开心，鬼终是一个鬼。那漆黑的东西只进不出，把您的心肝

* 本篇原载1934年3月16日《生活教育》第1卷第3期。

都染黑了。在小头人的群众中做一个黑心的大头鬼，是真的开心吗？

这种大头鬼，我给他取了一个新名字，叫做守知奴。守知奴的名词虽然出炉不久，但是守知奴这种怪物是从人类发现知识的第一天就出世了。他把知识占为私有；他把知识当做传家宝；他把知识当做古董藏着；他把知识当做商品卖；他把知识变成神秘的符而自做教主；他把知识变成愚民的工具而自做国王或军师。于是您要想得到知识，必得做他的儿子（女儿还不行），做他的信徒，做他的学生，做他的主顾，做他的王！做儿子不能由您作主。做王便要问您有没有这本领。做信徒、学生、主顾都得拿钱来！没有钱休想得知识！现在的留学生，是大众花钱给他出风头的。当他风头出得起劲的时候，劝他每天花几分钟教几个不能上学的大众的苦孩子，他会回您一个“没有工夫”！真的没有工夫吗？给他三百块钱薪水，就会有工夫了。

守知奴是个怪物而大家不以为怪，那才是一件可怪的事咧。这种怪物本是害人的。大家不想收伏他们，反而恭敬他们，羡慕他们，不惜费尽大众血汗钱，大批的一群一群的栽培他们，那是更加奇怪了。我们培养人才的经费，连家庭供给算在内，每年不下十万万。所造就的是什么？是一千多万不肯教人的守知奴！

我也曾经在守知奴的队伍里站过班，骂人是连自己一起骂。我既觉悟到做守知奴是一件可耻的事，便该老实不客气的说出来。中国人愚，大概是不能否认的事实。因为士大夫的新代表胡适之先生已经把这个“愚”字列为五鬼之一[①]，那大概是没有人反对了。可是我要向大家建议：愚人便是守知奴一手造成的，我们应该认清。所以要叫中国人聪明起来，非收伏守知奴不可。我有四条办法：

（一）大家要自取知识，一取得便立刻教人，不再借重守知奴；

（二）凡有知识的都要教人，不做守知奴；

（三）学生要学教人，不再做守知奴；

（四）教师要教学生教人，不再做守知奴的妈妈。

注释

① 胡适在《我们走那条路》一文中，将中国积弱不振归结为五个鬼，即：贫穷、疾病、愚昧、贪污、扰乱。陶行知曾对此提出批评，说“国内若不铲除多生之迷信，国外若不推翻帝国主义，则这五个小鬼必定是跟着我们寸步不离”。

普及什么教育*

这些年来教育是给镇江醋浸透了。一提起教育两个字就觉得酸溜溜的，谁也不愿把它普及。的确，教育是成了少爷、小姐、政客、书呆子的专有品。它是少爷的手杖，小姐的钻戒，政客升官的梯子，书呆子的轮回麻醉的乌烟①。如果把这种教育普及出去，中华民国简直要成为一个中华少爷国，中华小姐国，中华政客国，中华书呆国。更加确切些，简直要成为一个中华少爷小姐政客书呆共和国，真要不打而自倒了。所以我们开始必得声明，我们所要普及的，不是少爷教育，不是小姐教育，不是政客教育，不是书呆子教育。我们所要普及的是：自动工学团。什么叫做自动？自动是大众自己干，小孩自己干。自动教育是教大众自己干，教小孩自己干，不是替代大众、小孩干。

什么叫做工学团？工是工作，学是科学，团是团体。说得清楚些是：工以养生，学以明生，团以保生。说得更清楚些是：以大众的工作，养活大众的生命；以大众的科学，明了大众的生命；以大众的团体的力量，保护大众的生命。工学团是一个小工场，一个小学校，一个小社会。在这里面是包含着生产的意义，长进的意义，平等互助、自卫卫人的意义。它是将工场、学校、社会打成一片，产生一个富有生活力的新细胞。

---

* 本篇原载1934年2月16日《生活教育》第1卷第1期。

工学团可大可小，从几个人的家庭、店铺，几十个人的学校、庙宇，几百个人的村庄、监狱，几千人的工厂，几万人的军队，都可造成一个富有意义的工学团。

团不是一个机关，不是一个工学的机关。假使它只是一个工学的机关，那便成了一个半工半读的改良学校而不是工学团。团是团体，是力的凝结，力的组织，力的集中，力的共同发挥。

注释

① 乌烟　即鸦片。

大众的力量伟大*

大众的事要大众出力大众干。大众的教育要大众自己教自己。我们只需承认大众能够自己教自己，则普及大众的教育，只是一举手之劳便成功了。大众真能自己教自己吗？请看事实的铁证。

罗马帝国军队每到一个地方，一律要做两件事：一是就地立刻开一口井；二是造一条大路通到罗马。这两件事却是我们乡村教育同志所可取法的。所以开办和平学园[①]的时候，第一件事就是开井。西方有句俗语说：文明的高下，可以用水来量。这句话包含了不少的真理。我们站在教育立场说：生活教育也可以用水来量。即以我们的五大目标而论，没有水便不能实现。一九二九年南京大旱，格外觉得水为生活所必需，亦即教育所必需。没有充分的水，那康健的体魄，劳动的身手，科学的头脑，艺术的兴趣，改造社会的精神，都不大好培养。所以我主张乡村学校第一件事是提倡开井，有井的，提倡修井。和平门的井是学校开的，但是献给全村公用。不久发现了两个大问题。

(1) 每天出水二百担，不敷全村之用，于是大家都起早取水，明日又比今日起得早，甚至一夜取到天亮。没有取夜水的，

---

* 本篇原载1929年11月15日《乡教丛讯》第3卷第19期，题为《和平门的村民大会——解决吃水问题的教学做》，1934年作者将此文编入本文集时，对内容作了补充并改用现题。

到了日里来，井已将干了。群众聚在井边，一勺一勺的取，费尽气力才打出一桶水。

(2) 大家围着取水，争先恐后，有时甚至以武力解决。这样过去了几星期，后来连所谓学校的先生也没有水吃了。我们考察缘故，才知道有这么大的困难。有的主张由学校限制各户取水数量，要学校取完了水有余的才许开放。我们要知道这样想法，是与本校的“社会即学校”、“生活即教育”的主张冲突的。我们惟一的办法是开一个村民大会，由大家共同来解决这个问题，共同来做一个解决吃水问题教学做。这个村民大会是在民国十八年十月二十九日下午五时开的。每家来一位代表，男子在家男子来；不在家的，女子来；男子不在家，女子在家看门，就派十岁以上的孩子来。有人要问教育没有普及，这个会议是可能的吗？和平门的事实告诉我们，只要有指导，可以办到。那天证明，这是训政最有效力的办法。敲钟五下，全村代表准时入座。会中以老太婆发言最多、最扼要。我和几位师范生组织了一个顾问团，坐在群众中间，帮助贤明的农民做皇帝。主席未推之前，我便建议如何推举，并说明我和教师都没有被推为主席之资格，我们是农民的顾问，主席是要农民做的。结果会众推了一位十二岁的小朋友做主席。这位小朋友便是在做主席的时候学做主席。主席推定后，我又说明如何议事及表决，例如同时不能有两个人发言等等。最有趣的一幕是一位老太太站起来说话的时候，还有一位老太太急急的也要站起来发表意见，旁边另一位老太太扯她的衣服说，让那位说完了您再说吧。我们这天共同议决的事情如下：

(一) 水井每天休息十小时，自下午七时至上午五时，不许取水，违者罚银一元充修井之用。

(二) 每次取水，先到先取，后到后取，违者罚小洋六角充修井之用。

(三) 公推刘君世厚[2] 为监察委员，负执行处分之责。

(四) 公推雷老先生[3] 为开井委员长，筹款加开一井。茶馆、豆腐店应多出款。富户劝其多出。于最短期间内由村民团结的力量将此井开成。

这几个议案由农民会议通过。上项首三案当晚实行，没有一个人违背，可见民众力量的伟大。次日取水秩序井然，也无争先者。这事证明六点：

（一）民众运动，要以对于民众有切身关系的问题为中心。

（二）社会运动教学做，非以社会为学校则不能彻底实行。

（三）乡村民众是容易培养的，不要以为老太婆小孩子不可培养，只要有信仰，有办法，是没有办不成的事。

（四）公众的力量，比学校或任何少数人的团体的力量要大得多。假使单由学校发号施令，则社会了解的人少，而且感情将由此分离。

（五）培养乡村民众必须有指导。和平门的吃水问题，倘无相当指导，可能再过四五十年还没有解决。

（六）做民众运动，是要陪着民众一起干，不要替民众干。我们要想培养中华国民，非如此办理，小则误事，大则误国。

注释

① 和平学园　原名晓庄师范和平门中心小学，后改名和平学院，不久又改为和平学园。

② 刘君世厚　又名刘大作，晓庄学校学生。

③ 雷老先生　即雷万民，当地农民。

怎样指导小先生*

小先生是负着普及教育之使命。穷社会除了重用小先生之外，是没有别的办法可以使教育普及。但是小先生所遇着的阻碍实在是屈指难数。如何指导小先生扫除阻碍以完成他们的使命，是我们当前最迫切的大问题。

一、我们一提起先生就联想到班级。依着传统的路线是把一班小学生交给一个小先生去领导。那少数出类拔萃的小先生固然可以胜任愉快，但是大多数的小先生，如果接受一班小学生之领导重任，必致一败涂地。我们原来的意思，只要每个小先生担任两三人的教育，不要他们担任整个班级的教育。倘使自作聪明，勉强寻常小先生做起传统先生来，对着三四十个小学生手指脚划高谈阔论，那便是违反生活教育，摧残小先生。所以，第一条成功之路是镇压贪多的野心，把小先生所担任的人数减少到两三个。您看，一个六七岁的小先生，日里学得青菜两个字和青菜煮黄了就不养人这一件事，晚上就把它一五一十的教给嫂嫂和姊姊，那是和踢毽子一样的有趣，拍皮球一般的容易！他教了一个字便有一个字的成功，教了一件事便有一件事的成功，又有什么失败呢？

二、小先生是很容易的关起门来教人。他们是在指导小同

* 本篇原载1934年4月1日《生活教育》第1卷第4期。

学。这只做到蓝卡斯突耳的班长制[①]——大同学教小同学，英国人老早就干过了，与我们这次所发起的运动是毫不相干的。这样干法只是把一个个独身守知奴变做一群合作守知奴，没有一点普及的力量。我们的意思是要把整个学校的学生或整个工学团的团员都变成小先生。小先生所要找的学生是不能上学的人或不能常到团本部来工作的人，换句话说，他是要到传统学校外或团本部周围去找他的学生。很自然的，不识字的奶奶、妈妈、嫂嫂、姊姊、妹妹、爸爸、哥哥、弟弟，和隔壁邻居的守牛、砍柴、拾煤球、扒狗屎的穷同胞都是他应当找的学生。一个识字的人教导两个不识字的人，一个会做的人教导两个不会做的人，这里面才包含着普及的力量。这样去干，一千万学生便可算是三千万学生。否则，关起门来互相切磋，教来教去，还只是一千万人，毫无我们所说的意义。所以，我们必须指导小先生开起大门找学生。把一个不会的人教会了，便算是多生了一个人，这样才算是小先生真正的成绩，才算是表现了小先生真正的力量。

三、"即知即传人"的原则是要一贯的实行下去。因此，小先生的职务不但是教人，说得更切些，他的职务是教人去教人。等到他的学生也在教人了，他那小先生的封号才有丰富的意义咧。所以小先生之成绩，不在直接所教学生之多，而在间接所传代数之多。设有两位小先生，第一位自己教了四人，第二位教了两人，又教这两位去教两人。依我们的目光看来，第二位小先生的工作是更有意义。因为他是有了两代学生，他至少有两位学生是能即知即传人，而第一位小先生的工作是缺乏这种更进一步的意义。因此，我们指导小先生是加了一条原则：指导小先生教人，不如指导小先生教人去教人。

四、文字只是生活的符号，要与生活连在一起教。例如丈夫来了一封信，妻子是急于要知道信里所写的话。倘使信到的时候，正在吃午饭，她可以立刻丢下饭碗要您读信给她听。我们这些笨人老是把大好机会错过，照例读它一遍。她只是听到消息，连一个字也没有学会。我们总是替人读信，替人读信，何如教人自己读？教人自己读，起初是要多费一些时间，但是照我的话干干看，您的学生会有出人意外的成绩。您想，一个女子第一次会读她的丈夫写来的信，那种趣味实不亚于初恋之一吻。又例如儿子害病，请医生开好药方，若有人将这药方教给他的妈妈知道，她是终身不会忘记的。山海工学团从四月一日起要实现电化教育。电影说明书、无线电播音节目都要重新编过，成为活动教科书。会读入场券的可以半价入座，那么入场券也就成了“教科书”。这种例子随手拈来都可证明符号与生活可以很自然的联系起来。我们并且要使小先生知道，他的使命不但是普及文字教育，凡是他所过的有意义的生活都是负了责任要传布出去。

五、普及教育运动应该做成学校规定的正课和工学团规定的工作。因此，小先生不是一种自由的职务。小先生不能随便的高兴就干，不高兴就停。他必得天天拿成绩来交给负责的导师考核。寻常学校有所谓家庭功课，往往是要学生在家里写一张大字，第二天带来给先生看。小先生所要交来的不是自己写的字，乃是他的学生所干的成绩。他若找不着学生，导师须指导他如何去找；他若碰了钉子，导师须辅助他求得一个解决；他若没有恒心，导师须鼓励他向前努力；他若不明了他的职务之重要，导师须将普及教育与中华民族生死存亡关系说给他听。第一天就须把守知奴不配受教育的大道理向大家开导。总之，导师必须把普及教育运动当作规定的正课或工作，才有成功的希望。

六、小先生所遇到的最大的困难是大人对小孩不信任的心理。“小孩子懂得什么！怎能做小先生！”社会上不懂事的人是异口同声的这样说。但这是毫无根据的侮辱。我们一开始便须化除这种障碍。普及教育发动的第一天便须开一个娱乐大会，把小先生的家属一起吸引了来。在这个大会里面，导师须将普及教育与中华民族存亡关系尽量发挥，并将小孩子的能力充分证明。他可以将别处老年好学的人和小先生的成绩作一个生动的报告。他并须让本地有能干的小孩在会场中表现出真的力量，使大家从会场里带回家去的礼物是：（一）人人必须求学；（二）小孩能做先生。

导师须是一个火把两头烧。他一方面要把小孩的热心烧滚，使个个小孩都愿做小先生，不再做守知奴。这件事是很容易成功，大概只需一次演讲就行。另一方面，他要把大人的热心烧滚，使个个大人都愿拜小孩子做先生，不再轻视小朋友。这是一件比较难办的事，但热心、智慧与不断的努力总会使您成功。有一位小先生的妈妈不肯学，他请示于我，我告诉他说："你的妈妈不肯接受你奉送她的学问，你也不要吃她所烧出来的饭。你如果有挨饿一两餐的决心，我包你不致失望。"这一类的方略，遇必要时，可以一试。穷国普及教育最重要的钥匙是小先生。这把钥匙多半是操在导师（包括校长）手里。导师袖手旁观，则普及教育运动变成儿戏；导师以身作则，则儿戏变成普及教育运动。因此，导师必须加入小先生的队伍里一起去干，才有成功的希望。倘若导师自己目光不远，懒惰不长进，平日让小先生自生自灭，等到打了败仗，还说漂亮话："我早就预料到，小孩哪能做先生？"这种人才是普及教育之罪人咧。老实说，在热心的导师的指导之下的小先生都有了相当的成绩；小先生一无成绩，只是证明了导师冷血不努力。

注释

① 蓝卡斯突耳班长制　通译兰卡斯特（Lancaster）制。此制由教师先选择年龄较大的优秀学生（即导生）进行传授，然后由他们转教其他学生，也称导生制。该制由英国牧师倍尔和兰卡斯特创立，故亦称倍尔—兰卡斯特制。

怎样培养普及教育的人才*

工学团之指导员称为工师，不再称为教员。大县每县须有一个培养工师之机关，小县可由数县合立一所，以为培养工师之大本营。这种工师养成所的目的有下列四种：

（甲）培养新工师以创立新的工学团；

（乙）化固有之教员为工师，将学校改为工学团；

（丙）化固有之工人农人为工师，将一般社会组成工学团；

（丁）继续不断的培养在职之工师使与社会学术共进于无疆。

教师可以化为工师吗？工人农人也可以化为工师吗？山海工学团在开办的时候就下了一个决心——教小团员自己做凳自己坐。当初的教师多半是书呆子，当然不会做凳子。木匠司务会做凳子，但是不会教人做凳子。我们便把教师与木匠联合起来，做一个木匠先生。木匠司务起初只是闷起头来自己做凳子，小孩会做不会做他不管。我们对他说："我们不是请您来做凳子，乃是请您来教人做凳子。您教了一个人会做凳子便得一份工钱，教了两个人会做凳子便得两份工钱；如果您对于别人一个也没有教会，纵然一切凳子都由你包办成功，也得不着工钱。"木匠司务听了这番话，转了一个念头，加上教师的帮忙，两个星期之内就教会了好几位小朋友。久而久之，木匠司务可以独立教人做凳子

* 本篇原载1934年3月1日《生活教育》第1卷第2期。

了；教师也能教人做凳子了；甚而至于有几位小朋友也能教人做凳子了。如再不信，请听我唱吧：

他是木匠，
我是先生。
先生学木匠，
木匠学先生。
哼，哼，哼，
他哼成了先生木匠；
我哼成了木匠先生。

这个工师养成所不像传统的师范学校，它不把学生关在模范监狱里读死书。工师养成所之学生都称为艺友。大略得了几个知识的钥匙之后，艺友立刻分散，每组两人同到一个小社会里去，把它造成一个工学团。一到目的地，每组便要开始和大众与小孩做朋友。他们要在大众与小孩的队伍里找新同志，也用艺友制的方法把他们培养起来，一找到几位本地的艺友与小艺友，就可以发动儿童工学团及青年工学团之组织。这一步叫做个别指导，又叫做基本培养——以实际工作做培养人才之中心。第二步是巡回指导，由工师养成所之指导员或特约指导员，在一定期内轮流到各工学团帮助艺友征服困难，解决问题。第三步为集合指导，每星期举行一次，讨论共同方针，制定进行计划，补充应用学术，讨论困难问题，指示必用图书，鼓励团体精神。在可能范围内须运用无线电收音机及活动电影，俾在最短时间内收最大之效果。

例如这个工师养成所有艺友二百名，指导员十名，依我们的办法，是首先举行十天或至多一个月的集合指导，然后立刻分成一百队散在一百个村庄里去。这一百个村庄，要前后左右互相隔开四里光景，因此每队工作的区域大约是四里见方，即十六方里。人口稠密或稀少的地方，这限度就该酌量伸缩。一百队的工作总面积大约是一千六百方里，在没有公路的地方，这区域大概是四十里见方。集合指导处设在中心，最远的艺友，两小时可以步行到会。有一条公路可通汽车的地方，可以把它沿着汽车路划成一个一百里长十六里宽的区域，汽车路两边各宽八里。若集合指导处设在汽车路中心，两端离中心各为五十里，连步行之八里，亦两小时可到。

假使每个村庄有十个或五个小村，合计有人口五百，一百个村庄约计是五万人。每两个艺友担任八十人之指导，比如是四十个小孩和四十个成人。这八十人每人又指导三人，总共便是三百二十人，五百人之村庄之教育便一举而普及了。

照平常师范的办法，这所十位教员二百位师范生之师范学校，只能造成二百位吃白饭不做事拿文凭的书呆子。若采用上述的办法，十位指导员便能指导二百位艺友，陪着四百位小艺友，四千位小先生，四千位土先生，去创办一百个工学团，普及一千六百方里五万人的生活教育。再运用细胞分裂的方法，全县的生活教育，少则二三年，多则五六年便可以普及了。以此类推，一省，全国的生活教育，少则三四年，多则六七年也就普及了。

附：山海工学团的进行步骤

马侣贤

山海工学团是民国二十一年秋季成立的，是由赞同上面的主张志同道合的同志们，发起组织了一个乡村改造社，筹备会推举欧伟国、陈立庭、沈嗣庄、海斯、叶桂芳、丁柱中、陶行知七人为执行委员，主持工学团进行事宜。当时筹备会拟定了一个进行步骤：

第一步骤，创办时，发起人所组织的乡村改造社掌管筹款、用人、指导事宜，同时并认识本村真农人；

第二步骤，由真农人产生董事会，接收改造社助款，聘任总辅导，再由总辅导聘任辅导员；

第三步骤，本村工学团经济独立，改造社得以此款创办他村之工学团。

步骤定好了，接着便是找工作的场所。场所处处有，哪里才适合这个创新事业的地址呢？我们理想中所要的场所是：

一、二里以内，有五个小的村庄；

二、交通比较便利；

三、没有学校；

四、有破庙、民房、公共建筑物可以租借的；

五、不在大上海发展的方向。

（下略）

（原载1935年1月《中华教育界》第22卷第7期）

经费

已设的学校，改为工学团，如果以各地固有之校做根据，只需节省浪费已可发展。这种工学团要规定一条办法，即每人须拿自己的书在校外教两个人读写，并拿二人所写的回团报告，便可叫文字教育普及。这是不必费多少钱就能成功的。

没有学校的地方，最好是由工师养成所的艺友来干他一个填空运动，创立新的工学团来补充。每个工学团充分运用空房屋及固有家具，只需五十元到一百元的开办费便能设立。而这种经费与工师养成所的经费打成一片，实为举一而得二。谁出三百元一年，便能普及十六方里之教育，即以此名誉鼓励之。

这是过渡的办法。永久之计还在生产上做工夫。例如宝山一县种棉二十万亩。我们提议组织二百个棉花工学团以策进全县植棉之改良，使种棉农人团结起来，自谋幸福而除痛苦。只须改撒种为条播，每年每亩收入已可增加三元，全县棉农遍用此法即可每年增加收入六十万元。倘若加以选种及合作出卖，每年全县增加一百多万收入并不甚难。预计六年内可以达到全县棉业整个的改进。那么，六年之后，只需棉花一项之增加收入，已足维持我们所要普及的教育了。

连环的义务

我们留学生出洋的钱哪里来的？大众纳的税。有的回国多年，荷包快满，该是我们还债的日子到了！这笔债该是怎样的还啊？还给大众！还给大众的孩子！该还债的联合起来，三个五个跑到一县去，找一二十个受过特殊教育的青年作艺友，不收束脩，只要他们一面求学，一面即负起教人的义务。于是这一县的工师养成所便可创立。这些艺友便是工师养成所之指导员。同样招致本县有志青年一二百人做第二代的艺友散在各村，各收农人小孩数人做第三代的艺友，领导全村农人与小孩创立工学团，使生活教育之普及得以急成而永存。这样，大众尽义务教我，我尽义务教你，你又尽义务教他，教他的孩子，教他的孩子又教别人，就是我所说的连环的义务。这连环的义务其实是交相利。各人有此认识，则教育普及只要一举手之劳便能成功。

山海与萧场之实验

山海与萧场工学团在所谓寒假期内，开始了一个令人兴奋的普及教育的实验。构成山海工学团的分子是十四个村庄，构成萧场工学团的分子是十二个村庄。工学团是抱着“来者不拒，不能来者送上门去”的信条进行。以前山海与萧场对于本地团员之加入，只做到一个“来者不拒”；新近才开始做那“不能来者送上门去”的工作。我们将已经加入儿童工学团之团员变做小先生，分散在二十六个村庄里面，要成立二十六个儿童自动工学团，并各自推举团长。这些小先生每天除自修补，每人要教两个人。他们是拿着自己的书本教人。铅笔与抄写簿由新团员在消费合作社自购，无力自购者赠送。小先生的成绩，是凭着他们的学生即新团员所写的字考核。他们是负着把教育送上门去的责任，这责任他们是勇敢而慷慨的尽了。他们已经把教育送到牧场，送到池塘，送到菜园，送到摇篮边，送到煤屑堆，送到祖母的膝前。每星期有指导员轮流到每个村庄指导两次，每月总集合一次，成绩以教会一个人读写一册书为一分，教会两个人读写一册书为两分，教会一个人读写两册书亦为两分，余可类推。每位小先生自开始之日起，即是参加教人比赛，为着打破狭义家庭主义起见，每逢教会家外一人读写四册书，可加一分。每团员均挂绿布团员证。小先生的团员证上加一金星。如果小先生的学生又教了人，他便是小先生的小先生，团员证上加两个金星。仿此，有三代学生的便加上三个金星，有四代学生的便加上四个金星，余可类推。此外各村还有团体比赛。每村团体比赛有八种标准：一、生产教育的普及标准；二、科学教育的普及标准；三、自卫教育的普及标准；四、交通教育的普及标准；五、艺术教育的普及标准；六、康健教育的普及标准；七、共济教育之普及标准；八、文字教育之普及标准。八项之中以文字教育最易普及。今年年底二十六个村庄里面六岁以上的人民百分之九十要达到读写四册《老少通千字课》的标准，百分之九十五要达到能签写自己姓名的标准。生产教育标准最难透达，预计大概要六年才能达到最低限度之标准。任何一村达到任何一种普及标准时，即得工学团联合会之普及旗。例如文字教育普及旗，今年年底即希望多数村庄可以领得，而宣告各该村文字教育之普及。他种教育普及程度当随时考核，一达普及标准即行授旗。

从学军想到工学军*

邹平县的小先生组织学军的消息传来了。这是多么可贺的一件大事啊！周文山君新从邹平来，对我说："邹平已经开始组织学军。每位小先生找到四位不能进学校的小孩做他的学生，便成立一学排。这位小先生就被任为学排长。故一学排是五个人。五学排为一学连，是二五人。五学连为一学营，是一二五人。五学营为一学团，是六二五人。五学团为一学师，是三一二五人。五学师为一学军，是一五六二五人。全县拟组织两学军，梁漱溟先生为第一学军长，杨效春[①]先生为第二学军长。这个办法预备先在县城试验，俟试验有效，再向乡村推行。"这是周君的口头报告，细节方面也许有遗漏或错误，但就我记忆所及，大体就是如此。这是普及教育的急先锋。学军下之小先生是成了学兵，必可以一当十的向前进攻。信仰武装起来自能冲锋陷敌，百战百胜，这是可以预祝的了。

邹平的办法已经是切实得很，但我希望大家还要作进一步的追求。我所要提出的几条修正的意见是：

（一）学军缺乏工的意义。没有工的意义，只能扫除文盲。扫除文盲不能算是一件小事，但在扫除文盲之外同时再干一点工，这是更有意思了。因此我提议把"学军"改为"工学军"。

---

* 本篇原载1934年5月1日《生活教育》第1卷第6期，题为《从学军到工学军》。

工学军便是工学团之联合体。为着任何危急的工作而需要广大的组织的时候，工学团得联合而成工学军。平时仍回到工学团的本位，少一些陆军色彩，多一些自由创造。

（二）从工学军长一直到工学排长都由小孩或民众担任，知识分子只做顾问或参谋。这样，才能培养自动的民众与小孩。

（三）小先生能力大的固然能够教四个人，但是能力小的只能教两个人。我以为大多数的小先生只能教二人。因此，我提议最下层的组织是三个人，称它为工学排。力能教四人的小先生连自己算在内是五个人，称为一个工学队。工学队的普及力恰是工学排的两倍。工学队的队长教四个人，工学排的排长教两个人，就普及的力量说，两排是等于一队。队与排不相统属。排之上级是连，队之上级也是连。于是十排为连，五队为连，三队四排也为连。……从总人数一方面说是不整齐，因为五队是二十五人为一连，十排就是三十人为一连。但是普及力是整齐的，五队是有二十个不能入校的学生，十排也是有二十个不能入校的学生。

（四）乡村组织仍当以工学团为基本组织。大村独立一团，小村可以数村联立一团。系统略示如下：

工学团——工学营——工学连——{工学队 / 工学排}

在乡村中，每团的营数，每营的连数等等，都应稍有变通，不可强同。

（五）小先生的学生不限定是小孩。社会里有许多成人是等候着小先生的教导。他的婆婆，他的妈妈，他的姊姊，他的嫂嫂，甚至于他的公公，他的爸爸都不是平常民众学校所能招得来的。只有小先生能把教育送到他们面前。小先生不但是普及儿童教育的生力军，而且是普及成人教育的急先锋。在小先生的手里，儿童教育与成人教育是打成了一片，学校教育与社会教育是搓成了一团。

（六）普及教育是要城里与乡下同时并进。家常便饭的教育才值得普及。我们所要普及的既是家常便饭的教育，就不能叫乡下人等到城里人吃饱之后才去吃。我现在对于风行一时的试验是怀疑了。“试验”二字到了中国来是变成了延缓的口实。

我自从得了邹平的学军的消息，是快乐得连觉也睡不着。现在把我的意见写出来，请求邹平和全国普及教育同志的指教。我深信用工学团，或工学团的联合体——工学军——来普及生活教育，不但是可以两年之内把文盲一扫而空，并且可以继续不断的把一个合理的社会创造起来。

注释

① 杨效春　曾任晓庄学校指导员，1929年初离晓庄。当时在山东邹平协助梁漱溟试验“乡农学校”。

从今年的儿童节到明年的儿童节*

今年的儿童节[①]是在微风细雨中过去了。这微风细雨确是象征着现在中国的儿童运动。传统儿童运动之柔弱与今年四月四日的天气是相映成趣，而新兴儿童运动之种子也正好在它所润泽的土壤中发生嫩芽。但不久，这嫩芽需要太阳光来暖化，那笼罩天空的阴沉沉的密云是必须让开。

这几天报纸上是充满了都市儿童的消息：纪念会，招待会，免费游览，减价买物，童子军检阅，送儿童玩具，给儿童糖果面包吃。这些是多多益善，谁都高兴。但中国儿童现在最需要的东西是什么？是动的机会！是自动的机会！是联合自动的机会！这"联合自动"是一件最可宝贵的礼物，应该用红纸包起来，送给每一个小孩子。我们今年如果把这礼物忘了，还得补送，从今天补送起，送到每一个儿童都得到这个礼物，才算尽了前辈的责任。这笔账最迟是一年一结。我们期待着明年儿童节的清算。

今年上海市儿童节纪念会中可喜的一件事是劳工儿童代表、五区卷烟业工会伊明望的演说。他要求提倡劳工儿童教育。他说，儿童节要打破成人轻视儿童之心理。这不是一个小孩子的私见，他所说的是全国的苦孩子所想说而没得机会说的公意。这是我们亏欠苦孩子的一笔大债，到明年儿童节是预备还掉多少，我

* 本篇原载1934年4月16日《生活教育》第1卷第5期。

们应当通盘计划一下子。

但是在同一会场上另一小朋友的演说，却使我们有些失望。他要小朋友实行非礼勿视，非礼勿动。礼是什么？朱子注解说礼是天理之节文。天理又是什么？我是虚度了四十几岁，却没有把这个问题弄清楚，更不敢向大家宣传。因为我自己不懂的东西，拿来随嘴乱说，我不是变了一个喇叭吗？当时孔子提倡这种学问的时候，就拿不出证据来。他曾经说过：

“夏礼，吾能言之，杞不足征也。殷礼，吾能言之，宋不足征也。文献不足故也；足，则吾能征之矣。”

连孔子自己都拿不出证据来，何能取信于人呢？若说我们现在所提倡的不是古礼而是今礼，那么，今礼是哪几条？您若打破砂锅问（纹）到底，便知道“礼”这个字在现在是几乎等于代数学上的“X”——是一个未知数。礼既是一个X，小孩子便无所适从。弄到后来，非礼勿视会变成一个光棍的“勿视”，非礼勿动会变成一个光棍的“勿动”。勿视与勿动只是大人的乱命。小孩不视便是瞎孩子。小孩不动便是死孩子。非礼勿视，非礼勿言，非礼勿听，非礼勿动，是民族自杀的口号。我们要想创造新民族，只能提倡科学的看，科学的说，科学的听，科学的动！在这一方面的努力，明年的儿童节要看我们的成绩。

大人们异口同声的说：“儿童是未来的主人翁。”这句话是反映着一个传统的态度。表面上看去好像是一种期望，其实是一种变形的抹煞，抹煞了儿童的现在的资格。儿童是现在的小主人！明年的儿童节，我希望大家都承认这小主人的封号，并且不阻挠儿童实行主人的职权。

这次新闻界是抹煞了乡村的儿童。除了《申报画报》有一张乡下小孩放风筝的图画外，简直找不着一点乡村消息。独有《时代》记者叶浅予先生冒雨下乡，采访乡下儿童节新闻。明年儿童节，我希望多有几位新闻记者能蹈着浅予先生的脚步到乡下来，打听乡村儿童的苦况，使他们的啼声能达到国人的耳鼓。

最后我有一点小希望要向大家陈述。“小先生”、“儿童工学团”和“劳工幼儿团”② 都是今年儿童节的新礼物。我希望：这些种子能遍撒人间，会和明年的黄金色的菜花一齐开放，开得一样的茂盛。到那时，儿童们当是多么的欢喜啊！

注释

① 儿童节　那时南京国民政府定每年4月4日为中国儿童节。

② 劳工幼儿团　设在沪西女工集中的地区劳勃生路。是陶行知指导创办的一所实验性的工厂区的幼儿园，由孙铭勋、戴自俺经办。其主旨是为劳工服务，专收工人子女。它具有托儿所和幼儿园的性质。这是陶行知实验幼儿工学团的一个园地。

暑期普及教育运动*

大学生，
中学生，
抓住你们的机会，
负起你们的责任。

暑假差不多到了。想一想！有什么事是青年学生们能够干而又值得干的？

在普及教育运动旗帜之下，小学生是变了小先生了。连六岁的小孩都在那里教他的妈妈嫂子了。大学生和中学生对于这普及教育运动有什么特殊的贡献？平时，你们是为功课所困，没有工夫参加。现在，暑假快来了，我们必得抓住这个机会，为我们那些站在学校外的不幸的同胞负起教育的责任。

沪江大学校长刘湛恩先生在五月一日向全体师生建议运用整个的暑假来提倡普及教育，要将生活教育的种子遍撒全国。全体五百余人一致接受刘校长的建议。要成立一个沪江大学暑期普及教育急成会，作一个有计划有系统的进行。这是多么可贺的一件事啊！如果全国的大学校和中学校一致赞成这个办法，今年暑假，中国便有二十五万人将普及教育的礼物送到大众的门上去，

* 本篇原载1934年5月16日《生活教育》第1卷第7期。

这力量是何等的伟大！倘若这二十五万人间接的又推动了一千万的小学生个个都做成教导两个人的小先生，那力量更是何等的伟大！文盲是可以一扫而空。两年之内，中国便可以宣布文字教育普及。文字教育既已普及，大众是得了知识宝库的总钥匙。如果继续努力，从此对于那“工以养生，学以明生，团以保生”的生活教育便能取之无尽，用之无穷，以造成中华民族之新生命。

我想暑期普及教育急成会的会员回到本乡，有三件事可以做：

（一）您回到家里，就可把本村的识字的成人和小孩联合起来，实行每人教二人的办法。如果进一步，引导成人组织青年工学团，并引导小孩组织儿童工学团，那他们更可以继续不断的长进。即使您一旦离开，他们仍可自动的进行，您还可以通讯指导。您最好是带几十本小孩、成人欢喜看的儿童画报、小小说、儿童科学丛书之类去创办一个小小流通图书馆，那么，小先生们一定会干得格外起劲了。

（二）将附近的教师约来，向他们陈述小先生之效能，请他们在秋季开学后一起引导小先生将生活教育普及出去。

（三）向县长、教育局长、教育会长及本县热心教育之领袖陈述普及教育与创造中华民族之关系和小先生之效能，请他们组织全县普及教育急成会以推动全县的普及教育。最低限度是要他们承认小先生教人是学校规定工作之一种，由教师指导考核。

每个学校的普及教育急成会对于每个会员都要要求工作之书面报告，于秋季开学时交卷。这样，我们便能知道全体工作之总成绩。我还希望每个学校的普及教育急成会的活动系从暑期开始，并不随暑假结束而止，到了寒假还要干，平时可以通信干。每个会员既经在本乡开始工作，便须继续不断的引导本乡的青年儿童干到底，要叫本乡的青年儿童随着您继续不断的长进，不，倘使您不长进了，他们还是长进着，那才是真正的普及教育咧。

妨害进步无罪*

婆婆不许媳妇上学。老板不许伙计读书。司务不许徒弟看报。工厂经理不许工人求知识。士大夫不许儿子教穷孩子。这是小先生所碰到的五个大钉子。

这些钉子，连在所谓文明之上海都可以随地碰着，别处可想而知。有些人是享着特权，不许别人进步，不许别人引导别人进步。

从这些享有特权的人的目光看来，他们所控制的人们要想进步是有些讨厌，是不怀好意，是别有作用。马克斯[①]的书不许看，孔子的书不许看，甚至于连《三民主义》也不许看。奇怪吧？我若不是亲眼看见，连我自己也不相信中国会有这种怪事发生，更不相信所谓文明的上海会有这种怪事发生。

证据多着咧。有许多不幸的小孩、成人是因为“好学”而受警告，因为“好学”而驮巴掌，因为“好学”而饭碗被人敲破，因为引导别人“好学”而坐牢吃官司。

创造新中国之先决条件在培养好学的民众，继续不断的向新知识追求。阻碍民众求学的人是新中国之罪人。中华民国的法律里面所遗漏掉的一条是：

“妨害进步罪”。

---

* 本篇原载1934年6月1日《生活教育》第1卷第8期。

注释

① 马克斯　通译马克思。

杀人的会考与创造的考成*

自从会考[1] 的号令下了之后，中国传统教育界是展开了许多幕的滑稽的悲剧。

学生是学会考，教员是教人会考，学校是变了会考筹备处。会考所要的必须教；会考所不要的，不必教，甚而至于必不教。于是唱歌不教了，图画不教了，体操不教了，家事不教了，农艺不教了，工艺不教了，科学的实验不教了，所谓课内课外的活动都不教了，所要教的只是书，只是考的书，只是《会考指南》！教育等于读书；读书等于赶考。好玩吧，中国之传统教育！

拼命的赶啊！熄灯是从十时延到十一时了。你要想看压台戏当然是必须等到十一时以后。那时你可以在黄金世界里看到卓别麟[2]的化身正在排演他们的拿手好戏。茅厕里开夜车是会把你的肚子笑痛，可是会考呆子会告诉你说："不闻臭中臭，难为人上人。"

赶了一考又一考。毕业考过了接着就是会考，会考过了接着就是升学考。一连三个考赶下来，是会把肉儿赶跑了，把血色赶跑了，甚至有些是把性命赶跑了。

不但如此，在学生们赶考的时候，同时是把家里的老牛赶跑了，把所要收复的东北赶跑了，把有意义的人生赶跑了，把一千

---

* 本篇原载1934年6月1日《生活教育》，第1卷第8期。

万民众的教育赶跑了（注：中学生赶考旅费可供普及一千万民众教育之用）。换句话说，是把中华民族的前途赶跑了。

奇怪得很！这样大规模的消灭民族生存力的教育行政不是出于信仰而是出于敷衍，不是出于理性而是出于武断。我所接谈过的主考官没有一个相信会考。他们是不信会考而举行会考。

就表面的成绩看，广东会考是几乎全体及格，广西会考是几乎全体不及格。广东对呢？广西对呢？谁知道？浙江会考，绍兴中学第一次是背榜，到了第二次竟一跳而为第一。绍兴中学第一次的整个成绩果真坏吗？第二次的整个成绩果真好吗？真成绩之好坏是这样的容易调换吗？谁敢说？

这把会考的大刀是不可以糊里糊涂的乱舞了。考官们所自毁毁人的生活力已经是太多了。我们现在的要求是：

停止那毁灭生活力之文字的会考；

发动那培养生活力之创造的考成。

创造的考成所要考成的是生活的实质，不是纸上的空谈。在下面所举的几个例子当中，我们可以知道创造的考成是一个什么东西。

（一）校内师生及周围人民的身体强健了多少？有何证据？

（二）校内师生及周围人民对于手脑并用已经达到什么程度？有多少是获得了继续不断的求知欲？有何证据？

（三）校内师生及周围人民对于改造物质及社会环境已经达到什么程度？有何证据？

甲、荒山栽了多少树？

乙、水井开了几口？

丙、公路造了几丈？

丁、种植改良了多少？

戊、副业增加了多少？

己、生活符号普及了多少？文盲扫除了多少？

庚、少爷小姐书呆子有多少是成了为大众服务的人？

辛、团结抵抗强暴的力量增加了多少？

注释

① 会考　1932年施行会考制，规定中学毕业考试合格的学生，还须经过省、市统一命题的会考，会考合格后才能获得中学毕业证书。

② 卓别麟　通译卓别林。

上海公共租界之小先生*

上海公共租界工部局华人教育处[①]，最近定了《小学生社会服务试行办法十五条》，主要的意思是教小学生从事普及教育。教人的小学生称为小先生，小学生所教之人称为校外学生。每位小先生至少须找二人受他指导，指导时间少则十分钟多则半小时。小先生的工作，从现在开始，但不因放暑假而停顿。每校须规定小先生暑假教人工作，分量比平日加重。暑假前，举行一次总指导；暑假后，还要有一次总考核。这些办法都与我们原来的提议一致，很可庆幸。但美中不足是第十四条："本办法先试行四、五、六年级，俟有成效，再行推广。"这固然是出于慎重之意，但这轻描淡写的一笔，便勾消了至少三分之二的小先生。一年级的小学生能做小先生，已经是铁打的事实，无可怀疑。萧场、红庙、沈家楼、赵泾巷[②]各工学团，多数开办不到一年，小先生多数是一年级学生。西桥小学[③]在开办的第一个月就用小先生。如果限定四、五、六年级的小学生才能做小先生，那么这些地方连一个小先生也无法去找。"即知即传人"的解释是，当时学会一件事当时就可以拿这件事去教人。有人问我有什么程度才能做小先生，我的回答是：破蒙的第一天，便有做小先生的资格。怕小孩子不胜任，和怕下海学游水有点相类。事实告诉我

* 本篇原载1934年6月16日《生活教育》第1卷第9期。

们，在海里学游水比在塘里容易成功。干普及教育的人，要鼓起勇气，跳进一年级的大海里去活动，才能有伟大的收获。

注释

① 工部局华人教育处　工部局是外国领事机构在租界内设立的行政机构，局下设的管理华人教育的机构称“华人教育处”。

② 萧场、红庙、沈家楼、赵泾巷　都是上海市与宝山县交界处的村庄，在陶行知的指导下，先后创建了工学团。

③ 西桥小学　又名西桥工学团，在江苏省宜兴县。1933年冬，陶行知派陆静山和小先生侣朋协助当地知识青年承国英创办。

文言白话又一战*

最近一个月来，出现了好几篇文言白话之争论。一篇是汪懋祖先生所写，题为《禁习文言与强令读经》，主张小学高级必参用文言文，初中必读《孟子》。吴研因先生出来反驳，写了一篇《辟小学参用文言初中必读孟子及指斥语体文诸说》。汪先生又写了一篇《中小学文言运动》，除了回驳吴先生言论之外，并指斥新国语教本不健全。接着就是吴先生发表的《读中小学文言运动后声明》。后来又有柳诒征先生响应汪先生所写的《小学国语教材之疑问》，对现行国语教科书大施攻击。最后又读到文学社未发表之《大众语文学运动宣言草案》，这宣言说：我们现在的问题已经不是离开社会意识，空空洞洞的争论文白的问题。读了这几篇文章之后，我也想说几句话。我的主张是：一切公立学校，都应该教白话文，不应该教文言文；凡合乎现在社会需要的文言文，都应该翻成白话文。

中国现在几个大问题之一，便是普及教育：普及大众教育，普及儿童教育。负了这个重大使命而能完成这个重大使命的，便

* 1934年5月，鲁迅、陈望道、胡愈之、叶圣陶等人，针对“复兴文言”的逆流发动了大众语运动。这是五四时期文白论战的继续与发展。陶行知积极参加了这场论战，提出“大众语与大众文必须合一”的主张。他是提倡大众语的《太白》半月刊的特约撰稿人之一，也是推行手头字（简化汉字）的一位发起人。本篇原载1934年6月《生活教育》第1卷第9期。

是一千万有资格做小先生的中小学生。小先生必须学白话文，因为白话文容易学，容易教。如果改用文言文，小先生失了效用，中国教育再等一百年也不得普及。故为小先生普及教育运动着想，我们反对中小学校采用文言文。

从前中学以上学校采用文言文，是根据一种似是而非的人才教育论，以为士大夫便是人才，能读古书便是人才。殊不知人才的新解释，是抱有学术为大众除痛苦谋幸福的人。这种人才所说的话，是大众能懂的话；所写之文，是大众能懂之文。故培养学术人才的学校所应该注重的，也是大众能懂的白话文，非大众不能懂的文言文。今日之学校名为造就人才，是在造就三种人，一是少爷，二是小姐，三是蛀书虫。少爷小姐，有的是空闲，学文言文也好，学白话文也妙。文言文可以当做绣花鞋穿，白话文可以当做高跟皮鞋套。绣花鞋也好，高跟皮鞋也妙，他们爱穿什么就穿什么，用不着我们多嘴。只有那蛀书虫，倒非文言文不可。因为文言文汗牛充栋，可以给他们大蛀特蛀。白话文可蛀的太少，不够味，徒子徒孙不多，很寂寞。这些人提倡文言文，自有不得已的苦衷。少爷小姐蛀书虫要想繁殖，可以用他们的私款创办几所私立学校提倡文言文。大众血汗钱所办的公立学校，不该偏重少爷小姐蛀书虫之所好，这里面只该教大众所需要的东西！其中之一件，便是白话文。大众的要求，儿童的要求，新人才的要求，都是逼着白话文进展，而不让文言文复辟。

大众语文运动之路*

胡愈之先生所下之大众语之解释很好，我想提出两个字的修正。大众语是代表大众前进意识的话语，大众文是代表大众前进意识的文字。

大众语与大众文必须合一：在程度上合一，在需要上合一，在意识上合一。

大众语文适合大众的程度、需要和意识时，在大众本身所起的反应是高兴。所以大众语文是大众高兴说，高兴听，高兴写，高兴看的语言文字。这高兴的境界便是艺术的境界。

一个月前，我从一家电影公司里，借得一卷电影片子，送到乡下去公映。我们想在公映前几天教农人读说明书。这说明书虽是用白话文写的，但是乡下小先生不会教，农人也读不来。我只好重新写一篇说明书来教大家。这工作是不容易的，我一连换了几次稿才勉强写成。据小先生说，我最后写成的说明书，还嫌太深。但比了电影公司的原稿是浅了十倍也不止。这个例子说明现在通行的白话文，只是把文言文的"之乎者也"换了"的吗啊呀"，夹了一些外国文法和一些少爷小姐新士大夫的意识造成的。这种白话文，写起来，大众看不懂，读起来，大众听不懂。我们

* 本篇原载1934年7月1日《生活教育》第1卷第10期，后在同年7月4日《申报·自由谈》重新发表时作者又增加了最后两段，现将这两段在篇末间隔一行排出。

可以看出在中国文学运动里是有一个大黑幕：白话文不与大众语合一。

大众是过着符号贫穷的生活，但是他们需要符号是铁打的事实。老太婆用绳结记账，农夫刻树皮抒情，野孩子写王八旦骂人，民众学校学生用注音字母代替他所不会写的字。这种需要更可以用一个故事来说明。从前有一位妇人寄了一封信给她的丈夫，丈夫打开一看，纸上画的是："〇〇〇 〇 〇 〇〇〇〇〇〇〇〇〇〇〇〇〇〇〇〇〇〇"

丈夫看不懂。一位聪明人把他夫人所画的圈中秘密指点他说："欲寄相思无从寄，画几个圈儿替。单圈儿是我，双圈儿是你。圆圈儿是团圆，破圈儿是别离。还有说不尽的心思，把一路的圈儿圈到底。"

这些例子，指示出大众的生活中是有一个大缺憾。大众没有取得够用的思想的符号，情感的符号，行动的符号。总而言之，没有取得充分的生活的符号。大众的符号是和大饼一样的贫乏。剥削大众的大饼的人是同时独占了大众生活所需要的符号。

照这样看来，大众语文运动是有两条大路可走：

（一）知识分子参加大众生活，在大众语演进的基础上努力写作语文合一的大众文；

（二）将生活符号普及于大众，使大众自己创造出语文合一的大众文。

知识分子要想写大众文必须先学大众语，他必须拜大众做老师。不够！他必须钻进大众的生活里去，与大众共生活共甘苦。他必须是大众队伍里的一位战士。等到自己的生活与大众的生活打成一片，然后他才能领略大众生活之酸甜苦辣；然后他写大众便是写自己，写自己便是写大众。如果他不屑拜大众做老师，不屑在大众的队伍里做一个小兵，他决写不出好的大众文。

拿什么符号来向大众普及？汉字呢？注音字母呢？拼音文呢？我的建议是三管齐下：汉字要教；注音字母要教；用注音字

母拼成大众文更要教。

汉字是士大夫的法宝，大众必须认得这法宝，才能看破士大夫的神秘。能教汉字的人有八千万。汉字的本身虽难学，但是能教这符号的人如此之多，是推广运动的一个大便利。我以为汉字只要认得就够了。帮助大众认识汉字的一个方法，便是注音字母。有了注音字母，大众可以自动去用字典，认生字，追求新知识。但是我们不能停顿在这里。我们必须立刻教导大众运用注音字母记录自己的思想、情感、行动。我们必须立刻教导大众运用字母写大众文。我们教汉字的目的，在使大众认识那被汉字包围的中国；我们教字母的目的，小而言之在帮助多识汉字，大而言之在用秋蝉脱壳之方法创造拼音字来代替汉字，以产生拼音的大众文。

我们做普及文字符号的工作时，应当连带提倡俗写简笔汉字，印写字体合一，国音字母正草合一，以节省学习之时间精力。

中小学校及民众学校之学生，都该做起小先生来，每人至少教两个不识字的人。这样一来，我们便有一千多万有组织的分子，来负起普及符号之重任。再加上八千万识字民众之进一步之培养及总动员，数年之间，必可使大众取得他们生活所必需的符号。

大众得到符号，便能将自己的生活深刻的描写出来。大众的队伍里自有文艺的天才。他们自然而然的会产生出第一流的大众文。

我们把文字符号传给大众的时候，要做一番“滤清”的工作。我们要把时代落伍的意识滤掉，要把麻醉的毒质滤掉，要把古典滤掉，要把洋文法滤掉。我们献给大众的符号是要和没有微生物的清水一样。大众得了这种清水的符号，便能自由的、毫无成见的写出真正的大众文。

我想指出大众语必以一种活语言为基础。中国四分之三的国人能懂的活的语言，便是滤过的北平话。北平话又最好听，好听人就愿意学。因此，北平话实有成为大众语之主要成分之资格。但大众语应当胆量大，凡与大众前进生活有亲切关系之各地土语，甚至于外国话，都可尽量吸收。我们也不必悬一抽象的主观的标准，勉强加以去取。让大众自己去选择好了。不合前进大众的口味的，必归天然淘汰，用不着我们过滤。

抱有前进意识之大众，要领导意识落后之大众，把自己的生活提高起来。把程度提高，把需要、把意识提高。这样，大众语便能继续不断的提高，大众文也就跟着它继续不断的提高了。

普及教育研究院组织大纲*

第一章　宗旨

第一条　本院宗旨在发现最经济、最迅速、最能持久、最能令人进步之方法，力谋普及大众儿童向上生活所需要之教育，以助成中华民国与大同世界之创造。

第二章　院务

第二条　本院院务分下列六项：

（甲）调查生活需要；

（乙）拟制教育方案；

（丙）特约中心试验；

（丁）编辑新创材料；

（戊）培养专门人才；

（己）辅导普及工作。

*　本篇原载1934年3月1日《生活教育》第1卷第2期。

第三章　研究问题

第三条　本院研究问题有下列二十二种，上述六项院务，均以下列问题为根据：

（一）长江流域需要何种教育并如何普及？（江南江北须分别研究）

（二）黄河流域需要何种教育并如何普及？

（三）珠江流域需要何种教育并如何普及？

（四）边省需要何种教育并如何普及？

（五）蒙古需要何种教育并如何普及？

（六）西藏需要何种教育并如何普及？

（七）国内特殊民族需要何种教育并如何普及？（苗族、瑶族等，须分别研究）

（八）华侨需要何种教育并如何普及？（各国华侨须分别研究）

（九）世界被压迫民族需要何种教育并如何普及？

（十）康健教育如何普及？

（十一）劳动教育如何普及？

（十二）科学教育如何普及？（无线电活动电影等如何可以用作普及教育之工具须特别研究）

（十三）艺术教育如何普及？

（十四）交通教育如何普及？

（十五）自卫教育如何普及？

（十六）社会改造教育如何普及？

（十七）都市教育如何普及？

（十八）乡村教育如何普及？

（十九）成人教育如何普及？（男子、妇女、工人、农人、

商人，须分别研究）

（二十）儿童教育如何普及？（幼儿与学龄儿童须分别研究）

（二十一）民族改造教育如何普及？（优生与人口统制须分别研究）

（二十二）工学团如何创造如何普及？（流浪者、监狱里、军队里、工厂里、家庭里、学校里、寺庙里、商店里、手工艺的小铺里，如何普及工学团，须分别研究）

第四条 上述问题依据本院经费、人才限度，分别缓急，决定研究顺序，倘有遗漏，得依规定手续补入。

第四章 董事会

第五条 本院设董事会为全院之总枢，由创办人推举董事十五人组织之。

第六条 董事会之职权如下：

（甲）规定本院方针；

（乙）任免院长；

（丙）核定进行计划；

（丁）核定预算决算；

（戊）核准研究员之任免；

（己）筹画经费。

第七条 董事任期五年。惟第一任董事任期一年二年三年四年五年者各二人，于第一次开董事会时签定之。董事每年自行改选五分之一。连选者得连任。

第八条 董事会设董事长、副董事长、书记、司库各一人。监察员二人，由董事互选任之。

第五章　院长

第九条　本院设院长一人，总理本院一切事宜，由董事会聘任之。

第十条　院长之职权如下：

（甲）提议本院进行计划；

（乙）提议本院预算；

（丙）推荐各主任及研究员于董事会核准后聘请之，辞退手续同；

（丁）任免艺友及其他职员；

（戊）支配并监督一切工作；

（己）向董事会报告院务及决算；

（庚）核准各项细则。

第六章　分部组织

第十一条　本院为处理院务便利起见，设下列五部：

（甲）总务部　司文书会计庶务之职；

（乙）调查部　司调查统计之职；

（丙）试验部　司特约试验之职；

（丁）辅导部　司制定方案培养人才及辅导各地普及教育之职；

（戊）编辑部　司编辑研究报告定期刊物及辅导资料之职。

第十二条　本院设职员如下：

（甲）研究员　每人以一个问题为研究中心，从事调查、试验、辅导、编辑；

（乙）各部主任　每人主持一部之行政；

（丙）艺友　每位研究员或每部主任可收受过高等教育或有特殊才能之艺友几位，依据实际工作以谋其学术之上进。

第八章　院务会议

第十三条　本院设院务会议会商有关共同进行之一切事项。

第十四条　院务会议议员为研究员、各部主任、艺友代表，每种研究一人。

第十五条　院务会议以院长为主席，并由院长召集。院长缺席时，由研究员依序担任，记录由主席指定。

第九章　经费

第十六条　本院经费来源如下：

（甲）创办人所出基本金；

（乙）纪念金；

（丙）特别捐；

（丁）补助费；

（戊）出版物版税；

（己）生产余利。

第十章　附则

第十七条　本大纲如有应行修改之处，须经董事会全体三分之二以上通过方为有效。

普及教育助成会简章*

第一章　宗旨

第一条　本会宗旨在采取最经济、最迅速、最能持久、最能令人进步之方法，力谋普及大众与儿童向上生活所需要之教育，以助成中华民国与大同世界之创造。

第二章　会务

第二条　本会会务分下列六项：

（甲）调查生活需要；

（乙）拟制教育方案；

（丙）补助中心试验；

（丁）编辑新创材料；

（戊）培养专门人材；

（己）辅导普及工作。

* 陶行知是普及教育助成会的发起人和普及教育助成会筹备会的负责人。

第三章　会员

第三条　本会会员分下列三种：

（甲）永久会员　赞成本会宗旨，提倡普及生活教育，一次缴纳会费一千元以上者；

（乙）提倡会员　赞成本会宗旨，提倡普及生活教育，年纳会费一百元以上者；

（丙）工作会员　赞成本会宗旨，实际参加普及生活教育之工作，年纳会费一元以上者。

上述三种会员均须填具入会志愿书，经会员二人之介绍并经执行董事之核准，方得发给入会证。

第四章　董事会

第四条　本会设董事会为全会之总枢。

第五条　本会董事有下列三种：

（甲）执行董事　五人至九人，由会员互选任之，会员增多时可由通信选举任之；

（乙）省区董事　每省区一人，以该省区内助成会成立五处以上时选举；

（丙）当然董事　捐助纪念金或特别捐在万元以上者为当然董事。

第六条　董事会之职权如下：

（甲）规定本会方针；

（乙）任免干事长；

（丙）核定进行计划；

（丁）核定预算决算；

（戊）核准职员之任免；

（己）筹画经费；

（庚）向会员提名新董事候选人；

（辛）核准新会员入会。

第七条 执行董事任期三年。惟第一任董事任期一年二年三年者各三人，于第一次开董事会时签定之。连选者得连任。

第八条 董事会设董事长、书记、司库各一人，监视员二人，由董事会于执行董事中推选任之。

第五章 干事长

第九条 本会设干事长一人，总理本会一切事宜，由董事会聘任之。

第十条 干事长之职权如下：

（甲）提议本会进行计划；

（乙）提议本会预算；

（丙）推荐各部主任于董事会核准后聘请之，辞退手续同；

（丁）任免干事；

（戊）支配并监督一切工作；

（己）向董事会报告会务及决算；

（庚）核准各项细则。

第六章 分部组织

第十一条 本会为处理会务便利起见，得设下列五部：

（甲）总务部 司理文书会计庶务之职；

（乙）调查部　司理调查统计之职；

（丙）试验部　司理特约试验之职；

（丁）辅导部　司理制定方案培养人材及辅导各地普及教育之职；

（戊）编辑部　司理编辑研究报告定期刊物及辅导资料之职。

第七章　职员

第十二条　本会职员如下：

（甲）各部主任　每人主持一部之行政；

（乙）干事　每部得设若干人，分任各该部工作。

第八章　会议

第十三条　会员大会每年举行一次。

第十四条　董事会每年举行一次，由董事长召集；执行董事会每月一次，由董事长召集之。

第十五条　干部会议议员为各部主任，及每部干事代表一人。

第十六条　干部会议以干事长为主席，并由干事长召集。干事长缺席时，由各部主任担任。记录由主席指定。

第九章　经费

第十七条　本会经费来源如下：

（甲）会费；

（乙）纪念金；

（丙）特别捐；

（丁）补助费；

（戊）投资利息。

第十章 友会

第十八条 凡依据本会宗旨所组织之普及教育助成会皆为本会之友，宜本互助精神，共谋生活教育之普及。本会得承认之友会，有下列数种：

（甲）乡普及教育助成会；

（乙）县普及教育助成会；

（丙）市普及教育助成会；

（丁）省普及教育助成会；

（戊）边疆普及教育助成会；

（己）各地旅外同乡普及教育助成会；

（庚）各国华侨普及教育助成会；

（辛）各大学中学普及教育助成会；

（壬）教育未普及国之普及教育助成会。

第十一章 附则

第十九条 本简章如有应行修改之处，须经董事会全体三分之二以上提议，大会出席会员过半数通过方为有效。

宝山县观澜义务教育急成方案*

一、原则

（一）宝山人民认定为自己的义务去力谋普及的，不是少爷教育、不是小姐教育、不是书呆子教育，而是自动工学团。自动的意思是引导大众自己干，引导小孩子自己干。工学团的定义是做工、科学、团结三种生活打成一片，它的宗旨是“工以养生，学以明生，团以保生”。说得详细些，它是：用众人的工作养活众人的生命；用众人的科学明了众人的生命；用众人的团结的力量保护众人的生命。

（二）认定社会即学校，将学校与社会打成一片。

（三）认定生活即教育，将生活与教育打成一片。

（四）认定教学做合一为最有效之生活法，亦即最有效之教育法，学与教都以做为中心。

（五）认定在劳力上劳心，才是真正的做。

（六）认定知者有教人的义务，不知者有求学的义务。“即知即传人”是受过教育者之责任，有知识而不愿教人者是“守知奴”，与“守财奴”是同等卑鄙。不愿教人的人不能受教育。

（七）认定中国是个穷国，宝山是个穷县。穷国中的穷县是要用穷的方法去普及穷人所需要的教育，不要用浪费的方法去普

* 本篇原载1934年3月16日《生活教育》，第1卷第3期。

及穷人所不需要的教育。

（八）认定中国是到了生死关头，好比黄河将要决口，连小孩搬一块小石头来也是欢迎的。每一个人的力量都要号召来救命；每一个有知识技术的人都要号召来做先生与工师；每一个粗识字义或有一技之长的小孩都要号召来做小先生或小工师。

（九）承认真正的教育，是使众人取得一种联合推进的力量。教育最重要的成就，在使众人养成一种继续共同求进的决心。如果众人停止在一千字或四个月的学问上，那便是失败。我们对众人所要养成的态度是：活到老，做到老，学到老，教到老，团到老。

二、办法

依据上述九项原则，规定办法如下：

（一）设立义务教育学院以敷设义务教育实验网，从事义务教育之研究并为全县培养工师之总枢。

本学院之目的有五：

（甲）从事义务教育之实验；

（乙）培养新工师以创立新的工学团；

（丙）化固有之教师为工师，将学校改为工学团；

（丁）化固有之手艺人与农人为工师，将一般社会组成工学团；

（戊）继续不断培养在职之工师，使与社会学术共进。

本学院招收三级学生培养之：

（甲）第一级为高级小学毕业或同等程度学生；

（乙）第二级为初级中学毕业或同等程度学生；

（丙）第三级为高级中学毕业或同等程度学生。

本学院举行三种指导：

（甲）个别指导；

（乙）巡回指导；

（丙）集合指导。

本学院之集合指导处设在汽车路中心之刘行。

本学院聘请指导员十人，招收上项学生二百人。首先举行一个月之集合指导，然后每二人组成一队，共一百队散在一百个村庄里去工作。

每队工作区域一六方里即四里见方，每队既到工作区即物色当地农人及小孩至少各二人为艺友，共同进行工学团之创造。

这一百队学生在沿着本县汽车路散发出去，大约每四里安置一队，汽车路两边，每边各安置两队。这个区域是一百里长，十六里宽，总面积为一千六百方里。这一千六百方里便成为义务教育实验网，里面包含着一百个工学团。每个工学团五百人，共计是五万人之教育一举而普及。

本学院每队学生两人对于日常工作各任半天，其余半天自修本院指定必需阅览之书籍，由指导员巡回指导。星期日不放假，举行严格的集合指导六小时。学生所受之教育，时间不比同等师范减少，而内容较为切实。故第一级学生工作三年等于初中师范科毕业，第二级学生工作三年等于高中师范科毕业，第三级学生工作三四年等于专科师范或师范大学毕业，如所任工作成绩优良，应予以同等证书。

本学院之组织大纲，课程，简章另订。

（二）颁布成人工学团组织大纲，以便全县人民可以有所依据自动进行。因本县生产以棉花为大宗，故棉花工学团尤宜注重，其组织大纲亦应从速颁布。二十万亩之棉花应有二百个棉花工学团。其次则园艺工学团，亦属重要。

（三）颁布儿童工学团组织大纲，以便各地儿童可以自动进行。

（四）颁布原有学校改办工学团程序，以便有志改办之校长教师可以有所依据自动进行。

（五）通令全县学生有担任小先生之义务，各校校长教师负指导考核之责。现在入学学生，每人放学后须在家中或家庭附近至少教导二人读书半小时以上。小先生须将所教之人的姓名简明履历报告校中负责人，并须将所教之人每天文字成绩交他考核。每校日常功课须加入“怎样做小先生”一项。查现有本县学生将近一万人，以每人教二人计算，立刻可以增加二万人。这二万人当中多是寻常民众学校所招不来，而小先生能将教育送上门去。

（六）通令棉花区之学校，每校必须辅助当地棉农成立一个棉花工学团，并继续负起辅导之责。

（七）通令全县识字人民，拿自己所识之字教两个人。教人的义务与纳税的义务同重。教人便是纳知识税。宝山第一、第二、第三区，第四、第五区共有十六万二千人。识字的人除现有的小学生外约有三万人。这三万人散在各处，很难号召，但在全县总动员精神激励之下，必有许多人自告奋勇，若得一万人加入工作，每人教二人，又可得二万人。最好是由现有的学校与已经成立之工学团将各该村识字的人聚拢来。在高级民众夜校里一面修业，一面回家教两个人。

（八）筹措最低限度的经费：宝山全县二十二年度教育经费预算总额为九五四九三元。如果宝山是个新县，不受传统教育的障碍，则只需这九五四九三元，已可将教育普及而有余。但是宝山各项教育事业早已开始，这九五四九三元，都有指定的用途，很少能够移动。我们要干这普及义务教育的工作，必须另行加筹最低限度之经费，才能成功。新创之工学团只要乡村原有之空房，故不要建筑费；只要小孩们把自己的桌凳带来，故家具是减到最少。教师只需在方法上指导一下，小孩便可以拿自己读的书去教人，买书费也可以省掉了许多。将来《老少通国语》编成之后，那是更容易办了。小先生教人大概是不必支薪水。

现将那必不可少之经费列举如下：

甲、开办费

(1) 活动电影放映机　三〇〇

(2) 活动电影发电机　七〇〇

(3) 活动电影摄影机	三〇〇
(4) 扩大机	一二〇〇
(5) 无线电收音机及留声机八架	四二〇
(6) 图书费	二〇〇〇
(7) 木工具	二〇〇
(8) 金工具	一〇〇〇
(9) 医药设备	五〇〇
(10) 办公家具费	二〇〇
(11) 搬场大汽车两部（运人开会并代农人运货上市场）	四〇〇〇
(12) 工学团一百个每个开办费五〇元	五〇〇〇
共计	一五八二〇

乙、经常费

(1) 指导员十人每人每月夫马费五〇元	五〇〇〇
(2) 工资（汽车夫二人机司二人厨司一人）	一〇〇〇
(3) 工学团经费每所每月二〇元	二四〇〇〇
(4) 印刷费	四〇〇
(5) 通信费	一〇〇
(6) 汽油费	五〇〇
(7) 增加图书费	一〇〇〇
(8) 增加工具费	一〇〇〇
(9) 医药费	五〇〇
(10) 预备费	一〇〇〇
共计	三四五〇〇

用了这一万五千八百二十元的开办费和三万四千五百元的经常费，则义务教育学院可以办成，还能培养二百位新教师，继续培养一九五位在职教师，同时是创办了一百个新的工学团，敷设了一个五万人的义务教育实验网，再加上原有学校小先生和识字成人的努力，则宝山文字教育只消一年便可以宣告普及。

经常费一项以工学团总额所费为最多，其实每所每月二十元为数甚少，一部分可以当地酌收学费充之。倘暂时款项不易筹措，可以将需费较少或不需费者尽先试办。

倘全县教师农人一致努力将二十万亩之棉农组成二百个工学团，从事采用条播、选种、联合售卖，则每亩增加数元收入已达百万之巨，这几万元之普及教育费，农人可以自任了。

（九）文字教育应预令强迫。预令强迫之功用在提醒一般不识字的民众自动的去请人教，以往的民众教育好像是求人来学。预令既下，民众对于知识的消极的拒绝，可以转变而为积极的追求。

（甲）民国二十三年四月一日下令预告全县民众限二十四年三月三十一日前读毕本县指定之《千字课》。至六月一日下第二次预告令。预告令下后即令小学生与警察到处逢人宣传，劝其早些求学，不要临时抱佛脚；并说明二十四年四月一日即有识字警察，手持指定之《千字课》，站在城门口、车站、码头及交通孔道，临时抽验来往行人，检查他的头脑如同检查行李一样。不会认字者要罚愚民捐铜元一枚，再过半年仍不会认，须每半年递加铜元一枚处罚。

（乙）民国二十三年十二月一日起，义务教育实验网所包括之区域实行强迫教育。

（丙）民国二十四年十二月底宣布全县教育普及。暂订普及标准为学龄以上之人民百分之九十会认一千字，百分之九十五会签自己的姓名。

（丁）强迫令下后，家内、店内、工厂内、机关内，如有无故不识字的人，按人数每月每人罚银一元，由家长店主工厂经理机关主持人缴纳。

（戊）强迫令下后，识字成人或学生对其负责而不识字之亲友不肯施教者，罚守知奴捐银一角并公布之。

（十）除普及文字教育外并须普及生产教育、科学教育、自卫教育、交通教育、艺术教育、健康教育、共济教育等，其普及之标准、步骤、期限另订之。

附：宝山义务教育急成方案与邹平生活教育

（杨效春君来信）

捧读手示，不胜欣悦，每次《生活教育》半月刊到时，春必细细看了，看时往往自头至尾，一字不遗，非以求博，正以求用之也。

《宝山义务教育急成方案》，原则上春全部接受。办法则彼此当有出入，春今日所计议者为邹平生活教育普及方案。春以为今因吾人所要致力者为人生必需之生活教育，不是法令所订之义务教育。教育须得普及，而无须急成，亦不能急成。文字教育可以急成，生活教育不能急成。师意如何？

邹平实验计划（系本梁漱溟先生之理想主张）现订村有村学，乡有乡学，县有县学，凡此组织构造，是为“推动社会组织乡村”，实为引导全社会的人民皆得好好生活而已。春又请又山弟在实验学校中试办幼稚园，其主旨即为要教全城乃至全县的幼儿皆能好好生活；不是要教数名或数十名的公子王孙会唱歌，会跳舞，会识会讲话而已。而今而后，我们的教育辞典之中只见有“学众”，不见有“学生”，亦不见有“民众”，生活教育合一，学生民众亦合一。

前天早晨，邹平城关各校学生在南郊柳林之下举行总朝会，他们没有到的时候，春已自先去了，独上高岗，东望日出，青山绿野，鸡犬相闻，乡村景色，固不知高出尘市几许也。不久学童们自东西南北各路，一群一群地来了，这里面，不仅为普通的所谓学生，还有他们带来的小朋友（即普通的所谓失学儿童）。我欢喜极了，不觉默默念着：“你是一个人，我是一个人，共生需共学，即知即传人。”

现在，邹平境内的学校除照章上课外，还注意两件事：一是给全县儿童种痘，一是要全县妇女放足。大家都是很忙，也都还觉有趣。春在此，亦难得偷懒。

友人曾征瑞、支旭东、杜勇悔均拟来沪参观，并请教。希予指导为荷。

五月二日

（原载1934年6月1日《生活教育》第1卷第8期）

宝山县试办乡村儿童自动工学团组织大纲草案*

一、定名　本工学团定名为某某村儿童自动工学团。

二、宗旨　本工学团宗旨，在使本村儿童联合起来自动的实行工以养生、学以明生、团以保生的教育，以参加新村、新国、新世界之创造。

三、区域　本工学团以某某村，或某某、某某、某某数村之联合体为工作区域。

四、团员　本工学团团员有下列两种：

（一）常川在团本部工作者称为电子团员；

（二）有固定经济活动，不常川在团本部，每星期只能到团本部集合一次者，为电核团员。

五、资格　凡加入本工学团之团员，必须手脑并用，具备小工人的资格。不愿动手的儿童，不得为团员。

六、工作　本工学团之工作如下：

* 本篇原载1934年2月16日《生活教育》第1卷第1期。

（一）调查本村实况以创造自治的村庄；
（二）培养本村体力以创造健康的村庄；
（三）开发本村交通以创造四通八达的村庄；
（四）增进本村生产以创造足衣足食的村庄；
（五）启发本村知识以创造科学的村庄；
（六）改良本村风俗嗜好以创造进步的村庄；
（七）提倡本村艺术以创造美的村庄；
（八）锻炼本村武艺以创造自卫卫人的村庄；
（九）共济本村急难以创造互助的村庄；
（十）报告现代大事以创造与大的世界沟通的村庄。

七、组织　本工学团设小团长一人，小团副一人，掌全团之指挥，由全体团员公举任之；设小工师（小先生）若干人，分司技术或文字指导之职，凡有一技之长或粗识字义者皆可担任。团部会议为工学团最高机关，制定全团共同遵守之规约，及共同进行之计划，并公推考核员二人，以监督全体团员及职员之行为。每团设指导员一人，由导师担任。儿童工学团与成人工学团遇必要时得开联席会议，以谋互助。

八、徽章　凡团员进团在工作上有手脑并用之证据，继续一星期者，得开始挂绿布条徽章，上书某某工学团某某人。凡以一种技术或文字至少教两人者，得在绿色徽章上加一金星；其学生又教学生两人则是有两代学生，得在绿色徽章上加两个金星。余可类推。违背工学团宗旨公约者，得由团部会议撤销其徽章。

九、指导　本工学团电子团员每天在团本部受教学做指导；电核团员每星期举行一次集合指导，时间在一小时以上。电子团员对于各人分任之电核团员，每天须指导至半小时。导师须至各村施行巡回指导。

十、考成　文字以作品为考成之证物。工作以事业之完工为考成之证物。例如小先生教人识字须以电核团员所写的文字按期交给导师考核。凡教成家中一人用毕《老少通千字课》一册得一分，四册得四分；若跳出家庭范围而教邻居，则教一人四册书，可得五分，教两人可得十分。又例如小工师教人造路、种树、养鸡、捕蝇、扫除、打拳等等，都应立具体的考成标准。

十一、繁殖　本工学团办有成绩时，即罗致邻近村庄之有志儿童，加入为小艺友，等到小艺友成熟时，即用细胞分裂法繁殖到他村去。

十二、联盟　将来儿童工学团大同盟成立时，本工学团即加入。

十三、附则　本组织大纲由团部会议通过施行并陈报教育局注册。

儿童工学团之表格*

表格的用途在使工作有条理，成绩能考核，责任能分明。儿童工学团要想办得好，必得有几种表格。现在拟了五种，先行试用，再图修正。不久还有几种补充进来。合用与否，还望各地工学团同志指教。

（一）表格之一系每村儿童工学团小团长填写，每周报告一次。儿童工学团最注重的是大家共同干的团体活动。每村每星期总得共同干一件值得报告的事。

（二）表格之二系小先生的履历表，由小先生自填或由导师指导他填。教了什么人一项，是预备逐年陆续登记。

（三）表格之三系电核团员履历表，由小先生填写。学了些什么一项，是预备每半年登记一次。

（四）表格之四系小先生每周报告单，由小先生填写，交导师收存考核。还学了些什么一项，填入识字以外的有价值的知识或技能，要填得具体，如用竹片做苍蝇拍，须完全填入，不可只以卫生二字填写。

（五）表格之五系小先生成绩登记表，由导师根据小先生每周报告单每周填写一次，以资比较。此表须用大纸画好，张挂出来，使小先生知道各人成绩之比较。这表每月用一张。

---

* 本篇原载1934年3月16日《生活教育》第1卷第3期。

小团长每周报告单（工学团表格之一）

本周做的团体活动			
共做的人数	大　人		
	小　孩		
做的工具			
做的材料			
做的钟点数			
做的经费			
做的成绩			
从做上发生的困难			
最出力的是哪几个人			

……村儿童工学团小团长签字……

小先生履历表（工学团表格之二）

<table>
<tr><td colspan="2">姓　　名</td><td colspan="4"></td></tr>
<tr><td colspan="2">今年几岁</td><td colspan="4">生于　　年　　月　　日</td></tr>
<tr><td colspan="2">是男是女</td><td colspan="4"></td></tr>
<tr><td colspan="2">什么地方人</td><td colspan="4">省　　县　　乡　　村人</td></tr>
<tr><td colspan="2">家里做什么职业</td><td colspan="4"></td></tr>
<tr><td colspan="2" rowspan="3">在什么学校
上　过　学</td><td colspan="4">从　　年　　月到　　年　　月在　　学校</td></tr>
<tr><td colspan="4">从　　年　　月到　　年　　月在　　学校</td></tr>
<tr><td colspan="4">从　　年　　月到　　年　　月在　　学校</td></tr>
<tr><td colspan="2">会教什么</td><td colspan="4"></td></tr>
<tr><td rowspan="6">教
了
什
么
人</td><td>姓名</td><td>与小先生之关系</td><td>教的什么</td><td>开始年月日</td><td>成　绩</td></tr>
<tr><td>1</td><td></td><td></td><td></td><td></td></tr>
<tr><td>2</td><td></td><td></td><td></td><td></td></tr>
<tr><td>3</td><td></td><td></td><td></td><td></td></tr>
<tr><td>4</td><td></td><td></td><td></td><td></td></tr>
<tr><td>5</td><td></td><td></td><td></td><td></td></tr>
</table>

电核团员履历表(工学团表格之三)

<table>
<tr><td colspan="2">学生姓名</td><td>张翠英</td><td>吴阿大</td></tr>
<tr><td colspan="2">学生是小先生的什么人</td><td>妈妈</td><td>邻居小朋友</td></tr>
<tr><td colspan="2">学生年岁</td><td>六十</td><td>十</td></tr>
<tr><td colspan="2">学生的工作</td><td>管家</td><td>守牛</td></tr>
<tr><td colspan="2">学生是男是女</td><td>女</td><td>男</td></tr>
<tr><td colspan="2">住的村庄</td><td>夏家宅</td><td>夏家宅</td></tr>
<tr><td colspan="2">开始求学的年月日</td><td>23.3.3</td><td>23.3.3</td></tr>
<tr><td rowspan="6">学了些什么</td><td>二三年上半年</td><td>农民千字课</td><td>同</td></tr>
<tr><td>二三年下半年</td><td></td><td></td></tr>
<tr><td>二四年上半年</td><td></td><td></td></tr>
<tr><td>二四年下半年</td><td></td><td></td></tr>
<tr><td>二五年上半年</td><td></td><td></td></tr>
<tr><td>二五年下半年</td><td></td><td></td></tr>
</table>

……村工学团小先生签字……

小先生每周报告单（工学团表格之四）

学生姓名					
所用的书					
上到第几课					
会写几个字					
还学了些什么	1				
	2				
	3				
	4				
	5				
	6				

小先生签字　　　年　　月　　日

小先生成绩登记表（工学团表格之五）

小先生	学生	是小先生的什么人	所用的书	上课数																							
				1	2	3	4	5	6	7	8	9	10	11	12	13	14	15	16	17	18	19	20	21	22	23	24
张　亮	张翠英	妈妈	千字课	…	…	…	…																				
	吴阿大	邻居	同	…	…	…	…	…	…	…	…	…															
吴阿福	吴自珍	嫂嫂	同	…	…	…	…	…	…																		
	陈小秋	邻居	同	…	…	…	…	…	…	…	…																
陈福保	陈月娥	妈妈	同	…	…	…																					
	陈大年	邻居	同	…	…	…	…	…																			
王阿三	王阿祥	哥哥	同	…	…	…	…	…	…	…	…	…															
	王小二	邻居	同	…	…	…	…	…	…	…	…	…	…	…	…												
徐　英	徐珍珠	嫂嫂	同	…	…	…	…	…	…	…	…	…	…	…	…	…	…	…									
	徐阿三	邻居	同	…	…	…	…	…	…	…	…	…	…	…	…	…	…	…	…	…	…	…	…				

续表 1

小先生	学生	是小先生的什么人	所用的书	上课数 1	2	3	4	5	6	7	8	9	10	11	12	13	14	15	16	17	18	19	20	21	22	23	24
徐　玉	徐玉秀	嫂嫂	千字课	…	…	…	…	…	…	…	…	…	…	…	…	…	…	…									
	陈玉好	邻居	同	…	…	…	…	…																			
吴阿德	吴月英	嫂嫂	同	…	…	…	…	…	…	…	…	…	…	…													
	张大荣	邻居	同	…	…	…	…	…	…	…	…	…	…	…	…	…	…	…									
吴双喜	吴世昌	爸爸	同	…	…	…	…	…	…	…	…	…	…														
	李　亮	邻居	同	…	…	…	…	…	…	…	…	…	…	…	…	…	…	…	…								
吴大祥	吴凤仙	妈妈	同	…	…	…	…	…	…	…	…	…	…														
	王秋菊	邻居	同	…	…	…	…	…	…	…	…	…	…	…	…	…	…	…									
王三槐	王大有	伯父	同	…	…	…	…	…	…	…	…	…															
	王玉娇	嫂嫂	同	…	…	…	…	…	…	…	…	…	…	…	…	…											

续表2

小先生	学生	是小先生的什么人	所用的书	上课数 1 2 3 4 5 6 7 8 9 10 11 12 13 14 15 16 17 18 19 20 21 22 23 24
张阿二	张光祖	爸爸	千字课	… … … … … … … … … …
	赵永和	邻居	同	… …
张自修	张秀英	大姊	同	… … … … … … … … … … … … … … … … … … …
	张腊梅	妈妈	同	… … … … … … … … … … … … … … … … …
陈　虎	陈玉梅	妈妈	同	… …
	李小冬	邻居	同	… … … … … … … … … … …
赵万里	赵大顺	妈妈	同	… … … … … … … … … … …
	王春林	邻居	同	… … … … … … … …

负责导师　　　　　　年　　月

萧场儿童流通图书馆组织大纲*

一、定名　本馆定名萧场儿童流通图书馆。

二、组织　本馆设馆主任一人，干事二人，由儿童工学团全体团员公举任之。任期以六个月为限，并请工师一人为顾问。

三、职务　馆主任总掌全馆事务。干事二人分任编目、出纳两股。顾问负指导之责。

四、来源　本馆图书来源如下：

（1）本团合力购置；

（2）外方捐送。

五、借阅　构成本团各村之儿童、成人，凡经小先生之介绍均可借阅，其细则另订之。

六、流通　本馆图书流通办法如下：

（1）每位小先生于放晚学回家时，得照其所教学生数，按每个学生之程度，代学生借书回家。但每位学生只限一本，并要于教完后代还。

（2）每日放晚学后，由馆主任、干事、小先生、顾问等挑着书担巡回送往各村，择一适当地点公开借阅。各村每周至少去一次。

七、附则　本大纲经本儿童工学团全体大会通过后施行，如有未尽事宜，得随时提出大会修正。

---

*　本篇原载1934年5月1日《生活教育》第1卷第6期。

萧场儿童流通图书馆借书阅书简则*

一、凡构成本团各村之儿童、成人，经小先生之介绍者，均可来馆阅书和借书。

二、本馆图书之借阅，馆内不限时间，馆外每天下午四时后巡回送往各村，公开阅览和借出。

三、借书人须亲填借书单；不会填写者得由小先生教其填写，惟第二次必须由本人亲自签名。

四、凡借作初认字用的书，借书者须照书上字用拍纸簿抄下，由小先生早晨带回，作为成绩。

五、凡借自己能看懂的书，至多不得过一星期就要归还；未看完者可续借，看完后必须要把内容看不懂的地方，向小先生请教，并受本馆口试。

六、来馆阅书应守下面规则：

(一) 进出脚步要轻；

(二) 不得高声谈笑；

(三) 不得高声朗诵；

(四) 不作妨害别人举动；

(五) 不与人争夺一本书，先来先取；

(六) 不识的字和不明白的意思，须低声询问馆干事（小先

---

* 本篇原载1934年5月1日《生活教育》第1卷第6期。

生）或在馆之工师；

（七）阅后要归还原处；

（八）无故损坏图书须赔偿；

（九）须填写阅书登记簿。

七、凡借书最多同时又能尽量教人者，本馆得酌赠文具和铅笔、拍纸簿等作为奖励。

八、借者对于借去之书须尽爱护之责，凡有随意损坏须照价赔偿，有特殊情形者例外。

九、本简则经本儿童工学团全体大会通过后施行，如有未尽事宜，得随时提出大会修正。

创办竹柯工学团意见书*

一、原则

（子）社会即学校；

（丑）生活即教育；

（寅）劳动即生活；

（卯）教学做合一；

（辰）在劳力上劳心；

（巳）行是知之始；

（午）会的教人，不会的跟人学；

（未）来者不拒，不来者送上门去；

（申）教小孩做小先生；

（酉）教农人联合起来自己干；

（戌）工以养生，学以明生，团以保生；

（亥）活到老，做到老，学到老，教到老，团到老。

二、目标

（子）培养康健的生活；

（丑）培养劳动的生活；

（寅）培养科学的生活；

* 本篇原载1934年6月16日《生活教育》第1卷第9期。

（卯）培养艺术的生活；

（辰）培养改造社会的生活。

三、生活教育网

团本部设在夏阁镇，以夏阁到竹柯之距离为半径，画一圆圈，大约是一百方里，照巢县人口密度约计（六千方里，四十万人口），是有七千人。这一百方里内的七千人和他们的生活环境便构成了一个生活教育网。普及教育的目的是要把这七千人一网打尽，捞到生路上来。依现状看来，七千人当中约有五百个小孩可以进所谓之学校。照我们说法，是有五百位小孩可以常川在团部工作。其余的都因生活关系不能常来。这五百位小孩便是平常所谓之小学生，在工学团里面都变成小先生，把生活教育送上门去。这五百位小孩好比是五百根经纬，把生活教育网密密的织成。他们又好比是五百根电线，把团部所发的电力通到每一家的电灯里去，使每盏电灯都发光；又把每家所发的电力通到团部来，使团部的灯也发出光来。

四、组织

团之下，每大村为一大队，小村为一小队，队之下为排。每位小先生找到两位以上不能上学之小友或成人，即可成一排，该位小先生即任为排长。排长由小朋友担任，队长、团长均由靠自己动手吃饭之真农人担任。指导员只是顾问或参谋。

五、指导员

指导员设五位至十位。指导员除能担任普通小学及民众学校功课外，要有一位兼任无线电话机及活动电影机开放与修理指导，一位兼任医药指导，一位兼任农事及合作社指导，一位兼任音乐及戏剧指导，一位兼任自卫指导，一位兼任科学及简单工艺指导。每大村至少须有指导员一人、艺友若干人常川住在那里指导。

六、活动

（一）依据本地生产，应组下列生产工学团：

甲、种稻工学团；

乙、植棉工学团；

丙、养鱼工学团；

丁、菜木工学团。

（二）流通图书馆每大村一处。

（三）信用兼营合作社每种生产一所。

（四）诊疗所兼接生所一处。

（五）儿童工学团每大村一大队。

七、设备预算

（一）无线电收音机每架五十元，五架二五〇元	
（二）活动电影放映机一架	三〇〇元
（三）活动电影发电机一架	四五〇元
（四）照像镜一架	七五元
（五）图书	一〇〇〇元
（六）医药设备	五〇〇元
（七）木工具	一〇〇元
（八）农具	一〇〇元
（九）科学仪器材料	五〇〇元
（十）家具自制材料	五〇〇元
（十一）房屋，运用旧房、庙宇、祠堂，加以修理，约需	五〇〇元
共计	四二七五元

各县旅□同乡普及□县教育助成委员会简章草案*

第一条　宗旨

本委员会宗旨在采取最经济、最迅速、最能持久、最能令人进步之方法，力谋普及大众儿童向上生活所需要之教育，以助成新县之创造。

第二条　会务

本委员会会务如下：

甲、举办工学团；

乙、补助优良试验；

丙、介绍新出书报；

丁、培养工作人才；

戊、进行巡回辅导；

己、报告实际状况。

第三条　委员

本委员会设委员九人，由本县旅□同乡会联席会议公推任之，任期两年，连选得连任。

---

*　本篇原载1934年7月16日《生活教育》第1卷第11期。

第四条　职员

本委员会设委员长一人、副委员长一人、文书一人、会计一人，由同乡会联席会议就委员中公推任之。

第五条　经费

本委员会经费来源如下：

甲、旅□同乡会补助费；

乙、旅□同乡特别捐；

丙、纪念金。

第六条　会期

本委员会每月开会一次，由委员长召集之。但遇必要时，得由委员长召集临时会处理。

第七条　合作

本委员会必要时得与本区各县普及教育助成会合作，以谋全区生活教育之普及；并得与全国普及教育助成会合作，以谋中国生活教育之普及。

第八条　附则

本简章由本县同乡联席会议通过施行。以后如须修改，亦须经同样手续才能发生效力。

划分时代之新安小学儿童自动旅行团*

——给汪达之君的信

达之同志：

儿童旅行团来，大家都欢喜。我以小工人之礼待之。在这里，他们决无冻饿之忧。我所虑的汽车老虎，曾嘱他们特别留神。您要我估一估儿童旅行团的价值，这是新时代之无价宝，姑且定它万万万万万金元吧。这样伟大的宝藏，世界上谁也没有，却为新安所得，使福特、摩尔根①辈见着未免要生小巫见大巫之感。而新安不敢私为己有，愿公诸天下后世，这又是富翁们舍不得的了。好，如果您讨厌黄金，那么请听我唱吧！

题儿童旅行团

没有父母带，
先生也不在。
谁说小孩小？
划分新时代。

这首诗只是十几首中之一，其余的后来再抄。昨天寄上五十元，一个先生对着一群冷得发抖的小学生上公民课，在生活教育

* 此信在1934年5月16日《生活教育》第1卷第7期发表时，开头有“梧影，陈宅不知其人”一句。梧影为陶行知笔名，陈宅为陈彬合的住宅。此指1933年10月2日汪达之写给陶行知的挂号信被退回一事，见文末附二。

者的眼光看来，简直是罪恶。您那伟大的同情心是值得发挥的，给他们赶快做几件衣服吧。老太太的款一定要每月寄去，不能间断。铭勋劝小孩们在十二月初回淮安。我想劝他们不取得生产工具决不回，您以为如何？我近来不大写信，但不写信决非不关心。这完全是两回事。如果我整年没有信来，决不要以为我忘了你们。事情该办的我总情愿尽我的能力帮忙。

敬祝康健！

知　行

二二年一一月一四日

注释

① 摩尔根　通译摩根。

附一：这种气概是中华民族的新生命

行师：

七个小光棍，拼命要南征。

旗帜一打好，择期就启程。

小光棍的旅行团，是已九分的决定要到上海去观光了。我们不能筹出多少旅费，是准备着讨吃。我告诉他们："饿肚子行乞，不是一件容易的事。"但他们笑着回答："只要眼睛饱了，管不得肚子暂时的饿了。"他们这种气概，我觉得是中华民族的新生命，也就不顾一切的来规划这件事了。

旅费、船费去的不成问题，来的也另有办法。车费已去函交涉全免，万一不成，四等车儿童团体票，也很有限。伙食费，预算每天每人二角。从淮安直到上海的费用，大约不成问题，到了上海，又将怎办呢？真要学伍子胥吹箫的办法吗？我想时代差得很远了，当不至于到此地步。我已以学校名义，给黄警顽先生写了信去，一则要参观商务印书馆；二则也希望他为儿童幸福的缘故予给一点援助。天厨味精厂吴蕴初先生处，我也去了信，要求参观他的工厂，因为吴先生是个贫寒力学出身，可以给孩子们一个鼓励的榜样。时事新报馆也去了信，一则他颇有言论界的地位，让孩子们去参观一下，认识认识；再则希望他们借此传个信号出去,给中国的被牢狱封锁着一般的儿童们,一个新鲜的刺激。

我想这就是“社会即学校”的一个步骤。但是，行师，是不是这样简单呢？

他们的旅行生活计划是：寅会，晚会，写日记，照在学校一般的排列。每天有轮流的主席，有两个固定的记录。此外的事务，分成四部：一、是交际；二、是账务；三、是行李；四、是医药。约定每天要有一份报告信寄回来。事实上恐怕时间不够支配，做不上来，但规定着待做到如何程度再说。参观目的，工厂、学校、其他文化机关，当再拟一个参观日程，到沪后，留待吾师斟酌。

行师，您将怎样招待这个小光棍团呢？

正是我们没有钱吃饭的时候，幸好本年收的玉蜀黍面，救了我们的驾。平常三餐吃两顿，现在三顿都是玉蜀米面！

昨天纯才兄寄来了二十元。

双十节，过得很好，居然能演九幕剧，来观光的把屋子挤得满满地，这分明是暴露着没有娱乐机会的恐慌，现象如是。我在广众之前，将吾师允我迟则半年之久为置一架电影机的好消息，坦坦白白地告诉了他们。也好让他们都有一个“望梅止渴”的机会。

教局长已调换朱文升，中大教育系学生，现尚未视事。

民夜班事，房子虽借好，但坏蛋仍在捣乱。拟俟旅行团回校后，即进行开学。匆上。敬祝康乐！

达　之

1933年10月17日夜。

旅行团行期本月二十二日（星期日）乘镇淮班轮南下，二十四五日可到沪，在何处访您呢？

（载汪达之著《生活的书》）

附二：这很使我惊疑莫解

行师：

这里的另一封信，是在二十日挂号寄地丰路地丰里六号梧影先生收，今天退回来，批明没有此人，这很使我惊疑莫解。

旅行团二十日出发，今天才接着他们由镇江寄来的一大堆信，此时想早已到沪。

因要将此信赶今日邮班寄出，不及多述。

建培兄寄来三十元，拟以十元寄给我的母亲，十元完工账，十元作伙食和其他费用。此次儿童旅行团旅费，是另筹出一笔，和前次二十元中划出一部分，再有捐助一部分，合三四十元。匆草。敬祝康乐！

1933年10月28日午。

（出处同前）

儿童节标语*

儿童是新时代之创造者！

儿童不是旧时代之继承者！

从前世界属大人，今后世界属儿童！

儿童园里无老翁，老翁个个变儿童！

小学生都做小先生！

即知即传人！

不再做小小守知奴！

儿童是改造社会的小工人！

少爷小姐是废物，贪图享福必送终！

不把苦孩子的奶夺来吃！

让小孩子先上车！

把坐位让给小孩子坐！

儿童不再做书呆子！

手脑双挥来做工！

谁要欺负弱与小，拿起小拳向他攻！

取消工厂里的童工！

儿童是民国的小主人！

小孩子联合起来！

* 本篇原载1934年4月1日《生活教育》第1卷第4期。

把儿童自动工学团组织起来！

不对小孩说鬼！

打小孩的人是小孩的公敌！

大家联合起来防拐子！

禁止童养媳！

给国英的信*

国英同志：

关于西桥小学[1]的三封信都收到了。头两封信到的时候，正当家母弃养，所以来不及答复。我看见这些信，心中十分高兴。最好的办法是您自己做朱先生[2]，找几位小同志做钟儿[3]。乡村教育要不会办教育的人办。这样的教育，才能不受传统的影响。您只须认定下列几项原则，就可以不致走入歧路：

一、社会即学校；

二、生活即教育；

三、劳动即生活；

四、教学做合一；

五、在劳力上劳心才是真正的做；

六、行是知之始；

七、教小孩子自己教自己；

八、教小孩子做小先生；

九、教劳苦大众自己教自己；

十、会的教人，不会的跟人学；

十一、不愿教人的人，不配受教育；

十二、工以养生，学以明生，团以保生。

* 本篇原载1934年4月16日《生活教育》第1卷第5期。

我们除人力以外，都愿帮你的忙。要想教育普及，必须就地取材，你以为如何？祝您

康健！

陶知行

二二年一二月一五日

注释

① 西桥小学　地址在江苏宜兴县，承国英为该校小先生。

② 朱先生　陶行知的教育小说《古庙敲钟录》中的人物。

③ 钟儿　《古庙敲钟录》中的人物。

怎样做小先生

小先生指導法

怎樣做小先生

陶行知著

编者按

《怎样做小先生》中的15篇文章曾在1935年5月14日至8月20日的《晨报·新夜报·普及教育》周刊连载，后作者编辑成册时，将文章的次序重新作了调整，并在每篇之前加上了小标题，1935年11月由上海生活书店出版。本书1950年再版时，方与严写了校后记，现附于书末。

怎样做小先生

——小先生指导法

一、为什么要做小先生

为什么要做小先生？做小先生有什么意义？这是每一个小学生或识字小孩都应该问的问题。我们为什么得了知识就应该传给别人？

我要问你：你怎么可以进学校？因为有你的父母为你出学费，并且给你饭吃。

你的父母都识字吗？他们都得了你所得到的知识吗？如果他们没有接受现代教育的机会，你也应该尽你的责任分点给他们吗？有些学生受了父母的栽培，连一封信也不写回去。等到放假回家，不是嫌父母无知便是嫌家里不卫生。他从不耐烦把他所得的知识去向父母说明。假使你有几个兄弟姊妹，你可知道为什么只有你一个人上学？钱不够。你的兄弟姊妹就不想长进吗？你既进了学校，若不引导他们共同长进，你觉得心安吗？

再进一步说：你的学堂是谁办的？假如说是政府办的，政府的钱又从哪里来的呢？不消说得，关税哪、盐税哪、田税哪，……出口货的关税是每一个生产者都出了钱。进口货的关税是每一个消费者都出了钱。盐是人人都要吃，即是人人都出了钱。田税是地主从地租中划出一部分所纳，地租是出于每一个农人之劳动力。现在开办学校之钱是人人所出，而教育只有很少数的人享受。多数的人只是“出钱给人读死书，自己一个大字也不识”。劳苦大众既然出了钱使你上学的学堂可以开办成功，你就应当负起责任，把你所学得的知识提取精华，教给劳苦大众和他们的小孩。这是每一个小先生所要明白的根本意义。死读书而不肯教人的学生，显然是一个忘恩负义的守知奴。

二、找学生

小先生的第一件工作就是找学生。“找学生”便是上第一课。这是你和你的学生初次见面，连说话都不可以随便。因为第一个行动是有力量决定以后的行动的方向。你对于每一句想说的话都应该预先想一想：“这句话应该说吗？我为什么要这样说？”我知道你是很心急的，要赶快的找到学生。有时你想用种种方法把你所要找的人说服。但是心急的时候，很容易说错话。当你遇着一群失学的孩子的时候，你会把古时候苦孩子读书的故事讲给他们听。临了，你会引一两句成语劝他说：“吃得苦中苦，方为人上人。”你可曾把这两句话的意思想过没有？我是听得太多了。不懂事的大先生老是用这种话来勉励小先生，不用头脑的小先生也是照样画葫芦的拿这种话哄骗别的孩子。我们吃苦的目的，就是要做“人上人”吗？我们用功的目的就是要求个人升官发财吗？为什么要读书？读了书就应该把自己的脚站在别人的头上吗？我有一位朋友，把这两句话改成：“吃得苦中苦，不为人上人。”我觉得这位朋友所改的语气有些消极，又把他改成：“吃得苦上苦，方为人中人。”公平的世界里只有人中人，不该有“人上人”和“人下人”。无论怎样改法，你都觉得不便拿他来做那劝学的招牌了。其实，你是用不着这种哄人的糖果。如果你所教的是有趣而又有用的书，倘使没有人阻止，谁都愿意学。你可以说：“这本书有趣得很，也有用。你若愿意读，我可以教你，试试看吧。”“读了书，可以看报、写信、明白事理。”这种平常的话，是比花言巧语好得多。只要你的心是热的，总有一天能感动人。倘若你不择手段，拿虚荣来鼓励人求学，将见他学成之日，便是你的教育完全失败之日，那真是白费心血了。你若嫌我说的那几句话太平凡，而愿意想出更有力的话来代替，我当然高兴。但是，我希望你必须想一想："这句话应该说吗？我为什么要这样说？没有更好的话可说吗？"

三、课本要不要

普及初步教育离不开文字。文字是什么？该怎样教？我们必须弄明白，才不致走入歧路。

文字是生活的符号。它必须与民众的生活打成一片，才能发生效力。我们要想鼓起民众读书的兴趣，必须拿他们生活所需要的文字来教。但这种生活需要有经常的，也有临时的；有共同的，也有个别的。经常共同需要的文字，可以编成课本；个别需要的文字，可以编成补充材料，以适应一地方、一职业或任何之特殊生活；临时需要的文字是要靠教者之灵敏，抓住当前的机会指导民众。

普及文字教育，最好是要采用一种最为适合民众经常共同需要之课本，以便每天求进，否则怕要间断。实际上，失学民众是欢迎课本。没有课本是不易维持继续求进的兴趣。这是当然的啰，你请客吃饭是必须用碗盛呀，课本便是用碗端来的饭，吃起来很便当。否则，一粒粒的散在桌上，是多么的难吃呵。

课本虽是需要，但教人的人不可死靠课本。他必定要运用补充材料及临时材料，以适应特殊及当前生活之需要。

四、识字呢读文呢

识字运动每每引起人的误解。字是应当识的，但不是为识字而识字，而且字也不是单靠一个个的分开去认识。例如《老少通千字课》内的第二课：

起得早，
睡得早，
省油省灯草。

一共有“起，得，早，睡，省，油，灯，草”八个字。如果只拿这八个字一个个的分开来教，谁也不高兴学。即使认得了，也是不大会用。所以单单教人识字，一定要令人望而生畏，引不起民众自动读书的兴趣。倘若换个法子，先教民众学生把课文读一遍，他耳朵听懂了整课的意义，觉得有趣，你再把一个个生字分开来教他，他就高兴学了。最后再把课文教他读几遍，是文也会读了，字也会认了，那是多么有趣啊。你再教他写，教他用，等到会用这些字，才算真的认识这些字。一课的生字很少，固然不容易教人运用，但是几课、几十课的生字就能千变万化的运用起来。有时一课教了之后，就拿课内有限的字来运用。例如，教他把本课里的字随便凑成一句话。如果他把“早起早睡”四个字联了起来，就是很会运用了。我们必须教他用字写文，才算是真正达到识字的目的。

五、活动材料

小先生起初教人识字读书，必须借重课本，才能引人继续不断的上进。这个道理我在前面已经说了一个大概。但是课本有固定的、有活动的，我们不能把它看呆了。除了固定的课本之外，小先生必须抓住眼前的机会，运用活动的材料教人。什么是活动的材料呢？比如，一个人拿了一张钞票付你妈妈的工钱。这时，你妈妈的心里所急于要知道的有几件事：这钞票当真是五元呢，还是一元；是本地通用的呢，还是本地不通用的；发钞票的银行是有信用的呢，还是将要倒闭的？好，这张钞票便是一张顶好的活动材料，一位灵敏的小先生，决不把这个机会放过。他必定要把钞票上的数目字、地名、钱行名指给妈妈看。这样指点一回、两回、三回……妈妈不久就会认识了。这种活动的材料多着咧：发票、收条、门牌号数、来往的信都是顶自然的活动课本。又比如，你的婆婆要到一个陌生的地方去，你给她开一个详细的路线，那路线乃是最能令人注意的活动材料。有时不识字的人自己说了几句很有精彩的话，你把它写出来教他读，他是顶有兴趣了。一次，丁光生小先生教妹妹画画，他的不识字的父亲，也要了一张纸去画了一只菱角和一只乌龟。丁光生问爸爸为什么把这两样东西画在一块儿。他的爸爸说："菱角怕乌龟，乌龟欢喜吃菱角。"这两句话是多么有趣味啊。后来丁光生把这件事告诉我，我向他提议，把这两句话写出来，教他的父亲读，读会了再教他写，写在画上。这张画现在是在我的小小陈列所里，这是小先生抓住当前机会教人的一个好例子。

六、留声机与无线电

小先生还有几个机会要抓住。当你在乡下开留声机的时候，你总是看见一群一群的人跑到你的面前，把个留声机紧紧的包围住。是的，蜜蜂见了蜜园，那有不拥来的道理？中国的民众是欢喜听曲，不懂也高兴听，如果懂得里面的意思，那就更加高兴听了。你晓得现在的唱片都附有一张美丽的歌词。聪明的小先生必定是抓住这个机会，不肯放手。他要把这张歌词，写在黑板上，或用复写纸写几张，或用油印印起来，或叫各人分头预先传抄，教大家读，读会了再开唱片。这样一来，听众不但是增加了听曲的兴趣，而且多识一些字，并感觉识字之需要了。无线电播音也要同样的把报纸上发表的词曲拿来教人。比如，我们每逢星期三就要换一首歌接连广播一星期，歌词在星期二的《新夜报》[1]上发表，就是希望小先生预先把歌词教人。等到次日播音的时候，听者便能一面温习歌词，一面格外听得高兴，不久就可以把这首歌学会了。这样，小先生和留声机或无线电是联合起来做了民众的一位音乐和国语教师了。

七、图画书之功用

民众欢喜看图画，你只要走到街头巷角的书摊旁边看看就知道了。那些连环图画把民众的心灵都吸收去了，连小学生都把这些书租去看，每一个小先生都应当想法子多找一些图画书去指导学生。你要想多得学生，并且教你的学生高兴看书，把书看上瘾，必须借重图画。

一天晚上，我到北孙宅去参观农人开会。我想，应该送点什么礼物去呢？匆匆忙忙的我就把《良友画报》、《大众画报》、《时代画报》、《现代画报》每样买了一本，带去送他们，希望第二天教师指导他们看。哪里晓得几十位农友当晚就要看，一直看到十二点钟也不觉疲倦。可见得图画书吸引力量之伟大。

你必定要用图画来抓住你的学生。假使没有钱买图画书，可以向朋友借。若无处可借，还有一个经济的办法，可以自做图画书。你预备一本白报纸装订的簿子，把每天日报上的好图画剪下来，贴在簿上。有标题的连标题一起剪贴，无标题的可以补写上去。一个月干下来，你就知道这本图画簿是多么得力的一个助手。你若将图画簿照西洋信纸簿一样订，订的一端在上，活叶垂下，图画直贴，你可以将订的一端挂在壁上，把图画一张一张的翻给学生看，更觉便利。不久，你可以教你的学生也干起来。每人得到不同的报，便可造成各种的图画书，那是多么丰富的收获啊！老太太们想把旧报换钱，你请她先让你剪下图画再卖。只这一办法，我们每年就可以得到许许多多民众图画书。

八、知道什么教什么

小先生教的什么？你能教什么就教什么，你知道什么就教什么。有的人以为小先生只会教人识字，这是一个错误。有的小先生虽然也会拿别的重要东西教人，也是单单教人识字，更是可惜。你要明白除了教人认字之外，你还有别的本领。你虽然不会干孙悟空的七十二变，但是七变八变，你是干得来的。

中国人害冤枉病的多着咧。每年死于痨病、天花、霍乱、伤寒、疟疾的总有几百万。小先生能帮助人避免这些病痛。你一学会了预防的方法，就可以告诉别人照样去干。要想避免肺病，必须享有新鲜空气、充分阳光、适当休息、滋养食物，并且不与有肺病者之咳嗽喷嚏接近。已经得了肺病的人，除了上面几点应该注意之外，还要火化痰涕，并不向人咳嗽喷嚏。小学生知道了这些办法之后，不但自己要实行，并且要逢人说明。种了牛痘，三年之内便不至于出天花。打了霍乱伤寒混合防疫针，一年之内便不至于害霍乱伤寒。组织灭蚊队导去死水，肃清痰盂、水缸、阴沟及一切死水里的孑孓和蚊卵，并在池塘里养育专吃孑孓之鱼类，则疟蚊便不能发生。小学生知道了这些道理之后，一方面要自己实行，一方面要向人宣传，一方面应当群策群力的，还要联合大家共同进行。你如果这样做，便成了卫生小先生了。

学过科学的小朋友该晓得月亮自己不会发光，要太阳光照在月亮上才看得见月亮。“月食”是地球走到月亮与太阳中间，把太阳光挡住，因此月亮就好像被一个无形的东西吞了下去。等到地球渐渐移开，月亮才渐渐出现，又好像被那个东西吐了出来。无知识的人就说是天狗吃月亮。中国人迷信月亮是保佑他们的。月亮今天遇难，他们必须救月亮；将来他们遇难，月亮也会救他们。所以大家放爆竹，把天狗吓跑。等到月亮重新出来，他们欢喜的了不得，以为是他们放爆竹的功劳。依我的估计，每次“月食”，全国至少是要花费二百万块钱。小朋友听了“月食”的演讲，还得做一个小实验。你用一支蜡烛当作太阳放在左边，叫一个人站在中间，把他的头当作地球，另叫一个人站在右边，把他的头当作月亮。这两个人的头要摆得一样高低，站在中间的头把烛光遮住，右边的人的头上照不着光，这便代表了“月食”的现象。只要中间的人移动，右边的人的头上就有了光。所有食前、初食、食后种种现象都可以一一表演。你这样做给别人看，讲给别人听，便成了一位科学小先生。如果全国的小先生会玩这套把戏，每次月食，中国可省去二百万元。

小先生能够干的事多着咧。上面所写的不过是举了几个例子。你能教什么就教什么，你知道什么就教什么。不知道的和不能教的，当然是不应该教。

九、教人的时间

小学生一面求学一面教人，时间够他分配吗？时间若不敷分配，身体不要受害吗？有些人是在怀疑小学生没有工夫做小先生。最可惜的是他们不想法解决问题。笼统的抱了一个时间不够的成见，便把小先生运动耽误了。

这也难怪。有些热心普及教育的人是太热心了，做得过火了。他们恨不得要把不识字的民众一口气教好。他们每天让小先生一连教两三个钟头。这样一来，小先生不但是耽误了自己的功课，而且把身体也弄得精疲力倦。别人看见这种现象，以为做小先生非如此不可，便不敢轻于提倡。甚至于以这种事实为凭，随嘴反对小先生。

其实，做小先生并不要花这么多的时间。我从起初一直到现在，只希望学生们每天费半小时教人。只要天天不间断，连十分钟二十分钟也是好的。我诚恳的劝告小先生，每天教人不要超过半小时。若费时太多，恐怕难以持久。每天教人半小时，是于人有益无损，于自己也有益无损。这样才能活到老，学到老，教到老，不致半途而废。

十、不要摆架子

你找到了学生，就得把他留住。如果今天找着，明天失掉，那不是白费心血吗？是啊，你得想一想：有什么事情得罪了你的学生？

我知道有些小先生欢喜摆架子，摆成一个先生的架子。这种臭架子会把学生赶跑了。我记得有一个小先生找到了两个学生：一个是他的表姐，另一个是他的父亲。他在头一天上课的时候，就摆起架子来。他对他的父亲说：“我叫您念一课的时候，您应该站起来。因为这是学堂里上课的规矩。”

他的父亲居然就站起来念。这是一幕有趣的滑稽把戏，幸而这位父亲脾气好，照着儿子先生的话行。若是遇着第二三个，这位小先生就要讨没趣。还有一位小先生，起初找到了四个学生。他一上课就摆起威风来。他要学生们向他鞠躬。他要学生们服从他的命令。他弄了一根棍子做教鞭，耀武扬威的在学生们头上巡礼。架子十足！结果呢？他的学生都跟了别的小先生跑了，把自己变成一只没人理睬的孤鸦。

其实，我们不能瞎怪这些小先生。他们是有来历。这些臭架子没有一样不是从大先生那里学来的。所以与其怪小先生，还不如怪大先生。

前进的大先生，是没有这些架子了。他们把学生当作朋友看待。在新兴的学校里，我们到处可以听见“小朋友”的称呼。运用朋友的关系，彼此自由交换学识，是比摆架子好得多。你要了解学生的问题，体谅学生的困难，处处都显出你愿意帮助学生求学而没有一丝一毫的不耐烦，这样才够得上做朋友，才够得上做小先生。

十一、虚心求学

小先生必须用功求学，才能教人。自己不长进，决不能做小先生。我所写的《小先生歌》里有一首是注重这个教学相长的关系。

我是小先生，
这样指导学生：
学会赶快去教人，

教了又来做学生。

我们要继续不断的学，才能继续不断的教。孔子说的“学而不厌；诲人不倦”是要连起来看，不可分作两句读。我们要“学而不厌”，才能“诲人不倦”。

其次，因为要教人，就不得不把所教的知识弄明白。一个负责任的小先生是“以教人者教己”。他所学的比一个普通的学生要正确得多。他不但是要明白这一课的意义，并且是要想法把他所明白的也叫别人明白。一个有准备的小先生对于所教的功课是有双层的了解，即对于学得的益处是有双倍的深刻。

最后，你还要跟你的学生学。你要知道你的学生需要什么，才教他什么。这个，你必得虚心请教你的学生，才能知道。你决不可凭着你的主观去教人。你还得明白你所找到的成人学生，白米比你多吃几担，必定有许多东西可以教你。你既虚心的请教他，他也会虚心的请教你。最好的教育是有来有往。老是靠你一方面讲话，你不变成了一个话匣子吗？你不但要忘记他是你的学生，并且要叫他忘记你是他的先生，这样，你才能做到一个进步的小先生。

十二、教你的学生也做小先生

小学生不但要自己做小先生，并且要教别的小孩做小先生，最要紧的是要教自己的学生做小先生。

我们的目的不是要得一个小先生的头衔，乃是要运用“即知即传”的原则，把知识公开给没有机会受教育的人。你既尽了义务教导别的人，如果他没有得着你的“即知即传”的精神，并且把这种精神实行出去，还是空的。他或者是为着升官发财来向你求学。这种自私自利的人是不配受教育。假使小先生所教的学生都是自私自利的人，而不肯再把知识传出去，那么，做小先生又有什么意义呢？古时候，苦读书的人多着咧。车胤把萤火虫装在纱囊里照着读书；孙康把书映在雪上读；朱买臣一面挑柴一面读书；李密把书挂在牛角上，有空便读。这些都是苦读书的例子。但是问他们为什么要这样苦读，就很少不是自私自利的。特别是朱买臣，他苦读书只是想做官，想做人上人。如此小先生所教的学生，都像朱买臣那样自私自利，不是白费心血吗？

因此，小先生上了几天的课之后就得说明白：我尽义务教你们，你们也要尽义务教别人，不肯尽义务教别人的人，是不配受教育。你不久就得开始教你的学生去找学生，还要教他如何克服他所碰着的钉子。总而言之，小先生的责任不单是教学生，而且是教学生做小先生和传递先生。

十三、小先生团

个人的力量小，团体的力量大。一个个的小先生要组织成“小先生团”，才能发挥充分的力量。小先生团是要拿团体的力量来制裁个人的行动，它是要把每一个人的力量集合起来，使这力量向着共同的目标发挥出去。每一个地方有了二个以上的小先生，就应该成立小先生团，每一个小先生都应该加入小先生团。如果没有现成的小先生团，小先生们就该动手组织一个，以负起你们共同的使命。

每团要立下一个公约，人人必须遵守。全团要公举团长一人，大家都要服从他的指挥。这位团长是一团共戴的领袖，他应该依据公约，分配职务，指挥进行。他若违反公约，大家可以推倒他。但当他执行公约时候，谁都应该服从，不可吊儿郎当，各干各的。团长之外，要有书记员专司记录，监察员专司个人行动之纠正。每团须隔几天开团务会议一次，商议进行计划，解决困难问题，批判本身错误。

这种团体是必要的。一来，我们最缺少的是集团生活。小先生为前进的小孩，必须过一过集团的生活，才能依据即知即传的原则，引导别人去过同样的生活。二来，小先生在社会上活动的时候，必定是会遇着许多问题，碰着许多钉子，有的要共同讨论才能了解，有的要共同行动才会解决。三来，普及教育的工作，根本就不是散漫的个人所能干得好，必须有千千万万的即知即传的集团，才能冲锋陷阵，攻破那愚昧顽固的阵线。因此小先生不要专靠个人的力量干，要联合大家的力量干。小先生必须组织小先生团。

俗语说："一个和尚挑水吃；两个和尚抬水吃；三个和尚没得水吃。"和尚多了一个，水儿反少一桶，这都是个人自由捣的鬼。若有组织，把个人自由镇压下去，人越多力量越大。小先生必得把个人自由献给团体。你必定把领袖欲连根拔掉。你必不可以借团体来出风头。你不可以假公济私，揩公家的油。你若发现人家有错误，当面劝告他，或彼此来它一个自我批判，不可背后说人坏话。抱着大目的前进。闹意气是不长进。这些是每人都得努力修养。否则，小先生团是可以今天成立，明天破裂。那不是一桩最可惜的事吗？我新近写了一首歌谣，愿献给小先生团做参考：

你说他不好，
他说你不好，
地上长茅草，
不打而自倒。

十四、一变二

小先生团结了起来，便可以攻进"愚蠢"的王国，解除"迷信"的武装，发出"真理"的光辉。

但是跑进一个人地生疏的村庄里去干普及教育工作，也不是一桩容易的事。你们虽然说得天花乱坠，若是人家不睬你们这些素不相识的小孩，你们也要觉得没趣吧？你们不可以仗着"团的力量"蛮干。小先生团必得有新武器才能百战百胜，你们若是跑到一个陌生的地方去工作，下面所提的几件东西可以带去试一试：

（一）手提留声机一架与几张民众爱听的唱片；

（二）小药库一个与几种民众急需的药品；

（三）图画书数十册；

（四）小皮球几个。

这些东西可以说是普及教育的“四大法宝”。拿着这四大法宝，小先生团如果认真的干，那么，每到一个地方，必是势如破竹。倘使小先生团里有人会唱歌，会讲故事，留声机就可以不带。如果把这四大法宝运用得好，只须两三天，你们在当地就可以得着许许多多朋友。进一步，再教他们自己组织起来，依着即知即传人的道理教导自己。你们还要运用访问、通信、总集合、巡回辅导、流通图书、互相参观等等方式与他们发生不断的关系。这样一来，小先生团就可以一变二、二变四、四变八的繁殖出去，对于普及教育，自有很大的贡献。

十五、钉住你的学生也让你的学生钉住你

最后，做小先生要有恒心，虎头蛇尾是没有出息。“即知即传”是一个终身的工作。你不能把你的学生教了几天或几个月就把他丢掉。

比如，你在小学里求学的时候找到了两位学生：一位是你的妈妈，另一位是邻居的守牛小孩。天天把小学里学得的重要知识传给他们，他们就好像是和你一起进了小学。你虽然每天只能教他们半小时，但继续学了四年六年，他们对于文字方面，最少是能看信了。等到你进了中学，你就可以用通信的方法，把你在中学里所学的知识，随时提取精华教给他们。寒假暑假回家，你还可以当面教导他们。他们对于不懂的事情，也可以随时写信问你。这样，他们就好比是进了中学。当你进了大学，如果继续的和他们通信。那么，他们也就可以算是进了大学，只要你不会忘记他们，他们是和你一同长进。这种终身共同长进的关系，是人类的一种宝贵的关系。在这种宝贵的关系里，我们可以看出小先生应该努力的方针。给人一点儿知识之后就把他丢掉，是一种轻薄的行为。五分钟热心是可耻的。

你要钉住你的学生，也让你的学生钉住你。

注释

① 新夜报　是上海《晨报》所附送的晚报。当时陶行知以中国普及教育助成会筹备会名义主办的《普及教育》周刊，一般刊印于《新夜报》。该周刊每逢星期二出版，从1935年4月10日起每期都登载由陶行知主办的“空中学校”（广播学校）所发的《半小时普教消息》，消息中大都刊有第二天（星期三）所要开始教唱一周的歌词。

附：校后记

这本小册子，是陶行知先生在十六年前写的，原书名：《怎样做小先生》，副题为，“小先生指导法”。的确，程度高一点的小先生，可以拿着这本小册子，自觉自动去研究怎样做小先生；做教师的可以拿着这本小册子，好好去研究指导你的小学生去做小先生的方法。

小先生能够帮助普及教育，是陶行知先生在十七年前——一九三四年——在上海、宝山两县交界处孟家木桥的山海工学团发现的新路线，在贫穷的中国能够帮助普及教育的新路线。这一条新路线，在当时推行不久，即推行到全国二十四省、市。在解放区，也大量推行而有效。现在中国革命是大大胜利了，中国人民是大翻身了，国民经济情形虽然开始好转，但还没有根本好转，所以在新民主主义教育方针下，仍采用“小先生制”。本书虽写在十六年前，除了（一）为什么要做小先生一节内，关于税收部分有所不同外，其余全书意义是常新的。但愿用此书的人，更能新益求新。

方与严敬识于中央人民政府教育部初教司

一九五〇年十一月六日

普及教育续编

陶行知编著

编者按

《普及教育续编》为陶行知编著，1935年6月由上海儿童书局出版。全书分理论、实施办法、表格、诗歌四部分；诗两首收入第八卷，实施办法非作者所著，故这里只保留理论及表格两部分，共16篇。从实施办法中选一篇作为附录；另一篇文末附，为此次编者所加。

普及现代生活教育之路*

什么是生活教育?

生活教育这个名词是被误解了。它所以被误解的缘故，是因为有一种似是而非的理论混在里面，令人看不清楚。这理论告诉我们说：学校里的教育太枯燥了，必得把社会里的生活搬一些进来，才有意思。随着这个理论而来的几个口号是："学校社会化"、"教育生活化"、"学校即社会"、"教育即生活"。这好比一个笼子里面囚着几只小鸟，养鸟者顾念鸟儿寂寞，搬一两丫树枝进笼，以便鸟儿跳得好玩，或者再捉几只生物来，给鸟儿做陪伴。小鸟是比较的舒服了，然而鸟笼毕竟还是鸟笼，决不是鸟的世界。所可怪的是养鸟者偏偏爱说鸟笼是鸟世界，而对于真正的鸟世界的树林反而一概抹煞，不加承认。假使笼里的鸟，习惯成自然，也随声附和的说，这笼便是我的世界；又假使笼外的鸟，都鄙弃树林，而羡慕笼中生活，甚至以不得其门而入为憾。那

* 本篇系由三篇文章组成，开始部分"什么是生活教育"（原题《生活教育》）和后面部分"小孩子能做小先生吗"（原题《小先生》）均载1934年2月16日《生活教育》第1卷第1期（这两篇还用原题收入同年10月出版的《普及教育》一书），加上中间部分和末尾一段用现题发表在1935年1月《中华教育界》第22卷第7期。1935年3月1日至4月1日在《生活教育》第2卷第1、2、3期上，又将中间部分（即从"生活教育现代化"起至"攻破27道关"止）独立成篇连载，并改题为《攻破普及教育之难关》。

么，这些鸟才算是和人一样的荒唐了。

我们现在要肃清这种误解。生活教育是生活所原有，生活所自营，生活所必需的教育（Life education means an education of life, by life and for life）。教育的根本意义是生活之变化。生活无时不变，即生活无时不含有教育的意义。因此，我们可以说："生活即教育。"到处是生活，即到处是教育；整个的社会是生活的场所，亦即教育之场所。因此，我们又可以说："社会即学校。"在这个理论指导之下，我们承认过什么生活便是受什么教育：过好的生活，便是受好的教育；过坏的生活，便是受坏的教育；过有目的的生活，便是受有目的的教育；过糊里糊涂的生活，便是受糊里糊涂的教育；过有组织的生活，便是受有组织的教育；过一盘散沙的生活，便是受一盘散沙的教育；过有计划的生活，便是受有计划的教育；过乱七八糟的生活，便是受乱七八糟的教育。换个说法，过的是少爷生活，虽天天读劳动的书籍，不算是受着劳动教育；过的是迷信生活，虽天天听科学的演讲，不算是受着科学教育；过的是随地吐痰的生活，虽天天写卫生的笔记，不算是受着卫生的教育；过的是开倒车的生活，虽天天谈革命的行动，不算是受着革命的教育。我们要想受什么教育，便须过什么生活。

生活教育与生俱来，与生同去。出世便是破蒙，进棺材才算毕业。在社会的伟大学校里，人人可以做我们的先生，人人可以做我们的同学，人人可以做我们的学生。随手抓来都是活书，都是学问，都是本领。

自有人类以来，社会即是学校，生活即是教育。士大夫之所以不承认它，是因为他们有特殊的学校给他们的子弟受特殊的教育。从大众的立场上看，社会是大众惟一的学校，生活是大众惟一的教育。大众必须正式承认它，并且运用它来增加自己的知识，增加自己的力量，增加自己的信仰。

生活教育是下层建筑。何以呢？我们有吃饭的生活，便有吃饭的教育；有穿衣的生活，便有穿衣的教育；有男女的生活，便有男女的教育。它与装饰品之传统教育根本不同。它不是摩登女郎之金刚钻戒指，而是冰天雪地下的穷人的窝窝头和破棉袄。

生活与生活摩擦才能起教育的作用。我们把自己放在社会的生活里，即社会的磁力线里转动，便能通出教育的电流，射出光、放出热、发出力。

生活教育现代化

生活教育是早已普及了。自有人类以来，便是人人过生活。人人受教育。自然而然的，生活是普及在人间，即是教育普及在人间。但是有些人是超时代，有些人是时代落伍。有些人到了现代还是过着几百年前的生活，便是受着几百年前的教育。教时代落伍的人一起赶上时代的前线来，是普及教育运动的目标。做一个现代人必须取得现代的知识，学会现代的技能，感觉现代的问题，并以现代的方法发挥我们的力量。时代是继续不断的前进，我们必得参加在现代生活里面，与时代俱进，才能做一个长久的现代人。否则，再过几年又要成为时代落伍者了。因此，我们必须拿着现代文明的钥匙，才能继续不断的去开发现代文明的宝库，保证川流不息的现代化。这个钥匙便是活用的文字符号和求进的科学方法。普及教育运动之最大使命，便是把这个钥匙从少数人的手里拿出来交给大众。

老法子的普及教育

白君动生[①]从杭州来，给我看了一两条最有趣味的教育报告。这报告说：依照最近四年来浙江所用的方法来扫除文盲，全省要四百年才能完成；依照最近六年来杭州所用的方法来扫除文盲，全市要一百五十年才能完成。这种自觉的教育报告，我还是第一次看见。现在从一省一市推论到全国，呆板的守着老法，要多少年才能普及呢？依据教育部最近统计，各省市民众及职业补习学校学生数，民国十八年为一百零三万六千一百六十人，十九年为一百一十万四千一百八十七人。在这一年之中是增加了六万八千零二十七人。中国全国之失学成人估计有二万万人。假使中国人口不再增加，民众学校学生万岁，长生不死，学生增加率能年年不减，也要三百年才能将文盲扫除干净。再拿小学的统计来看。民国元年小学生数为二百七十九万五千四百七十五人，民国十九年为一千零九十四万八千九百七十九人，十九年之间小学生是增加了八百一十五万三千五百零四人，每年平均增加率为四十三万人。用四年义务教育估计，假定人口不再增加，小学生长生不死，学生数照平常比例增加，还要七十年才能普及。但是人口趋势，若无统制，必是有加无减。小学生总数每年要夭折三十万，每年平均所增加之四十三万人之中每年也要夭折一万三千人，学校增加率如无新创办法也得逐年减少。故依我估计，用传统方法，学龄儿童的教育要过一百年才能普及，失学成人之教育要再过四百年才能普及。

教育是必须普及。但是老法子决办不到，只好想新的法子来解决。老法子有什么困难？能解决那老法子所不能解决的困难的方法便是新方法。

攻破先生关

据教育部统计，全国学龄儿童总数为四千九百十一万。又据十九年统计，全国有一千零九十四万小学生，共需五十六万八千教职员。平均每教师教导小学生二十人。四千九百十一万小孩子共需小学教师二百四十五万人。有些教育官主张普及教育要靠师范生，办师范学校要靠官办。好，我们只须看一看十九年度师范学校的毕业生数就知道这些教育官是在做梦。这一年的高中师范、乡村师范、短期师范的毕业生合起来算只有二万三千四百零二人。师范毕业生万岁，长生不死，要费一百年的培养，才够普及小学之用。即使每人担任小学生数增加到四十人，也要五十年才能培养得了，还要求求老天爷保佑他们一个不死才行。还有那二万万的失学成人怎么办？假使每位教师教四十个人，就得培养五百万位民众教师。每人每天教两组，也要二百五十万。这二百五十万乃至五百万人又要多少年去培养？培养师范生每年每人要费公家一百零一元，至少三年就要三百零三元，私人的费用还不在内。二百四十五万的小学教师和二百五十万的民众教师的培养费，就得要十五万万元。他们就职之后，就要领薪水，少说些，每人每年一百元，就要五万万元。如果中国的普及教育一定要这样办，那便是癞蛤蟆想吃天鹅肉。我们要冲破这个难关，必先对教师的观念起一个根本的改变。师范生乃至整个知识阶级不是教师惟一的泉源。小孩子最好的先生是前进的小孩；大众最好的先生是前进的大众。知识分子的使命在帮助前进的孩子和前进的大众取得现代知识以同化他们的伙伴。知识分子最多只可做小孩与大众的顾问。超过顾问的范围，就要损害他们的自动精神。即是做个顾问，知识分子也得跳进小孩与大众的队伍里去，与他们共患难同休戚，才够得上顾问的资格。这样一来，我们的先生就很够用了。全国小学里是有现成的一千一百万小孩可以做小先生。私塾改良一下，也有一千万合格的小先生。识字大众是有八千万，都有担任传递先生[②]的资格。这一万万小先生与传递先生总动员，每人教两人便是三万万。这些先生不要薪水，又不必多花金钱培养，只须我们承认他们配做先生，那教师的难关，便可不冲而自破了。

攻破娘子关

全国成年女子中粗识字义者估计顶多只有一千万人，以女子总数算起来，一百位女子当中只有五位受过文字教育。学龄女孩二千四百五十五万多人当中，只有一百六十五万在学校里上学，占初等学生总数百分之十五点二四。所以中国的普及教育问题大半是女子教育问题。如果不能解决女子教育问题，无论什么方法，都是枉费心血。女子教育是普及教育运动中最大的难关。男先生能解决女子教育问题吗？

二三十岁的男先生教几位十七八岁的大姑娘能顺利的进行吗？过不得几天，意外的事情会叫你干不下去。谣言闲话会从几十里外的婆家飞来。未婚夫会约几个顽皮的青年装鬼在路上吓得小姑娘们不敢来上学。男先生要解决女子教育问题是难于上青天。女先生来，那是天字第一号。可是女先生根本就少。全国初等学校女先生只有三万四千一百三十九人，女师范生也不过二万人，那是差得太远咧。女先生下乡有三怕：怕蛇，怕鬼，怕贼。要来，是三个两个一起来。破产的乡村，哪里请得起！一个男校长请一个女教员，也要引人说闲话。最好、最经济的是夫妻学校。但是好的东西偏偏少。经过七八年的提倡，还是寥寥无几。女先生也是难以解决女子教育问题。要想攻破娘子关，还要把小将军请出来。小先生脚迹所到的地方，男女教育机会立刻均等。广东百侯[3]小先生初教校外学生二千人，其中有一千五百人都是女子。在小先生面前，失学的女子是一点也不害羞，有什么不懂都大胆的问。小先生连新娘房里都能钻进去上一课。

攻破买卖关

知识是成了商品，非钱不卖，非钱买不来。当您劝一位留学生教教他的包车夫或老妈子的时候，他会回您："没有工夫。"但是如果一个大学给他三百元一月的薪水，请他去做少爷小姐的高等听差，他会连夜写飞机快信去应聘。他怎么又有工夫了？缘故是因为他的知识是用钱买来的，他的车夫老妈没有钱给他，所以没有工夫；那个大学有三百元薪水给他，就会有工夫了。在这个关口上把门的有两个妖怪；一个是大肚的守财奴，一个是大头的守知奴。他们俩把关口守得密不通风，使得无钱的人一点知识也得不着。但是知识应当是社会所公有，把买卖的商品化的知识变做自由送人的礼物，是普及教育运动的一个大目标。能攻破买卖关，肃清守知奴、守财奴，以透达这个大目标的便是小先生。在小先生的手里，知识是变成空气，人人得而呼吸；知识是变成甘霖，处处得其润泽；知识是变成太阳，照着广大的群众向前进行。

攻破衰老关

中国人老了！这是我们时常听见的批评。不错，有两种重大原因使中国人容易衰老，其中的一种便是传统教育。传统教育是教人学老。六岁的小孩子跟着老头子学老规矩，就好像长了两撇胡子，变成一个小老翁。小先生一来可就不同了，六七十岁的老公公和老太婆加入在小孩的队伍里来追求现代知识，是必然沾染着赤子精神，变成了老少年。

攻破饭碗关

“吃饭不读书，像只老母猪！”这个口号有时是可以鼓励一些懒人发奋求学。但是，有些人是做得太过分了。他们居然诱惑甚而强迫人家丢掉饭碗去读书。结果是饭碗打破好几只，书还是读不成，造成许多悲剧。总之，传统民众教育是办得太呆板，使吃饭与读书往往不能两全。例如，晚上规定七点钟上课，夜饭没有吃完的不能来；饭虽吃完了而锅碗没有洗的不能来；小孩子哭着要奶吃的不能来；婆婆正喊着要水烟袋儿抽烟的不能来；丈夫辛苦，挑菜上街才回家有许多事要侍候的不能来；做生意的正有主顾光临的不能来；守牛的，牛儿不适意的不能来。因此，一般民众学校，开始的时候都是济济一堂，不久，便七零八落的少了下去，到最后，只剩了几个人。小先生的时间好像是橡皮做的，可以伸缩。“大嫂子！我来给你上课了。”“阿毛！我正抱小孩吃奶，请你等我一忽儿。”“我到门口去玩玩，小孩奶吃完，喊我一声。”……“阿毛！奶吃好了，快点来。”小先生便是这样从容不迫的攻破这很难跳过的饭碗关。

攻破孤鸦关

一个乡下先生住在一个破庙里教死书，就好比是一只孤鸦。他无意也无暇与农人交接。他教他的书，对农人的一切是不能过问。他所办的学校是与社会隔离。学校不能运用社会的力量以谋进步，社会也没法吸收学校的力量以图改造，双方都失掉互济的效用。这种孤僻的学校，普及了也没有意思。现在假使一切都不改，只把小学生变作小先生，这没有意义的学校便变成一个很有意义的学校，这位孤零零的赘疣的寒酸先生，便立刻变成一位村庄中所不可少的有作有为的先生了。比方这个学校原来有三十个学生都变成小先生，便好像是三十根电线接到各村去和他们通起电流来。在这些电线上所通的电流有来也有往。一个个小先生可以把各村的问题、困难带来和先生讨论，又可以把学校里从外面得来的知识与力量带去和农人与不能进学校之小孩讨论。有时大家来他一个总集合，在各村的问题上求他一个总解决。例如总动员救旱灾，除蝗虫，打倒土豪劣绅、贪官污吏、帝国主义。你仔细想想，这个学校是变了样子，它的围墙是拆掉了。那些村庄合起来是构成了整个的学校，它不但是大了几倍几十倍几百倍，而且精神是根本不同了。

攻破瓜分关

中国教育官欢喜把教育切得一块块的，每人给他一块去办，不，每人给他一块去吃。对，吃教，吃教育。最好的一个例子是所谓义务教育与民众教育的分家。不但是多费许多钱，而且是一样也办不好，连吃也不好吃。教育就像一碗八宝饭，分开来吃，每人只能尝着一两宝，你必须把它搅拌起来才好吃。我们的建议是把儿童的教育与成人的教育搅拌一下，使它们打成一片。你有时要用小孩教成人，有时要用成人教小孩，有时要用小孩教小孩，有时要用成人教成人，若呆板的分起来，是一样也不会普及。冲破这个关口的急先锋便是小先生。小先生一来，这瓜分关的守将必得插白旗投降。

攻破课本关

读书一定要一种课本，并且要从头一本头一课教起，这也是一种成见。新学究还一定要用教科书，没有教科书便坐在那儿等待教科书寄到，边远的地方一等便是几个月。先生是活的，书本到处有，只要活用他就有办法。《三字经》活用起来，也能做普及现代教育的工具。路路通长安，大路断了走小路。一张发票，一张签诗，也可以当作教科书读。上海把旧的杂志旧的书报包东西，揩屁股，真是作孽。这都是我们内地求之不得的教科书呀！来他一个新的惜字运动，我们可以得到几万万不费钱的教科书。如果大家一定要教科书，我还有一个法子介绍。教小学生抄教科书给不能进学校的学生读。利用习字的纸、习字的笔、习字的墨、习字的时间来抄。纸当然要改良一下，格子要适合抄书的需要。平常初级课本的字是写得比“多宝塔”还合用，学生照着临，也能进步。先生也用批字的时间审订，免去圈叉麻烦。先生只须看学生抄得对不对，好不好。不对不好须重抄，抄到对了好了为止。平常先生批字，真是无聊：用王羲之、颜鲁公[④]的标准批吗，要批死人；不批吧，校长要怪，家长要怪；不得已，闷起头来瞎批。骗人吗？是的。不骗，就得翘辫子。如果改习字为抄课本，一切都有意义了。不要看轻这样一个小改革。不久以前，日本小学生总动员拾取香烟盒里的锡包，积起来，买得一只飞机。小学、私塾总动员改习字为抄课本，每年可得一万万部不费钱的教科书。

攻破纸笔关

读书必得写字，写字必用笔墨纸，也是一种成见。顶少似乎要有铅笔和纸，我当然赞成。但是在乡下万一买不着纸笔，也有别的办法。椅子揩得干净些，用筷子沾水也能练字。柳条为笔，泥地为纸，也可写文，只是不易考核罢了。

攻破灯油关

四万万人，八千万家，家家读书，这可算是文字教育普及了。但是究竟要怎样才无流弊，我们必须绞脑筋，打破砂锅问（纹）到底。这是每一位普及教育者的责任。我曾经拜托几位熟悉家务的穷朋友代我做了一些估计。点菜油灯，每天多点一小时，每盏灯每年要点一块钱的油，八千万盏灯每年就要多费八千万元。用洋油呢？每盏灯要四元一年，每年要费掉三万二千万元！美孚洋行的买办要高兴了。煤油大王要晓得这个消息，也要笑得说不出话来。他可以打算再拔一根毛，到中国南方来办一个协和医院。这票[⑤]买卖是被太阳夺去了。太阳老牌也会到地球上来争夺市场的，奇怪！普及教育者主张日光下施教育。还是《老少通》里的老调儿：“起得早，睡得早，省油省灯草。”早点起床，稻草窠里少睡一刻，午饭少抽一袋烟，就省下这每年的三万二千万元，好不好？

攻破调查关

传统的教育官还有一套偷懒的把戏。他说，做一件事必得预先调查清楚才能进行；要普及教育，先得调查学龄儿童和失学成人。谁能说他的话没道理？于是筹备调查，实行调查，调查后统计，统计后拟计划，计划拟定后呈报，等候批准，先试办几处。这样一来，官儿已经换了几任，新的学校还没有开门。调查是已经成为一种延宕的手段。这个纸做的盾牌必得戳破。中国满地是失学的人，随手捞来都是。如果要调查一个大概，几天就够了，再要多费精力也不能更加正确。传统教育官没有熟练而靠得住的人代他调查，他的调查多是敷衍的官样文章。普及教育不是不要调查，我们要一面干一面调查，不是先调查完全了再干。一面干，一面培养调查的人，再从事精密的调查，那调查的结果才靠得住。小先生才会干这种正确的调查咧。没有小先生，这种大调查，除非费大款，决不可能。先把网儿撒下去，把鱼儿捞了上岸再去数吧。

攻破短命关

士大夫赐给大众的孩子的教育寿命只有四年，赐给大众自己的教育寿命只有四个月[⑥]。最近大学教授们有所谓之学制改革案提出，其中的第一个特点便是把穷孩子的教育寿命从四年减短为一年。当然，穷孩子的教育寿命现在连一年都没有，给他一年，使他跑进教育的王国里来玩玩，如果不是空头支票，还可算是很大的恩德。但是大学教授们办学校有寒假、暑假、星期假、星期六下午假，许许多多的这样假那样假，何不减少一些，把中学、大学毕业年限缩短一两年，倒在国民教育的空头支票上开刀，实在令人莫解。高等教育经费二十年当中已经从三百九十万增加到三千三百六十万，而学生数只从四万加到四万四千。高等教育不可以节省一点钱来延长国民教育的寿命吗？总之，这种短命的教育在我们看来是不可思议，也不值得普及。我们所要求的是整个寿命的教育：活到老，干到老，学到老，团到老，教到老。有了小先生和传递先生，大众的教育寿命可以延到和各人身体寿命一样长，终身是一个继续不断的现代人。

攻破学校关

一提到普及教育，大家就联想到开学校：圈校址，造洋楼，请教员，买家具，招学生，考学生，收学费，行开学礼。这样的一个东西是不易普及，即使普及也是害多益少。这种办法，一起手便是蚀本交易。并且要把所有的学龄儿童和失学成人都关在学校里去，只有叫农人卖老牛，给洋人发财。我们找一个很简单的东西来替代学校，这个东西便是自动工学团。

什么叫做自动？自动是大众自己干，小孩自己干。自动教育是教大众自己干，小孩自己干，不是替代大众、小孩干。

什么叫做工学团？工是工作，学是科学，团是团体。说得清楚些是：工以养生，学以明生，团以保生。说得更清楚些是：以大众的工作养活大众的生命，以大众的科学明了大众的生命，以大众的团体的力量保护大众的生命。工学团是一个小工场，一个小学校，一个小社会。在这里面是包含着生产的意义，长进的意义，平等互助、自卫卫人的意义。它是将工场、学校、社会打成一片，产生一个富有生活力的新细胞。

工学团可大可小，从几个人的家庭、店铺，几十个人的学校、庙宇，几百个人的村庄、监狱，几千人的工厂，几万人几十万人的军队、建设工程队（例如导淮、筑路的大队民夫），都可造成一个富有意义的工学团。

团不是一个机关，不是一个工学的机关。假使它只是一个工学的机关，那便成了一个半工半读的改良学校，而不是工学团。团是团体，是力的凝结，力的集中，力的共同发挥。

攻破文字关

有两种极端的人：一是看重文字，把文字误看做教育的全体；二是藐视文字教育，如一般生产教育论者以为大众不需要文字，以为他们所需要的只是生计之改良。这两种观念都是错误的。人与禽兽的大分别，就在人有语言文字，禽兽没有。文明人与野蛮人的大分别，就在野蛮人只有语言，而文明人是语言文字都能灵便的运用。文字符号之妙，是妙在这个符字。道士画符未必灵，士大夫画的符才真灵。他不种田，只须把符一画，好米就有得吃了。他又想，拿一身汗去换一担米还是不上算，再画一张符，叫种米的人挑米来给我吃。农人不会画符，劳而不获，种的米都给人家画符画去了。他眼看这个把戏很便当，也想画一画，自己老了，让儿子去学吧，束脩加上吃饭，每年至少四十元，忍痛把儿子送入私塾学画符。私塾先生就靠着会画几张蹩脚符吃饭，轻轻的传给人，饭碗不要敲破吗？孔夫子是早已警告了他，“后生可畏”的遗嘱是常常背的，不会忘记。一时计上心来，只教学生念咒，不教学生画符。念了几年咒，一张符也不会画，农人知难而退，只得把儿子叫回去，依旧赶着老牛种田。但是取得面包的符号、保护面包的符号，即等于面包，有谁能否认呢？但是文字虽然重要，不可离开生活去教。生活的符号要与生活打成一片去追求，否则便是书呆子的教育。文字在普及教育上的地位既是这样确定，那么还是教汉字呢，教音符呢？二者都教呢？在这过渡时期，我主张汉字与音符和拼音文三管齐下一起教。会教汉字的先生多至一万万，这是一个顶大的便利。如果根据大众语用活的方法教，汉字也不像一般人所说的那样难。但汉文最好是拼起音来同时学，这样，中国的拼音大众文会自然而然的脱壳而出。

攻破残废关

中国教育是教用脑的人不用手，不教用手的人用脑。用脑者因为不用手，脑也不能精细，变成一个呆脑；用手者因为不用脑，手也不能精细，变成一双粗手。因此，读书人是成了书呆子：读死书，死读书，读书死。劳苦大众是成了工呆子：做死工，死做工，做工死。这两种人之外，在教育圈里圈外，还有所谓之少爷小姐。他们是脑也不用，手也不用：享死福，死享福，享福死。这些人都是残废教育理论所造成的。我们换一条路走，是要使手脑联盟：叫用脑的人用手，教用手的人用脑，教一切人都把双手和脑拿出来用。“人生两个宝，双手与大脑。用脑不用手，快要被打倒。用手不用脑，饭也吃不饱。手脑都会用，才算是开天辟地的大好佬。”

攻破拉夫关

“听得督学今天到，先生拉我如拉夫。”这是传统教育最有趣的一幕。学生多就算成绩好，这是一件很可怀疑的事。我虽赞成强迫教育，但绝对反对拉夫教育。你若把牧童从牛背上拉来，把摘茶女从茶山上拉来，把采棉姑从棉场里拉来，把养蚕妇从蚕室里拉来，把织布娘子从布机上拉来，把种菜的小二哥从菜园里拉来，所得能偿所失吗？减少经济力的强迫，是不可施行。假使我是督学，到了采棉时节，看见校长把能采棉的孩子关在学校里，我一定要记他一大过。为什么不把帮助家人采棉当作正课？为什么要叫学校妨害农务？我个人做事是风雨无阻，但办乡村学校，下雨时节是不劝学生来。如果不信，请听我唱吧：

小宝宝！小宝宝！
今天天气不好，
你们回家要早。
雨来变成水鸡，
事情有些不妙。
明天下雨不要来，
不下雨好来。
破袜破布鞋，
弄坏没钱买。
受了潮湿，
还要把病害。
倒不如留在家里教奶奶，
没有奶奶教乖乖。

下雨就叫小孩在家里教人，岂不很好？一定要把小孩变成水鸡，拉来上学，我真不懂得这是什么教育！当然，我的主张遇着戴雨帽、穿雨衣、套雨鞋、没得事做的少爷小姐又当别论了。

攻破大菜关

假如你问一位老成的教育官说：为何不把教育普及出去？你有时会遇到这样一个回答：我们只求质量之改进，不求数量之加多。这原来就是那"贵精不贵多"的滥调。我曾经写过一首小诗，想把他们的迷梦唤醒："只为阔佬烧大菜，那管穷人吃糟糠。说起理由他充足，声声重质不重量。"在这种冷酷的态度之下，大众的教育是被牺牲了。我们要求大众都能享受粗菜淡饭的教育权。质量与数量是分不开的。我们站在大众的立场上说话，是要在数量上谋质量之纯粹，不在数量外求质量之改进。我们在要求人人都能享受粗菜淡饭的教育的时候，立刻必得要求这粗菜淡饭里没有一粒的泥沙，而有丰富的糠精和维他命。

攻破实验关

“实验”这两个字于今是时髦极了。实验县、实验乡、实验区都应时出现。普及教育是一个时髦的东西，一到了所谓“科学的教育家”之手，也得来它一个实验。他们把普及教育分成两半：义务教育和民众教育。于是东来一个普及义务教育实验区，西来一个普及民众教育实验区。他们的意思是：教育不可轻易普及，你必得在一个小的地方先行实验，有了成效，才好推广。比如现在最时髦的营养学是研究“维他命”。这些教育家好像是对大众说：“你们慢一点吃，连那粗菜淡饭都不可随便吃，必得让我把那里的‘维他命’研究好了，你们才好吃午饭，不然，肚子是会吃坏的。”如果大众听从这位卫生家的话，慢慢的等他把“青菜豆腐”里的“维他命”研究好才有勇气吃午饭，那末，午饭上桌，大众是早已进棺材了。实验，实验，我们如不戳破它，普及教育运动是必得被它耽误。“实验”即“迟延”，我们必得留心这个冒充的科学鬼。

攻破城乡关

一般热心普及教育的人们都不假思索的说，我们先从城里做起，渐渐的推广到乡下去。他们好像是说：“乡下人！你们不要急。等我们城里人吃好了，渐渐的会送饭来给你们吃。”中国乡下人的教育便是这样耽误了几十年。我们不能再忍耐。戳穿这种空头支票，城里、乡下的普及教育运动要同时一齐干。

攻破划一关

中国教育官欢喜划一，因为划一很便当。但是事实上不许他这样办。不许他这样办而他偏要这样办，相持好久，渐渐觉悟过来，又悔当初白费心血。心血白费事小，民族的青春被他耽误了。当初连南方与北方的寒暑假都是划一的，岂不可笑。现在还有人在那里做梦：全国教育一定要用汉字去普及，甚而至于蒙古教育要用汉字去普及，西藏教育要用汉字去普及。这真是俟河之清，人寿几何。醒醒吧！运用各民族自有的大众语及文字符号去普及现代生活教育是最快的方法。因为教师现成的多，要省掉许多麻烦。这样一来，也能免除民族间的成见猜疑，更能鼓舞各民族自动普及教育的兴趣，进步自可敏捷。

攻破会考关

自从会考的号令下了之后，中国传统教育界是展开了许多幕的滑稽的悲剧。

学生是学会考，教员是教人会考，学校是变了会考筹备处。会考所要的，必须教。会考所不要的，不必教，必不教。于是唱歌不教了，图画不教了，体操不教了，家事不教了，农艺不教了，工艺不教了，科学试验不教了，所谓课内课外的活动都不教了。所要教的只是书，只是考的书，只是会考指南！教育等于读书，读书等于赶考。

拼命的赶啊！赶到茅厕里去开夜车。会考的书呆子会告诉你说："不闻臭中臭，难为人上人。"

赶了一考又一考。毕业考过了，接着就是会考，会考过了，接着就是升学考。一连三个考赶下来，是会把肉儿赶跑了，把血色赶跑了，有些是把性命赶跑了。最可痛恨的是把小先生赶跑了，把大众的教育赶跑了。

四川卢作孚先生在北碚用八百青年天天干新知识广播，这是值得称赞的一件事。我说这八百青年有民生公司的工作，故可顺带干这教育工作；别处似乎难以普遍仿效，何不用小先生？卢先生告诉我，四川小学生要会考，想做小先生而不可能。如要提倡小先生，必得打倒会考。我们要停止这毁灭生活力之文字会考，发动一个培养生活力之创造的考成。创造的考成所要考的是生活的实质，不是纸上的空谈。荒山种了多少树？水井开了几口？公路造了几丈？种植改良了多少？副业增加了多少？病苦减少了多少？体力增加了多少？即知即传人的小先生、传递先生有多少？少爷、小姐、书呆子有多少是成了为大众服务的人？团结抵抗强暴的力量增加了多少？有多少人是得了追求现代知识的钥匙？

攻破偏枯关

有钱、有闲、有面子，才有书念。中国的教育雨不落在劳苦人的田园里。中国的教育雨专落在大都会的游泳池里给少爷小姐游水玩。中国的教育雨不肯落到乡下去，灌溉农人所种的五谷。中国的教育雨不肯落到边远的地带去，滋长时代落伍的人民的文化。即使偶然顺着风势落它一阵，也是小雨，不能止渴。要救这偏枯是在损有余以补不足。中央要补助边疆及穷省，省要补助穷县，县要补助穷乡、穷村。遗产税与庚子赔款是这种补助最好的来源。补助也不限于金钱，人才与材料计划是要同时并进。

攻破多生关

中国人生得多死得多。根据乔启明君四省十一乡村二万余人之调查,平均人口生产为千分之四二点二,死亡率为千分之二七点九。依通俗之四万万总数计算，每年要生一千六百八十万，要死去一千一百一十万，两抵增加人口五百七十万。以全国论，灾荒淘汰、互相残杀是在大批的进行，实际的增加数怕是没有这许多。依照老法子，每年只增加几十万学生，而人口之增加倒超过十倍之数，那是一万年教育也不会普及。就是用我们提议的新法去普及教育，这过分的人口增加也得要统制。一、民族须有一永久人口升降委员会之组织，随时调查耕地面积之消长，生产技术之效能，生活程度之高下，容纳人口出路之多少，以改定人口升降之比例公布全国，共同遵守。二、研究一个铜板的避妊法，使全民族都够得上实行。三、教男子满二十五岁，女子满二十岁始可结婚，结婚后服务五年可生第一子，俟第一子入小学可生第二子，以二子为限（子为男子、女子之通称）。一胎生二子或三子者以一胎为限。人口稀少之地带，由人口升降委员会颁布特殊条例。

攻破守旧关

守旧的头脑，是一切进步的大障碍。这旧的里面有许多是骗人的迷信，尤其害人。黑漆一团的头脑要用科学之光来轰动他，叫他起一种变化，向进步方向去思想。电影、无线电话是两种最重要的工具，我们要普遍的运用它们来改造我们的头脑。

攻破自由关

我有我的自由，谁能干涉？我高兴就读书，不高兴就不读；我高兴就教人，不高兴就不教。这种过分的个人自由是必得统制。中华民国要个个国民学成一个现代人，任何人拒绝现代化便是危害民国，必须受法律的处分。有知识的人必须纳知识税，拿自己已得的知识去教人，不肯教人的人不配受教育。既受教育而不肯教人的，以抗税论罪。

攻破不平关

纳税的人得不到教育，拿穷人的血汗钱培养富人的少爷小姐，这是多么不平的一件事啊！婆婆不许媳妇上学，老板不许伙计读书，司务不许徒弟看报，工厂经理不许工人求知识，这又是多么不平的现象啊！攻破这个难关要三路包围：一是用小先生把知识输送到不能进学校的穷孩子的队伍里去；二是立定妨害进步罪，使一切妨害别人求学的人都受法律的制裁；三是一致奋斗，要求教育经费之确定与教育权利享受之普及，以实现教育机会之平等。

攻破天命关

中国人是听天由命的，算命先生是整个中华民国之军师。蝗虫飞来，都说是神虫，捕灭的人要受天罚；大水来到，都说是天公发洪收人，不想法子治河。因此，大难临头，是没有自信心与它抵抗，连抵抗的念头都不敢起。普及教育者必须攻破天命，唤起人工胜天的自信力。我们所要普及的是创造的人生观。教育界里的人是一样的信天命，他们说：这样穷的国家，教育怎能普及？大众也是只怪自己没有福气读书，命里注定是目不识丁。只要存着这样一个念头，教育就永远不会普及。我们也只须把念头一转，抱定一个人定胜天的人生观，向前创造，现代教育就自然而然的普及出去了。

小孩子能做小先生吗？

上面所说的二十七个关口之中至少有十二个重要关口都要靠

小先生去攻破。小孩子能不能做小先生，是成了严重的问题。自古以来，小孩是在教人。但正式承认小孩为小先生是一件最摩登的事。这正式的承认，到现在，还只是限于少数的实验学校。我们必须使大家承认小孩能做教师，然后教育才能普及。小孩的本领是无可怀疑。我们有铁打的证据保举他们做先生。

（一）小孩能教小孩之铁证

（甲）南京晓庄佘儿岗的农人自己办了一个农村小学。这个小学里面的校长、教师、工人都是小孩自己担任。因为他们是自己教自己，所以又称为自动学校。这是我为他们写的一幅小照：

有个学校真奇怪，
小孩自动教小孩。
七十二行皆先生，
先生不在学如在。

（乙）淮安有个新安小学⑦，里面有七个小学生，组织了一个儿童旅行团，跑到上海来。他们没有教师领导，也没有父母照应，只是运用团体的力量制裁个人的行动。他们靠卖书卖讲过活，到上海的那一天，袋里只有十块钱；告别上海的时候，却有六十块钱了。该校校长汪达之先生写信来，要我为这些小光棍的价值估一估，我便写了两首诗答复他：

（一）

一群小光棍，（汪校长来信给他们的绰号）
数数是七根。
小的十二岁，
大的未结婚。（乡间十六七岁即结婚）

（二）

没有父母带，
先生也不在。
谁说小孩小？
划分新时代！

在这些小孩子的铁证之下，时代是分成了两个。那个瞧不起穷光蛋和小孩子的时代是永远地过去了。这一边是开始了一个新时代，穷光蛋和小孩子是有不可轻视的力量。

（丙）无锡和宜兴交界处有个地方叫漕桥，漕桥有位青年叫承国英。他要在西桥地方创办一个儿童工学团，要我代他找人帮忙。经验告诉我们，儿童工学团只有儿童会办。我便找了一位不满十三岁的侣朋前去助他。侣朋到那儿去的使命有二：一是发现当地有能力的儿童，把他们找出来，领导全体儿童共同创造这个儿童工学团；二是对当地的农民表现儿童的力量，使他们相信小孩子是有很大的本领。侣朋到西桥的第二天正是元旦，他被邀出席三百多人的一个农民大会，立时把儿童工学团成立。据国英来信说，侣朋是有惊人之成功。的确，他在我们当中，是表现了超越的天才。他教小孩子比我们任何大人教得好。

（丁）非战的马莱先生到山海工学团来参观的时候，随便找了一个孩子，问了几十个问题。这孩子不但是对答如流，并且与马莱先生舌战一小时之久，卒使马莱先生得一深刻之印象而去。这孩子便是社健[8]，他现在只有十三岁，在萧场帮助他的哥哥创办儿童工学团。他正在领导四十几个能上学的小孩把教育送到一百多位不能上学的小孩的门上去。他已经是个“人的小渔翁”，正撒下生活教育的网儿要捞小孩子。他要一网打尽，不使一个逃掉。

（二）小孩能教大人之铁证

依传统的观念说来，只有大人教小孩，哪有小孩教大人？传统的教育学，没有一本不承认教育只是成人对于小孩之行动。这些洋八股的教育学是闭起眼睛胡说，他们忽略了一半的事实。事实告诉我们，大人能教小孩，小孩也能教大人。如不相信，请看我们的证据：

（甲）我们开始提倡平民教育的时候，家母是五十七岁。她当时就发了一个宏愿，要读《平民千字课》。舍妹和我都忙于推广工作，没有空闲教她。那时小桃才六岁，读完第一册，我们就请他做小先生，教祖母读书。这大胆的尝试是成功了。祖孙二人一面玩一面读，兴高采烈，一个月就把第一册读完。读了十六天，我依据《千字课》上的生字写了一封信，从张家口寄给家母，她随嘴读起来，耳朵便听懂了。今年回想这事很有意义，便在当年所拍的祖孙读书图上，题了八首诗如下：

（一）

吾母五十七，发奋读书籍，
十年到于今，工学无虚日。

（二）

小桃方六岁，略识的和之，
不曾进师范，已会为人师。

（三）

祖母做学生，孙儿做先生，
天翻地覆了，不复辨师生。

（四）

三桃凑热闹，两眼呆望着，
望得很高兴，祖孙竟同学。

（五）

上课十六天，儿子来一信，
老人看得懂，欢乐宁有尽。

（六）

匆匆六个月，毕业无文凭，
日新又日新，苦口作新民。

（七）

发病前一夜，母对高妈说：
你比我年青，求学心要决。

（八）

子孙须牢记：即知即传人！
若作守知奴，不算陶家人。

（乙）中华教育改进社十年前在清华学校开年会，要教全体社员唱赵元任先生制的《尽力中华歌》。教导员是请了晏阳初先生担任。这首歌是用简谱写的，临时才知道晏先生不认识简谱。恰巧小桃是方才学会这首歌，我心急计生，便叫小桃把这首歌教晏先生唱了几遍，晏先生一学会，就登台引导全体会众唱起来。会众只知道教导员是晏先生，哪里晓得他们的太上先生是一个六岁的小孩呢。

（丙）我为自动学校所写的小诗，原稿的第二句是“大孩自动教小孩”。自动学校的小朋友接到这首诗，就写了一封信来谢我，但是提议把那个“大”字改为“小”字。他们反问我：“大孩能自动，小孩就不能自动吗？大孩能教小孩，小孩就不能教大孩吗？”我是被他们问倒了。从此，这首诗的第二句便改成“小孩自动教小孩”。所以自动学校的小朋友，不是我的学生，乃是我的先生，我的一字师。

（丁）新安儿童旅行团来沪，不但在中小学演讲，而且在大夏、光华、沪江各大学演讲。我向一位大学教授问：“小孩们讲得如何?”他说：“几乎把我们的饭碗打破!”小孩能教大学生，甚至于几乎把传统教授的饭碗弄得有些不稳，虽然是千古奇闻，但确是铁打的事实。

小先生之怀胎是在十一年前。难产啊！到了二十三年一月二十八日才出世。奇怪得很，他一出世便是一个英勇的战士。在这十一个月当中，他已经攻进了二十三省市。现在全县已经开始普遍采用小先生的有湖北的江陵，浙江的鄞县。安徽教育厅长首先承认小先生为全省普及教育之要图。大上海一带包括特别市、俞塘、高桥，公共租界、法租界、山海工学团已有小先生万余人。上海特别市教育局在二十四年春天要总动员从事普及教育运动。宜兴之西桥最进步，没有一个小学生不做小先生。别的地方，如晓庄之佘儿岗，无锡之河埒口，淮安之新安，歙县之王充，山东之邹平、泰山，河北之南开、定县，山西之舜帝庙，广东之百侯，河南之百泉、洛阳、开封，都已有了昭著的成效。现在是分三路进行：一、由人民自动组织全国普及教育助成会及普及教育五人团，辅助各地推动普及教育。二、起草全国普及生活教育方案，向中央政府建议，以推进全国普及教育运动。三、起草妨害进步罪，向立法院建议列入刑法，以扫除普及教育之障碍。若这三件事能于三个月内完成，则中国普及教育可以在二年之内树立一坚强之基础，以助成中华民国与大同世界之创造。

注 释

① 白动生　即白启祥，当时任杭州翁家山小学校长。

② 传递先生　成年人“即知即传”称为传递先生。

③ 广东百侯　即广东百侯中学，当时在普及教育运动中推行小先生制颇有成效。

④ 颜鲁公　即颜真卿。

⑤ 票　上海方言，相当于“宗”。

⑥ 指当时国民政府教育部颁布的对儿童实施四年的普及教育，对大众施行四个月的民众教育。

⑦ 新安小学　1929年6月6日创建于江苏淮安县，由陶行知筹办并兼任校长。该校在抗日战争时期一度停办，中华人民共和国建立后恢复。

⑧ 社健　即张健，当时是山海工学团学生、小先生。

附：讨论生活教育之彻底的实现

（自俺来信）

……关于“生活教育”的讨论，在你走了以后，我，震球，与严，又继续讨论了两个多钟头，兹把我们所发表的意见归纳下来，提其要者再与你作进一步的讨论。

第一，从“生活教育是生活所原有，生活所自营，生活所必需的教育。Life education means education of life，by life and for life”这个论点出发，我们发现了我们没有做到：（一）整个的村庄就是我们的学校——社会即学校；（二）全村的村民都是我们的学生也就是我们的先生；（三）村民全部的生活就是我们全部的课程；（四）村民生活中所需要解决之问题也就是生活教育应该解决之问题。照我们现在这样的租定了一个地方（房子），招集了一部分的小孩子到这个固定的场所——工学团——来过生活，对于工学团所在地的全村庄的每一个成员只采取了一种“会朋友去”或是“送上门去”的方式而走去，我们觉得“学校”与“社会”间的高墙虽然已经撤去，但“碎瓦颓垣”是“至今犹存”！因而，它就会犯到如杜威（J.Dewey）所说的“学校是一个特别的环境”（见《民本主义与教育》）的毛病。欲去此病，我们应该把这“碎瓦颓垣”扫除尽净。同时，从“生活教育是生活所原有”一点来说，我们还应该知道这么一段史实：

“原始教育，是不能和物质生产的劳动过程分裂，也就是不能和人类的生活对立的。也就是说，人类的精神劳动与肉体劳动，即所谓劳心与劳力是结合为一的。每个社会成员，度着同样的生活过程，参加集团；而在参加集团以前之幼年青年，则必须学习成人的遗下来的生活经验，尤其是生产的知识。这，明显地告诉我们，在原始共产社会，青年人——正式为集团成员之前——假使有资格被视为未来的集团成员的话，他就有受教育的权利，而成人也就有教育他们的义务。”——丁冬方：《论学校之起源与前途》（《中华教育界》第二十一卷第六期。）

第二，“从大众的立场上看，社会是大众惟一的学校，生活是大众惟一的教育”。这是生活教育的最精到的解说。同时，“生活教育是下层建筑。……它不是摩登女郎之金刚钻戒指，而是冰天雪地下的穷人的窝窝头和破棉袄”，尤为具体。正因为如此，我们便不能承认：“学校是一个特别的环境”（如上所述）；我们便不能承认：“青年之实业训练，原属实业界所有事，其后所以演化，成为单设实业教育机关者，正因各种生产机关不能胜任经济地供给必要之训练，故不得不有此项新的创设。”——常导之：《苏俄最新生产教育学说之概要及其批判》（《东方杂志》第三十卷，第十四号）。这里的教师（我们所谓的工师），应该是大众之一员，他应该与大众一样有着一种生产的技术再兼有辅导大众经营生活的能力，他不应该是一个“脱离直接物质生产劳动而专事教育的教育者”！

第三，“村民全部的生活都是我们的课程”，这只不过是一个原则。实在，我们还应该“有目的”的，“有计划”的，“有组织”的来处理（或可说经营）这全部的生活。说得明白一点，它——这以整个的村庄或几个村庄为范围的工学团——应该是一个大工场，一个大学校，一个大社会。在这里，在消极方面，它包含着生产的意义，长进的意义，平等互助自卫卫人的意义。在积极方面，它是代表了一个集团，要运用集团的力量，解决他们现实生活的困难，取得他们现实生活的需要，满足他们现实生活的欲望。更进一步，它是要领导儿童以至广大的群众从这不满的现实社会出发，向那理想的合理的世界迈进！

几天来，我们都在憧憬着一个“社会”与“学校”间的“碎瓦颓垣”完全“扫除尽净”的工学团之产生，但又没有一点把握！我们这区区的意见能够引起你给我们一点珍贵的指示吗？……

中国普及教育方案商讨*

一　原则

（一）普及教育之要义

（甲）整个民族现代化　不仅是学龄儿童及失学成人之普遍入学。

（乙）整个生活现代化　不仅是普遍识字，或文盲之普遍消除。

（丙）整个寿命现代化　不仅是四个月、一年、二年、四年之义务教育。教育最重要的成就在使众人养成一种继续不断的共同求进的决心。我们要对众人养成的态度是：活到老，做到老，学到老。

（二）普及什么教育

普及工以养生、学以明生、团以保生之生活教育。工是做工，学是科学，团是集团。这三种生活缺少一样便是残废的教育。

（三）认定中国是个穷国，必得用穷的方法去普及穷人所需要的粗菜淡饭的教育，不用浪费的方法去普及穷人所不需要的少爷、小姐、书呆子的教育。

---

* 本篇原载1935年1月《中华教育界》第22卷第7期，同年1月1日《湖北特教》半月刊创刊号发表时改题为《中国普及教育方案之商榷》，又载同年3月1日《生活教育》第2卷第1期。

（四）社会即学校

社会与学校打成一片。社会教育与学校教育打成一片。

（五）即知即传人

会的教人，不会的跟人学。不愿教人的不配受教育。

（六）小孩的力量伟大

信仰小孩子能做小先生。信仰小孩最好的先生是前进的小孩。认定中国是到了生死关头，好比黄河将要决口，小孩搬一块小石头来也是欢迎的。每一个人的力量都要号召来救命，每一个粗识字义或有一技之长的小孩都要号召来做小先生。小先生经过十个月的试验有如下的优点：

（甲）能解决女子初步教育问题；

（乙）成人跟着小孩追求现代知识是变成老少年；

（丙）知识不再当作商品买卖，知识为公是成了实现天下为公之坚固基础；

（丁）小先生好比是电线，将社会与学校通起电流，又好比是血管，将学校与社会通起血脉，于是社会变成学校了；

（戊）小先生普及教育运动增加了大先生事业上不少的兴趣。

（七）大众的力量伟大

大众最好的先生是前导的大众。所谓传递先生便是大众自己队伍里跑出来的老师。

（八）来者不拒；不能来者送上门去。

（九）化无用为有用。

（十）损有余以补不足。

（十一）勉求缴纳教育税与享受教育权之接近。

（十二）城乡同进。

（十三）劝导与强迫并行。

（十四）劝人抓住饭碗求进；不逼人丢掉饭碗上学。

（十五）强迫兴学，强迫教人，强迫求知三管齐下。

（十六）不能同者不强其同。

（十七）抓住现成的集团生活，如家庭、店铺、工厂、机关、寺庙、民团、军队及现有学校做下层之教育场所。

（十八）运用最新的交通工具输送文化，使文化落后之地带一齐赶上时代前线来。

二　办法

（一）全国小学生总动员做小先生

（甲）全国公私立小学校中之小学生据教育部最近统计有一千一百余万人。每位小学生在校外找到两位不能上学之小孩或成人做他的学生，向小学校长登记后即可称为小先生。在校外学生之所在地，负起他的“即知即传人”之使命。假使有三分之二之小学生做了小先生，我们便可增加一千五百万校外学生。

（乙）依据凡有私塾统计之市县推算，全国至少有一千万私塾学生。私塾改造后假使有二分之一之私塾学生都成了小先生，每人教导两位，便可增加一千万校外学生。

（丙）店铺里之有知识的学徒估计至少有一千五百万人。假使有一半做了小先生，每人在店铺中教导两个人，便可增加一千五百万位店铺学生。

（丁）依据“即知即传人”之原则，小先生的学生立刻又可教导至少一人。甲乙丙三项小先生的学生总数可以达到四千万。假使这四千万之一半立刻做了小先生，每人至少教导一人，又是增加了二千万。

故全国小先生普及教育总动员令一下，便有六千万人可以向着现代化开步走。

（二）全国识字成人总动员做传递先生

（甲）全国民众学校学生总数为九十四万四千二百八十九人。假使民众学校学生都成了传递先生，每人再教两位不能上学之人，便可增加二百万人受教育。

（乙）家庭、店铺、工厂、工会、庙宇、教堂、会馆、公所、合作社、衙门、机关、民团、军队里的识字成人约计为八千万人。假使有半数每人教导二人，便有力量再去普及八千万人之教育。

（丙）再依据“即知即传人”之原则，甲乙两项八千二百万识字成人之半数，每人再去教导一人，又可增加四千一百万人。

故全国识字成人总动员令一下，便有一万〔万〕二千三百万人可以向着现代化开步走。

（三）全国知识分子总动员，辅导普及现代生活教育之推进

（甲）研究所研究员，专门大学教授、副教授七千人，每人每年必须在假期中抽出至少十日出席全省普及教育辅导会议、全省教育行政人员讲习会及农村改造会议，并各就专长，依据普及现代生活教育之需要，准备最新材料向教育局长、督学及农村改造运动人员贡献。

（乙）专门大学学生及中学教师共十万人，每人每年必须在假期中抽出至少十日出席县市普及教育辅导会议及小学教师讲习会，并各就专长，依据普及现代生活教育之需要，准备新材料向前进大众及教师贡献。

（丙）中学学生及小学教师共一百万人，每人每年必须在假期中抽出至少十日出席乡区普及教育辅导会议、私塾改造会及小先生联合会，并各就特殊兴趣，依据普及现代生活教育之需要，准备材料向塾师及小先生贡献。

（丁）全国不在学界服务之留学生，每人每年必须抽出五日为普及现代生活教育努力。

（四）全国学校总改造

（甲）全国学校采用工学团制。工是做工，学是科学，团是集团。工以养生，学以明生，团以保生。没有工做，没有科学，没有集团的力量以制裁个人的行动，都不能算是一个现代的学校。采取工学团制便能使全国学校现代化。

（乙）依据本地生产性质，学校负有扶助生产大众普及生产

工学团之责任。

（丙）小学校改造，除采取工学团制外，全国小学应至少有下列之改革：

（子）每所小学将小学生教导校外学生之工作，列入正课，作为社会服务；

（丑）小学教师在各门功课中，宜随时加入小先生应用材料，并以指导考核小先生为职务之一；

（寅）写字一课改为抄课本，发给校外学生读。小学教师对于大字小字之批改，多半是敷衍了事，改为抄写普及教育所用之课本，则写者与批改者都觉得更有意义，同时是解决了缺少课本一部分之困难。

（丁）私塾改造：

（子）从前改造私塾，多半是招集塾师加以短期讲习会之训练，并加以偶然之视察。因为塾师旧习太深，很难改变，故单招塾师训练，不易见效。现在主张每塾师随带能力较大之私塾学生二人共同参加私塾改造讲习会，依据最近试验结果推测，收效谅能较大。

（丑）私塾最缺少者是公用之图书教具。若想从事改造，必须在这些事上加以补助。

（寅）私塾改造讲习会或每星期一二小时，连续数年；或在假期中集中训练。或二法并用，可看各地情形决定。

（五）文化荒岛总开辟

（甲）中学校总动员下乡。中国中等学校大多数是挤在城里凑热闹。依据我们估计，全国五百五十四所中学，一千三百二十所初级中学，至少有五分之四即大约一千四百所是应当移下乡去。把城里的地皮、房子高价卖掉，在乡下买荒地（但不许圈农民生产之地），造房子，还有余钱干一区的普及教育运动。每中学可在乡下划一百方里为普及教育区。在区内每村办民众学校、小学校各一所。各村民众学校、小学校由中学生分组负责进行。

每组若干人依需要而定。民众学校以每日一小时为标准。小学校或全日、或半日、或二小时、或一小时，依据各地情形而定，不拘一法。民众学校及小学校之学生仍依“即知即传人”之原则分布出去，教导不能上学之人。

（乙）全国有师范学校八四六所。十分之九，即七百五十所是应该迁移下乡。每所师范学校应划一千六百方里为普及教育区。这块区域是东西南北各四十里，师范学校在中央，离最远之工作地不过二十里余。依照师范生人数分成几十几百队，每队二人同到一个村庄里去创办一个民众学校和一个小学校。这叫做基本培养。另外还有集中指导、巡回指导，在培养师资一段中再详细说明。

（丙）中学、师范的脚迹所很少达到的地方，如西康、青海、宁夏、新疆、蒙古、西藏以及各省内文化落后民族所在地，都应以人民和政府之力量创办中学、师范，并在每五百人聚居地创立小学、民众学校各一所，至少能容四十人，以工学团之组织，依“即知即传人”之原则继续推进。

（六）师资培养

（甲）每一所小学都成为小先生养成所。用传统的名词来说，每一所小学便是一所小师范。全国二十五万所小学便是二十五万所小先生养成所，共可造就一千一百万小先生。

（乙）每一所私塾必须改造，使它也成为一所小先生养成所。估计全国私塾有五十万所，平均每所培养二十人，共可造就一千万小先生。

（丙）每一所民众学校都成为传递先生养成所。全国有五万三千八百七十三所民众学校，共可造就一百万传递先生。

（丁）每村或每街或每街之一段，必须设一高级民众学校，招收家中、铺中已有知识之成人，每天或每星期加以一小时之培养，以广播新知识于大众。

（戊）师范学校之改造：

（子）师范学校采取培养工师之办法，包括个别、巡回、集合三种指导。比方招收艺友（即通常之师范生）二百人，首先，举行一个月之集合指导，大略得了几个追取知识之钥匙以后，即立刻分散，每两人组成一队，共一百队，放在一百个村庄里去工作。每队工作区域为十六方里即四里见方。这两人既到工作区，即物色当地农人及小孩至少二人为他们的艺友，共同进行工学团之创造。这一百队的工作总面积是一千六百方里，成了一个普及教育网，里面包含着一百个工学团，每个工学团五百人，共计是五万人之教育一举而普及。每队学生二人，对于日常工作各任半天，余半天自修必阅书籍，由指导员巡回指导。星期日不放假，举行严格之集合指导六小时（详细办法请参看《宝山观澜普及义务教育急成方案》）。

（丑）师范学校应加小先生指导法一门功课。

（己）招集青年识字民众或农人开办短期农村改造讲习会，教以小先生指导法、工学团原理、合作社组织法、国语、应用算术、乡村卫生、农艺新法、自然、社会等等，使其学成回乡，从事发动乡村改造工作，即为普及现代生活教育之工作。现在国内乡下不安，城里先生不敢下乡，倒不如多多培养本乡青年、识字农人自己负起普及教育之使命。

（庚）每市、县须举行小学教师讲习会，每年至少十日；私塾改造讲习会，每年至少四十小时。

（辛）每省须举行省普及教育辅导会议、教育行政人员讲习会，均每年一次。

（壬）教育部召集全国普及教育辅导会议，每年一次。

（癸）各专门大学、研究所分工培养普及现代生活教育所需之高等技术人才。

（七）材料工具之供给

（甲）课本　课本用汉文和国语字母拼音文对照写。汉文和拼音文都以大众语为根据。但为适应各民族特殊需要及促进各民族普及教育起见，应编蒙藏苗瑶等民族特用课本，这课本应以各该民族之大众语为根据。运用小学生写大字的纸和时间抄写课本，以每生每年平均写十二册计算，一共可写三部；连私塾学生在内，二千一百万小学生便可写六千三百万部。小学生的学生也可以写，传递先生的学生也可以写，这样普遍的干起来，每年可得免费教科书一万万套，也不为奇。

（乙）报纸　报纸一律用大众语写，并且必须标点，违者邮局不许代寄。

（丙）电影　设立中央科学电影制造局，以巨资研究制造科学影片、发电机、放映机，免费分送全国各县乡村、市镇放映。

（丁）无线电收音机　设立中央无线电收音机制造局，以巨资研究制造无线电收音机，免费分送全国各县乡村、市镇教育场所使用，并在适当地点分区建立大播音台，从事广播现代知识。

（八）现成设备之利用

（甲）祠堂、庙宇、会馆、公所、散学后之学校，以及其他空闲房屋都运用来做教育场所。

（乙）桌椅板凳亦以运用人民自己所有的为原则。

（丙）天气温和晴朗的时候，应充分施行露天指导。

（丁）充分利用日光指导，不必要时应避免运用灯光。教育普及之后，是有八千万家同时追求知识。八千万盏灯，每晚多点一小时，若用菜油，每年便要耗费八千万元；若用洋油，每年要耗费三万二千万元。可以省的时候，还是省了为是。

（九）流动式的教育

（甲）市集、茶馆、码头、车站、戏园、电影院里都有流动的民众。在这些地方，每次我们都遇得着一大群的人，今天的一群不见得就是昨天的一群。也有茶迷戏迷是天天上同一的茶馆，进同一的戏园，而且还有一定的时候。我们也要抓住这些地方施以有意义的教育。车站上的展览，码头上的壁报，电影院的新知识的插片，茶馆里说书的革新，戏园里小丑说白的讽刺，市集上的公共演讲表演，都是流动教育的可以行的例子。

（乙）流通图书馆　流通图书馆应普遍设立在学校里，供大众公阅。小先生和传递先生可以代他们的学生借书还书。这样，管理费可以减至最少，又可免除一般民众借书之害羞，而图书借还有人负责，亦不致失落。流通图书馆为大众自学之重要机关，必须努力普及。

（丙）修学旅行　旅行为增长知识，扩大眼界之教育法。但现在之团体半价票仍使有志的工人、农人、小孩子望而生畏。有意义、有组织、有计划之修学旅行应该特别提倡，再行设法将国有车船价目减至最少，或竟酌免，以资鼓励。

（十）文化之特别快输送

（甲）输送发电机、抽水机及其他农村所需用之机器，火车章程尚有许多不必需的麻烦，应该一扫而空。

（乙）边境所需新书，每每要过一年半载才能收到，要人帮忙也非数月不可。我们应该发起购置普及教育飞机数架，专为输送文化及推进普及教育运动之用。

（丙）无线电广播新知识。

（丁）邮政局对于边疆视同外国，如西藏、新疆寄费之贵，几使现代中国文化不能通过，外国反易与它们接近，是急应革除此弊，使邮费一律，以谋内地与边疆文化之沟通。

（十一）有效之补助

（甲）中央对文化落后之穷省、边疆，在人才、经费、材料上应予以实质之补助。

（乙）各省对于文化落后之穷县，在人才、经费、材料上应予以实质之补助。

（丙）各县对于文化落后之穷乡穷村，在人才、经费、材料上应予以实质之补助。

（丁）省市县政府对于普及教育实验特别努力的机关，在人才、经费、材料上应予以实质之补助。

（戊）政府应拨款补助劳苦大众智力较高之子女上进，俾能学尽其才，免为贫穷所埋没。

（十二）人民自动之努力

（甲）设立中国普及教育助成会（另订简章）。

（乙）设立省市县乡、边疆、华侨等普及教育促成会（另订简章）。

（十三）研究实验

设立中央普及教育研究所。其宗旨在发现最经济、最迅速、最能持久、最能令人进步之方法，以谋普及大众、儿童向上生活所需要之教育（另订简章）。本研究所应与卫生、农业、工业、交通、艺术、经济研究机关联合互助，探讨新知，培养最高学术人才，以统制全国智慧而为国计民生谋解决。

（十四）全国财力总动员以谋教育之普及

（甲）确定教育税，务使足敷普及教育之用。在教育税未确定之前，各省财政当局不得借口取消苛捐杂税以减少教育经费而陷国民教育于停顿。否则即科以摧残教育动摇国本之罪。在教育费不敷用前，并须节省军政费以充普及教育之用。

（乙）征收遗产税以充普及教育之用。后人对于先人之遗产，除教养费外，应将遗产余利公诸社会所有。先人对于子孙也只可负担教养费，若将巨产给后人不劳而获，自必养成他们吃喝嫖赌，弄得家破人亡。纵使政府不征收遗产税，有钱者为爱惜子孙起见，亦当在保留教养费条件之下，悉数捐为普及教育之用。

（丙）指拨公有荒地为普及教育之用。

（丁）指拨美、法、比、意、英各国庚款之一半为普及教育之用，其他一半为发展各研究所之用。

（戊）行政专员或县长领导教育局长或督学到各市乡劝导各公所、会馆、祠堂、寺庙以原有财产兴学。没有公产或公产不足之处，则劝导出资兴学，坐候到筹定确实办法才离开。十余年前浙江省有一县长在半年之中兴办一百余校，即是用此办法。

（己）劝导人民以婚丧做寿节省之款在普及教育上建立纪念。

（庚）劝导人民捐图书文具，或百份，或千份，或万份，或十万份，或百万份。每份盖上捐者姓名以留纪念。

（辛）扶助各种生产工学团之普遍的设立。每个生产工学团发展到一个时期，便能以自己的力量担负一部分的普及教育费（参看《宝山观澜普及义务教育急成方案》中之棉花工学团）。

（壬）减少中等以上学校假期，并从分量门类上减少向上生活所不需要之功课，缩短中等以上毕业年限（医科除外），以节省之经费充普及教育及增加研究所之用。

（十五）妨害进步罪

婆婆不许媳妇读书，老板不许伙计上学，司务不许徒弟看报，工厂经理不许工人求知识，士大夫不许儿子教小孩子，这是小先生碰到的五个大钉子，也是妨害中华民国进步的大障碍。我们必定要扫除这种障碍才能前进。要想扫除这种障碍，下列数条法律实属必要：

（甲）凡是中华国民及其子女，每人每天至少须有一小时上学或自修之权利。

（乙）凡以特殊地位侵犯人上学或自修权利者，处以一年以下有期徒刑或一千元以下罚金。

（丙）凡对自愿教人的人施以阻止者，处三个月以下有期徒刑或一百元罚金。

（十六）初步文字教育之预令强迫

文字教育应预令强迫。预令强迫之作用在提醒一般不识字的民众自动的去请人教。以往的民众教育好像是求人来学。预令既下，民众对于知识的消极的拒绝，可以转变而为积极的追求。

民国二十四年一月一日下令预告全国民众限二十四年十二月三十一日前读毕教育部指定几种《千字课》之一种。至四月一日、七月一日、十月一日下第二、第三、第四次预告令。第一次预告令下后，即令小学生、茶馆说书人、电影院广告与警察到处逢人宣传，劝其早些求学，不要临时抱佛脚；并说明二十五年一月一日即有识字警察手指《千字课》，站在城门口、车站、码头及交通孔道，临时抽验来往行人，检查他们的头脑如同检查行李一样，不识字的要罚愚民捐铜元一枚。预令里还要说及二十五年一月一日以后，家里、店里、工厂里、任何机关里，如有无故不识字的人，按人数每人每月罚银一元，由家长、店主、工厂经理、机关主持人缴纳。识字成人或学生对其负责而不识字之亲友不肯施教者，罚守知奴捐银一角并公布之。

（十七）考成

（甲）初步文字教育之考成标准为学龄以上之人民百分之九十会读《千字课》，百分之九十五会用汉字签自己的姓名并会写中华民国。第二步之文字教育及普及其他教育之考成标准另订之。

（乙）每所小学、私塾至少要有二分之一的小学生做小先生。超过四分之三的小学生做小先生者，传令嘉奖其校长、负责之教师及最出力之小先生。不及二分之一者，校长受警告，不及三分之一者，校长撤职，负责之教师同。

（丙）民众学校之传递先生与学生总数比例之考成与小学同。

（丁）省教育厅长、县长、教育局长、乡长、教育委员之考成，亦以各管公私立小学校、私塾，民众学校之学生总数与小先生总数加传递先生总数之比例为根据，其算法亦与小学同。

（戊）各省、各特别市、各县、各市、各乡、各校之开始考成日期由上级主管官厅预令发布。但此项预令至迟不得延过民国二十四年六月一日。考核各省成绩之日期由教育部预令颁布。但此项预令须于民国二十四年四月一日前颁布。

（己）寻常教师所教学生，以及小先生、传递先生所教学生，均须依部颁表格登记由校长掌管，并作详明统计具报教育局，教育局转报教育厅，教育厅报告教育部，每学期一次。再由上级教育行政长官抽查，以凭考核。

（十八）中央普及教育二十四年度预算

（甲）中央文化落后地带普及教育补助费	二〇〇〇〇〇〇〇
（乙）中央科学电影制造局经费	四〇〇〇〇〇〇
（丙）中央无线电收音机研究制造局经费	一〇〇〇〇〇〇
（丁）中央普及教育研究所	五〇〇〇〇〇
（戊）中央普及教育辅导会议	一〇〇〇〇
总计	二五，五一〇〇〇〇

小先生解*

“小孩子教人，我很赞成，但是小先生这个名字未免有些矛盾。”

“何以见得？”

“先出世的是先生，后出世的是后生，后生跟先生学便是学生。小孩子既是后生，又称他为小先生，怎么说得通？”

“生是生活。先过那一种生活的便是那一种生活的先生，后过那一种生活的便是那一种生活的后生。学生便是学过生活的人。先生的职务是教人过生活。在教育不普及的社会里，前一代的人的教育机会是被忽略了，被抹煞了，被剥削了。到了这一代，他们是落伍了，小孩子倒赶在他们前面去，先过了新时代的生活。小孩子先过了这种生活，又肯教导前辈或同辈的人去过同样的生活，是一位名实相符的小先生了。”

* 本篇原载1934年8月1日《生活教育》第1卷第12期。

女子教育总解决*

中国的普及教育问题，多半是女子教育问题。

婆婆不赞成媳妇上学，因为识字的媳妇不易管。丈夫不赞成老婆上学，因为识字的老婆不易管。母亲不赞成女儿上学，因为一来女儿是个赔钱货，犯不着在她身上多赔钱；二来识字不易管的女儿是难以嫁出去。中国的女子教育便被这些人牺牲了。

从另外一方面看，中国女子好学是一件铁打的事实。一般民众夜校起初劝学的时候，少女们是踊跃的表示欢迎。但是上不得几天课，便一个个的溜跑了。民众教育运动者是垂头丧气，灰心得要上吊。真的是少女们没有恒心吗？大问题是在男教员。

一位二三十岁的男子，教一些十七岁的大姑娘或是十八九岁的大嫂子，乡下人是看不惯。谣言来了，放谣言的便是不愿意媳妇上学的婆婆。路上出鬼了，装鬼的便是丈夫们的鬼把戏。一直闹到女学生不敢再上学。

男教员是一败涂地了，换个女教员，如果有，那是天字第一号。但是，因为女子教育不普及，女教员根本就很少。一个破庙里，关了一个男校长，一两个女教员，也有不方便。几个女子同下乡，那是再好没有了。但是没有男子的地方，女教员又怕贼、怕鬼、怕蛇，那鼓起万分勇气毅然下乡的究有几位？最好是夫妻

* 本篇原载1934年9月1日《生活教育》第1卷第14期。

学校。但是好的东西是和金刚钻一样的少。女子教育是几乎无法解决了。

还有那呆板学校，有一定钟点上课，一连就是两个钟头。上课铃响了，晚饭没有吃完怎么办？锅碗没有洗好怎么办？小孩没有睡觉怎么办？男人就要回家，要喝茶水怎么办？婆婆正要人为她洗脚怎么办？

怎么办？有小先生包办！小先生是热烈无比的太阳。他一出来，女子教育便像冰雪一样化掉了。他们连十八岁的大姑娘的房里都钻得进去。他来到，你如果正在做事，他可以等你一刻，或是过一会儿再来。灶前、屋角、新娘房都可以做他的课堂。蔡悟先生说："小先生比女教师还好。女学生最怕问人，在小先生的面前，最害羞的女子也不怕难为情了。"小先生万岁！

附：最近教育部发表十九年二十年女子教育统计

	男生数	百分比	女生数	百分比
初级小学生	七,七九七,五七八	八五·三〇	一,三四三,二四四	一四·七〇
高级小学生	一,一四六,二五八	八二·〇二	二五〇,四四六	一七·九八
中等学生	四二四,二二三	八〇·五五	九〇,三八六	一九·四五
专科以上学生	三八,九八七	八八·二五	五,一八〇	一一·七五
留学生(二十年度一年)	三九一	八六·九〇	五九	一三·一〇

一个新法子*

露天演讲不容易，露天对小孩演讲是格外的困难。我新近发现了一个新方法是比较适合。这方法是把讲的大意写成小孩高兴听高兴喊的儿歌。先把每首的意义略为解释，即行朗背，背一句，便叫小孩们跟着背一句。一首背了之后，再一首一首的解释，一首一首的背。我曾在九一八的纪念会上试了一试，影响不错。十月一日为山海工学团的创办纪念日，今年是二周年纪念。这天我恰恰伤风，不便多说话，就照着上面所说的法子再干了一回，结果也很好。我在十月一日领导小孩们露天朗背的四首儿歌如下：

（一）

十月一！
十月一！
但愿大家有饭吃，
吃饭要把汗儿滴。

（二）

十月一！

* 本篇原载1934年10月1日《生活教育》第1卷第16期。

十月一！
但愿人人有知识，
不求个人考第一。

(三)

十月一！
十月一！
私仇勾销来一笔，
联合起来打公敌。

(四)

十月一！
十月一！
请问公敌是什么？
帝国主义！
帝国主义！

小先生与民众教育*

今天贵馆民众教育服务人员训练班举行开学典礼，行知能躬逢其盛，参与大典，心里觉到非常快活。刚才冯先生① 及两位来宾，已说了许多我心里所要说的意思，现在行知再简单的说几句。

近来我对“民教”二个字有点感想。教育在从前甚至现在是被少数有钱人把它当做私有财产占住了，就如同占取金钱一样，非但把它占有，而且还要存在银行的铁柜里牢牢保护，不轻易传给别人。我以为“民众教育”的根本意义，就是教人把知识广散给人众，不是像占取金钱一样，把它封锁在少数人的脑袋里，把头弄得大大的。干民众教育，便是要把教育、知识变成空气一样，弥漫于宇宙，洗荡于乾坤，普及众生，人人有得呼吸。空气是不要钱买的，人人可以自由呼吸。教育也就不能以金钱做买卖，人人可以自由享受。把教育当作商品做买卖，只被少数有钱人霸占，使大多数人像坐牢一般受限在一个“愚者之群”的圈子里，这绝对不行，我们极力要否认。有了空气人才活，没有空气便活不成。空气是人人需要，人人不可少；教育也是人人需要，人人不可少。新鲜空气是有益于人的，教育也必不能仅是些泥灰

* 本篇是陶行知1934年在宝山县民众教育馆主办的民众教育服务人员训练班开学典礼上的演讲记录。记录者：张新夫、朱学典。原载1934年12月1日《生活教育》第1卷第20期。

污浊气，给人以害生。所以把教育、知识化做新鲜空气，普遍的广及于大众，人人可以按其需要，自由呼吸，因而增加大众以新的生命活力。我以为这便是民众教育最主要的意思。不过挂着民众教育的招牌，不见得就会把知识变成空气，必得要有办法才行。在我看来，这办法便只有运用小先生，小先生便能把知识变成空气。

小先生出世尚未到一年，而它的怀胎，却远在十数年以前。小先生最重要的几位接生婆，除我以外，你们的主任冯先生①也是一个，今春"一·二八"宝山普及教育动员令，便是冯先生发的（《生活教育》第一期画报，很希望大家一看）。每村小先生发令旗一面，普及教育，把知识变做空气！

小先生为什么能把知识变成空气一样的容易普遍呢？因为小先生便是小学生。他早上学了两个字，晚上便可以把这两个字拿去教人；此刻学了一件知识或一种技能，彼时即可以把这一件知识或一种技能去教别人。他不像大先生一样要领薪水，所以我们可以不花经费把教育普及出去。

有人说，小先生要有相当程度才行。我敢保证说，六岁小孩便可以做小先生，这是有着铁打的事实。当然，小先生所遇到的困难非常多，我现在正要写小先生的八十一难。《西游记》上唐僧取经，要经过九九八十一道难关，幸而有三个徒弟费了很大的力量把它一个个的解除了。有的是猪八戒帮助解除的，有的是沙僧帮助解除的，而帮助唐僧解难关最多的要算孙悟空。现在小先生普及教育，正犹如唐僧向西天去取佛经一样，要经过八十一道难关。我们做个猪八戒也好，做个沙僧也好，做孙悟空更好，总动员去帮助小先生解除一难又一难，把教育变成新鲜空气普及出去，以增加大众的新兴力量。

用小先生普及教育，还有四点比大先生好的地方：

第一，中国最难普及的是女子教育。乡下十七八岁大姑娘，或是二十几岁的大嫂子，一位年青的男先生去教，乡下人是看不惯，不欢迎你去教的。即有较开通，肯受教了，不多时，谣言来了，女学生不敢上学了，甚至把学堂封掉了，男先生失败了。女先生去教固然是很好，可是女先生太少了，而且女先生大都是些少奶奶、小姐，肯下乡的真是难得。有勇气下乡的，怕蛇、怕鬼、怕小偷，又吓跑了。如果是男校长请女教员，那又有困难问题。夫妻学校最好，可是又太凤毛麟角，少之又少了。现在小先生来了，女子教育就如雪团见太阳，一见冰消，问题一笔解决。广东百侯中学有三百小先生，教二千多民众，其中女人就有一千五百人之多，由此可见小先生对普及女子教育问题解决之一斑。

第二，有人说，中华民族现在是衰老了。我推究其原因虽多，但有一个原因，便是被人教老了。六岁小孩子，大人就教他要“少年老成”，而这小孩子也就无形中涂上两个八字胡须，做个小老夫子了。我有一个大学毕业的学生，他到一个女子中学去当教员，可是年纪太轻了，很不为人敬重。后来教员不当，找了一件别的事做，便养起一嘴胡子来。本来是个美少年，一变而为美髯公，因此很受人敬重而做了许多年的事。所以中华民族衰老，便是社会教人变老，教小孩子做小老翁。用小先生教人便不同了，大人跟小孩学，无形中得到一种少年精神，个个变为老少年。本来，大人者，不失其赤子之心者也。这样一来，朝气必格外勃勃。前天在上海西区小学开小先生会，有一位小先生教一个八十三岁老太婆。又有一位孩子，教其德国母亲认中国字，写的故事均非常生动有趣。南京有一个丁广生小先生，教他父亲。他父亲有一天用笔画一个乌龟，画一角菱角。小先生不懂，问他父亲什么缘故。他父亲告诉他说：“我画着玩的，这意思是说：菱角怕乌龟，乌龟爱菱角。”后来丁广生便把这几个字写出来教他，父亲读得非常有趣。前天下午两点半钟，我未吃午饭，正想出去买两块烧饼充饥时，忽接西桥小先生来的信，我便坐在门外一个竹椅上拆开来看。有一位小先生教他六十二岁的祖母。他的祖母能读能认，不能写字，小先生便代祖母口里说的意思写信给我，精神非常好，我看得饭也忘记吃了。在这许多故事中，可以看出中华民族可以因小先生而转老还童，而得一种新兴的少年精神。

第三，刚才我已说过，过去甚至现在，教育是被少数有钱人把它当为私有财产占住。小先生一出来，“即知即传人”，立刻把这种观念撕得粉碎。要知识公有，不再私占；要把教育化为“春风风人，夏雨雨人”一样，人人有得到沾施的机会。“天下为公”的基础，第一步便要知识公有。这一点，小先生是可以帮助我们，一个钱也不要花的做到。

第四，一般乡村小学要和学生家庭联络，很多困难，教师感觉孤立，学校感觉单调，利用小先生那便好了。小先生是一根根流动的电线，这一根根电线四方八面伸展到社会底层，构成一幅生活教育网、文化网，把学校与家庭构成一体，彼此可以来往，可以交通。它把社会所发生的问题，所遇到的困难，带回学校，再把学校里的知识技能带回社会去。这样一来，如有一位教师，三十位小学生，而这三十位小学生便是三十位小同志，教师不再孤立，学校也不再和社会隔膜，而能真实地通出教育的电流，碰出教育的火花，发出教育的力量。训练班诸位同学，现在最要紧的一件事，便是“怎样把小先生的办法得到？”“怎样把学校教育与社会教育打成一片？”将来到一处办民众教育馆，最要紧的，便是要和当地的小学校联络、私塾联络、店铺里的能看报的掌柜联络，要发动他们都负起教人责任，即知即传人，共同普及教育。还有一点，办民众夜校，开学后学生只见少而不见多。我们也得要教学生去做先生教人。譬如有四十位学生，我们教他们每人回去教二个人，这样便一共有一百二十位学生了。这样成人做先生，我们不叫他“小先生”，叫他做“连环先生”或“传递先生”。因为他是要继续不断地循环着，学后去教人。最后，我还有几句话要向诸位贡献。

我们现在办民众教育必得要承认：

农人最好的先生，不是我，也不是你，是农人自己队伍里最进步的农人!

工人最好的先生，不是我，也不是你，是工人自己队伍里最进步的工人!

小孩子最好的先生，不是我，也不是你，是小孩子自己队伍里最进步的小孩子!

我们现在最要紧的工作便是:

帮助进步的农人格外进步，由他们“联合自动”，领导全体农人一同进步!

帮助进步的工人格外进步，由他们“联合自动”，领导全体工人一同进步!

帮助进步的小孩子格外进步，由他们“联合自动”，领导全体小孩子及时代落伍的成人一同进步!

注释

① 冯先生　即冯国华。

从孔德成的教育说到孔子的故乡与祖国*

这几个月来，有些人是忙着为孔子及四配①的嫡系子孙打算。教育部已经决定要为他们办一个独立的小学；进中学的每人补助四百元；进大学的每人补助八百元。这样打算的人，大概是没有到过曲阜。如果到过了，大概也只在衍圣公府及孔陵打了一个转，没有看见那村前巷尾冻得要死、饿得要命的衍圣公的穷本家和穷本家的苦孩子。我们要知道，孔子的故乡到现在还是一个文化的荒岛。在这文化的荒岛上，只有少数人得着一种残废的教育，而多数人还是划于化外，在生存线上挣扎着。说了孔子的故乡，再看孔子的祖国，多数人的文化是一样的落后，一样的偏枯，一样的短命。一谈到太阳，有些人就想叫太阳光先照到自己的头上；一谈到雨点，有些人就想叫雨点先落在自己的园里；一谈到教育，有些人就想叫教育先藏在自己的小孩的脑袋中。这种自私自利的打算是徒费心机！孔子的门徒至少要努力将现代生活教育普及于全国，其次也得将曲阜的现代生活教育普及起来。这样，孔家和四配的子孙的教育是自然包括在内了。若只在三五个

* 孔德成是孔子后裔。1935年初，国民政府由内政部和教育部共同核议了《孔圣后裔教育办法》，后呈国民党中央批准颁行。该办法规定：凡孔子及其四配之嫡系子孙，皆可在教育上享受特殊待遇。本篇原载1935年2月1日《生活教育》第1卷第24期。

人的教育上注意，从自己的腰包里拿钱出来干，尚说得过去。倘使要花众人血汗换来的公款，恐怕受者心里也有些不安吧？

注释

① 四配　孔子庙以颜子、子思、曾子、孟子配祀，谓之四配。

贺客与吊客*

中国现行之会考制度，是对自己所委任之校长、教职员表示总不信任，把活泼的青年一起变成书呆子，一群一群的赶进牛角筒里去。它的影响之坏是无以复加。几个月前，我曾写了一篇《杀人的会考与创造的考成》警告教育行政当局。但是积重难返，这自杀杀人的制度，还是普遍的在那儿毁灭中华民族的生活力。

我这次被邀到南开大学去演讲，中学部里几位朋友和我详谈河北会考故事。在会考的六十九个学校之中，南开中学男校是考列第十八名，女校是考列第三十七名。南开学校在一般学校中是办理得最认真而有精神。它之所以有这种精神，就是因为它在教课之外，还相当的注意到学生整个的生活，不肯把学生完全当作书呆子教。它这次会考成绩之低，也是因为牺牲学生们宝贵的生活以迁就这机械的毁灭生活力的会考制度不肯过分。更有趣的是育才学校只有三个学生来考，居然名列第七；还有四个学校的考卷内容完全相同，这些都证明会考之荒唐。既设学校就该废科举，既要推行变相的科举，又何必费钱办学校？我们对这个问题谈了好久。晚上，张伯苓先生从华北运动会回来。我一见他的面，便向他道喜。他说：喜从何来？我说：贺南开会考成绩。他说，成绩不好。我说：我所贺的就是因为不好。如果好，我倒要

* 本篇原载1934年11月16日《生活教育》第1卷第19期。

来吊香呢。正是：

什么学校最出色？
当推南开为巨擘。
会考几乎不及格，
三千里路来贺客。
请问贺客贺什么？
贺您几乎不及格。
倘使会考得第一，
贺客就要变吊客。

怎样指导小朋友明白时事*

我们要想做个现代人，必须天天看报。报是有时说谎，有时讲真话。你得教你的小朋友像只花猫一样，一见老鼠就把它捉住。新近所举行的二十架飞机比赛是一个最好的例子。我和子云[①]帮助法华[②]过。山海工学团的小孩们抓住了这个机会，丝毫不放松。每天把中西文报纸剪下，贴在一本簿上。地图是放在手边，一遇到地名就查，并把飞行的路线画起来。中国地理书的名词不统一，很给了小孩子一些困难。例如报上登的报达，在寻常地图上只在亚拉伯[③]之北，以拉克[④]境内，查着一个巴格达。报达就是巴格达，我们是费了好多力，并且查了英文报才知道确实。我们把飞行路线画准以后，就查看英国沿途之殖民地。从此，我们就追求英国空军对于维持殖民地之关系。我们将来还要进一步查出世界各国及中国空军力量之比较，以及世界第二次大战空军所占的地位。这次飞机比赛还给了我们一个做算学的机会。从伦敦到墨尔钵[⑤]有多少哩？等于中国里多少里？史考梯每时平均飞多少里？倘使一个人要从伦敦走到墨尔钵（假使他也能在水面上走），每天走一百里，要多少日子走到？我们还预备做些简单的实验，看些书，追求飞机构造的原理及发明之史略。总之，我们拿了这次比赛做中心，把历史、地理、科学、算术、社会打成一片去

* 本篇原载1934年11月16日《生活教育》第1卷第19期。

干。我们不要忘记，它也给了我们一个充分活用图书的动机。我们也把国语和飞机比赛联了起来。下面就是我写的一首儿歌：

白拉克，
史考梯，
坐飞机，
上天嬉。
一日一万里，
白云在脚底。
人群像蚂蚁。
打破莫理逊的纪录，
三天飞过查尔斐。
黄金五万到手，
还得一个娇妻。
痴人看了别发痴，
半生辛苦你须知。
告尔曼，一失手，
骨头粉碎肉成泥。
这不过是本领儿小试试，
等到世界大战开火，
再分高低！

我这首歌是像一条蚯蚓，可以一段一段的截下来，还是活着的。例如，很小的小孩，你只须教他唱“坐飞机，上天嬉”就够了。年纪大一点，再加两三句。再大一点，便可以全篇教他。如果不愿断章取义，我方才还哼了一首短的，请大家指教：

小朋友！
别发痴！

看做戏啥希奇？
自己造飞机，
上天去嬉嬉。
等你长大了，
赶上史考梯。

关于飞机比赛的事实，我们搜集了一些，摘要附在后面，给大家做参考。

英澳飞机比赛事实摘要

（一）飞机二十架：英国六机，美国三机，荷兰二机，澳洲二机，新西兰二机，新几内亚一机，丹麦一机等。

（二）每机以相隔四十五秒之时间，一个一个的飞出，于十月二十日六时三十分起飞，最后一架于六时四十七分飞出，故在十七分钟内，二十架飞机完全飞出。

（三）从英国伦敦（London）之密尔登霍尔飞机场出发向澳洲之墨尔钵（Melbourne）飞去。从伦敦到报达（Baghdad，即巴格达）为二五五三哩，从报达到阿拉哈巴（A1lahabad）为二三〇〇哩，从阿拉哈巴到新嘉坡[6]（Sing apore）为二二一〇哩，从新嘉坡到达尔文（Darwin）为二〇八四哩，从达尔文到查尔斐（Charlville）为一三八九哩，从查尔斐到墨尔钵（Melbourne即新金山）终点是七八七哩，共长一一三二三哩。

（四）哩为英里，每英里等于中国二点六八市里。一一三二三哩等于中国市里三〇三四六里。

（五）参加比赛的人当中，最有名的是莫理逊夫妇。未出发之前，大家都以为他们会得锦标。但是结果呢，两个不大著名的人，史考梯与白拉克是得到第一，打破从前一切飞行纪录。飞行竞赛委员会宣布他们落地之正式时间为上午五时三十四分又四十八秒（格林威治时），他们的正式出发时间为上午六时三十四分又三十秒，以七十一小时十八分造成伦敦到墨尔钵全程新纪录。

他们用了这时间是飞了三万零三百四十六华里，每小时平均飞多少里？一个人走路每天走一百里，从伦敦到墨尔钵要多少天？

（六）参加比赛的二十架飞机当中，在史考梯飞到墨尔钵时，只剩了十四架在空中比赛了。那六架当中有五架是因为出了毛病中途退出。莫理逊夫妇也退出去了。还有一架是由英国一位航空军官名叫告尔曼的和他的同伴斐恩士所驾驶，在意大利堕地烧死。另外有一只英国空军大飞机，载着监察员沿路做稽核的工作，在新嘉坡北方失事，驾驶员和监察员当场死掉。

（七）英澳飞行纪录四年前为十九日，二年前为八日二十小时四十九分，这次史考梯所造之纪录是三天还用不了。

（八）请把英国的殖民地看一看，再想想飞机速率对于统治保护这些殖民地的关系。

（九）这次比赛中有两段有趣的故事：一、开始比赛时，英国皇帝和皇后亲来送行，莫理逊对皇帝说；“陛下愿意跟我到热带去尝一尝热味么？只要二十小时啊。”二、史考梯的助手白拉克于出发前向一女戏子名叫台斯芒的求婚，台斯芒说：“等您夺到锦标后我再回答您。”她送了一个火柴金匣给白拉克，上面刻着吉利语，又给他三张照片，白拉克把照片挂在飞机里。

（十）第一名，英国飞机，名彗星号，由史考梯和白拉克驾驶，于二十三日早五时四十三分（格林威治时）飞到墨尔钵。第二名，荷兰飞机，名陶格拉斯号，由派门蒂曷与摩尔驾驶，于二十四日早十时五十二分飞到。第三名，美国飞机，由唐纳与潘邦驾驶，于二十四日午后一时三十六分飞到。第一名得速度飞行锦标五万元美金。

注释

① 子云　即曹子云。

② 法华　指当时在上海法华寺创办的法华工学团。

③ 亚拉伯　通译阿拉伯。

④ 以拉克　通译伊拉克。

⑤ 墨尔钵　通译墨尔本。

⑥ 新嘉坡　通译新加坡。

五千万匹马力的普及教育机器*

普及教育运动好比是一部蒸汽机。蒸汽机的构造，必须把每个螺旋钉转得紧紧的，使它密不通风，只放一条出路，叫全锅的蒸汽都集中起来，向着活塞推动，才有力量。如果有一个小孔漏气，力量就要消耗掉，何能推动火车轮船？

中国普及教育的研究已经到了一个阶段，这样有力量的机器是可以动手制造了。

一条原理

这部机器之所以有制造成功之可能，就是因为有“即知即传”一条原理。“即知即传”有两种应用的方式：

（甲）大人教 大人
小孩

（乙）小孩教 小孩
大人

大人教小孩是没有问题。大人教大人虽没有人能否认，但没有充分实现。前进的小孩不但能教小孩，而且能教大人。虽有人将信将疑，但必是普及中国教育的一支生力军。

* 本篇原载1935年4月16日《生活教育》第2卷第4期。

三种力

怎样做到即知即传？这要靠三种力量：一是运用教育的力量叫人高兴教人，高兴求学。二是运用经济的力量，叫人可以教人，可以求学。三是运用政治的力量，叫人不得不教人，不得不求学。

六面压迫

政治力与教育力要在六个地方施行压迫。我们有两个集团：一个较小，是识字的集团；一个大得多，是不识字的集团。识字的集团有教师、学生和一般识字的人。这里有六方面的压迫可以施行。

（甲）每教师、校长所教学生有半数以上教人者方为达到标准，超过三分之二者嘉奖，不到三分之一者撤职解约。

（乙）学生不教两人，教而没有成绩者不得升级毕业。

（丙）家庭、店铺、工厂、任何集团中之识字分子对不识字分子不肯教导者罚“守知奴捐”。

不识字的集团也有三方面的压迫可施。

（丁）订立妨害进步罚款，使一般长辈或有权者对于不识字的幼辈、雇佣之求学不能阻止。

（戊）城门、车站、码头及其他交通孔道设立识字警察，检查行人脑袋里随带的违禁品——愚。识字警察手持《千字课》抽试行人，能讲解一课者放行，否则罚“愚民捐”铜元一枚，并追究其负责人。

（己）调查户口加入教育程度调查一项，使居留的人民，不能逃避。

这六方面压力同时施行，老幼病废者免，则全国一万万识字者不得不教人，二万万不识字者不得不求学，再加以经济力之配合，教育力之开导，使教者与学者都认清教育普及之真义，抓住饭碗，起劲的向前干去。这三万万人继续不断的教学相长，便是普及教育之总力量。六个人力等于一匹马力，[①] 故我们这部普及教育机器是有五千万匹马力。这种伟大的力量是现成的，我们只须把机件凑拢，螺旋转紧，架起火来不断的烧，则五千万匹马力的伟大的普及教育机器指日可以发动，整个中华民族的新生命也可以创造出来了。

注释

① 这以下的文字，载《生活教育》时为“我们这部五千万匹马力的普及教育机器一经发动之后，其对中华民族前途影响之广大深远，可想而知了。南京市人口总数已达九十四万，除老幼病废，约有二十四万识字者，四十七万不识字者。教学相长之总力量为七十一万人力，即十二万匹马力，这种伟大的力量是现成的。我们只须把机件凑拢，螺旋转紧，架起火来不断的烧，便成了一部伟大的普及教育机器，为南京造出一个新生命。再运用首都特殊的‘诱导力’来影响全国，则五千万匹马力的更伟大的普及教育机器指日可以发动，整个中华民族的新生命也可以创造出来了”。

文化细胞*

一般人只要一提到教育便联想到学校，一提到普及教育便联想到普设学校。他们好像觉得学校是惟一的教育场所，如果要想普及教育便非普设学校不可。倘使没有钱普及四年的学校教育，他们便退一步主张普及一年的学校教育，甚至于退到四个月、两个月、一个月的学校教育。万一不能普及全天的教育，他们想半天、二小时、一小时也是好的，但必须在学校里办。仔细把它考虑一下，这种意见只是一种守旧的迷信。我们若不跳出学校的圈套，则普及现代教育在中国是不可能。我不说学校没有用，但学校之外，我们必须创造一种下层文化的组织，适合大多数人的生活，便利大多数人继续不断的长进，才是有了永久的基础。

我建议要创造一种文化细胞。每一家，每一店铺，每一工厂，每一机关，每一集团组成一个文化细胞。这种细胞里的分子有两种：一是识字的，一是不识字的。我们叫每一个细胞里的识字分子教导不识字分子，说得正确些，我们要叫识字分子取得现代知识精神，连文字一同教给不识字的分子。这样一来，每个文化细胞里的分子都能继续不断的长进。任何文化细胞里倘若识字分子过剩，可以分几个出去，帮助缺少识字分子的细胞。这种文

* 本篇在《晨报·普教周刊》发表时，题为《文化细胞之创造》，载1935年5月1日《生活教育》第2卷第5期时用现题。

化细胞在山海工学团范围以内叫做工学队，为工学团最下层之组织单位。俞塘[①]称它为生活教育团，安徽省会称它为普及教育团。有人建议称它为自学团或共学团。名字不同，无关重要，但他们有一点相同，便是感到专靠学校来普及教育在中国是很勉强，不易做到；即使做到了，也是一种短命教育，没有久远的长进。所以要在学校之外创出一种较为自然之组织来救济，不但要谋教育之普及，并要谋所普及之教育得以继长增高。他们用得着学校的地方，不妨先开一个学校。铺中、家中连一个识字的人也没有的地方，不妨叫每家每铺先派一人每天来校学半小时或一小时，再依即知即传之原则，把各个文化细胞成立起来。

普及教育动员令一下，有暇进学校的，尽可进学校；无暇进学校的，在自己家里、店里、工厂里及任何集团里创起文化细胞来共谋长进。文化细胞成立后，必须向负责学校或教育行政机关注册。凡在文化细胞里自谋长进的，可以不进学校；凡在学校里求学的，必须常川回到他的文化细胞里来尽义务教人。

学校是文化的旅馆，只能暂住而不可以久留。自学团、共学团、普及教育团、生活教育团或工学团下之工学队，才是文化之活细胞。

注释

① 俞塘　指当时上海县的俞塘民众教育馆。

文化网*

文化细胞虽是最下层的组织，但是光棍的细胞是没有多大用处，我们必须把一个个的“文化细胞”联合起来，结成一个文化网。

在都市里，每一铺户里的识字者与不识字者组织一个生活教育团，继续不断的共同教学做，便成了一个“文化细胞”。有了这个“文化细胞”的组织，这一铺户里的人便可以活到老做到老，教到老学到老。如果一条街上之“文化细胞”都联了起来，成了一街的文化组织，再进一步，一区的街文化组织都联了起来，成了一区的文化组织，以至全市的文化组织，那便是有了文化网的作用了。我们可以称它为街文化网、区文化网、市文化网。乡下的可以称为村文化网、乡文化网等等。

“文化网”的目的，无论在乡下或是在城里，都是要把单个的“文化细胞”联合一气，把它范围里面的人一齐捞到时代的岸上来，不使一个漏掉。

“文化网”对于“文化细胞”负有两种使命。一是培养新的“文化使者”去创造新的“文化细胞”。例如这一条街上或这一个村里，有一半的人家家里没有识字的人，我们就可以叫每一家派一个人来，一面学，一面回到家里去创造新的“文化细胞”。二

* 本篇原载1935年5月16日《生活教育》第2卷第6期。

是从外界吸收新血液，向着范围内的每一个“文化细胞”继续不断的灌注进去，使它们可以继续不断的生长。例如某街某村之“文化网”，必得运用说书、滩簧[①]、留声机等等，把“文化细胞”的分子，每星期号召来开一次会，以摩擦出来新的精神。范围较大的区域，更可运用演戏、电影、无线电话来号召。我们要寓教育于娱乐，才能发挥这“文化网”的作用。如果到会的人觉得是单单来受测验或是受训练，不久将要变成一桩枯燥无味的事情，大家都要望而生畏了。

文化细胞是基本的组织；文化网是有提纲挈领的作用。从事普及教育者必须兼筹并顾，方能发生广大深刻的效力。

注释

① 滩簧　一种地方曲艺。

小先生履历成绩表

年　月　日

姓　名		男　女		年　岁		家庭职业	
籍　贯	省　市　县　人						
现在本地住址							

曾在那里上过学	从　年　月到　年　月在	读过这几本书	
	从　年　月到　年　月在	读过这几本书	
	从　年　月到　年　月在	读过这几本书	
	从　年　月到　年　月在	读过这几本书	

所　教　的　学　生

	姓　名	是小先生的什么人	教的什么与成绩										开始			停止		
			24年		25年		26年		27年		28年							
			上半年	下半年	上半年	下半年	上半年	下半年	上半年	下半年	上半年	下半年	年	月	日	年	月	日
1																		
2																		
3																		
4																		
5																		
6																		
7																		
8																		
9																		
10																		

备　注	家庭职业不得以农工商学政笼统字填写。一定要写具体如教师·塾师·官吏·绅士·自耕农·佃农·雇农·徒弟·司务·老板·伙计·无业等等。

小先生所教学生履历成绩表

年　月　日

姓名		男女		年岁		家庭职业		本人职业	

籍　　贯	省　　市　　县　　人

现在本地住址		从前上过学没有	

曾在那里上过学	从　年　月到　年　月在	读过什么书	
	从　年　月到　年　月在	读过什么书	

年　份		跟谁学	学的什么	成绩	你也教了什么人
24 年	上半年				
	下半年				
25 年	上半年				
	下半年				
26 年	上半年				
	下半年				
27 年	上半年				
	下半年				
28 年	上半年				
	下半年				
29 年	上半年				
	下半年				
30 年	上半年				
	下半年				
31 年	上半年				
	下半年				
32 年	上半年				
	下半年				
备注	家庭与本人职业不得以农工商学政笼统字填写。一定要写得具体如教师·塾师·官吏·绅士·自耕农·佃农·雇农·徒弟·司务·老板·伙计·无业等等。				

生活教育团登记表

（户口调查之文化部分）

户名　　　　　　地址　　　　　　编号　　　　　　字第　　号

负责人姓名　　　全户有几人　　　小先生几人　　　传递先生几人

全户姓名	关系	男女	年岁		职业	读过什么书	读了多少	正读什么书			小先生或传递先生	教人地点	求学地点
			岁	月				二四年	二五年	二六年			

（注一）户名填家长姓名，负责人填本户之教育主持者姓名。
（注二）全户姓名一栏填全户老幼姓名连乳儿都要填入。
（注三）关系一栏填祖父，祖母，父母，兄弟，姐妹，子女，雇工，以负责人为对象。
（注四）年岁一栏填实足年龄，必须填几岁几个月。
（注五）职业一栏填教师，塾师，官吏，绅士，自耕农，佃农，雇农，司务，徒弟，老板，伙计，工人，厂主，小贩，无业等等。
（注六）读过什么书及正读什么书二栏填写宜有简法如三字经，千字文，百家姓，四书，五经，幼学，便写三，千，百，四，五，幼即行。又如初小一年级的各种国语，算学，社会，自然，只须写初小一便够了。他如初中二，高中三，仿此。初读书如用老少通第三册便写老三，平民千字课第四册便写平四。
（注七）教人地点一栏填本户或别的户名。
（注八）求学地点一栏填本户或别户名或学校名。
（注九）凡创办生活教育团，普及教育团，普教互助团，自学团，共学团，工学团之工学队以及凡以户为文化基本组织者皆可用此表。

乡村小学比赛表*

项目	满点
一、导师	（一五〇）
（1）能领导健康的生活	二五
（2）能领导劳动的生活	二五
（3）能领导科学的生活	二五
（4）能领导艺术的生活	二五
（5）能领导改造社会的生活	二五
（6）能领导小先生即知即传人	二五
二、学生	（九〇）
（1）即知即传人	二五
（2）肯做事	二〇
（3）身体好	一五
（4）有礼节	一五
（5）容貌服饰整洁	一五
三、切合乡村生活的课程	（二一〇）
（1）全国四分之三人民能懂之国语	一〇
（2）日常应用之文字、算术	二五
（3）明白中国民族活动、文化发展之历史	一五

* 本篇原载1935年3月1日《生活教育》第2卷第1期。

(4) 明白中国富力、生产、分配之地理 一五

(5) 制御自然势力之科学 一五

(6) 陶冶性情、发表心灵之音乐、图画 一〇

(7) 自卫之武艺 一〇

(8) 自食其力的园艺、畜牧、养蚕、养蜂、养鱼及农艺竞进团 二五

(9) 己立立人、己达达人之儿童自动工学团 二五

(10) 高尚娱乐之游戏、运动 一〇

(11) 操练基本技能之土木、缝纫、洒扫 五

(12) 处世待人之应对进退 五

(13) 免去天花、沙眼、钩虫之医药、治防 一〇

(14) 培养身心健康之卫生、体育 一五

(15) 日曜日充分利用 一〇

(16) 家庭作业充分联络 五

四、指导法 (七〇)

(1) 事怎样做就怎样学怎样教 三五

(2) 发展个性 二五

(3) 学业成绩有正确之测验 一〇

五、教具 (七〇)

(1) 各门功课皆有师生用参考书 一〇

(2) 敷用之农具 四

(3) 敷用之土木工具 一〇

(4) 自制理科仪器 五

(5) 自制标本 五

(6) 日报一份 六

(7) 杂志三份 五

(8) 烹饪器具 五

(9) 茶杯每生一具 五

(10) 体育器具 五

(11) 医药器具	一〇
六、校地	(三〇)
(1) 校园每生分半地(家庭有地可替代)	一五
(2) 游戏运动场每生一〇〇方呎	五
(3) 布景雅致	一〇
七、校舍	(一〇〇)
甲、一般情形	
(1) 合用	五
(2) 卫生	五
(3) 坚固	三
(4) 美观	二
(5) 省钱	五
乙、各别状况	
(1) 教室适当	
A. 每生九方呎	五
B. 东南向	三
C. 一面采光,玻璃窗占地板面积六分之一	五
D. 通气	三
E. 地面平净	三
F. 墙壁雅洁	三
G. 黑板有十六方呎以上之面积	五
H. 桌凳高低合度	五
(2) 厨房卫生清洁,并为学生练习烹饪之用	五
(3) 厕所敷用,卫生清洁	五
(4) 图书馆敷用	五
(5) 陈列室敷用	五
(6) 手工室	八
(7) 幼儿团	一〇
(8) 教员住宅俭朴而有条理,并合卫生,可资乡人参考	一〇

八、改善天然环境之提倡　（六〇）

(1) 三里至六里见方以内荒地尽变熟地　一〇

(2) 三里至六里见方以内荒山尽变树林　一〇

(3) 三里至六里见方以内道路四通八达　一〇

(4) 三里至六里见方以内有驱除虫害之组织　五

(5) 三里至六里见方以内有预防水旱灾之组织　五

(6) 三里至六里见方以内有公共卫生之组织　一〇

(7) 三里至六里见方以内有传布科学农业知识之组织　一〇

九、改造社会环境之提倡　（一六〇）

(1) 三里至六里见方以内学龄儿童百分之九十五是在求学　一五

(2) 三里至六里见方以内入学儿童百分之九十在校或校外做小先生　一五

(3) 三里至六里见方以内成人百分之九十五是在继续上进　一五

(4) 三里至六里见方以内受过教育之成人百分之五十做传递先生　一五

(5) 三里至六里见方以内成人百分之九十自食其力　一五

(6) 三里至六里见方以内有村自治　一五

(7) 三里至六里见方以内有自卫团　一〇

(8) 三里至六里见方以内有信用合作社　一五

(9) 三里至六里见方以内有村民同乐会　五

(10) 三里至六里见方以内农忙时有幼儿团　一五

(11) 三里至六里见方以内或本区之学校教师有联合会共谋改进　一〇

(12) 三里至六里见方以内开放学校为村民集会之所　一〇

(13) 三里至六里见方以内教师为村民婚丧及

其风俗改良之顾问及指导　五

十、经费　(四〇)

(1) 收支完全公开　一〇

(2) 账目单据手续清楚　一〇

(3) 每生教育费与邻村同等学校相仿

(4) 在可能范围内就地筹款扩充校务、改善环境　一〇

十一、表册报告　(二〇)

(1) 学校行政系统　一

(2) 学校概况　一

(3) 指导细目　一

(4) 活动纲要　一

(5) 每周上课表　一

(6) 校内学生历年学籍簿　二

(7) 小先生在校外所教学生历年学籍簿　二

(8) 出席缺席表　一

(9) 学生志愿调查表　一

(10) 村民生活状况调查表　二

(11) 村内学龄儿童调查表　一

(12) 校内户口调查表　一

(13) 学校改进日记　一

(14) 改造乡村生活纪实　一

(15) 学校年报　一

(16) 师生合编日刊　二

十二、总点数　(一〇〇〇)

本量表是由我在民国十五年冬起草，经赵叔愚先生修正，发给全国乡村小学同志试用。在这八年之中，乡村教育理论曾有不少之进步，现再加以修正并请酌量试用，不吝指教。

陶行知　二四年二月十日

附：半小时普及教育之试验

（一九三五年）

四月十日起在中西电台广播，每日正午起播音半小时。

普及教育助成会、晨报馆及儿童科学通讯学校为提倡普教起见，特共同创办半小时普及教育，定于本月十日起，每日中午十二时至十二时三十分，在中西药房无线电台播送。三十分钟之支配为：唱歌六分钟，自然科学五分钟，世界大事四分钟，国语十五分钟。唱歌由陶知行作词，赵元任制谱，赵如兰、陈秋子灌音。国语采用商务印书馆出版之《老少通千字课》，聘请陶小桃用北平语讲解。预定四个月完毕，可学二十首诗歌，一百条重要科学常识，一百条世界大事，九十六课国语云。

普 及 教 育 三 编

普及教育 三编

陶行知编著

编者按

《普及教育三编》，1936年6月由上海儿童书店印行。全书分理论、实施办法和消息三部分。这里收入理论的全部30篇，消息中有陶行知署名的2篇；另在消息部分选取5篇（合为4篇）作为附录；另一篇文末附，为此次编者所加。

强迫教育新义*

好教育是人生的必需品，如同饭一样。好饭人人愿吃，吃饭也要强迫吗？强迫教育是成了问题。什么要强迫？怎样强迫？强迫谁？我们必定要弄个明白，才能向前干去。否则一味蛮干，难免走入歧路。

求学是顶有趣的一件事，强迫人求学的时代是已经过去了。强迫教育的意义，到了现在，不再是强迫人受教育了。但有许多人拿的是强迫教育的题目，做的是强迫受教育的文章，而且一点也不怀疑，实在令人不解。

好饭人人愿吃，你说的不错。但是有人偏偏不许人吃饭，或许人吃一点点而不许人吃饱；好书人人愿看，但是有人偏偏不许人看书，或许人看一点点而不许人看饱。有些老夫子会驳我说："有人不愿看书。"但是你能点出一个人连图画书也不愿看吗？八岁的令弟[①]已经给了人家做童养媳，我送她一本图画书，她把它当作宝贝样藏在枕头底。一天，她滴着眼泪告诉我，图画书给婆婆撕掉了。大渡口一位小先生告诉我，他的学生是一个铁匠铺里的徒弟，被司务打得不敢再来了。徐家角有一家工厂里的工人要看书，好，凡看书的工人都辞退，教工人看书的先生都得回老

* 本篇原载1935年5月16日《生活教育》第2卷第6期，在《晨报·普教周刊》上发表时，题为《普及教育新义》。

家。安庆有几位小先生的脑壳给老子敲得好痛啊！“小畜生！你要做小先生就不能做我的儿子！那些穷孩子不卫生，你好，把微生物带到家里来了。小畜生，你敢，老子收拾你！”看了这些例子，我们对于中国教育所以没有普及的原因，大概可以了解一些，对于强迫求学之迷梦大概可以清醒一些，对于强迫教育之真义也大概可以明白一些了。

我们要强迫有权者允许人求学。我们要强迫有知识者教人。凡阻碍别人求学、教人者都要罚得重，因为他们是妨害整个民族之进步。不识字者本身如不长进，亦当受点小罚，但是无论不识字者之为小孩或成人，强迫之重心要压在家长、店主、厂长、任何机关团体之负责人的身上，才算公平而有效力。铲除民众儿童上进之阻碍，使民众儿童有自动求学之可能，才是普及教育及教育采用强迫手段之真义。

注释

①令弟　女孩名。在《生活教育》发表时为“令妹”，收入本书时更改为令弟。

普及教育之歧路

近年来，政教合一之呼声，高唱入云。随着这呼声而来的有了四种不同的实验：一是邹平的乡学；二是长江一带之保学；三是广西之民团干部学校；四是工学团。除了工学团尚属私人小规模试验外，其余三种都有政权在握，总可算是政教合一之实例。他们的全部结果固然难以预断，但从普及教育的效力看来，已经有些话是不得不说了。

就这几个月来的事实说，有些地方竟用保长兼校长。广西的民团干部学校，原以养成国民基础学校师资及能任乡镇村街长民团干部为宗旨，它的校长便是由各区指挥官兼任。最近连国民基础学校校长也要民团长兼任。这样一来，学校是变成衙门，教育是变成办公，创造是变成维持，循循善诱是变成整齐划一。花园里的园丁都可以卷起包袱回家，因为花园变成草地，只须轧草夫来把草儿轧得一样整齐就行了。这种教育普及之日，便是中华民族生机完全毁灭之时。

邹平之乡学，如果能够避免乡绅偶像，是比较可以走的一条路。因为在这里，学校是替代了衙门，教育是替代了办公，意义是非常丰富的。可惜推崇乡绅太过，效力未能充分发挥。

普及教育必须有政治力来推动它，才能有长足之进步；但是政治力如果用得不当，可以毁灭教育。比如蒸汽机能推动火车，但是它也能把火车头炸掉。我们如果做得太过分，要用小官来做校长，虎头牌再挂起来，那末这部普及教育列车必定被它们炸得粉碎。

最后，我要声明：我承认保学、国民基础学校都是普及教育的好组织，值得提倡。我所认为不可行的是保长、民团长兼校长。保长与民团长对于劝学与兴学都应负责，都可以有贡献，但决不可许其干涉校务，更不可责其兼任校长。

儿戏与儿教*

董任坚先生新近在他的《小学生旅行全国》的短评里说了这样一句话："'没有父母带，先生也不在'，简直是把儿教当作儿戏了。"他所引的话是摘录我送给新安小学儿童旅行团的一首诗。这诗的全文是：

没有父母带，
先生也不在。
结伴到上海，
划分新时代。

我到现在还相信这些小孩，到上海来是划分了一个新时代。他们的行动证明了穷小孩的力量。凡是见过他们的人，都觉得他们的力量是出人意想之外的伟大。他们不是把儿教当作儿戏，乃是把儿戏化为儿教。他们本来是"清风明月无人管"，现在都是自己组织起来管自己；他们本来是出不起学费、请不起先生，但是凭着他们的虚心请教，七十二行都做了他们的老师。我这首诗只是一群前进的穷孩子的缩影，绝不是向少爷小姐宣传。这次他们进一步去筹备十省旅行，也不过是穷孩子想去扩大眼界并为别

* 本篇原载1935年6月1日《生活教育》第2卷第7期。

处穷孩子稍稍服务罢了。我想他们的用意决不是叫少爷小姐脱离父母先生去自由行动。虽然这种办法能把少爷小姐造成更有用的人，但是老爷太太是决不放心，因为在他们的心里是有这样的一个黑影：

没有父母带，
先生也不在。
走出大门口，
拐子拐去卖。

这是多么可怕呀！无论你有多么大的力量，也打不破这样的恐怖。谁要教他们的小孩自由行动，那倒是很像“儿教当作儿戏”了。

通不通 *

张耀祥先生在《教育杂志》上发表了一篇短评，驳我们的“读死书，死读书，读书死”的言论。他拿了许多证据出来证明这三句话不通。是我们不通呢，还是他不通呢？这个我们愿意等候读者裁判，用不着我们自辩。但是他的短评里是有好几点引起了我们讨论的兴趣。

一

当我们劝告青年不要读死书，死读书，读书死的时候，我们接着就劝告大家要：

“用活书，活用书，用书活。”

我们的指针是“过什么生活，用什么书”。不用功的青年固不能借口而丢掉书本，蛀书虫也不能断章取义说我们把书本抹煞。

二

张先生说：“近人提倡劳作，不惜毁谤读书。”我们所提倡

* 本篇原载1935年6月16日《生活教育》第2卷第8期。

的是“在劳力上劳心”，而不是寻常学校里的“劳作”。在我所写的论文里，从来没有“劳作”这个名词，我们是要大家参加社会生活里的劳动，而参加这种劳动的时候是要手脑并用。这种劳动，并不是在学校里设一门劳作功课点缀点缀就算完事。有时这些装饰品的劳作，除了开展览会外，是别无用处。甚至于这种功课是侮辱工具，糟蹋材料，加倍消耗。我们之所以反对读死书，死读书，读书死的动机，绝不是为了要提倡这种与当前社会生存需要无关的劳作。

三

字典、辞源、电话簿，我们只承认是用的书而不是读的书。当张先生编《中国识字测验》和校对《善恶字汇》的时候，恐怕也只是用字典而不是读字典。用字典是谁也赞成，读字典便是死读书了。张先生还举了《推背图》、《烧饼歌》来证明那句“开卷有益”的老话。按他的意思，世界上是没有“死书”，只要是书，都是有用的。好，医学研究所的解剖室里的死尸何尝没有用！你能教大家都来研究死尸吗？你能因为医学家用得着死尸，就说死尸是活人吗？

四

“死读书”，他是承认了一半。他说：“一说反复诵读一本不甚了解的书至烂熟为止，便是死读书。私塾里的儿童有这样的事。”但他一转身，又把承认的话吞了下肚。他以为不能责备这些儿童，“因为他们是被强迫使然的”。谁来责备小孩呢？但强迫小孩这样死读书的人，就能宣告无罪吗？

五

他又说："我以为如承认读书是件好事，正不妨多读。……书不像食物，吸收多了会停滞的；倒很像货财，多多益善。"这是多么精彩的一段读书发财论！我肥天下瘦，我智天下愚，本来是同一个人导演出来的两出悲剧。

六

张先生又说："假若有人无需为目前个人衣食而劳作，致全力于读书，不管他是为求学或为消遣，我们都不应非议他。"请问这位致全力于读书的先生的衣从何来？食从何来？正当大众吃树皮草根的时候，读书人还以"致全力于读书"为消遣，还不许人非议。好，"农夫心内如汤煮，公子王孙把扇摇"。我们看到这两句诗，再看看张先生的言论，当作何感想？

只吃桑叶而不肯吐丝的蚕，谁愿养？

七

"书呆子是社会的名称，不是科学上的名称。"

他这样为书呆子辩护。但是我们能够因为科学里没有书呆子的名称，就能否认书呆子的病态吗？张先生赞成读经。好，引一句经来证明吧。孔子说："乡愿，德之贼也。"请问"德之贼"是个科学的名词吗？乡愿能用科学为盾牌而逃避"德之贼"的社会制裁吗？书呆子是个什么人？我就用张先生的话来答复：书呆子是一个致全力于读书的人。他除读书以外，不做别的工作。爸爸病了他不管，妈妈没有米下锅了他不管，穷孩子不能上学他不管，邻居失火他不管，田里大旱他不管，逃荒的人吃树皮草根他不管，黄河决口他不管，甚至于日本夺了东四省，打到了上海都不管。管是管的，《本草纲目》、《孝经》、《齐民要术》、教育统计、水灾报告、“九一八”和“一·二八”的历史，哪一样不是读得熟透了吗？然而麻木不仁！这种麻木不仁的人，还不是和呆子差不多？还不要想个法子来为他们诊治诊治吗？

八

读书读得太多，把性命送掉，据张先生说，这就是所谓“读书死”。如果世间真有这种人，他倒愿意顶礼敬拜。现在信教自由，谁都让他去崇拜。但是我们对于“读书死”的认识，决不停止在个人的死活上。拚命读书，始而近视，继而驼背，终而吐血以至于夭折。这种狭义的死，固然令人为他可惜，但是更可惜的是未死之前，整个生活之残废麻醉，失却人生、社会的正确意义。只管读书，不管父母死活而父母死；只管读书，不顾民族死活而民族死。这样，小己纵然读书成名，升官发财，而袖手坐看大己枯萎，我们要不称他为读书死也不行了。

九

张先生说：“嗜书者好沉默，因为他时刻在思想；不爱参加其他活动，因为他已经得着最高等、最愉快之活动。”这几句话实在是一个有闲的书呆子的小影。除了“思想”宜改为呆想或空想之外，我想这幅小影是画得不错。书是当作鸦片烟吃上瘾了，躺在烟铺上大抽其大烟，虽有南面王也不愿做了。

十

不错，“犁耕是劳动，笔耕也是劳动”。但是“只问耕耘不问收获”的时代是过去了。我们必须问为什么耕？种的什么？不管是犁耕也好，笔耕也好，而种出来的东西都是麻醉人的大烟，那末，虽能愉快一时，前途怎么呢？

十一

最后，张先生误认读书与求知为一件事。读书只是追求已经发现的知识的一种方法。读书虽然重要，但是如果以书本为一切知识之泉源，那就难免坐井观天了。法拉第做订书徒弟的时候，对于书是钉一本看一本。一次，他装订一部百科全书，看到电气一章，觉得不够味。他以后关于发电机的发明，与其说是从书中得来，不如说是从书不够味中得来。

读《实施义务教育暂行办法大纲》有感*

我对于义务教育这个名词，近来根本起了怀疑：受教育是一种权利而不是一种义务。求学好比吃饭，人生在世，要想生存就必得吃饭；吃饭是人权，从来没听过要人家负吃饭之义务。所以拿这个义务放在人民身上是说不通的。但反过来说，政府倒有这种义务。它既是管理众人之事，就负了义务要使得家家有饭吃，人人有书读。故义务教育之新解是政府应该负起普及教育之义务。

中山先生在第一次全国代表大会时所订政纲内是列有“厉行普及教育”一条，为什么要避掉这个富有意义的名词而采用那不合理的“义务教育”？

据《大纲》观察，这义务教育纯粹是指学龄儿童之教育说。这些年来成人教育与儿童教育各干各的，不能打成一片，以致整个教育界起了半身麻痹之症。这次的义务教育办法大纲依旧是与成人教育分家，不能纠正这种毛病，未免可惜。

照中国的贫困情形说来，要想教育普及，必须动员识字者教导不识字者，有现代知识者教导没有现代知识者。识字者和有现代知识者之中，有成人也有小孩；不识字者和没有现代知识者之

* 该大纲于1935年由国民政府公布后，并未施行。本篇原载1935年7月16日《生活教育》第2卷第10期。

中，有小孩也有成人。故必须将成人教育与儿童教育通盘计划造成一个方案，才不至于顾此失彼。有些前进的省、市、县已经看到这种重要关键，先后自动试行，已见成效。若教育部能提出一个更进步的方案，向全国推动，当能事半功倍。而这次所公布之片面的《大纲》，实令人难以满意。

《大纲》第二条说义务教育分三期进行。自民国二十四年八月起至二十九年七月止为第一期。在此期内，一切年长失学及未入学之学龄儿童，至少应受一年义务教育。第八条说，在学校数量已足容收当地学龄儿童之地方，凡身体健全之学龄儿童均应入学。违者政府得采取必要之行政处分，强迫入学。李密、王冕都得丢掉牛来上学，丢掉牛便是等于打破饭碗。建议这《大纲》的人，大概是以为李密、王冕是学了神仙，能够全年不吃饭。岂但是守牛的李密、王冕要被教育官逼死，一切砍柴的、卖花的、卖报的、拾垃圾的、扒狗矢的、打杂的、看家的学龄儿童都得呜呼。还有卖菜的爱迪生，也得被拉来上学，弄得没法去玩科学把戏。

短期小学采用二部制[①]，至少每日各授课三小时。这是可以减少一半困难。李密，王冕的东家要请二个孩子守一条牛，势必把两个人的饭给一个人吃。不知他们的肚子作何感想？不来上学吧，那可怕的罚金又不是王冕的母亲所能胜任。这都是迷信学校之过。倘使允许自学团或生活教育团存在，每人在家中、店中自己所学，只要测验及格，可以算为成绩，又何至逼人挨饿上学？

《大纲》第一条说它的目的在使全国学龄儿童（指六岁至十二岁之儿童而言）于十年期限内，逐渐由受一年制、二年制达于四年制之义务教育。除非中国经济制度在此十年内起了大变动，或是在学校之外运用即知即传人之原则，另组自学团或生活教育团来补充，这几乎是梦想。据十九年度统计，一千一百万小学生，一年要花八千九百四十万块钱。四年的义务教育该有五千万学生。假使私塾完全改良，有一千万学生可以代替。还有四千万学生，每年须费三万五千七百万元义务教育费。十年之内能筹到这笔经费吗？二年的义务教育，每年要多少款呢？原有的一千一百万人之初等教育费，每年要八千九百四十万元。私塾一千万学生的费用不算。其余三千万人作一千五百万计算，须加上一万三千一百万元。假使完全是二部制，打个对折每年也要加上六千五百万元。课本免费，每人每年以五角计算，又要加上七百五十万元。两项共须在原有初等教育经费之外再加上七千二百万元。在第一期之五年内，只施行一年二部制之义务教育，每年经常费除原有八千九百万外，只须加上三千六百万元。但是临时费第一年至少要有二千万元。每省平均今年几乎要加筹二百万元（一小部分为教育部补助费）。羊毛出在羊身上，天灾人祸压迫下之各省的人民都担负得起吗？

《大纲》没有指示出人民继续求进之路。受了一年每天三小时的义务教育就算毕业，就要把座位让给别人来学，就是想继续也没有法子继续。这短期小学若不想别的法子救济，便要变成短命教育。

我写到这里，忽然接着教育部最近颁布的《实施义务教育暂行办法大纲施行细则》，看到第二章第八条的末尾一段，我高兴极了。“在实施义务教育第一第二两期内，学龄儿童之已在私塾或家庭受有与义务教育程度相当之教育者，经当地普通小学或短期小学考查及格，予以证明书，以曾受义务教育论。”这条小尾巴应该当作狮头看。这与《大纲》的纯粹强迫入学的精神是完全不同。有这一条的规定，我所担忧的李密、王冕的饭碗问题以及经费的难关是解决了许多。各省市拟订办法时，一定是要抓住这一点，丝毫不可放松。否则义务教育推行愈紧，愈要增加人民痛苦，并促进农村破产。最好是进一步在学校之外规定家中、店中、任何集团中自学团之地位，以造成文化细胞，使人民有继续长进之可能。《细则》中关于师资方面，亦宜规定识字者无论成人、小孩都有教人之义务，使自学团可以普遍的办起来。关于处罚方面，司务、老板不许徒弟读书亦宜处罚，使自学团不致横受摧残。

注释

①二部制　把学生分为两部分轮流上课的教学制度。让两部分学生分上下午来校上课的，称为半日二部制；让两部分学生同时在校，交错使用教室或其他设施的，称为同时二部制。

新文字创造之商榷*

我们干普及教育的人，遇了一个最大的困难，就是汉字难认、难记、难写。所以每逢有解决这个困难的新方法出现，我们是感到极浓厚的兴趣。新近从内山书店买得一本《中国话写法拉丁化》，仔细把它研究一下，觉得它有几个特点应当指出，也有几个缺点应当修正。我现在想把我研究所得的结果提出来，请大家指教。

该书字母表里面说："拉丁化里头一共有二十八个字母。这些字母可以写出北方话中一切的声音，可以写随便什么话。"让我先把字母表摘录下来，请大家看了之后，再行讨论。

大写	A	B	C	Ch	D	E	F	G	I	J	K	L	M	N
小写	a	b	c	ch	d	e	f	g	i	j	k	l	m	n
读音	啊	白	此	尺	得	厄	非	革	意	意	克	勒	没	内
注音字母	ㄚ	ㄅ	ㄘ	ㄔ	ㄉ	ㄜ	ㄈ	ㄍ	ㄧ	ㄧ	ㄎ	ㄌ	ㄇ	ㄋ
国际音标	a	p	t‘s	t‘ʃ	t	e	f	k	j	j	k‘	l	m	n

* 本篇原载1935年8月16日《生活教育》第2卷第12期。

续表

大写	Ng	O	P	R	Rh	S	Sh	T	U	W	X	Y	Z	Zh
小写	ng	o	p	r	rh	s	sh	t	u	w	x	y	z	zh
读音		哦	丕	二	日	四	十	特	五	五	黑	雨	子	纸
注音字母		ㄛ	ㄆ	ㄦ	ㄖ	ㄙ	ㄕ	ㄊ	ㄨ	ㄨ	ㄏ	ㄩ	ㄗ	ㄓ
国际音标	n	o	p‘	er	ʒ	s	ʃ	t‘	u	u	x	y	ts	tʃ

中国话写法拉丁化运动比较注音字母及国语罗马字母运动是有下面几个特点：

（一）它要造出新文字来给没有工夫读汉字的人去读，不是用字母来为汉字注音；

（二）它要运用连词来打倒“平上去入”四声的符号；

（三）它要根据中国各地的发音来规定各地的标准音；

（四）它要写出大众语来代替文言和半文言的白话。

这些特点都是应该采取的。但在方案里面，我发现了几个缺点，如果能够修正，必于大众求学上有好多便利：

（一）新文字的字母还有正写、草写、大写、小写的分别，这是应当彻底的把它们合一起来。我们知道正草大小体只是西洋文人玩的把戏，中国不必再去抄袭这个笨重的花样。虽然世界语也不能脱去这种陋习，但我们不应该再跟着它瞎跑。新文字虽然只有二十八个字母，但如果不把正草大小各体的区别消灭掉，一个初学的人是不啻要学一百个不同的字母。

（二）新文字的字母里有两个不必须的字母——j和w。j与i同音，w与u同音。在词儿的开头用i用u，在词儿的第二、第三音段用j和w。例如“要不要”是写作iao—bujao，“舞不舞”是写作u—buwu。这样一来，第一个“要”字和第二个“要”字是不同了，第一个“舞”字和第二个“舞”字也不同了。一个初学的人的头脑是要被这种变化弄昏了。其实只要用一个界音的符号，就可把这两个字母省掉了。如是，“要不要”可以写作iao—bu’iao；“舞不舞”可以写作u—bu’u。界音符号，总是要用的，只须把它的用途扩充一下，就省掉了j与w两个字母。

（三）清浊音子研究的结果没有运用。例如pb、td、gk等等，还是用不同的字母来代表。其实，这六个字母只要有三个字母代表就够了，其余三个只要买顶世界语的帽子给它们戴一下就行，例如p p̂、t t̂、g ĝ，这样一来，又不是省了三个字母了吗？

（四）复杂母音中ai、ei、ie、ia、iao、ua、uai、ui、uo、ye、yo是合乎拼音原则，ao、iao、iou、ou是跟着习惯跑，不合乎拼音原则，应当修改。至于怎样修改，我现在还没有研究好。

跟西桥学*

村里没有钱，办不起学校，怎么办?

等等等，等到胡子白还没有地方求学，怎么办?

只有一个办法：跟西桥学!

西桥是一个江南的穷苦的农村。去年春天漕桥有一位觉悟的苦学生，名叫承国英的，在这里邀集了几位农友，开办了一个西桥小学。承君除自己尽义务外，还以他的稿费供学校开支，农人也尽力担负。村外朋友看见他们干得起劲，也时常来一点小帮忙。他们干了两个月便加入普及教育运动，小朋友几乎每人都做了小先生，精神十分充足。

不久，旱灾来到，农村几乎破产。出版界的不景气又堵住了稿子的出路。承君忧劳过甚，不得不来沪暂事休养。大家都以为西桥要停顿了。奇怪得很!西桥不但没有停顿，并且干得更有精神。

现在西桥小学是在六位小先生手里，这六位是第一代小先生。他们已经把六十几位小学生统变成第二代小先生。西桥的小学生是没有一个人不做小先生，更有意义的是那六位主持的小先生轮流依时刻来校教人自修，余时仍在田园里或家庭里做工赚饭

* 本篇原载1935年9月1日《生活教育》第2卷第13期，最末一段在收入本集时被删去。

吃。这里我们所看见的是真正的儿童自动工学团了。它指示了中国普及教育一条正确的路线。

我最近收了西桥小先生几封信，大受感动，特在本期通讯栏介绍给大家一看，想大家也必受同样感动。

大众读书谈*

一　卖报孩子

“你们把报卖给别人看，自己也能看报吗？”

“看不懂。”

“读了书，就会看报，你们愿意读书吗？”

“愿意的，可惜没有人教。”

“我们请一位先生来教你们，好不好？”

“好的。先生哪一天来？”

“说来就来。你们早报什么时候卖完？”

“十点钟。”

“晚报什么时候卖？”

“五点钟就要去贩报来卖。”

“你们要读书，总得要找一个地方。哪家的房子大些，可以去借借看。”

“吕公义家里大些，和他妈妈说说看。”

“读了书，要教人。我们请先生来教你们，你们还要教家里的人和邻居的穷孩子，愿意不愿意？”

*　本篇原载1935年7月25日《读书生活》第2卷第6期。

“愿意的，不会教人怎么办？”

“读一课，教一课，怎么不会？如果真的不会，请教先生。”

“好的。我教妈妈好不好？……我教小妹妹行吗？”

“行！每个人教两个人。一面温书，一面教人，把别人教会了，自己的功课也温熟了。一弹打中两只鸟，对不对？”

“对！一弹打中两只鸟。”

吕公义得到妈妈的许可，卖报儿童工学团出世了。这里有一张八仙桌，凳子不全，有些小孩子要站着上课。黑板、地图是捐来的。一位青年天天来尽义务，来教他们二小时。他们每人要教别人半小时。他们靠卖报吃饭，卖报就是他们的工。每天求些新知识，就是他们的学。有了这个小小组织，遇事大家商量，就是他们的团。这是一个小小工学团。这是一个文化细胞。他们已经读完四册《老少通》，接着读《高级市民课本》[①]，并学看他们自己所卖的报。

二　小农人

“你们办的儿童工学团有几个小先生？”

“九个。”

“有几个团员？”

“八十几位。”

“你们遇着最大的困难是什么？”

“我们做了小先生，全天在团里工作，家里少了一个人，事做不了，饭不够吃，父亲埋怨哟。”

“你们父亲怨得很对。你们为什么丢掉饭碗、工作来做小先生啊？”

“那末，怎么办呢？”

“你们素来在家里干什么事？”

“跟父亲种田、种菜、种瓜、守牛……”

“好，种田的仍旧种田；种菜的仍旧种菜；守牛的仍旧守牛。抓住你的饭碗求学，抓住你的饭碗教人。每天学一点钟，教一点钟，试试看。”

“这样，家里的人就高兴了。不过儿童工学团的功课不是减少了吗？”

“那是当然的。如果不减少功课，这个工学团就要变成一个吃人的学校，而不是一个自救救人的工学团了。”

“对！我们九个人轮流来教。”

在这个方针指导之下，杭茂祥小先生来信说；“我在农场上种了西瓜，常常要捉虫浇水。我从做上学种西瓜的方法。现在正有很大的西瓜结着。我的试验成功，可以自己安慰自己啊。”杭金洪小先生也来信说：“在九个小先生之中，分两班：一班在上午教人，下午回家工作；另一班在下午教人，上午工作。”

“小先生有饭吃了。”这“有饭吃了”四个字是说得太容易，但是抓住工作去求学教人，是小农人上进的重要法门，那是无可怀疑的了。

三　女工

“你为什么要办这个学校？”

“我们厂里十二点钟放工人出厂吃饭，一点钟才许工人进厂做工。我们吃饭只需十分钟，足足有半小时闲着，常常有男人跟着我们盯梢，实在讨厌。因此我向姐妹们提议大家来读书，赞成的有二三十人，我们就开办了。”

“你们怎样借到这个课堂？”

“起初我们是在一个弄堂里露天上课，那些男人还是跟来围着。我们不得已，只好和这里校长商量借一个课堂给我们。本来小学校是十二时放学，一时半上课，课堂是空着，校长又热心，就借给我们，从此我们是能安心了。”

“我看你教得很好，你是在哪里读过书？”

“我在民众夜校里读过书，现在还是每天晚上去求学。”

“你为什么要这样吃苦教人？”

“我既得了一点小学问，就应该帮助我们小姊妹。这是我的责任。我很高兴干，并不苦。”

这位热心的女工，早上要走八里路来上工，晚上要走八里路回家。除了做十一点钟工外，午刻要教半小时功课，晚上要求一小时学。她的学校已由二三十人增加到一百人，由一校而分为两校。我十分高兴的提出这位新时代的女子来做我们的表率。我不愿意说出这个学校的地址，因为一说出来，一定有许许多多人要去参观，她们只有半小时，哪有这许多工夫来招待呢？读者如果一定要参观，即请各人自己办它一个，就近参观好了。

四　识字农人

“你从前在哪里读过书？”

“在私塾里读的。”

“读了多少时候？”

“八个月。”

“操先生②来过后，你跟他学过多少时候？”

“两个月。”

这是一年半前我和孟根根的对话。那时他拿了他亲笔写的五万字的日记给我看，使我得到一个很大的暗示。一位受了八个月私塾死教育的农人是一封信也不会写，经过两个月的新启发，居然能把死字活用，写出生动之农人文学，这不是一件大事吗？在私塾教育的基础上改造农人的头脑与文化是我们今后必须努力的一件工作。改造现存的私塾，使这基础易于接受现代文化，更是农人读书之一大助力。

五　送花车夫

“你们这样夜深呆等在这个荒野的地方做什么？”

“等农人送花来，拉到上海去。”

“天天在这儿等吗？”

“风雨无阻，天天来的。”

“什么时候等起，等到什么时候？”

“从晚上十时要等到十一时。十二时是必须拉到。”

“有几部？”

“二十部。”

“你贵姓？叫什么名字？”

“我姓王，名字叫兆其。”

“我去请一位先生，天天晚上在桥边教你们读书好不好？”

“欢迎。我们一到这里就读，等到花来就歇，每晚可以读一个钟头咧。”

义务先生已经请好，正在预备开课了。

六　小车上流动工学团

“你贵姓？”

“我叫老吴。”

“你这部车能推几个人？”

“男人六个，女人十个。”

“你推来这些女人做什么的？”

“她们是纱厂工人。”

“几个钱推一趟？”

“包月的。每月一元四毛大洋一个人。每天一接一送。”

“每天什么时候送，什么时候接？”

“我早上五点钟推她们去，要到五点三刻才到厂。晚上六点钟我去工厂旁边等她们，要到六点三刻才能把她们送回家。”

“你每天推几个人？”

“有九个人包了我这部车。”

“好，吴大哥，谢谢你！你车上这九个人当中有认得字的吗？”

“那个，我不知道。”

谈了这几句话，在我的脑袋中浮出了一个小车上的流动工学团。在小车上教女工读书是一件极自然而经济的事。我们如果在每部车上找到一两位识字的女工，这件事就会办得成功。叫识字的坐在中间，不识字的坐在两边，拿起书来教，这是多么便当啊。手车是手工艺时代最高之发明。除非是上海交通制度起了根本的变化，这手车是什么东西也打它不倒。有轨电车、无轨电车、公共汽车都不能把它排挤掉。一部车上坐十个人，每人一元四角，车夫再推一些零星客人，就可以糊口。女工每月出一元四毛便可坐六十次车，每次十里只花铜板八个，那是最经济了。现在已经有人自告奋勇，试办手车流动工学团，我们预祝它的降生吧。

注释

① 《高级市民课本》　由陶行知主编，世界书局印行的民众教育教材，分为《国语》和《常识》两种读本。

② 操先生　即操震球。

组织与方法*

——普及教育问题之一

每一种运动，具备了客观条件之后，必须有适当的组织和有效的方法，才能达到它的目的。普及教育运动要想成功，也必须同时注意它的组织与方法。例如新近提倡之保学（即每一百家所在之处设一学校）、二部制（即一个学校作两个学校用，缩短上课时间，加倍收录学生）是属于组织；即知即传，包括小先生及传递先生是属于方法。组织与方法是有互助作用，如果彼此排斥，结果只是把一部汽车变成一部手车，慢慢地走，教人看了好不耐烦心急。

这几个月来时常听见有些教育官说出这样的话："我们有了保学，用不着小先生了。""二部制能加倍收学生，不必再采用小先生。"福建有好几县运用小先生干普及教育，成绩干得很好，而省教育厅在他们头上只是浇冷水。当他们请求备案的时候，他们所得到的批语是："可不试办。"这都是看重组织轻视方法的官僚态度的具体表现，结果只是走上"教育不能普及"之路。我也不能拉他们回来，只好喊他几声，如果不愿听，那只好等他们走到"此路不通"再走回来吧，除此还有什么办法呢?

我说他们是走上"教育不能普及"之路，不是没有根据的。

* 本篇在《晨报·普教周刊》上发表时为现题，载1935年8月1日《生活教育》第2卷第11期时，题为《普及教育之组织与方法》。

即以保学而论，每保设一学校，那是谁都赞成，但要普设保学已不是易事，若排斥“即知即传”，单凭保学来普及全保人民之教育更是困难了。何以见得呢？我们看教育部最近统计全国初等学校是有廿五万八百四十所，岁出经费是八千九百四十万。全国设起保学来，应该是一百万所保学。这增设之七十五万保学要多少钱来办啊？我们只须一看教育部及各省筹划那很少数之义务教育经费之困难，以及当前之水灾，就知道如不运用“即知即传”的原则，连“保学”也不易普设。即使有少数地方运用特殊进款把“保学”全设起来，它若不运用“即知即传”的原则，仍不能普及保的教育。一个保学教师唱独脚戏，最多教他四五十个小学生就要算他能干。但是一保的人口是有五百人啊！若说轮流抽教，那么“东园草除西园长”，这种一暴十寒之文化工作究有多大用处？

况且“即知即传”的目的是要造就“知识为公”之人才。即使学校普遍设立，若所造就的人才不肯即知即传，大家据知识为私有品，那么教育普及之日亦即守知奴繁殖之时，我们的心血可算是白费了。

我们现在可下一结论：保学与二部制都是普及教育的好组织，它们必须同时采取“即知即传”之方法，才能发挥它们的力量。

再论组织与方法*

——普及教育问题之二

组织与方法应该打成一片，才能发出力量。这个道理，我在上一期的本刊内已经略为说明。同时我指出了主张保学、二部制、短期小学诸位先生排斥“即知即传”和“小先生”之错误。现在觉得还有一些意思没有说完，要借这个机会补充出来。

（一）保学采用“即知即传”便一变而成村学、家学。照中国现在的力量，多数县份只能办到一乡设一小学，或一联保设一小学。教育部新近制定每一千人之地设一短期小学，每五个小学区至十个小学区，即五千人至一万人之地，利用一普通小学为中心小学，这就表示迷信普及学校式教育现在所能达到之限度。所以保学还只是少数地方才能办到。但是如果采用“即知即传”之方法，有了传递先生和小先生之帮助，则乡学或联保学立刻可以分裂而成保学；力量能办保学的，如果采用“即知即传”方法，立刻可以分裂而成村学、家学——一村乃至一家是成了一个文化网或文化细胞。

（二）二部制采用“即知即传”便一变而成多部制。现在所提倡之同时二部制或半日二部制还跳不出学校范围，因此很难超过二部——每教师教两级。倘使运用“即知即传”的道理，每教

* 本篇在《晨报·普教周刊》上发表时为现题，载《生活教育》第2卷第11期时题为《再论普及教育之组织与方法》。

师教一百人，这一百人每人教二人，统共是教了三百人。这样一来，从人数说它是一变而成了六部制，若从教育场所说是一变而成了几十部乃至一百部了。西桥[1]现在一个大先生也没有，六位小先生教六十几位小学生，这六十几位小学生，同时又做了小先生教导一百余人，总共是有二百人受教育。它是没有大先生也办成了等于四部制的东西。问它怎样能够办到如此地步，只须采用“即知即传”的方法即能办到。

（三）短期小学采用“即知即传”便一变而成为长期学校。短期小学是一个不幸的名字。它给了大众一个“短命文化”和“学问有止境，并且止得很快”的不良的暗示，但我们也不必在名词上去推敲。如果短期小学之提倡者，同时提倡“即知即传”、“小先生”、“传递先生”，那么这所短期小学在质的方面立刻起了变化，在量的方面立刻加倍又加倍。它无须叫学生学了一年便停学，因为免费教人的先生多了许多倍，大家都可以继续求进了。这样一来，短期教育是一变而成为长期教育。

中国是从半殖民地很快向着殖民地进行。帝国主义之侵略加上了天灾，是不能梦想花许多钱来办教育。在这义务教育开始的时候，教育部努尽了力，从国库里只弄到二百四十万元充义务教育经费，加上边疆教育费五十万，庚款八十万，总共只有三百七十万元，分配全国，如何够用？各省自筹之六百八十万，能否筹足已成问题。即使勉强筹足，也是羊毛出在羊身上，无非是增加老百姓的负担。穷困如此，还不采用穷办法，真是令人不解。即使有钱，也当充分采用“即知即传”的原则，令人民自求长进。那省下的钱可以治河、造林、修路……一定要拿来任性挥霍，也不是老百姓所希望的吧。

注释

① 西桥　指承国英等小先生创办的西桥小学。

大不如小*

新近有一位乡村运动者从江西来和我见面，我问南昌社会服务团里学生教人的成绩怎样？他说："大致不错，中学生不及高小学生干得起劲。"他这断语不是根据测验的统计而是根据个人的观察。但从理论方面推测，他的话也是对的。我接着对他说："在即知即传的工作上，大学生还不及中学生咧。你们若大胆的起用了初小学生，将见初小学生比高小学生还要干得起劲咧。"对！根据即知即传的原则去普及教育是大学生不及中学生，中学生不及高小学生，高小学生不及初小学生，可惜现在明白这个道理的还是很少。只有干实际工作的人和看重实际经验的人才能了解。这种现象不是偶然的，它是有内在的原因，也不难说明。

根据我的观察，至少有两种原因说明这个"大不如小"的现象。第一，小学生生活单纯，能专心做即知即传的工作。年纪渐渐地长大，生活便渐渐复杂起来，使他分心不能起劲地干了。不说别的，大一点的学生是有恋爱问题、会考问题、职业问题等等来扰乱他，这些问题有的人是会一齐遇着。依我看来，只要有一个问题发生就叫他受不了，就叫他再也没有热情去教人。第二，小学生天真烂漫，知识私有的习惯未成，很愿意把知识拿来送人。年纪越大，中了传统的毒也越深，要他拿出知识免费教人，

* 本篇原载1935年9月24日《晨报·普教周刊》。

就觉得有些不自然。有了这两个原因，所以在即知即传的工作上是发生了“大不如小”的奇象。

我今天接到小先生杭茂祥的信，更是得了一个强有力的证据。一位老太太要念经，请一位青年指教，青年不肯；而小学生得到这个差使，就好像得到了一件宝贝似的。这是足以证明小学生肯做大学生所不肯的一件重要的事。即知即传是大不如小，我们要赶快转移我们的信念，普及教育才有长足之发展。

再谈大不如小*

在中国民众中做“即知即传”的工作，大学生不如中学生，中学生不如高小学生，高小学生不如初小学生，前次已经举出几件事实来证明，并且在理论方面推究出“大不如小”之原因。现在我还要举出一个重要的铁证来请大家看。

南昌动员高小学生到人家去教人识字，从表面上看来是出于慎重的态度，无可批评。但因为他们忽略了初小学生的力量，就出了很大的岔子。当这些热心的高小学生走进人家去找学生的时候，老太婆们把年青的媳妇和姑娘都藏在房里，不许出来跟这些年青的少爷求学。问起来，老太婆只说是她家里大家都识字，不识字的只有她自己。依内地老太婆的眼光看来，高小学生已经是危险分子，年纪轻轻的娘儿们和年纪轻轻的男子在一块研究，成何体统？她是有些不放心。倒不如痛痛快快的给他们吃闭门羹，可以省点事。假使教育行政当局重用初小学生来推广女子教育，就能势如破竹的得到胜利，决不至于有这样不幸的结果。

* 本篇原载1935年10月1日《晨报·普教周刊》。

大众画报*

——一个需要·一个建议

识字运动展开了，普及教育的呼声是得到全国的响应了，读完《千字课》的成人儿童是一天比一天多了，“我们再读什么?”“我们有什么报可以看?”这是大众时常问的两个问题。第一个问题是比较容易答复，因为几家大书局里都出了高级民众用读本及民众用丛书，尽可选择介绍；但是第二个问题就把我们难倒了，有什么报可以给粗识字义的大众看？大报写的是文言，又无标点符号，依大众看来，真是漆黑一团，除了知识分子及中等以上的商人谁也不懂。小报、周刊、半月刊多数是用白话文写，也有标点符号，但因西化语法太多，大众也不能看得十分明白。画报是有资格受大众欢迎的，但是有些画报，编排复杂，说明难寻，有时也是文绉绉的，使得大众只是看画而不知道画中的意义，并且价钱太贵，一般大众决不能把两天的饭钱省下来买一份画报看。大家要看报，而中国现在是没有一个报能给大众看得懂。因此，我想向作家及出版界提出一个建议：

“编辑出版一种真正的大众画报。”

这种大众画报采取日报、三日报、周报、半月报、月报，都有需要，但应当符合下列五种条件：

（一）灌输现代知识，培养前进思想；

* 本篇原载1935年12月1日《生活教育》第2卷第19期。

（二）用大众语写，要趣味胜过正经；

（三）用连环图画写，要图画多于文字；

（四）编排清楚；

（五）价钱便宜。

如果能合上面所说的五种条件，这种画报必可成为普及教育的一种最重要的工具。大众得了它必是如同大旱得了大雨一样的快乐。我是天天望着这样有意义的画报出现啊！

亭子间工学团*

——跟华荣根学

华荣根，父母以卖花为业，租得亭子间一所，同时是工场、卧室、饭厅。荣根还在里面办了一个小小工学团，教八个穷小孩。他每天还跑五里路去求学。我参观时大受感动，回来写了几首小诗，愿弄堂里的穷孩子都学华荣根和他的小学生。

（一）

吃饭也在此，
睡觉也在此，
做工教学都在此：
富翁愧死。

（二）

爸爸也卖花，
妈妈也卖花，
字儿认得一大担，
大如冬瓜。

* 本篇原载1935年12月1日《生活教育》第2卷第19期，收入本集时加了前面一段文字，诗句也有个别改动。

（三）

跑五里路来，
跑五里路去，
去是教人来求学，
风雨无阻。

（四）

学一两点钟，
教一两点钟，
他有一个大信仰：
知识为公。

注释

① 亭子间工学团　亭子间原为上海旧式楼房中的小房间。位置多在房子后部楼梯中侧，租金较正房便宜很多，常为经济困难者所租用。该工学团因设在上海的亭子间内而得名，其创办者为方友竹，即方明。

是谁不灵*

一位朋友告诉我说："有一位要人告诉他说：'上海的小先生不灵，失败了！'"我安慰我的朋友说，小先生没有失败啊，真正失败的不是小先生。且听我说来。

一次我把一架干电收音机送给一位好朋友，并写了一张说明书给他保存，指示他如何管理，如何换电，哪里灌电，哪里买干电。起初他用这架简单的收音机，不用接电线和天线就能听见许多好听的音乐，他很高兴。过了一个多月，当我再到他家里会他的时候，他告诉我说，你的收音机不灵！我问他可曾依照说明书办。他说没有。我叫他把说明书找出来，让我再指点他一番。他去找了好久，回来说，找不着了。我去找了一位无线电的小先生来为他的收音机医治一下。收音机复活了！

今年夏天上海有好些学校都叫高年级小学生到家里去教人。大先生好像是对小学生说过这样的话：识字可以救国，你们可以乘暑假去教一两个人，帮助扫除文盲，等到开学，再来报告成绩。说了这几句轻描淡写的话，他的责任就算尽了，以后再也没有过问。开学后一查，没有多大成绩，一口咬定说：小先生不灵！这样的大先生和断定那架收音机不灵的朋友是道同志合。小先生受了这种冤屈到哪里去伸？

* 本篇原载1935年10月15日《晨报·普教周刊》。

一个农人要想有些收获不是撒播几把种子就算了。他把种子撒下之后，必须锄草、分栽、施肥、灌溉、除虫、抵抗剥削，从事多方面的努力，才能有碗饭吃。只问耕耘，不问收获，固然不对；只想收获，懒得耕耘，何能有成?

所以与其说是小先生不灵，不如说是大先生不灵。若不然，翁家山[①]的小先生又何以灵？南通教导十四万人的保甲小先生又何以灵?

小先生这个办法还没有一个地方好好的给它试行过。人都说安徽是全省推行教生即是全省推行小先生，其实，安徽对于小先生只是像私人劝导的干法，不能算为一个真正的试验。新近广西才预备认真的开始作有系统的进行。小先生的脚迹虽已跑进二十五省市，但惟一的有系统的实验，到现在还只有广西。小先生运动还只有前哨的接触，现在就断它失败，是未免太早一些。

注释

①翁家山　指白动生领导的杭州翁家山小学。

邹平之共学处*

中国单靠短期小学，普及教育是难办得通，我从前已经说过。邹平是把事实揭开了，照山东教育厅颁布的办法，邹平在本年度应添设短期小学二十五处，每处容四十人，约收一千人。失学儿童有一万零六百五十名，要十一年才能教得了。在这十一年当中，我们得记着，邹平的女人所生的孩子还是要一年一年的加入到失学儿童的队伍里来。经费除由上级机关少数补助外，余令由十九年军事垫款及义务教育基金拨充。这种基金，非常年收入，只足一年开支。若短期小学逐年扩充，则经费更无法筹。邹平如此，别县可想而知了。

邹平在这种困难包围之中，是想了一个共学处的办法来代替短期小学。这是很值得注意的一件事。因为在那千篇一律的官样文章的案卷里，想要找出像邹平这样的办法简直是如同沙里淘金。

试看共学处的组织。凡设有乡学、村学之村庄，六足岁至十四足岁之失学儿童均须入处就学，称为学友，三人至十人组织一处。每处设导友至少一人。由乡学、村学学生担任。乡村学教职员则担任巡回导师。现规定每乡学、村学至少须设立共学处十处，以乡学十四所、村学四十所计算，到明年上半年，至少就有

* 本篇原载1935年10月22日《晨报·普教周刊》。

五百四十个共学处出现。少则可以增加一千六百学生，多则可容五千四百，都是超过短期小学指定名额。但是那个无以为继、令人烦恼的经费问题是烟消云散了。

我对于邹平的共学处是大致赞同的，但有几点认为有考虑之必要。一、邹平各村庄已经设有三百二十一个村立小学（这与村学有别），共有一万零四十四名学生。照字面看来这些学生似乎是要等到乡学、村学、共学处风气播动之后方才动员。普及的路程是否一定要由乡学而村学，再由村学而到所谓村立学校？村立学校的师生一定有许多早已同情这个干法，硬要把他们排在最后的一排，似乎是把力量耽误了。每处名额定为自三人至十人，有些呆板。能干的导友担任二三十名学生是余勇可贾，能力小的担任三人吃不消，教一人二人倒能胜任愉快，又何苦一定要他教三人呢？每日授课时间，似宜定为一时、二时两种较有弹性而更合农村情形。有的小孩在家里帮忙做活，又加上两小时功课，恐怕体力不能支持，倒不如延长年限，缩短每天上课时间。

最后，我看邹平的办法与其说是短期义务教育，不如说是长期普及教育。他们之所以称它为短期义务教育还是出于不得已，要应付上司罢了。因为既是共学处，便该继续的向前学。短命的文化有什么用处？

总之，邹平所指示给我们看的是：共学处可以超过短期小学所收的效果而不必费短期小学所要化的那么多的钱。同时，我建议，凡是办了短期小学的地方，充分运用短期小学前进的学生成立共学处一类的组织，必可事半功倍。这样，我们就能从短期小学出发，而走到长命文化的大路上来。

流通图书馆与普及教育*

流通图书馆的意义，只要看一看它的名字就能明白一个大概。从藏书到看书，从看书到借书出去看，这过程是代表了图书馆发展之三阶段，也就代表了普及教育发展之三步骤。让人借书出去看是流通图书馆的特性。但是借给谁看，怎样借法是成了问题。这些问题如果不弄明白，则流通图书馆不免要做成知识分子及有暇阶级的高等听差，负不起普及教育之使命。

（一）借给谁看？对于这个问题，我毫不迟疑的说："借给大众看。"识字的借深一点的给他们看；不识字的借图画书给他们看。图画书不够用，就赶紧的要求作者和书店赶紧的编。流通图书馆的对象是大众，它必须为劳苦大众充分的服务，才算是一个真正的流通图书馆。

（二）怎样借法？现在穷人借书最大的困难有两点：一是没有钱，二是空闲少。我们必须根据这两点来修改借书手续。平常流通图书馆要保证金，少则五毛，多则一元二元，只是这个条件，已经把穷光蛋赶到门外去了。我提议只要介绍人，不要保证金。有些图书馆还要借书人亲自来借，这在有闲的少爷小姐看来并没有多大困难，但一天忙到晚的大众就觉得为难。这当然要允许别人代借。干这件事最觉得便利的那是无过于小先生了。小先

* 本篇原载1935年12月1日《生活教育》第2卷第19期。

生代替学生借书是一件应当鼓励的事。

现在各省市提倡识字运动，成千成万的大众继续不断的加入到读书的队伍里来。“哪里找书看”是成了一个迫切的问题。若不赶紧提倡流通图书馆，这些人将因没有继续读书的机会而把从前读过的书都荒疏了。我心目中的流通图书馆是小规模的。它在拯救文化饥荒的地位看来是一个小饭馆。这种文化小饭馆要普遍的设起来：一镇一个，一村一个，一街一个，一弄堂一个！当然，一县、一市、一乡设一较大规模之流通图书馆，更能收指导、沟通之效。但我所怕的是有了高级的流通图书馆，就忘了低级的流通图书馆，最合理的办法是敷设流通图书网。但与其等待大规模的敷设，不如从小做起。花一二十块钱办一个弄堂或乡村流通图书馆是轻而易举。这是每一位热心提高大众文化水准的人都能做得到的一件事。这样的小小流通图书馆，大众自己就能约几个人凑几块钱办它一个。如果有这样的流通图书馆产生，那是更有意义了。

怎样写大众文*

我们要知道怎样写大众文，先要知道白话文的毛病在哪儿。

“白话文，
教人聋，
读起来，
听不懂。”

谁听不懂？大众听不懂。它写的不是大众的事，所以听不懂；它写的语句不合大众说话的口气，所以听不懂。因为听不懂，也就看不懂。白话文不但大众听不懂，就是读书人也很难听得懂。

我们知道了白话文失败的原因，就可以明白大众文应该怎样的写法。大众文应该写大众需要知道的事，大众文应当照大众说话的口气写。

我们的眼睛看惯了古文、白话文，容易引我们走错路；比较起来，还是耳朵靠得住。我们的耳朵是和大众接近些。所以写大众文的一个好方法是请我们的耳朵出来指导我们。凡是耳朵听得懂，高兴听的才把它写下来。

---

* 本篇原载1935年11月16日《生活教育》第2卷第18期。

“根据大众语，
来写大众文。
文章和说话，
不能随便分。
一面动笔写，
一面用嘴哼。
好听不好听，
耳朵做先生。”

这位先生，人人随身带着，很方便。只要我们肯得虚心问它，它总是愿意指教我们的。大家还要记着，它是一个钱学费也不要的。

从前有一个人家床上生臭虫，懒得捉，越弄越多，正愁着没得办法。看见报上广告说到一家药材铺有臭虫药出卖，他欢喜极了，连忙去买，花了三个铜板，得了一个白纸包，回家打开一看，没有药，只有一小块纸上面写着一个字：“捉！”

有些人看见商务印书馆的《出版周刊》，说我编的《老少通千字课》是根据大众语写的，就来问我大众文是怎样写法。我也学那药材铺的榜样送他一个纸包，里面写的是：“请你的耳朵教你。”

再谈怎样写大众文*

我们的耳朵虽是顶方便的先生，但不是顶靠得住的先生。因为我们听得懂的文章，大众有时听不懂，所以顶靠得住的先生是大众的耳朵。工人、农人、车夫、老妈子、小孩子的耳朵都靠得住。你做好一篇文章，读给他们听听，如果他们听不懂，你要努力的修改，改到他们听懂了，才算写成大众文。小众听得懂，而大众听不懂的文章，决不能冒充大众文。好的大众文还要大众高兴听。如果小众高兴听而大众不高兴听，决不能算为好的大众文。

“文章好不好，
要问老妈子。
老妈高兴听，
可以卖稿子。
老妈听不懂，
就算是废纸。
废纸哪个要？
送给书呆子。”

* 本篇原载1935年11月16日《生活教育》第2卷第18期。

我们要想写大众文，把大众文写得好，必定要请大众的耳朵做我们的先生。上面的两首诗是一位工人学生张妹给我改的。在耳朵先生的一篇里，中间一段原来的稿子写的是：

“语文要合一，
不能随便分；
笔儿没有动，
先用嘴儿哼。”

我自己的耳朵是给它及格了，但是大众的耳朵听不懂。我得到张妹的帮助才改成：

“文章和说话，
不能随便分；
一面动笔写，
一面用嘴哼。”

《老妈子先生》一首的末尾两句，原来写的是：

“废纸有谁要，
只有书呆子。”

也是因为张妹的耳朵的帮助，我才改成：

“废纸哪个要？
送给书呆子。”

看了上面所举的两个例子，我们对于大众的耳朵纠正我们写文章的力量是无可怀疑了。

当然，一般大众对于新名词也是听不懂的。这里我们是要解释明白，使他们能懂，才算是对大众的解释。有些知识分子是越解越叫人糊涂。要教大众前进，新名词是不得不用，但是大众所需要的新名词是必须努力在可能范围内根据大众语来创造或改造。例如科学上的“草履虫”为什么不改作草鞋虫呢？

店员与普及教育*

从前和现在，店铺是一个做买卖的地方，店员是一些做买卖的人。为着要使买卖做得好，店员们也做一点很狭窄的教育工作，例如教导徒弟打算盘、开发票、记流水账、招待主顾等等。不知不觉的，每一个店铺是成了一个小小的职业学校。在这个非正式的职业学校里，有先生，有学生，有毕业。并且学生的缴学费，不一定是银子，平常扫地、抹桌、铺床、叠被、冲烟袋、倒便壶，都可以打在学费里面去。

新时代的店员对于这种狭窄的教育工作，必定是觉得不能满意。他自己觉得他不但是一个商人，并且是一个中国人，是一个世界人。他不能丢掉饭碗去进学校，但他觉得必须追求现代知识，才能把自己造成一个现代的中国人和世界人。那么到哪儿去追求现代知识呢？想来想去，只有一个法子，就在店铺里，把狭窄的教育工作扩充为广义的文化活动。

店铺里每个店员都要抱着“即知即传人”的精神去共求长进。识字的应该教不识字的，程度高的应该教程度低的。这样一来，每个店铺是成了一个“自学团”或是“文化细胞”；每个店员是成了一个继续长进的学生，同时是一个传递文化的先生。在

* 本篇原载1935年11月11日《晨报·普教周刊》，题为《普及教育与店员》，收入本集时改现题。

这里，教人是人人应尽之义务，我受人教就该教人。

接受了上面所说的原则之后，我们就可以具体的进行了。不识字的先教他们读《千字课》，同时找几本图画书给他们轮流看看。识字的大家凑点钱，买一两份报，订几份杂志，加入一个流通图书馆借书出来看。每星期可以举行一次讨论会，学问上遇着自己不能解决的困难，可以通讯问人。有谁可问，这只要在报纸杂志上随时留心就知道了。遇着机会随时向别家店员或朋友谈谈心得，也能发生一些效力。但是有一件事要注意，不要因为求知教人而耽误了店里的工作。我们如果花费时间太多，误了店里的事，老板一出来干涉，饭碗就会敲破。饱着脑子，饿着肚子，哪能长久呢？

家庭妇女与普及教育*

近来有几位前进的家庭妇女关心普及教育，并想对普及教育努力，这是一件可以报告的好消息。她们来和我讨论了好几次，我对于她们的建议有二点，现在写出来请前进的妇女们指教。

（一）开放家庭

中等人家的门户是不肯开放的，如肯开放，只是打麻牌，约外面的人来赌他几天几夜都可以；但是你要他开放出来干点教育文化的工作，那是很难得到许可。他们有的是宽敞的房子，却让它空在那儿不肯借给人用。穷人的家庭就不然。他们所有的只是一个亭子间，或是一个小客堂，或是一个灶披间，都肯借给穷孩子读书。例如卖报小孩吕公义的母亲吕老太太是一位顶好的人，在她的一丈见方的小房里，每天是有十来个小孩读书。华荣根的父母靠卖花过活，他们的惟一的亭子间是做了八个小孩的书房。我所说不过是两个例子，这样慷慨的穷人到处找得着。我们不应该跟他们学吗？家庭妇女大概是子女没有长大，家累重重，不便时常出外为社会服务。但如果肯把家庭每天开放个把钟头，组织一个读书会或是共学团，邀约邻近没有上学机会的妇女或小孩来

* 本篇原载1935年11月19日《晨报·普教周刊》，又载《安徽教育辅导旬刊》第1卷第21期。

参加。这不是一件很有意义的工作吗？假使自己不愿主办这种读书会或共学团，也不妨借间房子给别人办。借给别人办是和自己主办一样的有意义。

（二）允许小先生活动

如果你们自己有孩子在学校读书，鼓励他们做小先生，帮助办理读书会或共学团，至少要允许他们教车夫、老妈子或邻居的穷苦小孩。倘使家里没有读书的小孩，可以允许别的小先生到家里来帮助这些人求学。小先生抱着一腔热血来为社会服务，千万不要把冷水浇在他们的头上。如果小先生们有图画、书报，你们还可以鼓励他们合起来办一个小小流通图书馆，让各人可以借书出去看。你们也可以捐点钱，或者代他们捐点钱，来多买些书。

这两件事是很容易办的。现在有许多没有受过学校教育的妇女是已经在那儿办了，而且办得有成绩。受过学校教育的妇女如果肯办，是格外的容易办起来。等得你们办得有成绩的时候，还可以把自己的经验告诉别的朋友，并且鼓励他也试试看。这样你们对于普及教育必定是有很大的贡献。

四个先生*

教人写大众文——不取学费

中国大众的肚皮吃不饱，脑袋也饿得要命。会写文章的人是像厨子一样，只为阔佬烧大菜，不顾穷人吃糟糠。

现在有几种杂志，材料很好，写法不对。他们谈的是大众的事情，但是看得懂的只有少数人。识字的大众都看不懂，为了要知道自己的事情，又不得不看。他们只好皱起头皮来，拿着小字典，一面看，一面查生字。生字查不出来，要问人又没有人问。这是多么痛苦啊！给大众受这种痛苦的人是骄傲、懒惰、拥护方块字的文人。

《大众生活》是大众要看的一种杂志。我敢说必定有许多读过《千字课》的劳苦大众会拿《大众生活》来当作他们的高级课本读。我们若不想法子，叫他们容易看得懂，那真是罪过。法子在哪儿？投稿的人要努力学写大众文。大众文怎样写法？我也不敢胡说，但有四个先生可以介绍。只要我们自己虚心向他们请教，他们是愿意免费指导我们的。

---

* 本篇原载1935年12月23日《大众生活》第1卷第2期。

（一）耳朵先生

我们平常写文章，只要眼睛看得满意就算是好的了。但是我们的眼睛，看惯了古文，看惯了白话文，最容易叫我们上当。它会教我们写成大众看不懂的文字。我们的耳朵呢，比起眼睛来是和大众接近些。我们听得懂的话，大众多半听得懂。根据我们听得懂的话语写出文章来，识字的大众是比较容易看得懂。写之前，写之时，写之后，都要把自己的耳朵请出来指导一下，读起来，耳朵听得懂，高兴听，就算及格；听不懂，不高兴听，就把它摔到字纸篓里去。这样我们便可以少走一点错路。

（二）大众先生

我们的耳朵虽然比眼睛靠得住，但不是顶靠得住的。顶靠得住的是大众的耳朵，农人、工人、车夫、老妈子、小孩子都是我们必须请教的先生。倘使能够认识几位前进的大众，那是格外的好。写好一篇文章或是一篇诗歌，读起来给他们听听，他们必定能够给我们改得很好。他们听到新名词的时候，有时听不懂，我们必得解释。但是新名词也应当充分的根据大众语来创造或改造。比如,微生物学里的“草履虫”是无疑的应当改成“草鞋虫”。

（三）生活先生

把写好的文章请大众给我们改，还不如钻进大众的生活里面去过大众的生活。过大众的生活才算受大众的教育，才能写大众的文章。我们必须在大众的队伍里做一个队员，与大众打成一片，才能感觉大众的痛苦，发现大众的问题，明了大众的迫切的要求，这时候才有资格来写真正的大众文。所以第一流的大众文，是大众自己写的文章，而不是站在局外的人所能写得好的。

（四）新文字先生

现在有一种拼音的新文字出来。我依着新文字的方法，写过几篇短文。我发现新文字是我们写大众文的最好的先生。有一回我用新文字写好了一段，放在桌子上，过了两三个钟头回来，有一句看不懂了。这真奇怪咧！自己写的东西，自己看不懂。仔细的考查一下，我自己所以看不懂的缘故，是因为读起来听不懂了。若用汉字写，自己以为看得懂，就马马虎虎的让它算做大众文。新文字丝毫不许我们马虎。我们若不根据耳朵听得懂的话语来写，过不了几多时候，连自己也读不懂了。从根本上说，大众文就得用拼音的新文字来写。因为一种文字必定是要容易认、容易写，才容易普及而成为大众的文字。我们用汉字写大众文，结果，会变成小众文，因为汉字难认、难写、难于普及。用汉字写的文章，就不得不变成有闲的小众的消闲品。

连环画 *

连环画是初级民众教育的重要工具，这是大家所公认的了。为什么民众欢喜看连环画？连环画应该怎样画法？我想对这两个问题说几句话。民众欢喜看连环画和民众欢迎看戏是一样的道理。连环画可以说是最经济的戏。没有钱看戏的人，只须拿一本连环画看看，就好比是过了看戏的瘾儿。因此我们知道，连环画一定要画得像哑巴戏和无声电影一般才容易成功。如果要把文字插在图画里，那么就得跟着"话剧"和"有声电影"学。这样，连环画就成了手上舞台或袖珍电影，一定可以成为普及初步教育之有意义有趣味之工具，而受大众的欢迎。

* 本篇原载1935年11月26日《晨报·普教周刊》。

短期小学变成小师范 *

现任长乐县县长兼专员王伯秋先生写信告诉我说，他很赞成小先生，并且预备运用新设的短期小学来培养一万个小先生去推动普及教育。他说一年之后这一万个小先生就能教十万人。他相信这一个小发明是穷县普及教育之有效办法——并且根据这个信念，已经在那儿进行了。我把他这封信重复读了一遍，觉得这个办法实在是妙极了。他简直是把短期小学变成了一个短期的小小师范学校。这是太有意义了。不过我有两点意见补充。第一，我希望王专员不要等到一年之后再教短期小学生去当小先生。小先生是要在做上学，在做上教。短期小学开办了个把星期，至多一个月，就得让他们每天费半小时去教人。这样一来，今年的一万个小学生就能教二三万人。倘使在这一年之内没有把他们"即知即传"的精神习惯养成，到了毕业之后再希望他们去教人，这就千难万难了。第二，我希望王专员不但是要把短期小学变成小师范，而且要把所有的普通小学一齐变成小师范。小学不但是培养小学生，而且同时是培养小先生。这样的小学才算是现代的前进的小学。如果只教小孩子读死书而不肯教人，那么，它只是一个小小书呆子或是一个小小守知奴的制造厂。我希望全国主办小学的同志把王专员的主张和我补充的这点小意见拿去试一试，还希望大家试过之后，随时给我们一些指教。

* 本篇原载1935年12月24日《晨报·普教周刊》，又载《安徽教育辅导旬刊》第1卷第26期。

普及什么教育

——普及教育的四种精神

一次有一位小先生问我，怎么才算是前进的小先生。我对他说：前进的小先生是要有四种精神：

一、追求真理；

二、即知即传；

三、联合起来；

四、百折不回。

中华民族已经到了生死关头。起死回生的第一个真理是抵抗，第二个真理是抵抗，第三个真理是抵抗。抵抗是我们惟一的生路。不抵抗便要亡国，大家都做亡国奴。我们既然知道了这个真理，便应唤起民众，联合起来，百折不回的去——

保卫中华民国领土主权的完整！

争取中华民族之自由平等！

这才是我们所要普及的教育。也惟独这种教育才值得普及。

连环的矛盾*

五四以前，中国一般的学生只是读死书，死读书，读书死。那时的前进领袖提出了一个口号，叫做什么“读书不忘救国”。这个口号把学生从课堂里带到社会里来了。虽然它把读书和救国分为两件事，根本是不大合理，但在当时，这个不大合理的口号却也有了一些推进社会运动的力量。喊出这口号的五四元勋，现在大半都是官运亨通，有些是做了教育官，直接负了管理学生的责任。现在中国已经到了生死关头，正是这张支票应该兑现的时候了。学生们受了这许多年的“读书不忘救国”的教训，现在又是实实在在的出来救国了。论理，教育官应当很高兴的说一句："孺子可教。"比如农夫，种瓜得瓜，种豆得豆，哪能不欢喜？教育官从前教的是“学生救国”，现在得到的是“救国学生”，正应该摸摸胡子，喝两三杯喜酒。哪里知道他们是坐也坐不安，睡也睡不安，又造出一个什么“救国不忘读书”的口号，恨不得把一个个学生再关进学校里去读死书，死读书，读书死。可是已经知道救国责任的学生是不容易随便摆布了。他们已经知道救国与读书并不是两件独立的东西；他们已经知道如果要读书是要读可以救国的书，而且是要把这些书里的真理拿出来实行救国；他们并且已经知道还有许许多多救国的真理，在书里找不着，而是要在

* 本篇原载1936年1月1日《生活教育》第2卷第21期。

实际生活里去体验出来。因此，“救国不忘读书”的口号不能安定受虎包围的野牛群。学生回校之后，教育官还不放心，又在疑难中发明了对付学生的新手段。这新手段便是“提前放假”。这明明是对学生说：“你们不必救国了。你们也不必读书了。大家一起去玩玩吧。”但是学校的围墙是已经冲破了，整个的社会是不知不觉的成了一个伟大无比的学校，整个的民族解放运动是无形无影的成了一个伟大无比的课程。若要彻底的放假，似乎是要把整个的社会封锁起来，才能达到目的。这似乎也有些人正在考虑。

民族解放中小先生之使命*

新近上海文化界救国会所通过的国难〔教育〕方案里面已经承认小先生对于解决国难的贡献。它很明显的指出前进的小孩、前进的学生、前进的大众，都要总动员来做这非常时期之教师。在过去的普及教育运动中，小先生已经采取了即知即传的原则，很有效的推广了寻常的教育工作。他们今后的任务不能停止在教人识字或是教人一些普通科学了，他们应当集中力量向大众宣传民族的危机和民族解放的路线。良乡的小先生救国会的工作是值得我们钦佩的。这种救国会应该普遍的组织起来。我们的小先生是在参加一个最伟大的学校。在这个学校里有五万万先生，五万万学生，五万万同学。我们只有一门功课，这门功课就是民族解放运动。一切识字教育、科学教育都要以它做中心。等到一个真正的自由平等的中华民国创造成功，一切被压迫劳苦大众都有了好日子过，才算是毕业。全国的小先生！这是每一个小先生应该同负的新的使命。

---

* 本篇原载1936年2月11日上海《星报》。

上海文化界救国会国难教育方案*

一　国难教育之目标

（甲）推进大众文化。（乙）争取中华民族之自由平等。（丙）保卫中华民国领土和主权之完整。

二　国难教育之对象

（甲）教育大众联合起来解决国难。（乙）教育知识分子将民族危机之知识向大众广播。

三　国难教育之教师

（甲）前进的大众。（乙）前进的小孩。（丙）前进的学生。（丁）前进的教师。（戊）前进的技术人员。

四　国难教育之非常课程

有计划的非常生活便是我们有计划的非常课程。（甲）政治经济军事之演讲讨论。（乙）防卫作战技术之操练。（丙）医药救护之实习。（丁）交通工具运用之实习。（戊）国防科学之研究。（己）大众教育之研究推广。

---

* 本篇原载1936年1月11日《大众生活》第1卷第9期。

五　国难教育之组织

（甲）成立学生救国会及学生救国联合会，以实施学生之国难教育。（乙）成立教师救国会及教师救国联合会，以实施教授教师之国难教育。（丙）成立各界大众救国会及各界大众救国联合会，以实施大众之国难教育。

六　国难教育之文字工具

（甲）拼音新文字，易认易写易学，应立即采取作为大众普及教育之基本工具。（乙）用汉字写作时，也须将它写成大众易学之大众文。

七　国难教育之方法

在行动上取得解决国难真知识，立刻把它传给大众，使它在解决国难上发生力量。（甲）推动报纸、杂志、戏剧、电影、说书人、无线电播音，积极针对民族解放之宣传。（乙）变通各校功课内容，使适合于解决国难之需要。（丙）运用县、市、乡现有组织及集会，宣传民族危机及解决国难的路线。（丁）推动家庭、店铺，组织国难讨论会、读书会。（戊）开办或参加识字学校，使此种学校对解决国难发生效力。（己）长途旅行，唤起民众组织起来救国。（庚）必要时游行示威。

八　从事国难教育同志应有之几点认识

（甲）中国已到生死关头，我们要认识，只有民族解放的实际行动才是救国的教育；为读书而读书，为教书而教书，乃是亡国的教育。（乙）中国已到生死关头，只有武力抵抗才是生路。（丙）根据目前的阿比西尼亚[①]抵抗意大利及历史上被压迫民族独立解放运动的经验，中国不但可以抵抗，并且可以久战，获得最后胜利。（丁）中国的国难不是少数人可以挽救，我们必须教育大众共同抵抗，中国才能起死回生。（戊）我们应该知道，孤立不足以图存，必须联合世界弱小民族及世界上以平等待我之民族共同奋斗，才能够翻身。（己）我们应该知道，东北问题、华北问题都是整个中国的问题而不是一个地方的问题。（庚）我们应该知道，集会、结社、言论之自由，为表示民意、认清路线、共同行动之必要条件，我们必须拼命争取才能发挥国难教育。（辛）我们应该知道，国难当头，大家都应该加倍努力以求国难之解决，故主张国难不止，决不放假，当然我们是坚决反对提前放假。（壬）我们应该知道，教师的责任不仅是指导学生，而且要与学生参加救国运动，同过救国生活，共受救国教育，故我们主张教师要与学生大众共休戚，决不可袖手旁观。

（二十五年一月六日上海文化界救国会通过）

注释

① 阿比西尼亚　源出阿拉伯语，过去对埃塞俄比亚的一种称呼。

答复庶谦先生*

庶谦[①]先生对于《国难教育方案》之意见，已经拜读。有几点我很赞成，有几点不同意。现在扼要答复，希望庶谦先生和关心国难教育的同志指教。

一

参加救国运动是国民的本分，“英勇”两个字不敢当。我希望把这两个字保留起来。谁把敌人打退或与敌人战死，我们才能把这个封号送给他。

二

“国难教育”的意思是解决国难，它本来是积极的。“救国教育”这个名词也很好。只须办法有效，我对于这两个名词没有偏爱。

---

* 本篇原载1936年2月15日《大众生活》第1卷第14期，廖庶谦的文章也载同期，现附于本文之后。

三

争取中华民族之自由平等和保卫中华民国领土与主权之完整，当然包含着铲除一切汉奸，打倒帝国主义。倘使要把“铲除一切汉奸”列在目标里面，那同时也要把“打倒帝国主义”列进去。为着要叫我们的目标更加明确起见，我很赞成把这两项一同提出来。

四

关于推进大众文化一项，原方案绝不偏重战时的技术。在“非常课程”上第一条就是政治、经济、军事之演讲与讨论。这种演讲讨论，当然是以中华民族解放为中心，凡是妨害中华民族解放之歪曲理论也当然要痛加驳斥，否则这种演讲讨论，便是毫无意义。我们再看方案里从事国难教育同志应有之几点认识，便知道本方案对于造成国难之几条歪曲理论是丝毫没有放松。不过要把“歪曲理论的驳斥”的口号特别提出来列在非常课程内，我也觉得格外醒目。

五

“有计划的非常生活，便是我们有计划的非常课程”，“在行动上取得解决国难的真知识，立刻把它传给大众，使它在解决国难上发生力量”。我觉得这两句理论所指示的并没有错。在这一点上，庶谦先生是有误解或有成见。

五四前后所流行的教育理论是“教育即生活”，“学校即社会”。现在我们所主张的“生活即教育”，“社会即学校”的理论在那时实在还没有出现，胡适先生一班人也无法拿这些东西去介绍给人。

“即知即行”是王阳明[②]的格言，和我现在所奉行的“即行即知”，“行是知之始”是不同的。“行是知之始”和“即行即知”，是一方面说明人类与个人的知识的起源，一方面叫行动取得主导的地位。行动产生理论，行动发展理论。行动所产生发展的理论，还是为着要指导行动。理论要通过行动才能发生它的力量，丰富它的内容。人类所遗留下来的积极的历史教训是从哪儿来的？是“数千年在生活斗争中”得来的。这历史的教训要通过大众的生活斗争，才算是大众意识了这个历史的教训。大众要在民族解放的实际行动上取得这历史的教训。这历史的教训便是解决国难最宝贵的真知识。因此，我们目前所需要的是大众自己实施的救亡的生活教育。详细点说，争取中华民族劳苦大众之解放的生活，便是我们所要的教育；争取中华民族劳苦大众解放之有计划的行动过程，便是我们所要的课程；整个中华民国和整个世界，便是我们所要的大学校。

争取中华民族劳苦大众解放之教育，必然是生活的、大众的、前进的、战斗的、历史的。

民族解放是我们当前最急切的任务，武力抵抗才有生路是一个真理，用不着实验，也不容实验。本方案也没有一丝一毫拿它来试试看的态度。庶谦先生怎么会给它戴上一顶实验主义的帽子？我真不解。庶谦先生这样的误解，是给了谁的便利呢？

认定中华民族劳苦大众之解放的实践生活，是我们所要的教育，这是“生活教育”在国难时期必然要求的结论。庶谦先生把“有计划的非常生活就是我们有计划的非常课程”，简单化为“生活即课程”。这就等于我们说“白马”，而他偏偏咬定我们说的是“马”；这就等于我们说“救国的人”，而他偏偏咬定我们说的是“人”。这是不是也算做辩证法。

六

这个方案的重心在教育大众联合起来解决国难。有些人还误会它为一个大众救国教育方案。庶谦先生却说它在组织上太把工农轻描淡写了，缘故是因为原案只以大众救国会来概括各界。倘使照庶谦先生的提示，把工人救国会、农人救国会等等分列出来，那是更好了。

七

在“教育方法”那一节里不曾提到工厂和农村，其实戊项便是要在工厂、农村、市街开办识字学校，并且使这种学校与民族解放运动联系起来。工厂和农村，这几个字应该照庶谦先生的意思加上，同时还要加上市街。在宣传民族危机一点上，加入大众自动的集会是更加明显。但是全方案的精神就在大众自动。故教师一项首列前进的大众。所谓运用县市乡现有组织，也是希望大众能去运用的意思。大众救国会也就是大众自动的集会。

八

庶谦先生所提关于方案次序的意见是很对的。不过这一个方案是接着上海文化界救国会所发的两次宣言而来的。在那两个宣言里面，对于敌人的侵略和汉奸的出卖已经说得够具体了。

九

我很感谢庶谦先生发动这个讨论，我的答复如有不对的地方，还要请庶谦先生和大家指教。这个方案遗漏的地方还不少，希望大家批评补充。例如大众唱歌，大众戏剧等等，都应该列入非常课程里面。最重要的是各种实施办法都应该赶快地起草。研究所、大学校、专门学校、中学校、师范学校、职业学校、小学校、工人、农人、商人、妇女、士兵、失业群、流浪儿等等都应该有一个国难教育的实施办法。这是必须要集合许多人的心思才能把它完成的。

注 释

① 庶谦　即廖庶谦，为上海文化界救国会会员。

② 王阳明　即王守仁。

附：对于《国难教育方案》的意见

（庶　谦）

陶行知先生所拟的已由上海文化界救国会通过的《国难教育方案》，在本刊第九期上我已经看过了。

在敌人日逼日紧的时候，汉奸们甘心卖国的时候，我们在教育这一方面，应该有一种抗敌除奸的配合，这自然是必要的。然而，领导这一种教育的计划，要当心不要把它弄错，或者把这种教育领到牛角尖里去。

陶先生的参加救国运动是十分英勇的；然而他所拟的这个教育方案，却还有几点不十分够。

我因为认定这一个方案意义的重大，个人对于它感触到有几点应该补充的意见；所以特为提出来，请陶先生以及关心救国教育的先生们指正。

第一，我认为“国难教育”这个名词不妥。因为“国难”这个词里面，看不出积极的意义。因此，我主张改用“救国教育”

这个名词；在“救国”两个字里面，包含抗敌除奸的意义。

第二，在目标那一项里，我认为应该加上“铲除一切汉奸”。因为抗敌和除奸是两件不可分离的任务。

第三，关于“推进大众文化”，不应该偏重战时的技术，在“非常课程”上，我们固然要把战时的技术排进去；然而，一种正确理论的武器，却不应该一个字也不提起。再对于歪曲理论的驳斥，也应该提到。

第四，在这个方案里，关于理论的指示，有这样的两句，“有计划的非常生活，便是我们有计划的非常课程”。“在行动上取得解决国难真知识，立刻把它传给大众，使他在解决国难上发生力量”。

在这两句话里，我们若是把第一句化简，那便是说：“生活便是课程”，这正是陶先生平日所主张的“生活即教育”。我们若是把第二句化简，那便是说：“在行动上取得知识，立刻使它在解决国难上发生力量”。这是陶先生平日所奉行“行以求知”，“即知即行”的态度。

这样的一种理论，在五四的前后，经过胡适一班人底介绍，动摇了中国的封建思想。在那一个时候，我们不能不承认：它起过相当进步的作用。

然而，事到如今，已不是五四的时代了；实验主义的理论，行为派的思想，杜威氏的教育，都已经很明显地替买办们服务了。因此，在目前，我们不仅不要这种理论和教育；并且，我们还应该很坚决地去反对它。

我们目前所需要的是向大众实施的救亡教育；而不是向任何人实施的生活教育。我们所需要的是人类数千年在生活斗争中所遗下来的积极的历史教训；而不是任何个人乃至任何团体，临时在行动上取得的知识。自然，我们也应该承认：在我们当前的死活斗争中，必然地会使我们已有的理论更加丰富起来；然而，我们决然不应该把临时得来的一些经验单独地去应用。

第五，在组织上，我认为对于学生和教师太强调一些。对于占全国人民大多数的工农却又太轻描淡写了。

第六，在“教育方法”那一节里，提到了“推动家庭店铺”，却不曾提及包含大多数民众的工厂和农村。

在“宣传民族危机”这一点上，只主张“运用县市乡现在组织”，却忘记了大众自动的集会。

第七，这一个方案底次序，首先是从“目标”一项起头。我以为：首先应该叙述敌人的侵略以及汉奸卖国事实。再从事实上决定任务，由任务上再决定方法、工具等等。这虽然好像是一件小事，然而也有理论上的区别吧。

这以上的意见，不见得就完全正确，也不见得就说到十分充分了。因此，我希望继续有人加以讨论。

再，我以为当前的救国教育，除开大众自己的基本训练以外，要和下列的两种教育作殊死战——第一是封建复古的教育，第二是实验主义的买办教育。关于后一种，我希望每一位（连我自己也在内）曾经受过实验主义影响的人们，一齐醒悟过来，正确地站在进一步的立场，实施大众的救亡教育，去争取抗敌除奸的胜利。

普及民族自救的教育

陈瑜先生写的毕业歌里有两句很能感动人的话："今天是弦歌一堂，明天要掀起民族自救的巨浪。"我每次听人唱到这里的时候，一方面是很兴奋，一方面又觉得有点美中不足。我虽然觉得有点美中不足，但是要叫我指出为什么这两句歌有点美中不足，我又指不出来。这样，过去了好几天。一次，我忽然明白了，房子已经烧了一半，还能等到明天才去救火吗？国家已经一块一块又一块的被人夺去，我们还能等到明天才去救国吗？是了，这毛病就在明天两个字。我立刻把它改成：

"昨天是弦歌一堂，

今天要掀起民族自救的巨浪。"

我很高兴的把这两句修改的歌介绍给当时在座的大小朋友唱起来，联想到我们每一个人当前的责任，精神是十分饱满，再也不感到丝毫的缺憾了。毕业，毕业，我们倘使不能把这垂危的中华民族救活了，谁也不配毕业。学生记着，小先生记着，我们千万不要为着一张毕业文凭而忘了救命呀，而忘了救中华民国的命呀！

赙仪兴学*

上海银行经理杨敦甫先生于今年五月四日去世，他的家属和他的朋友都主张节省治丧的用费，并将亲友送来的赙仪统统捐给一个学校作为培养人才之用。结果是有六千余元捐给佘儿岗农村小学，内中提出一千元造了五间茅棚式的纪念堂，并做了一些桌凳，要在十二月四日行落成礼。其余五千余元储存银行，生息补助该校经常费用。这是一件很有意义而值得提倡的事情。中国平均每年要死一千二百万人。假使有十万二十万人家愿意推行这个办法，岂不要比强迫穷苦农人出钱办学来得好些吗？我从来没有为人写过纪念碑，现在为杨先生的人格和他的亲友的义举所感动，破天荒很高兴的写了一篇碑文。以后如有同样有意义的碑文，我还是愿意写的。碑文如后：

敦甫先生，盛德不朽。观人之德，先观其友。
世俗之友，惟肉与酒。你有丧事，彼福其口。
人财两空，开步就走。先生之友，有为有守。
赙仪助学，赠地数亩，树木树人，用脑用手。
农夫农妇，小小朋友，统统成为，先生之友。
公之夫人，治家有谋。公之儿女，后起之秀。
急人之急，忧人之忧。愿承大志，天长地久。

---

* 本篇原载1935年12月3日《晨报·普教周刊》。

当当兴学*

许俊人先生为全国灾民奔走呼号，好像自己挨了饿一样的迫切。这是大家所知道的，用不着多说。但是他不但要救济老百姓肚皮的饥饿，而且还要救济小孩们脑袋的空虚。新近他对于普及教育发生兴趣，办了一所学校。我们知道他自己是没有余钱。那么这个学校是怎样办起来的呢？说起来，也很有趣。他摸摸身上还有一个金表，就把它送到当铺里去，当了几十元钱充作开办费。学校就因此开成功了。我听见这个消息之后，高兴得很，立刻写了一首儿歌，教小孩们读，并寄去给他，以表示我的敬意。现将我写的儿歌发表，愿全国有金表的人，都跟着许先生一齐起来参加普及教育运动。

当当兴学儿歌

当一个金表，
办一个学堂。
人人学得许秋浦，
民自聪明国自强。

* 本篇原载1935年12月10日《晨报·普教周刊》。

附一：汉口广播小先生制的认识与实际

陆开柗

（本文系四月二十日在汉口广播电台播音讲稿）

各位听众：自从陶行知先生上月初间到武汉来跑了一趟，大部分从事教育者对于普及教育的利器——小先生制，似乎有了相当的概念。可是社会上的一般人恐怕还不能十分明了，所以本校特地商请汉口广播电台设立小先生普及教育讲座，每三个星期的第六学日下午五时至五时三十分由本校小先生普及教育先锋团的导师和小先生来担任讲演或报告一次，借作相当的贡献。

今天，我讲的题目，是“小先生制的认识与实际”。

各位都知道：近几年来，灾害频仍，农村破产，弄得整个的国家呻吟在“穷”的病态中过着苦的生活；同时因为教育的畸形化和资本化，使得百分之八十以上的穷苦民众，都感受着知识的饥荒，过着“愚”的生活。这种“穷”和“愚”的病症，确是中国衰弱的最大原因。我们要想挽救濒于危亡的中国，复兴中华民族，非马上想法子普及教育不可；但是在整个都是患的穷病的情形之下，要想专靠学校教育来救济文盲，普遍的给予他们受教育的机会，那决不是短期间内所能够做得到的。所以穷的国家，只有想穷的办法。小学生做小先生，即知即传人，就是最经济最有效的办法了。因为全国公私立小学校中的小学生据教育部最近的统计有一千一百万人；再依据凡有私塾统计的市县推算，全国至少有一千万私塾学生，假使稍加训练，让他们都做小先生，每人只教两位不识字的人，便可以增加四千二百万校外学生。所以全国小先生普及教育总动员令一下，便有四五千万人可以向着现代化开步走。

再者小孩的力量，我们可以从救水的时候看得出来。譬如洪水泛滥快要溃堤的时候，连一个六岁小孩搬一块小石头来帮忙救水，也是用得着的。当这个小孩很起劲的搬了一块小石头来到的时候，假使有人说："你这小孩没有在河海工程学校毕业，不配救水。"我们一定要讲那人胡说。目前中国受着帝国主义的压迫，正是大难临头，好比大江的水已经涨到齐岸迫于眉睫了，这时候，无论什么力量都要号召起来做救国的工作。办教育便是以教育力量来救国，此时就是一个六岁小孩搬一两个小字，一两样小知识，一两点小觉悟加在救国教育的战线上也是用得着的。可是出人意外，大家都认为"小孩子没有用。小孩子晓得什么！没有文凭，不配教人！"只许他们做自私的守知奴，不许他们把知识传给别人，也不许他们把力量发挥出来干一点小创造。这种错误观念，造成了中国的大失败。现在已经到了千钧一发的时候，再不能糊糊涂涂的错误下去了。

再就儿童的天性讲：小孩的心地很坦白，感情很热烈，如果让他们做小先生，他们的地位是很自由的，工作是很有兴趣的；他们的人数多，功效一定来得广。他们用不着什么待遇，还能够很用力的去服务。他们有的是天真，他们最容易应付教学的环境；他们什么地方都可以去，连新娘的房里也可以当作他们教学活动的中心地点，用不着教室，也用不着人来敲钟打铃；在小先生面前，最怕羞的女子也不怕难为情了；他们教学的时间又是富有伸缩性的，学生什么时候有工夫，小先生便什么时候教，并且能够实行把知识送上门去。所以小先生一齐动员，女子教育问题，便可以立刻解决；而且知识是变成了空气，人人可以呼吸，知识是变成了太阳光，普照着广大的群众，向前进行。

有了上面几点基本的认识。所以我们敢十二万分的相信小先生制，确是普及教育的良剂。

关于小先生制的实际问题，不是几十分钟内所能够谈得了的。今天因为时间的限制，我只能把实行的方法简略的贡献几点：

第一点要切实的指导小先生。

小先生的情感最热烈，或许为了好奇心的驱使，巴不得多教几个，结果恐怕精神来不及，得不到好的成绩。所以我们应该使小先生明了第一条成功之路，便是镇压贪多的野心，教一个学生或者两个学生就行了，一天教了一个字便有一个字的成功，教了一件事便有一件事的成功，又有什么失败呢？再者小先生不是一种自由的职务，决不能随便的高兴就干，不高兴就停，必得天天拿成绩来交给导师核阅，小先生所用的课本，必须每天指导一次。关于课文里面所有字句的音义，写法，课文的意义，教学时应该注意的地方，以及教学的方式等等，都要详细的说明，使他们彻底的了解。

第二点要有适当的组织。

本来小先生们可以各自找学生教书，不必有什么组织；但是为工作进行顺利起见，可以由导师和小先生共同组织一个小先生普及教育先锋团，或是普及教育团，或者用其他的名称都行。这个团体，便是小先生的参谋本部和大本营，领导着他们进行一切。同时还可以按照小先生住址的远近，分成几个大队和几个小队，每队的小先生可以互相帮助，各自比赛成绩。

第三点要有相当的宣传。

当小先生没有出去教人以前，不妨作几次宣传工作。如文字宣传，口头宣传，游行讲演，举行提灯会，举行游艺会等等，都是很有效力的宣传方式。在宣传的时候，可以说明普及教育的意义，小先生的能力，和不识字的害处，以引起大众对于小先生制的信念，减少推行的阻力。

第四点要选定课本。

小先生所用的课本，最好是用陶行知先生编的《老少通千字课》；但如果有愿意学旁的东西，如《三字经》、《百家姓》、算术、常识等类的材料，小先生也可以酌量教授，以引起学习者的兴趣。

第五点要随时考查成绩。

关于小先生的工作情形，可以让他们随时记在日记簿上；并可以制订教学进展表或工作报告表，由各小先生每周填写清楚，交给导师查阅，同时导师须一方面随时随地和小先生谈话，一方面实地参观小先生的教学状况。这样，对于小先生的工作便可以一目了然了。

第六点要时常集会讨论。

小先生们每一个星期至少要有一次的集会，让他们各自报告工作的情形，以及所遇到的困难问题，并且互相讨论解决的方法和一切进行事宜。至于小先生的学生，也要有定期的全体集会，讲故事，或者举行游艺，务须使他们尽欢而散。

上面所讲的方法，本校大半都实行过了，只要大家肯努力的话，当然还有许多很好的方法可以源源不绝的产生出来，用不着我多说了。

最后我还有几点希望：

第一，希望社会上的一般民众都要明了中国目前的环境，认清小先生的力量，一致拥护小先生来干普及教育的工作，并希望不识字的同胞们赶快觉悟，不要以为年纪大了就不必读书了，应该活到老，做到老，学到老。

第二，希望全国小学生都要明了自己在社会国家所处的地位，认清自己的责任，毫不迟疑的把普及教育的重担子挑上肩来，更要知道中国的小学生，都应该做小先生；不会做小先生，就不配当小学生。“我要做个小先生，即知即传人”，这是小学生应有的决心！

第三，希望各小学的教育同志都要明了学校的责任，决不是仅仅在教导几个学生就可以了事的，除了教导学生之外，还要尽量的做推广事业，使学校成为社会文化的中心。推广事业的范围，本来很广；可是实行小先生制，是一件很重要的工作，我们应该指导小学生都做小先生，以加高学校的价值，增进教育的效率。

第四，希望教育行政当局认清小先生制是普及教育最经济的办法，是有益而无损的；并希望以政府的力量辅助各学校推行小先生制。要是全国小学生都能做小先生，我相信一定可以有很好的成绩！

附二：西桥小先生的信（共八件）

一

（上略）承继行先生到上海去养病之后，时常考虑他走了之后西桥怎样干好？其实是忙着干小先生的普及工作呀！在这九十五度的阳光下，要到各村去组织村儿童工学团，不知流下许多血汗，其实是为了社会服务，为劳苦大众报效；牺牲血汗实在也值得。

西桥团内有小朋友六十多人，要“发挥自动精神，努力普及教育”，于是没有一个不做小先生，这不算是大事，顶重大的，是西桥周围二里路内的成年人，小领袖，以及一切男女老少，也会被小先生同化成为助力，多么可喜呀！

陶先生！西桥的人虽小而心不小，人虽穷而志不穷。虽然被环境压迫，而觉悟反更大，陶先生：放心些吧！西桥要想追到上海的山海工学团，南京的自动小学校，和淮安的新安小学，一样向前进！进！进！不能掉在后面的！请陶先生特别注意西桥吧！
敬祝
努力！

西桥工学团杭金洪上
二四年八月念四日

二

（上略）我们为着使西桥小先生更努力的教人，早些使本地民众个个识字，因此大家便想法子，怎样能使西桥小先生更加比以前努力的教朋友，结果终于被我们想着了。

我们现在是七个小先生，有六个村庄的小朋友来读书，我们便分配着各人负责一个村庄，同时比赛哪个负责的成绩好，还有多出一位小先生是总指导，评判各村的成绩，调查各村是不是实在在教，我们工作分配了，便开始干了，我是负责塘桥村。那村共有九个小朋友，其中有两个是幼稚班，因为他们实在太小了，所以他们是不教。其余七个是个个教的，其中最多者教四人，其余能力强的教两个，还有几个一年级的只能教一个，我将要在最短期中，引起他们教人的兴趣，鼓励他们多教些好朋友。完了，我要去做别的工作了。有好消息下次再报告你吧！敬祝康乐。

承国平

三

（上略）好久没有给信你了，很是惭愧，但是，因为我们现在忙着干小先生工作，怎样的干呢？我们附近共有六个村庄上的小朋友到西桥来读书，那六个村庄上的小朋友都做小先生，我们要他们一起努力不灰心的干下去，就由我们六个小先生各人负责一个村庄办村儿童工学团。要叫他们一起努力不灰心的干下去！每天流着汗奔跑到各村去调查他们是否是教的，所以现在各村小先生很是起劲的教人，每天早会上各人有小先生工作报告，我们负责的人还要逼得每一个小先生一定教人，我们除了叫小先生教人外还要联络农民，使他们信仰我们。所以我们现在很忙很忙，但是我们是为了劳苦大众就是忙也值得！我们见许多小先生教人努力很是欢喜。陶先生你一定也很欢喜的吧。敬祝
康健！

承国新上
八月二四日

四

（上略）久来没给信你，是什么原因呢？因为最近我们准备考每一个小先生的功课成绩，最重要的是考查小先生教人的成绩。调查了好几天，才调查清楚，成绩真好，有几个小先生教他的好朋友画了图画。这几张图在普通的小学三四年级的学生不能画得这样。并且很有意思，在最近的时期中我预备整理起来寄给你看看，你看到这几张画，就可知道西桥小先生在真正的普及教育，真正的苦干苦斗着。

陶先生：你看将来的小先生要怎样，只要看现在的西桥工学团就可知道将来小先生的力量，对社会有什么变化。最先我们组织一个考查团，我们六个小先生每人负责一个工学团，好比一个工学团有问题发生，就由负责的这个小先生去解决，一图联络农友热心，对于我们小先生要有亲切的关系。再一方面要调查每一个小先生是不是教人，这样一来全体的小先生他们不得不拼命去干。祝你前途
光明快乐前进！

小先生阮茂祥
八月二十四日

五

（上略）好久没有给你信，因为我负责总指导，要调查各村的小先生教不教人，星期二去查这一天，下了雨路上很不好走，去调查结果很好，只有一二个不教人的，因为年纪太小。有几个最努力，良州、岐州、耀根、焕祥这几个是最努力的小先生！再谈，下次再告诉好消息。

祝你近安！ 王桂林上

六

（上略）不要把西桥忽略啊！要知道现在正在考试，一些工夫也没有，所以一直到现在还没有给信你，请你原谅。西桥现在是真正自动了，小朋友没有一个不教人，都做小先生，都做小农人，都有革命的精神。我们西桥小先生要超过山海，超过南京的晓庄，超过江北的新安，这是我们的希望，敬祝

康健

杭良溪

二十四年八月二十日

七

——杭茂祥——

现在乡下发现拉夫的事情，八太爷拉夫进一步连和尚都拉去了，许多老太婆来看被拉的和尚。我们问老太婆：和尚给兵拉去，为什么菩萨不救呢？她们都没有话回答我们。

八

——承国平——

在前天，漕桥小学有两位老师同了几十个小朋友到西桥来，那时我心中拍拍的跳着，我想我们校里并没有他们那样花花绿绿的布置，更没有他们那般堂堂皇皇的屋宇，他们见了空空洞洞的教室，鸡窝般的房屋，尤其是没有一位“有资格”的大先生，不是要被他们讥笑吗？但是我仔细的一想，他们如果不赞成西桥，一定是不愿踏进西桥之门。今天他们这许多人来了，他们一定是赞成我们而来的。于是我丢开了恐惧的心，去和他们谈话，原来

他们正预备办识字班，派他们的学生轮流着教人，他们是来考究怎样做小先生，看看我们教人的成绩，以及教人的经过情形，和“怎样防止小先生作弊”等一切事情。那时我们是一五一十告诉了他们，并请他们指教。从此小先生的种子，便散布到漕小去了。他们这种虚心是值得我们钦佩的。

附三：沪郊农村工协会首次理事会

沪西农村工作协进会于本月九日假中华职业教育社会议室举行理事会第一次会议，出席者江恒源、姚惠泉、钮永建（长耀代）、钮长耀、王揆生、黄炎培、冯赞元、陆叔昂、朱昌鳞、冯国华、陶行知（冯国华代）、郑西谷，主席江问渔，记录冯国华，行礼如仪后，首由主席报告：一、本会使命。二、本日请假各理事。三、会员数。继即讨论：一、根据本会简则第五条之规定，互选正副理事长案，议决，钮惕生先生为正理事长（六票）、黄任之先生为副理事长（六票）。二、组织干事会案、议决，推荐张楚珩、陶行知、冯赞元、江问渔、姚惠泉、冯迈樱、陆叔昂、王揆生、朱汉阁、张凤山、钮长耀诸先生为干事，请理事长聘定。三、组织分组委员会案，议决，暂行推定左列人员，卫生委员会张楚珩，普及教育委员会陶行知，合作委员会冯赞元，编辑委员会江问渔，保甲委员会姚惠泉，负责推荐委员三人至七人提请理事会通过。四、组织审议大会交下各案临时委员会案，议决，推钮长耀、冯迈樱、姚惠泉、陆叔昂、朱汉阁五人审议，并请朱汉阁先生召集，于二星期内完竣。五、本会会计事务文书等应如何办理案，议决，仍由钮长耀、姚惠泉、冯迈樱，三先生继续担任。六、陶行知先生提请审议沪郊各县初步普及教育办法案，议决，交普及教育委员会审议。七、编辑刊物案，议决，编辑月刊定名《沪郊农村》，由编辑委员会拟订办法。八、根据本会统一普及原则于二十四年度内对于区内工作人员应有相当训练，以达到“统一普及”案，议决，推郑西谷，姚惠泉，冯赞元三位先生设计办法，提交理事会，并推姚惠泉先生召集。

附四：高桥普及生活教育之实验

一　生活教育办法要点

一、依照已往最经济最有效之小先生制，加紧推行，期于半年内，普及识字教育。

二、调查区内各村不识字民众。以人数之多寡，得分别设立识字学校，以教育之。

三、以即知即传人之原则，会的教人，不会的跟人学，不愿学的，以政治力量强迫之。

四、依照市颁规定，凡年在七岁以上，四十岁以下之区民，均需受识字教育。

五、继续利用懿德校学生，任小先生，加以特殊训练，担任识字学校校长及教员，均义务职，只酌给奖金。

六、识字学校上课时间，依照市颁规定实施，以不妨碍小先生自身学业为原则。

七、实施时之方式，以劝导与强迫并行。

八、以寺庙、宗祠、家庭为设校之地点，教具等等力求简单化。

九、来者不拒，不能来者送上门去，其教授者，由普通小先生分任之。

十、教学用书完全用市教育局发行之识字课本由校发给不取分文。

二　生活教育实施经过

一、宣传

本区已往推行识字教育，完全站在劝导地位，致来学民众为数无多。其大部民众总以知识低落，一时难于接受；普及识字教育之推行，不无相当障碍。今幸政府对于斯事，雷厉风行，竭力提倡；并求识字教育之易于普及起见，订定各项惩奖条例，使一般无知愚民易于就范。本区为求识字教育之早日普及计，对于宣传一项，特加努力，先予民众对于识字教育之认识与重视；而自知其识字之急迫与需要也。故宣传一项实为当时重要工作，其方式以访问及化装表演学生个别宣传行之。

二、调查

查本区共辖八村包括新港、前塘下、标家宅、十四图、张家库、王间桥、黄家宅、钟家宅等处，根据以往户口调查结果，全区共有不识字民众——七岁至四十岁——四百九十一人，其中或有不实，故于六月底重行调查，结果凡不识字民众共五百三十二人。

三、接洽

经宣传调查之后，民众知识字之急迫，乃亟求教师以教学之。然于穷乡僻壤，一时寻觅相当教师，殊为难事。因此，各村民众，都来要求加入夜校求学。惟夜校方面，限于座位，不能容纳。乃以如本村有空屋可用，此间可派人前来教授等语以告。民众闻之，更喜形于色，均各答应，供屋应用。以是本区分派干员与各村接洽，代为设立识字学校，校舍及课桌等问题，乃于无形中解决矣。而民众均能各尽其力，为学校设法，当时，其选择条件为庙宇，宗祠，或家庭大厅为合格。不到一周，而各处之校舍已接洽妥当，计新港识字学校，校舍为罗老太厢房。张家库识字学校，校舍为顾金土厢房。前塘下识字学校，校舍为张松涛客厅。后王间桥识字学校，校舍为吴纪成客厅。前王间桥识字学校，校舍为孙亦丰客厅。南库识字学校，校舍为周桂元客厅。钟家宅识字学校，校舍为钟发祥客厅。黄家宅识字学校，校舍为黄福元客厅。均尚适用。

四、训练小先生

识字学校，校舍校具，既已解决，而民众方面，亟待教师之前往支持矣。而校长及教员，完全由小先生担任，如无相当训练，陨越之处，在所难免，是以开办小师范一所，招收小学高中年级学生，于课外予以特殊训练，期于三星期内训练完成，分发各村服务，实属刻不容缓之图。

中国大众教育问题

中國大衆教育問題

陶行知著

编者按

《中国大众教育问题》作为大众文化丛书之一，于1936年8月由上海大众文化社出版，收文12篇，加上序号，通篇接排，形成整体。原来的12篇文章，变为书中的12个标题。这次编入8篇，因有4篇已收进本卷的《普及教育三编》（二、《大众的国难教育方案》即“三编”中的《上海文化界救国会国难教育方案》；十、《怎样写大众文》即《怎样写大众文》和《再谈怎样写大众文》；十二、《大众的流通图书馆》即《流通图书馆与普及教育》；十一、《大众画报》题未改动）。此次全书未接排，只是为了便于注明各篇的出处。原有的《编者的话》仍放在前面。

编者的话

《大众文化丛书》中的《中国大众教育问题》，原来是请陶行知先生写的，后来陶先生对编者说："我对这问题的意见，都散见于《生活教育》、《大众教育》、《生活日报》上面，倒不如把这些论文系统地编排一下，还来得直截了当些。"到七月上旬，陶先生亲自把它编好了，交给书店出版。编者从头至尾把这些论文读了一遍，觉得陶先生的教育主张，处处都针对着现阶段的需要，并且他对中国大众教育问题所要说的话，在这些论文中也都有了。所以我们把它作为《大众文化丛书》的一种，并不是没有理由的。

一　中国大众教育概论*

为什么要大众教育？中国是遇着空前的国难。这严重的国难，小众已经解决不了，大众必得起来担负救国的责任而中国才可以救。我们的“友邦”要取得辽宁的铁、山西的煤、吉林的森林、华北的棉田、福建的根据地以及全国的富源，并不是安分守己的做一个富家翁享享福就算了事。他是要叫我们四万万五千万人做亡国奴——做他的奴隶。做奴隶当然是不会舒服的，除了为他种田做工之外，还得为他当兵，做他进攻别人的肉炮弹。只须大众觉悟起来，不愿做亡国奴，与其拿生命来做敌人的肉炮弹，不如拿生命来争取整个民族的自由平等，我们的国难就必然的解决了。但是中国的大众受了小众的压迫剥削，从来没有时间、金钱、机会去把自己和民族的问题彻底的想通。加上了几千年的麻醉作用，他们遇到灾难，会武断的说是命该如此。我们要一种正确的教育来引导大众去冲破命定的迷信，揭开麻醉的面具，找出灾难的线索，感觉本身力量的伟大，以粉碎敌人之侵略阴谋，把一个垂危的祖国变成一个自由平等的乐土。

大众教育是什么？大众教育是大众自己的教育，是大众自己办的教育，是为大众谋福利除痛苦的教育。这种教育和小众教育

* 本篇原载1936年5月10日《大众教育》创刊号，原题为《大众教育与民族解放运动》。

固然大不相同，即和小众代大众办的所谓民众教育、平民教育也是根本矛盾。大众教育是要教大众觉悟；只是教大众生产、生产、生产，长得肥一点，好叫小众多多宰割的教育不是大众教育。大众教育是对大众讲真话；专对大众说谎的教育是骗子教育而不是大众教育；大众教育对着麻醉大众的歪曲理论是要迎头驳斥；始而装痴装聋，继而变成哑巴，终之而拜倒在当前势力下，这是帮凶教育而不是大众教育。大众教育是要教大众行动，教大众根据集体意识而行动；只教大众坐而听，不教大众起而行，或是依照小众的意思起而行，都是木头人教育而不是大众教育。大众教育是要教大众以生活为课程，以非常时期的有计划有组织的生活做他们的非常时期的有计划有组织的课程；这非常生活，便是当前的民族解放、大众解放的战斗生活，这是大众教育的中心功课。在这里我们要指出，民族解放与大众解放是一个不可分解的运动。如果大众不起来，民族解放运动决不会成功；但是如果不拼命争取民族解放，中国大众自己也难得到解放。所以大众教育只有一门大功课，这门大功课便是争取中华民族大众之解放。若只教大众关起门来认字读书，那是逃避现实的逃走教育而不是真正的大众教育。

大众教育怎样办？依据教育部的统计，每一个小学生每年要用八元九角钱的教育费，民众学生每年要用一元八角钱的教育费。现在中国有二万万失学成人，七千万失学儿童。这二万万七千万人当然是我们大众教育的对象。照上面的费用算起来就得要十万万元才能普及初步的大众教育。这个数目不但是大众自己办不到，就是教育部去年费尽九牛二虎之力也只筹到三百多万元的义务教育经费，对于这十万万的大众教育经费也一定是筹不出来的。因此，大众教育在现阶段一定要突破金钱关才能大规模的干出来。下面的两条原则和一个新工具是一方面可以叫大众教育突破金钱关，一方面又叫大众教育进行得更有效力更有意义。

（一）社会即学校

大众教育用不着花几百万几千万来建造武汉大学那皇宫一般的校舍。工厂、农村、店铺、家庭、戏台、茶馆、军营、学校、庙宇、监牢都成了大众大学的数不清的分校。客堂、灶披、晒台、厕所、亭子间里都可以办起读书会、救国会、时事讨论会，连坟墓都可以做我们的课堂。谁能说庙行[①]的无名英雄墓和古北口[②]的“支那”勇士墓不是我们最好的课堂啊！

（二）即知即传

得到真理的人便负有传授真理的义务。不肯教人的人不配受教育。前进的知识分子当然是负着推动大众教育的使命。但是经过很短的时间，前进的大众和前进的小孩都同样的可以做起先生来，我们可以说大家都是学生，都是同学，都是不收学费的先生。在传递先生和小先生的手里，知识私有是被粉碎了，真理为公是成了我们共同的信条。

（三）拼音新文字

拼音新文字是大众的文字。有了新文字，大众只须花一个月半个月的工夫，便能读书、看报、写文。初级新文字教育只须三分钱就能办成，连一个人力车夫也能出得起。大众教育可以不再等待慈善家的赈济。的确，文化赈济是和面包赈济一样悲惨，一样的靠不住。水灾和旱灾的地方是十个人饿死了九个，剩下一个人才等着一块面包，而这块不易得的面包是差不多变成酸溜溜的糨糊了。新文字！新文字！新文字是大众的文字。他要讲大众的真心话，他要写大众的心中事。认也不费事，写也不费事，学也不费事。笔头上刺刀，向前刺刺刺，刺穿平仄声，刺破方块字，要教人人都识字，创造大众的文化，提高大众的位置，完成现代第一件大事。

依据社会即学校，即知即传两条原则，拿了新文字及其他有效工具，引导大众组织起来，争取中华民族大众之解放：这便是中国所需的大众教育。

注释

① 庙行　位于上海市北郊的庙行镇。

② 古北口　长城关隘名，位于北京密云县北。

三　大众的国难教育方案之特质*

现在是教育与国难赛跑。我们必须叫教育追上国难，把它解决掉。但是教育这个东西，能帮助解决国难也能加重国难，我们是不可以随便干的。要怎样才算是一个解决国难的教育方案？让我把它的特质指出来，你就可以知道它和别的教育方案是不同了。

（一）它是单一的

解决国难的教育方案只有一个目的。这个目的就是保卫中华民国领土主权之完整以争取中华民族之自由平等。一切教育设施都要以这个神圣的使命做中心。教育部新近宣布国难时期教育宗旨，说：教育之生命即民族之生命。还有人甚而至于说：我们先要救教育之生命，才能救民族之生命。前一说是把生命的源头弄颠倒了。后一说是把一个生命分成两个：一是教育的生命，二是民族的生命。我要郑重的说：教育没有独立的生命，它是以民族的生命为生命。惟有以民族的生命为生命的教育，才算是我们的教育。国难教育是要教人救民族之命，则教育之命自然而然的得救了。

* 本篇原载1936年3月1日《生活教育》第3卷第1期，题为《国难教育方案之特质》。

（二）它是大众的

民族之命非“小众”所能救。国难教育的任务，在唤醒大众组织起来救国。教育大众是当前国难教育之第一件大事。《大公报》二月七日的社评乃把它降到第二义，可算是颠倒是非了。北平学联会所通过之非常时期教育草案是很好的，但是《大公报》披露该案的时候，任意的把民众教育三条删掉，也是因为《大公报》是采取了一种要不得的流行的态度：不许大众救国。我们应该知道，不许大众救国的教育，乃是亡国的教育，而不是救国的教育。

（三）它是联系的

解决国难的教育方案，应该注重三种联系：一是内容的联系，一切科目活动都以解决国难为中心而取得联系；二是组织的联系，各界各团体都以救亡工作为中心而取得联系；三是历史的联系，把现在中国民族解放运动与历史的教训密切的联系起来。这样整个的中华民国是成了我们的伟大的大学校。中山大学教育研究所所拟之战时教育工作计划，很详细具体，但是单以学校为组织之中心是不够的。至于有些人想把国难教育像只小鸟儿关在课堂的小笼里，那更是自欺欺人了。

（四）它是对流的

比如烧水，冷水重而往下沉，热水轻而往上浮，这叫作对流。经过一些时候的对流，水就自然的沸起来了。解决国难教育的方案是必须容许上层下层的对流。领导的人总想由上而下；但是纯粹由上而下的教育，只能造成被动的群众。被动的群众是发挥不出力量来担负救亡的责任。我们必须愿意被群众领导才能领导群众。故群众对于教育必须有由下而上的自动的机会，才能把自己和领导者造成救亡的战士，而完成救亡的使命。我们应当打通领导者与被领导者中间的隔板，使他们可以对流而互相教育。

若把教育分成两部分，一部分专门培养领导者，另一部分专门培养被领导者，结果必定是教领导的人脱离群众的要求，致使国难教育变成一个麻木不仁的东西。

（五）它是行动的

高谈阔论不能救国。只有实际的救国的行动才能把将亡的国救回来，但不能盲行盲动。我们所需要的是有理论的行动，有组织的行动，有计划的行动，有纪律的行动。所谓理论、组织、计划、纪律，又不是校长训育主任为行政便利弄出来的那一套，乃是民族解放运动所决定的必要条件。我们要在行动上接受民族解放的理论、组织、计划、纪律。为教育而教育，不许行动的教育，乃是加重国难的教育，而不是解决国难的教育。

四　新大学*

——大众的大学

新大学是什么？新大学是大众的学府。

《大学》里面说："大学之道在明明德，在新民，在止于至善。"这是从前的"大学之道"。新的"大学之道"就不同了。依照新的眼光看来，它是变成了"大学之道在明大德，在新大众，在止于大众之幸福"。

什么是"大德"？"大德"是大众之德。大众之德有三：一是觉悟，二是联合，三是争取解放。"明"即明白，要教大众自己明白大众之德是这样。

"新大众"是教大众自新。大众本来是可以明白"大众之德"，但为天命之说和别的迷信所麻醉，把自己弄得糊里糊涂。新大学之任务是要教大众在真理的大海里洗个澡，天天洗，一世洗到老，使得自己的头脑常常是清清楚楚的，认识痛苦之来源和克服痛苦之路线。

"止"是瞄准的意思。新大学的一切课程设施都要对着大众的幸福瞄准。为大众争取幸福所必需的就拿来教人，所不需的就不拿来教人。

从前大学里所造就出来的人才有两种。一种是不肯为大众做事。我曾经为这种人写了一幅小照：

---

* 本篇原载1936年6月1日《生活教育》第3卷第7期，题为《新大学》。

滴大众的汗，
吃大众的饭，
大众的事不肯干。
架子摆成老爷样，
不算是好汉。

第二种人是代替大众做事，但野心勃勃，想要一手包办，甚至不许大众自己动手来干。这样的人我们也是反对的：

大众滴了汗，
大众得吃饭，
大众的事大众干。
若想一个人包办，
不算是好汉。

新大学所要培养的不是这种人。它要培养和大众共同做事的人才。如果它也免不了要培养领导人才的话，它是要培养愿意接受大众领导而又能领导大众的人才。说得正确些，它是要培养大众做大事。

还有一种时髦大学，好像是我所说的新大学而实在是和我所说的正相反。它们的作风，一动手就是圈它几千亩地皮，花它几百万块钱，盖它几座皇宫式的学院。我参观了珞珈山武汉大学之后，有人问我作何感想。我说如果我有这笔款，我用款的步骤是有一些不同。第一步，这笔款用来开办大众大学，足够培养五百万大众帮助收复东北。第二步，东北收回之后，假如还有这样多的款子，我想用来发展一些适合国民经济的工业。第三步，工业稍有发展，又积下这么多的款子，我还不能建造皇宫的学府，是必须盖些大众住宅，使无家可归的人可以进来避避风，躲躲雨。第四步，等到一切穷苦无告的人都可以安居乐业了，那时大众一定要勉强我盖几座皇宫的学府，我大概是可以马马虎虎的答应了。

那末，新大学就不要校舍吗？要是要的。没有也无妨，茅草棚虽小，足够办大学。

新大学是大众大学。新大学是茅草棚大学。

五　怎样做大众的教师*

现在中华民国已经到了生死关头，我们做大众教师的人应当怎样做才能帮助解决国难而不至加重国难？我常以这个问题问人，现在人也常以这个问题问我了。这里是我的答复：

第一，追求真理

大众是长进得很快，教师必须不断的长进，才能教大众。一个不长进的人是不配教人、不能教人、也不高兴教人。大众快赶上你了！你快要落伍了！“后生可畏”不是一句客气话，而是一位教师受了大众蓬蓬勃勃的长进的压迫之后，对于自己及一切教师所提出来的警告。只有不断的追求真理才能免掉这样的恐怖。也只有免掉这种恐怖才能教大众，否则便要因为怕大众而摧残大众了。我得声明，真理离开行动好比是交际花手上的金刚钻戒指。我们所要追求的是行动的真理，真理的行动（Truth in Action）。这种真理不是坐在沙发上衔着雪茄烟所能喷得出来的。行动的真理必须在真理的行动中才能追求得到。你不钻进老虎洞，怎能捉得小老虎。

* 本篇原载1936年4月1日《生活教育》第3卷第3期，题为《儿童节对全国教师谈话》。文章开头还有一句：“儿童的教师应该怎样干？我拿这个问题问过自己，问过朋友，问过好多小学教师。”文中“第一，追求真理”和“第二，讲真话”中的“小孩”二字，在收入本书时均改为“大众”。

第二，讲真理

让真理赤裸裸的出来和大众见面。不要给它穿上天使的衣服，也不要给它戴上魔鬼的假面具。你不可以为着饭碗、为着美人、为着生命，而把“真理”监禁起来或者把它枪毙掉。教师只能说真话。说假话便是骗子，怎么能做教师呢？

第三，驳假话

说假话的人太多了，教师要有勇气站起来驳假话。真理是太阳，歪曲的理论是黑云。教师要吹一口气把这些黑云吹掉，那真理的太阳就自然而然的给人看见了。

第四，跟学生学

你要教你的学生教你怎样去教他。如果你不肯向你的学生虚心请教，你便不知道他的环境，不知道他的能力，不知道他的需要；那末，你就有天大的本事也不能教导他。他要吃白米饭，你倒老是弄些面条给他吃，事情是会两不讨好。不但为着学生而且为着你自己，你也得跟你的学生学。你只须承认小孩有教你的能力，你不久就会发现小孩能教你的事情多着咧；只须你甘心情愿跟你的学生做学生，他们便能把你的“思想的青春”留住，他们能为你保险，使你永远不落伍。

第五，教你的学生做先生

你跟学生学，是教学生做你的先生。如果停止在这里，结果怕要弄到师生合做守知奴，于大众毫无关系。你必得进一步教你的学生去教别人，你必须教你的学生把真理公开给大众，你得教你的学生拿着真理的火把指点大众前进。

第六，和学生大众站在一条战线上

教学不和学生站在一条战线上便不成为教师。这是怎样说呢？因为他要到西方去，你却教他往东走；反过来，他要到东方去，你却教他往西走。这种牛头不对马嘴的教育怎能行得通呢？有些教师不惜使用强迫手段要学生朝着教师指定的路线走，结果是造成师生对垒，变成势不两立。在势不两立的局面下还能叫学生接受他的指导吗？不但如此，先生学生虽是打成一片，如果他们联合行动的目标与大众所希望的不符，还只是小众的勾结，将为时代所不容。因此做教师的人必须和学生、大众站在一条战线上为真理作战，才算是前进的教育。现在中国第一件大事是保障中华民国领土主权之完整，与争取中华民族劳苦大众之自由平等。教师和学生大众都要针对着这个大目标，才能站在一条战线上来。教师和学生大众站在这一条战线上来奋斗，才算是实行着真正解决国难的教育。你若把你的生命放在学生的生命里，把你和你的学生的生命放在大众的生命里，这才算是尽了教师的天职。

我们如果能把上面这六点做到，便不愧为现代的教师了。这样的教师，我相信，对于民族解放、大众解放、人类解放是有贡献了。

六　怎样才可以做一个前进的青年大众*

什么是前进？

我是今年五月十日到平南。平南是邕江旁边的一个小村庄。村里有一个女学校，学生个个是赤脚大仙。我对于她们的认识是：

一群野姑娘，
好像没规矩；
教他穿袜子，
嘴许心不许。

粉碎烂规矩，
创造新规矩；
无须人干涉，
万事自作主。

有弛也有张，
不是自由乡；

* 本篇原载1936年7月5日《生活日报》星期增刊第1卷第5期，题为《树下谈话记》，副题为“怎样才可以做一个前进的青年”。

令人留恋处，
仿佛在晓庄。

这里的同学是天真烂漫，对于世界、国家的大事是要打破砂锅问（纹）到底。他们围着我，钉着我问东、问西，问个不歇。我说，找一个风凉的地方来畅谈一下更好。

那是现成的。门外就是六七株很大的榕树，像撑着大伞，排起队来，站在江边侍候着。好得很，还有几块古碑睡在地上让我们坐，这些树阴底下简直能坐好几百人。我们将近一百人在两棵树的中间坐了下来，已经是觉得够宽畅了。正是：

大树挡太阳，
清风来邕江；
坐在古碑上，
大事共商量。

这真是别有天地非人间。我们的有意义的讨论就这样的开幕了。

先是有人说了几句介绍词，接着就是我的简短的开场白。忽然间，一位同学像爆蚕豆样爆出一个问题来：

"怎样才可以做成一个前进的青年？"

"跟前进的人做朋友。"

"前进的朋友到哪儿去找呢？他又没有招牌挂在脸上。"

"听他讲的是什么话。看他干的是什么事。"

"在我们近边的人，固然可以这样办。不幸近边的前进人不可多得又怎样办？幸而有，我们还想多得几位前进的朋友又怎么办？"

"像蚂蚁寻蜜糖一样去找。"

"我们又不是蚂蚁，怎么去找？"

“跟着气味去找，那气味是在前进的文章里。看前进的杂志，要不断的看。”

“这提起我想到一点，就是前进的书也要看。”

“对！前进的书是比较更有系统、更能帮助你前进，可是前进的杂志可以帮助你找到它们的线索。我素来不喜欢看广告，但前进的杂志上新书出版的广告不可不看。”

“前进的朋友也能把前进的书介绍给我们。他们还能介绍我们知道一些没有广告的书。除了找朋友、看杂志、读新书之外，还有什么别的办法呢？”

“钻进大众的生活里去。”

“大众拜菩萨，先生也叫我们陪他们烧香读经吗？”

“那可不是呀。那样钻进去，是跟着他们落伍，何能帮助我们前进？你要钻进大众的生活里去是免不了要穿上一套潜水衣。潜水衣能叫你钻进水里去感受水的压力并在水里做工作而不至给水淹死。你要钻到大众的生活里去感受大众的痛苦，了解大众的问题，明白大众的力量。你不但要避掉他们的迷信和落后思想，并且要帮助他们克服这一切。”

“那件潜水衣是什么？”

“前进的意识钻进大众的生活里去，等你钻出来的时候，你的意识是更前进了。大众的意识也跟着你所接触而一起前进了。”

“有些人从前是前进的，过不得多少时候就会落伍到几千里外去。这是什么道理？最明显的是五四时代所谓前进分子，到如今多数是反动颓废得太厉害，我们眼面前也有些人是如此。有什么法子可以叫我们继续不断的前进？”

“你的意思是要有个保险公司，要保你一世到老的前进吗？”

“是的。怎样可以为前进保险？这个保险公司哪里有？”

“办法就在‘公司’两个字里面。公是公共；司是看管，又有司理的意思。例如司机是开机器的人。前进的人联合起来过着前进的生活，大家彼此看管好了，不使一个人落伍，那末前进就得到保证了。个人的前进是最靠不住。他高兴就前进，灰心就落伍，谁也不能为他保险。惟有集体的前进行动才能帮助我们一世到老的前进。”

“这是很对的了。但是加入这个集体的分子是不是需要年龄的区别，是不是一定要整整齐齐的青年。我看有些小孩倒很前进的，似乎也能加入。”

“严格的限制是有害的。有些小孩是的确很前进。这些年来，不但是青年教我前进，小孩也教我前进。有时青年对老师说话要客气些，不便逼人过甚，而小孩倒天真烂漫，心里有什么说什么。我个人的经验是得着小孩的指教多于青年的指教。我并且亲眼看见前进的小孩督促几位落伍的青年简直如同赶驴子一样的认真。如果把小孩子开除，那是一个大损失。我们成年人应该跟青年学，青年人是无疑的应该跟小孩学。集体的行动里面倘若能够加入前进的小孩那是更能保险大家前进了。……我们怎样才可以做成一个前进的青年？我得加重的补说一句：最重要的方法是集体的前进行动，是前进的集体行动，它不但是为‘前进’保证，并且它本身便是培养‘前进’的主要方法。”

讨论到这里，我正想休息一忽儿，忽然又来了一个大炮：

“什么是前进？”

“你们大家想想看。这是个根本问题。我们倘使不能明明白白的答复这个问题，前面的讨论就会落空。什么是前进？

“反日是前进。”

“反封建是前进。”

“反个人主义是前进。”

“为大众谋幸福是前进。”

“教大众觉悟是前进。”

“教大众联合起来是前进。”

“和大众站在一条战线上争取解放是前进。”

“追求真理是前进；固执成见是落伍。”

“行动是前进；空谈是落伍。”

“斗争是前进；妥协是落伍。”

“创造是前进；改良是落伍。”

“把握现实是前进；幻想是落伍。”

“世界观[①]的是前进；狭义的国家主义是落伍。”

“运用矛盾以发展的是前进；坐待高潮之来到的是落伍。”

“唱《义勇军进行曲》是前进；唱《妹妹我爱你》是落伍。”

“你们所说的，我大致满意。有几条似应该归并，恐怕也还有遗漏，这个整理的工作，以后再干。今天我们至少对于‘什么是前进’是有了一个比较清楚的系统的了解了。我却有两点意见贡献。比如，反日这个口号在一年前是无论哪一个前进的人都认为无可怀疑，但最近这几个月来，情形是大变了。我们觉得危害中华民族生存的最大敌人是日本帝国主义。我们应当把我们的战线缩短。所以反抗日本帝国主义是成了当前最前进的口号。这口号是与把握现实一条更为符合了。其次，单单行动两个字不限定是前进。开倒车也是行动，反动也是行动。因此，我们是需要修改一下。有真理指导的行动才是前进。我高兴得很，自从经过这次讨论之后，我对于这个问题是更加明了了。我很感激诸位同学的指教。”

“你对于不前进的青年有何感想呢？”

“老了，病了。一个人老了是几乎没有药医。病了，如果他愿意医，还有办法。”

“一个十七八岁的青年会得老吗？”

“他会，他会变成一个十七八岁的老翁。她会，她会变成一个十七八岁的老太婆。”

“他们害什么病呢？”

“爱病！一个不前进的青年是会害爱病，病死在爱里。这些恋爱至上主义者是多么的可怜啊！”

“有什么药医呢？”

“只有一样药。用革命来指挥恋爱，用革命至上论来克服恋爱至上论。这样一来，他是变成了一个前进的青年了。他必须变成一个前进的青年才能医好这种青年病。”

“前进的青年就不会害病吗？”

“有些也害病，害的是幼稚病。他们把四周围的朋友都造成敌人，他们帮助敌人造成联合战线攻打他们自己。他们像蚕一样，造茧自缚。他们拼命的‘前进’，结果是一步也不得进，甚而至于退到几千里外去。他们在敌人的面前张挂自己营盘的军用地图，他们把自己造成自己的敌人。前进的青年只怕害这种病。”

“有药可医吗？”

“自我批判。追求真理。”

“哈哈，有了药方，我们不怕生病了。”

“药方不能担保你们不生病。你们要依着药方去配药来打预防针，才不会害病，就是病了，也不致把老命送掉。这种预防针是像种牛痘一样，隔一些时候就要打一次才能保险的。”

“晓得了。”……

太阳下山了，天快黑了。赤脚大仙累了。我也坐着一只小船儿回来了。

注释

① 世界观　陶行知在这里所讲的世界观是指从世界的范围、角度来观察思考问题，它与狭义的国家主义相对。

七　文化解放*

（一）什么是文化

文化是什么？初看起来是一个很容易答复的问题，但是仔细想一下，却有些困难。我们看到一本书，大家都可以承认它是属于文化方面的东西，但是遇着一把“石斧”的时候，我们的意见就要分歧了。有的人承认它是古代文化的遗产；有的人就不免要把它划进别的部门里面去。如果我们承认它是文化的遗产，那末一切生产工具都可以包括在文化的范围里面去了。石斧既是属于文化，那末，锄头乃至机器都可以算为文化了。这样一来，文化范围可就广大了。除了大自然之外，凡是人类所创造的一切都是文化了。凡是可以用来生产、战斗、交通、享乐、治理、思想的工具以及这些工具所引起的变化都可以当作文化看待了。这是一个顶宽的看法，也是一种顶简单的看法。照这样看法，文化是与大自然相对起来的。世界上的一切可以分成两大类：一类是没有加上人工的，叫做自然；另一类是人工所创造的，叫做文化。但是在这个广大的定义之下，研究讨论的工作是不易进行。因此我们要从这广大的事物里抽出一部分来，特别叫它为“文化”。这部分便是记录思想，传达思想，发展思想，改变思想的符号、工具和行动。照这样看法，在文化里面是包含了书籍、报纸、戏

* 本篇原载1936年6月14日《生活日报》星期增刊第1卷第2期。

剧、电影、学校教育、社会教育、民众运动、高深学术研究等等；在本质方面看，文化工作反映着人类经济政治的思想。这个定义是与一般人普通所想的接近。

（二）对谁解放

大众是文化的创造者。最初连语言文字都是从劳动中产生出来的。从哼呀哼呀的呼声里发现了语言，这是不可否认的事实。在树皮上画游猎的路线是文字起源之一。石斧、石刀、种地、造房子不是什么圣人发明的，乃是许多劳苦大众一点一点地积起来的贡献。近代工人对于发明上千千万万的贡献都给科学家偷了去，写在自己的账上。文化是大众所创造的。文化是被小众所独占。现在应该将文化从小众的手里解放出来，创造文化的大众应该享受创造的结果。文化是无疑的要对大众解放，使整个文化成为大众的文化。现在的文化解放运动可以说是大众文化运动。

（三）认识上的解放

文化有什么功用，我们必得把它认识清楚，才能谈它的解放。有些人把文化当作装饰品看待，以为大众用不着这个东西。我承认现在所谓“文化”当中有一部分是好比金刚钻戒指。但是有一部分是思想斗争的武器，这武器必定要解放出来，给大众抓住，然后民族、大众的解放才有很快的发展。其次，有些人以为大众文化是要等到大众政治实现以后才有可能。我承认大众文化的普及是要等到整个政治变成大众的政治。但是，大众的政治决不是凭空从天上掉下来的，它是要靠着大众继续不断的奋斗才能实现。这奋斗是要运用文化的武器以转变大众的思想，才能保证胜利。另外，特别是从事文化工作的人，太夸大文化的工作，或把文化看作一个孤立的东西。他们相信文化万能，或者是为文化而文化。这样会叫文化工作脱离了现实而变成一个没有作用的东西。殊不知文化所要记录、传达、发展、改变的思想乃是人类生活中心的思想，即是政治经济的思想。文化脱离了政治经济便成了不可思议。我们认识了文化是政治经济斗争的武器，就没有这个毛病了。最后，还有一种人以为文化的工作是纯粹的头脑工作。他们把它看成一个静的东西，可以静坐而得，静坐而传。他们忽略了行动与思想的关系。他们没有认识文化运动的作用。我们如果认识文化是民族大众解放的斗争的武器，这个静止文化的错解也就消灭了。我们对于文化的功用至少要有这点认识，然后才能把它从错误歪曲的观念里解放出来，也惟有把文化从错误歪曲的观念里解放出来，文化才能发生真正的作用。

（四）工具的解放

中国的思想符号主要的是汉字。读书人要花一两千块钱，学它十年二十年，才可以读点古书；平常的人花它百把块钱，一两年只是一撇一直的像稻草一样吃到肚里去不能消化，俗语叫作不通，读书没有读通。这难写难识的汉字只好留给那少数有钱有闲的少爷小姐去学，无钱无闲的大众和苦孩子必得另找出路。这出路就是近年提倡的易写易认的新文字。大众只须一个月每天费一小时就会写新文字的信，看新文字的报，读新文字的书，那是多么便利啊！大众文字的解放是大众文化解放的钥匙。

（五）方法的解放

传达文化之方法，依我看来，有三点最要解放。第一点，灌注的教授法最要不得。它把接受文化的人当作天津鸭儿填。民族大众解放运动最需要的不是灌注的演讲而是对于时事之讨论。这种相互之自由讨论，如果有前进书籍杂志作参考最能启发人的思想。学生和大众应该普遍的从灌注的教授法里解放出来，跑到这种自由讨论的空场上呼吸些新鲜空气，晒一晒太阳光。第二点，是知识封锁也要不得。从前的观念是学问自己受用，学校变成守知奴的制造厂。我们应该把自己从这知识私有卑鄙习惯里解放出来，我们对于真理应该即知即传，不肯教人的人不配受教育。从前写文章的人，是写得越深越觉得得意。现在呢，连白话文都得解放成大众文，使得大众易于了解。这的确对于传布文化起很大的作用。觉悟的知识分子都得把自己的作风解放出来使得大众易懂。第三点，要不得的是教而不做，学而不做。我们要在行动上来推进大众文化。我们要从静的方法解放出来，使大众加入真理的行动以追求行动的真理。

（六）组织上的解放

文化的组织是被小众捏得死死的，学校里的训育管理变成官僚化，学生只是被治而失去了自治。我们要把文化从模范监牢里解放出来，使它跑进大社会里去。社会即学校。文化的场所多着哩，茶馆、酒楼、戏院、破庙、茅棚、灶披、晒台，甚至于茅厕在今日都成了大众的课堂；整个民族解放运动成了大众的课程。平常的课程如果是和民族解放运动配合起来就不得不起质的变化。例如算学吧，那是看作一门纯粹的学科，然而把整个中国失掉的领土富源算一算，便立刻从平常的课程跳入非常的课程里面来了。在新的组织里教师、学生和大众是站在一条民族自救的大路上，从前教师与学生间、学生与大众间的围墙都要打通，这样大众的文化才能充分传达发展。

（七）时间的解放

有些传统的学校，名为认真，实际是再坏无比。他们把无所谓的功课排得满满的，把时间挤得点水不漏，使得学生对于民族前途和别的大问题一点也不能想；并且周考、月考、学期考、毕业考、会考弄得大家忙个不了，再也没有一点空闲去传达文化、唤起大众。说得不客气些，这就是汉奸教育、奴化教育、亡国教育。另一方面，大众一天做十二小时工，甚至于有的要做十六小时的工，他们是没有空闲接受文化。时间是文化战的最大关键，我们必须争取时间来推进大众文化，时间解放是大众文化解放的焦点。

（八）新文化创造的解放

新文化之创造是社会进步之特征，同时也是帮助社会更进一步的一种推动力。新兴的文化多少总是于大众有益的文化，所以新文化的创造是受着前进者之欢呼，同时是遭着落伍者之妒忌。前进的书籍、杂志、戏剧、电影种种，是在热烈的欢迎里遭着最惨酷的虐待。明明是一部最好的电影，他会给你东剪一条，西剪一条，剪得使你失去了原来的生命。好比人家生了一个小孩，假如管户口册的人要批评你这孩子那里生得对，那里生得不对，你一定是要觉得他做得太过分了；又假如他不但是随嘴乱说，并且手里还拿了一把剪子，看到孩子耳朵长得太长便毫不客气的剪掉一点，看到孩子鼻子长得太高又毫不客气的剪掉一点，你该觉得这是一个什么人啊！你能忍心的坐在旁边让他剪吗？这样的刽子手是等在文化界的门口，一看见新的作品出来就给它几剪。从这把剪子的虎口里把新文化解放出来，是整个文化界不可推诿的责任。

（九）怎样取得文化解放

中国从前有一样东西叫做裹脚布，把姑娘们的脚紧紧的裹，裹得肉烂骨头断，裹成一双三寸金莲，好嫁一个好人家。我想和这裹脚布相配的还有一样东西，叫做裹头布，把中国的小孩、青年、大众的头脑壳，紧紧的裹，裹得呆头呆脑，裹成一个三寸金头，好做一个文化奴隶。这裹头布便是加在大众头上的一切文化的压迫。不愿做文化奴隶的人联合起来，争取大众文化之解放！前进的知识分子在推进大众文化上固然能起重要的作用，但是大众文化运动决不能由少数知识分子代办。大众文化是大众的文化，是大众为自己推动的文化，是大众为自己谋幸福除痛苦而推动的文化。大众文化的解放是要大众运用集体的力量来争取的。它决不是小众可以送来的礼物。并且民族解放、大众解放、文化解放是一个分不开的运动。必得要联起来看、联起来想、联起来干，才会看得清楚，想得透彻，干得成功。

八　大众歌曲与大众唱歌团*

什么是大众歌曲

大众的歌曲是大众的心灵的呼声。它是用深刻的节奏喊出大众最迫切之内心的要求。少数天才之创作必定是符合了这个条件，才为大众所欢迎而成为大众的音乐和大众的诗歌。大众的歌曲是要唱出大众的心中事，从大众的心里唱出来，再唱进大众的心里去。它来，是从大众的心里来；它去，是到大众的心里去。

那少数的音乐和文学天才怎么会知道大众的心事呢？他们如果老是坐在沙发椅上享现成福，那是永久不会知道的。可是，他们也无须学孙悟空要钻进人家肚皮里才知道人家肚皮里的事。他们只须站在大众的战线上来做斗士，便能感觉大众的艰难，了解大众的需要，说大众要说的话语，唱大众要唱的歌曲。一个脱离了大众生活的天才绝写不出大众的歌曲来。因此，大众的歌曲可以说是大众运用天才写起来的，简直可以说，是大众共同创造起来的。

民众歌咏团之伟大

刘良模先生所创的民众歌咏团是大众音乐以最正确的形式表

* 本篇的前两部分及第三部分的前半部曾在1936年6月28日《生活日报》星期增刊第1卷第4期发表，题为《从大众歌曲讲到民族歌咏团》。

现出来的。这种歌咏团现在在中国各大都会里都有了组织。最初在上海我曾经听过一次二三百人的合唱，他们是预备到高桥去唱给乡下人听的。近来看《永生》又知道他们一团七百人，于六月七日在上海西门公共体育场合唱给五千人听。会场中曾有警察干涉，但是听啊，“中国人连中国歌都不能唱了吗?”这个五千人的吼声是使警察不好再说话。最近六月二十日夜里，香港民众歌咏团团员四百人在青年会体育场上对三千民众合唱，把民族自救的声浪打到每一个听众的心里去。我这次也是听众之一，亲自感觉到这个运动的前途的伟大。

为什么在这个时候产生

民众歌咏团为什么在这个时候出现?从前为什么没有这样活动?我可以说像民众歌咏团这种组织，不是偶然可以产生的。比如一种花，它是原来有生命，但是气候未到，它是开不出花来;气候已到，它便自然而然的开出美丽的花了。音乐是大众心灵的呼声。大众欢喜唱歌，那是无可怀疑的。每一个大众的心灵里都潜伏着音乐的种子。但是在那伟大的音乐气候未到以前，他们只能唱几套小调儿过过瘾，表现不出很大的力量。这好比是一粒种子在地下吸收一些潮湿时所发出的低微的声音。现在是伟大的时代的前夜，大众是预备开口了。春天到了，你能叫桃花不开吗?夏天到了，你能叫荷花不开吗?秋天到了，你能叫菊花不开吗?冬天到了，你能叫梅花不开吗?大众的时代到了，你能叫大众的口不开吗?

因为日本帝国主义不断的侵略，中国是遇了空前的大灾难。中国大众不肯亡国做奴隶;中国大众要追求自由，追求平等，追求生存;中国大众要为自由而战，为平等而战，为生存而战。

世界上最伟大的音乐是战斗的音乐，最伟大的文学是战斗的诗歌。中国是在发动一个空前的民族解放的伟大战斗，在这个时候，是自然而然的会跑出最伟大的战斗的音乐与战斗的诗歌。

战斗的音乐与战斗的诗歌之外，次有力而也含有普遍性的是恋爱的音乐与恋爱的诗歌。恋爱的音乐与恋爱的诗歌在古时与野蛮社会里也是大众的集体活动。在择配结婚的时候，一群一群的青年男女奏着恋爱的乐，唱着恋爱的歌，跳着恋爱的舞。但是在开化的国度里，这种集体的欢会是失掉了，恋爱变作个人的事，恋乐恋歌都变成靡靡之音而为大众集体生活所丢弃。但是仔细考察起来，恋爱是性之战斗也是战斗的一种。恋歌恋乐未尝不可以和战歌战乐相通。假使把革命与恋爱打成一片，使恋爱受着革命的领导，那末武装的恋歌恋乐也可以成为伟大的作品而为大众所欣赏。

其次就是工歌。工歌也是战歌的一种。它是与自然界和剥削者战斗之呼声。武装的工歌当然是有它的伟大，也当然是大众欢喜吃的家常便饭。

受着时代的伟大的感动，音乐的天才自然会创作大众高兴唱高兴听的音乐；文学的天才自然会写出大众高兴听高兴唱的歌词。从前有人写一首歌要找人做个谱很难，有人做一个谱要找人填一首词也很难，勉强配合起来，好比旧式结婚，总难中意。有时弄出绝大的笑话，开学歌配上出丧的音乐。其实，它们不但是不相配，而且是音乐不成音乐，歌词不成歌词。现在却不同了。一首前进的歌要一位前进的音乐家做个谱，他的谱就恰到好处。一个前进的谱要一位文学家填一首词，他一填就填到天衣无缝。而且唱起来，大众都兴奋。这是因为什么缘故呢？因为制谱者、做歌者、唱者、听者都是遇着同一的大灾难，发生同一的大觉悟，参加同一的大战斗，是必然的唱出同一的大和声。

我所说的音乐天才和文学天才并不是超人的天才。有音乐的天才而实际上不是一个与大众站在一条战线上和大灾难拼命的斗士，他写不出感动大众的乐谱；有文学的天才而实际上不是与大众站在一条战线上和大灾难拼命的斗士，也写不出感动大众的歌词。现在能写大众的歌词的人是比较的多，能写大众的乐谱的人还很少。聂耳先生之死是中国大众音乐的一个最大的损失，几乎是等于音乐之国里失掉一个东北，东北可以收回，聂耳不能复活，这是一件令人伤心的事啊。中国有音乐天才的人数本来也有一些，多数到现在还是站在大众战线之外，享受个人的自由幸福。这些朋友到现在还写不出一件为大众欢迎的作品，这不是很可惜吗？但是我相信，只要他们一加入大众的队伍和民族的大灾难开始拼命，就不啻是聂耳先生一个又一个的复活了。

然而聂耳先生给我们的音乐遗产已经是很可宝贵了。我们的劳苦大众自己创造的山歌也不错。还有好些前进的文学家所写给大众的词也值得感谢。这些人都是把他自己的生命放在大众的战斗里，才把他们的天才发挥出来，写成大众的音乐，大众的诗歌，使大众有东西唱，兴高采烈的唱了又要唱。

大众唱歌之前途

民众歌咏团已往的成绩是值得赞美，以后的前途是更加伟大。现在就我所想到的提出几点意见，供这运动的同志做参考，同时希望大家指教。

（一）改个名字　名字要符合大众语，歌咏的咏字不很通俗，我提议把它改为大众唱歌团。

（二）越多越好　从前韩信将兵多多益善，大众唱歌团的团员和大众是越多越好。少则要做到一千人唱，一万人学；多也不妨一万人唱，十万人学。旧世界只有小巧之美，那大量之美是一个新的观念。我希望大众唱歌能给这“大量之美”或“集体之美”一个深刻而具体的印象。

（三）大众开口　大众到会场上来不是听，乃是学；不是学，乃是学唱。我们只有唱众，没有听众。起首虽是听众，当场变做唱众。这样才能更充分的发挥大众的力量。一群哑巴的大众有什么精神呢？

（四）选歌标准　大众唱歌团所选的歌是要有标准。一要意识前进，二要歌谱有精神，三要歌词不违背大众语。香港民众歌咏团所选的歌曲里就有一两首用文言歌词的，大众唱着调子而不懂得里面的意思，效用是未免要减少些。

（五）到源头上去找　有些不懂事的人把人家的歌曲乱改或是不小心地抄错印错，所以选歌要在源头上去找材料。比如《锄头歌》的第四段是“革命的成功靠锄头，锄头锄头要奋斗”。香港的选本是根据一个改错的本子成了“肩着了锄头要奋斗”。这歌的原意是以锄头代表农人，它是招呼农人要奋斗，并不是叫农人拿着锄头去奋斗。这个选本又把最重要的一首丢掉。这首歌末尾还有一段：“光棍的锄头不中用，联合机器来革命。”倘使这一段丢掉，《锄头歌》之所以赶得上时代的精神，最要紧的还是后头这一段，这如何可以把它丢掉呢？再么，香港唱的调子是改得与原来的不一样。词不可乱改，谱是多年民众精神的结晶，更不可以乱改。百代公司出了一张小先生唱的《锄头舞歌》唱片，是根据原来的山歌的调子收音的，可以做参考。我的主要的意思只是希望大家要谨慎的去找材料，不要轻易的改人家的作品。如果要改，也得先和作者商量，倘若真正青出于蓝而胜于蓝，那是谁也愿意接受的。

（六）追求歌词的意义　在小组练习的时候，每首歌的意思都要讨论清楚。这种讨论会自然的联系到时事的讨论，并引起人家去看前进杂志报章之兴趣。

（七）引起识字的趣味　因为欢喜唱歌就对于歌里的文字发生趣味。我们如果抓住这种机会运用传递先生或小先生的法子教人识字读书，再使识字读书与民族解放联系起来，也是很有益处的。

（八）继续不断的办　照民众歌咏团的办法，每一工厂，每一店铺，每一家庭，每一学校或每一集团，只要有十人以上就可派人去教。这是一个顶好的办法。这种组织应当成为永久的自求长进的组织。因为新的歌曲是川流不息的出来，我们怎么可以中途而废呢？我们要继续的唱，唱到中国独立、平等、自由了才许它告一段落。

（九）军歌要换　我们二百万军队是需要前进的歌曲。不幸得很，他们还是唱着没有多大意思而很难听的老军歌。一个个的军队都应该成为一个大众唱歌团，至少要采用大众唱歌之集体合唱方法，去唱民族解放之战歌。

（十）大众唱歌团下乡　乡下人是欢喜唱歌。暑假、寒假、星期假，大众唱歌团团员应当下乡训练农民大众唱歌，并组织乡村大众唱歌团。乡下的教师如有会音乐的，应当即刻着手提倡乡村大众唱歌团，随时来它一个联村大合唱。

（十一）告音乐天才　有音乐天才的朋友不要把自己的天才在靡靡之音上浪费掉。你们要站在民族的联合战线上来，替大众写乐谱。

（十二）告文学天才　有文学天才的朋友再不要为文学而写文学，也应该加入大众的队伍里来为大众写歌词。

（十三）别抄袭　不要梦想把欧美现成的歌谱拿来填词。我们现在所需要的是半殖民地反抗日本帝国主义的调子，这个调子在欧美的乐谱里是没有的。它是要我们大众队伍里的天才在中国的土壤气候里扶养出来。

（十四）防止麻醉　唱歌是最能启发人的心灵也是最厉害的迷魂汤。从前的宗教家和现在的法西斯都用唱歌来麻醉人。那个德国的福井范格勒便是用音乐代替纳粹党去麻醉大众的所谓音乐家。美国大众上月听说他要到纽约来做乐队总指挥，大众都起来抵制，不听他所指挥的音乐，乐队里的队员也表示不愿接受他的指挥。一个麻醉人的音乐家是这样受大众的鄙弃，我们看了这件事，是格外明白大众音乐所应该走的路。在我们提倡用大众歌曲来唤起大众的时候，说不定有人也想用假的大众歌曲来叫大家再睡睡，睡到亡国再起来。我们要一致留心，这种麻醉的策略，先给它打一支预防针。大众的时代快来到，小众的靡靡之音应该走开，麻醉大众的歌曲是格外应该走开。但空言是无济于事。只要真正的大众歌曲继续不断的创造起来，便如白日中天，什么微生物也要消灭了，让我们努力创造吧！

九　大众的文字*

中国已经到了生死关头，我们必须教育大众组织起来解决国难。但是这教育大众的工作，一开始就遇着一个绝大的难关。这个难关就是方块汉字。方块汉字难认难写难学。每一个人必得花费几年工夫几十几百块钱才学得一点皮毛。一个每天做十二三点钟苦工的大众是没有这些空闲时间，也花不起这许多钱来玩这套把戏。手头字、简字是方块汉字的化身，不是根本的解决；注音字母是为方块汉字注音的工具，不过是方块汉字的附属品；国语罗马字崇奉北平话为国语，名为提倡国语统一，实际上是来它一个北平话独裁。在有闲有钱的人看来，学了一口北平话再用罗马字母读读写写，是不费什么事。但是叫一个上海的、福州的或广州的苦人同时学北平话又学罗马字，那几乎是和学外国话一样的难。国语罗马字又注重声调的符号，把初学的人弄得头昏脑黑。简单的说，中国大众所需要的新文字是拼音的新文字，是没有四声符号麻烦的新文字，是解脱一个地方语的独裁的新文字。这种新文字，现在是已经出现了。当初是在海参崴的华侨制造了拉丁化新文字，实验结果很好。他们的经验学理的结晶便是北方话新

* 本篇原载1936年5月1日《生活教育》第3卷第5期，题为《我们对于推动新文字的意见》。文末有蔡元培、陶行知等606人的签名，最后还有这样一句话："凡是对这个意见书，表示赞同的同胞，请签名并共同提倡，以资普及。"作者在收入本书时将名单略去。

文字方案。但是我们不要误会，海参崴的华侨也是中国人。所以这个方案虽是在外国产生，但还是中国人的作品，是和别的中国留学生华侨的作品一样的不容歧视。现在上海话新文字方案也已经由上海的专家造成发表出来，征求大家的批评。厦门和客家话方案已经编成正在这儿审查。广州、福州、徽州各处方案也正在编制。这些工作是由中国新文字研究会主持进行。

根据上海话新文字方案实验结果，平常人每天费一小时只须半个月工夫，即可写新文字的信，看新文字的报，读新文字的书。聪明些的人两个星期就行；笨一点的人，只须一个月，成绩也不错了。每人所花的，只要三分钱。义务教育培养一个小孩每年平均要花八块九毛钱。民众教育培养一个成人要花一块八毛钱。上海一带运用小先生教汉字每人也要花三毛钱，三万万人的普及最粗浅的初步汉字教育至少就得九千万元。去年教育部筹款办义务教育，努尽了力只筹得三百多万，相差是太大了。倘若推行新文字，每人三分钱，连黄包车夫也出得起。所以就时间金钱两方面来看，新文字是普及大众教育的最经济的文字工具。

有人怕各地方言新文字起来之后会阻碍中国统一。我们详细地把它考察一下，知道这是一种过虑。第一，中国各地方言之不同，不像我们平常所想的那样厉害。因为国内各地方言是汉话与各处土话互相同化克服的结果。它们的不同是有规律的。我们只须把它们彼此不同的规律指出来，大部分是很容易相通的。第二，汉字在名义上是中国统一的文字，但是认得汉字的只是少数人，而多数人是没有文字的。多数人没有文字，除了谈话之外，便不能彼此相通，也不能与认识汉字的小众相通。如果各区的方言新文字传给了各该区的大众，那末区以内的大众便可以彼此相通；该区的知识分子精通几区新文字，甚至于几国文字的总能找出好几位来，搭一个桥，使各区的大众彼此相通并与全国的知识分子相通，与现代世界文化相通。各区的小事只用本区的新文字记载，至于关系国家的大事都可以由知识分子翻译广播出去。所谓知识分子并不限定是高等华人。大众得了新文字的培养，也必然的会在自己的队伍里产生出知识分子，并且运用各区新文字对照的读物，也可以把自己造成沟通各区文化的铁桥。这样一来，新文字不但不至于阻碍中国的统一，而且有力量促进文化的沟通，帮助中国的统一。第三，我们所需要的统一不是抽象的统一，不是幻想的统一，不是制造的统一，而是从实际生活酝酿出来的统一。我们所要的是各区不同生活的血脉流通，而不是勉强各区过同一的生活，说同一的话语，写同一的文字。同一文字的范围是跟着同一生活需要而扩大，决不可以心急。提倡国语的先生们往往幻想出一个公共的需要来推进北平话。他们说："到了需要的公共场合就自然非学国语不可。"我们知道这个公共场合是幻想起来的。在上海大众的公共场合是要用上海话才来得有效。同样的，福州大众的公共场合要用福州话，广州大众的公共场合要用广州话，否则，你就得请人翻译，或者是听众听不懂，等于没有说。可见这"公共场合"四个字只适用于少数的知识分子，只适用于有钱有闲学它几年北平话的小众。要想把小众的公共场合的需要当作大众的公共场合的需要，勉强的要把它们赶快统一起来，并且把这种统一看成天经地义，这只是提倡者的偏爱的幻想。拥护汉字统一的先生们对于这同样的幻想更是强烈的很。这种幻想，自然用不着新文字来阻碍它，就会叫他们失望。第四，现在中国是遇着空前的国难，只有大家一齐起来抵抗，才有生路。中国文化界现阶段最重要的工作是普及民族自救的教育，我们要动员一切工具来进行这个工作。但是在选择工具的时候，我们是必得指出新文字的特大效力。文字好比是交通媒介。汉字好比是独轮车，国语罗马字好比是火车轮船，新文字好比是飞机。坐上新文字的飞机里传布民族自救的教育的时候，就可以知道新文字是不但不阻碍中国统一，而且确有力量帮助唤起大众挽救我们的垂危的祖国。

照以上观点看来，我们觉得这种新文字是值得向全国介绍了，我们深望大家一齐来研究它，推行它，使它成为大众文化和民族解放运动的重要工具。以下是我们所要建议的具体办法：

（一）每一个方言的新文字方案成立后，我们首先要根据这方案编辑最廉价的课本、指导书。

（二）课文编成后即着手运用各级学校：民众学校、识字学校、夜学校、补习学校、讲习会培养新文字教师，凡学会新文字的人都有教人的义务。

（三）为着要使学过新文字的人继续学习起见，我们要出高级课本、报纸、杂志、小说、诗歌、各科小丛书、新文字连环画、新文字字典、北方话与其他方言对照读物。

（四）根据新文字方案创制新文字速写并创制新文字打字机。

（五）对于用汉字编印的书报，我们主张：

甲、文字大众化。

乙、横排。

丙、采用新文字报头。

丁、新文字汉字对照的读物另辟一栏。

（六）除了现在已经发表的北方话与上海话新文字方案之外，我们要继续进行其他各区及少数民族方言的调查，以着手其他各区及少数民族方案之建立。

集 外 文 汇

儿童科学教育*

在二十世纪科学昌明的时代，应当有一个科学的中国。然而科学的中国，谁来负起造就的责任？就是一班小学教师。造成科学的中国，责任大得很啦。小学教师们一定要说："我们负不起这种重大的责任。"别怕。我想，造成科学的中国，也只有小学教师可以负责。因为要建设科学的中国，第一步是要使得中国人个个都知道科学，要使个个人对于科学上发生兴趣。年龄稍大的成人们，对于科学引不起他们的兴趣来。只有在小孩子身上，施以一种科学教育，培养他们科学的兴趣，发展他们科学上的天才。只要在孩子们中培养出像爱迪生那样的几个科学杰出人才，便不难使中国立刻科学化。所以我说要造成科学的中国，责任是在小学教师。但是谈到科学教育，在施行上大家都觉有些难色，因为科学是一种很高深很精微的学问，小学教师的本身，对于科学尚未登堂入室，而要负起科学教育的责任，谈何容易。殊不知科学并不是很难的东西，高深的科学，固然很难研究，但是浅显的科学，我们日常玩着的，人人都会做。我们用科学的教育训练小孩子，譬如叫小孩子爬树。你教人爬树，如果从小教起，到了长大，便会爬到树顶。如果教成年人学爬树，势必爬到皮破血

---

* 本篇系陶行知1932年5月13日在杭州师范学校的演讲记录。演讲后，陶行知当即要他的次子陶晓光等分四桌现场演示科学实验。原载杭州师范学校编《师范教育学术讲座讲演集》（第一辑），1932年6月20日版。

流，非特爬不到顶，并且于他的手足伤害甚多。所以我们必先造就了科学的小孩子，方才有科学的中国。

造成科学的小孩子，向来教师是不注意的。检查过去的事实，父亲母亲倒或有一些帮助。如今我要讲两个故事，一是讲述一个造就科学小孩子的父亲，一是讲述一个造就科学小孩子的母亲。我们不是大家都知道一位大科学家富兰克林（Franklin）吗？富氏是证明天空的电，和我们人工摩擦出来的电是一样的东西。天空的电，可以打死人，富氏于是制成避电针。他是在科学上一位很有贡献的学者。他的父亲是做肥皂和洋烛的，他自己能教小孩子。富氏入校读书不久，便去学手艺。他的父亲任凭他东去看看，西去做做，随意的、自由的去工作，去参观。他愿意做什么，便让他做什么，所以使他对于工厂中的化学和工作很有兴趣。富氏自传中谈起他四十岁然后从事于科学，然而富氏对于科学的兴趣，在很小时候，东看西玩的已经培养成了，这是他父亲的功绩。所以小学教师也须得率领儿童常时到工厂、农场和其他相当的地方去玩玩。

去世不久的爱迪生氏，举世都承认他是一位大科学家。他关于电气上的发明，数目真可惊人。他有一个很好的母亲。他不过进了三个月的学校。在校时，校中的教师，都当他是一个十分顽劣的小孩，所以入校三个月，便把他开除了。爱迪生从此以后也再没有进过学校。他的母亲知道自己的小孩子并非坏东西，反怪校中教师只会教历史、地理，不能适合自己孩子的需要。因为那个时候的爱迪生，十分爱玩科学的把戏，在学校的时候，也只爱玩这一套而不留心学业，所以遭受教师的厌恶。西洋人的家里，都有一个贮藏杂物的地窖，爱迪生即在他家中的地窖里玩他科学的把戏。他在地窖中藏着许多玻璃瓶，瓶里都是藏着化学品，有的药品而且是毒性猛烈的。爱迪生的母亲，起初亦不愿孩子玩那些毒药，要想加以制止，但是不可能，于是也任他去玩了。玩化学上的把戏，须要用钱买药品，爱氏在替他母亲出外买东西时，必定要揩一些油，藏几个钱来，去买药品。后来他做了报贩，在火车上卖报，他卖报赚下来的钱，大部分是去买化学药品的。他并且在火车上堆货包的车棚里，贮藏他的玩意儿，报纸卖完，便躲在车棚里玩他的把戏。有一回，车棚坏了，把他化学的瓶子打破，于是烈火熊熊，把破坏的车棚烧了起来。车上的警士跑来一看，知道是爱迪生出的岔子，于是猛力的向爱氏一个耳刮，把爱氏的耳朵打聋了。后来据他自己说，耳朵聋了以后，反而使他专心科学。

我希望中国的父亲，都学做富兰克林的父亲；中国的母亲，都学做爱迪生的母亲。任凭自己的小孩子去玩把戏，或许在其中可以走出一个爱迪生来。我更希望中国的男教师学做富兰克林的父亲，女教师学做爱迪生的母亲。所以说出这两个故事，作为我提倡科学教育的楔子。

再说我们提倡科学教育该怎样的来干呢？我们的教育向来有许多错误，小时读书便成了小书呆子，做教师时便成了大书呆子。因此我们中国没有什么科学，没有什么爱迪生的产生。不但是中等教育完全是洋八股，就是小学也成了小书呆子的制造场。我们提倡科学，就是要提倡玩把戏，提倡玩科学的把戏。科学的小孩子是从玩科学的把戏中产生出来的。我们要小孩子玩科学的把戏，先要自己将把戏玩给他看。任小孩子自由的去玩，不能加以禁止，不能说玩把戏的孩子是坏蛋。

晋朝时代，江苏宜兴有一位叫周处的，他有些无赖的行为。当时宜兴的父老，称说地方有三害，一是南山猛虎，一是长桥蛟龙，一就是指周处。周处听到了这话，他便杀了猛虎，刺死蛟龙，自己亦改过自新，替地方上除掉三害。我们从事教育的人，也要学做周处，须得自己悔悟，改过自新，再不要教成书呆的小孩子，而要造就科学的小孩子。然则取怎样的态度呢？我可以略为申述我的意见：

（1）每个教师都变成小孩子，加入小孩子队里玩把戏。所谓把戏，并不是上海“大世界”游艺场所玩的把戏。像教师这样的尊严，说加入孩子队中玩把戏，似乎不妥当。然而科学把戏，和别的把戏不同。把戏上面加着科学二字，冠冕得多。教师应当和小孩子一起玩，而且应当引导小孩子一同玩。大世界的把戏是秘密的，科学的把戏是公开的。知道的就告诉学生，能做的就做给学生看，总须热忱的去干。

(2) 我们对于科学的把戏，既是愿意和小孩子一起玩了，但是没有玩的本领那怎么办呢？不要紧，有法儿可想，我们可以找教师，请他教去。我以前曾经写了一首白话诗，诗的第一句说：“宇宙为学校。”此话怎讲？就是想把我们的学校除墙去壁，拆掉藩篱，把学校和社会、和自然联合一起。这样一来，学校的范围广而且大。第二句：“自然是吾师。”大自然便是我们的先生。第三、第四句说：“众生皆同学，书呆不在兹。”这样一来，我们研究切磋的同学很多，学问也因此很广，先生亦复不少。怎样把我们书呆的壳子脱掉？在我个人，中了书呆子的毒很深，要返老还童的再去学习，固然困难，然而我极力还想剥去书呆的一层壳。如今我报告我的几桩经过的事情。有一回，我买了一只表送我的母亲，这表忽然坏了，便送到修钟表匠那里去修理。修表的人说：“要一元六角修费。”我说：“可以，不过我有一个条件，在拆开的时候，我要带领我的小孩子来看你拆。”他于是答应了。修钟表匠约定在明天下午一时。到了那个时候，我带领了四五个人同去，看他修理，看他装。完结的时候，我向修钟表匠说，你们的工具和药水是到什么地方去买的？他以为我们也去开什么修理钟表店，未免抢了他的生意经，所以秘而不宣，随随便便回答我们说是外国来的。我想物件当然是外国来，但是中国店家，当然也有卖处。上海的钟表店，最大的有“亨达利”，我且到亨达利去问声，究竟有否出卖。谁知亨达利的楼上，多是卖修钟表器械和药水的场所，我便买了几样回来。当晚就到小押当里面去买到了一只表，花钱七角。拿回动手开拆，拆时不费多久，一下便拆开了，但是装可装不上去。直到晚上十二点钟，方才成功。于是大家欢天喜地，不亦乐乎。第二、第三天，大家学着做修表拆表的工作，学不多时，好而且快。有一位董先生，他是擅长绘画的，于是叫他拆一部画一部，经此一番工作，而装钟拆钟，全部告成。我们在这一桩事实中，可以说，社会各处都可求获一种技能。钟表店是我们的教室，钟表匠是我们的教师，一元六角便是我们所纳的学费；而我们同去学的儿子、父亲、朋友，都成了同学。回家学习，学习会的，便算对于这一课已经及格。在同道中间，只有我尚不及格，因为我小时手没有训练，书吃得太多，书呆程度太深了。如果我小时候的先生，他用这种方法教我，我不致如此啊！但是我们自己只要肯干，我们的先生很多，不要自己顾虑的。

我如今再举一个例子。南京的晓庄学校，自从停顿以后，校具都没有了。如今晓庄又开学了，几个小学校都已恢复，幼稚园的儿童已有八十多人。我写封信对主办的人说："你们此刻的工作对象，譬如一张白纸，白纸可以随意作画。我希望你们不要乱画。第一笔切须谨慎。"从前孔夫子的讲学，讲堂里没有凳子及桌子；苏格拉底率领弟子在树下讲学，把树根当作椅子。我说这两位先生，有些书呆气，既然没有椅子坐，为什么不自己制作起来呢？如今晓庄学校没有凳子，我们可以请一个木匠来做太先生，教教师和小孩子做凳，而且给以相当的工钱。做一工，或做一张椅子，便给他多少钱。这种工作十二三岁的小孩很会做。所以自己不会教，可以请太先生。有一天我在上海，走过静安寺路，看见一个女人，手提一花络，上面插着许多棕树叶做的好玩东西。这种东西，在小孩子眼光中看来，着实比洋囡囡好看。于是我便把她请到家里，做我们的教师，教了两小时，结果给我都学会了。做几个虾儿，几只蚱蜢，真是孩子们的好玩意儿。这样看起来，七十二行，行行都可做我们的教师。

自己愿意学了，先生有了，但是学校没有钱便怎样办呢？原来大家误会得很，以为施行科学的教育，一定要大大的花一笔钱；不知有些科学不十分花钱，有些教学简直一钱都不要花。我们在无钱的时候，可以做些无钱的科学，玩些不花钱的科学把戏。譬如教小孩子看天文，教小孩子看星宿。天文是一种科学，这种科学，你如果说要花钱，便千百万块钱也可花，因为造一个天文台，置些天文镜及其他仪器，那么百万千万块钱，用去也不嫌其多。说要不花钱的话，我们也可以研究天文，推求时刻和节气。我们两只眼睛，便是一对天文镜；用两根棒，便可做窥视星宿的器具。从前小孩子问他的老师说："先生，这是什么星？"老师只摇着头说道："不知。"如今教师懂得一些科学，知道一些天文，将天空的星宿指点给小孩子看，小孩子一定兴趣浓郁。所以教科学，有钱便做有钱的布置，无钱便做无钱的事业。还有我们可以利用现成的东西，玩我们科学的把戏，譬如一只杯子、一个面盆、一根玻璃管、一张白纸，可以玩二十套科学把戏。其他校中所有的仪器，可以充分利用，火柴废纸都可做玩科学把戏的工具。我们没有玻璃管，便可用芦柴管通个孔来替代。内地如果买不到软木塞，可以用湿棉花来做瓶塞，破布烂纸，都可利用。从不花钱的地方干去，这是很有兴趣的。如果推而广之，学校之外，也可给你去干，那是兴趣更浓了。所以我们没有钱，便拣着没有钱的先干。

我如今再可以举一个例子。上海有一个外国人，他专门研究上海所有的鸟，共历五年之久，如今他著成一本书，就署称《上海的鸟》。此书价格要四块美金。另有一外国人，研究中国南部的鸟，也著了一部书，买起来要花十二三元中国钱。居住在上海的中国人，以为上海人烟稠密，那里有什么鸟。这是他们不留心研究的缘故。据这位外国人的研究，认为上海有四十九种鸟。我们别说上海了，就是内地的乡村，以为除了雀儿、燕子、老鹰、喜鹊四五种鸟之外，没有其他的鸟。这种见地狭窄得很。如果以宇宙为学校，则我们不必在教室中求知识，四处都可以找知识，四处都有相当的材料。要研究鸟类，真不必到什么博物院、动物园中去观察，随时随地都可研究。这位外国先生，他研究鸟的方法，就是在住宅旁边多种些树，树一长大，许多鸟儿便自己送来给他观察。到了冬天，他在树上筑几个窠，留鸟儿们来住宿，庭园里撒些谷类，留过往的鸟类吃点心。夏天置几个水盆，供给鸟儿洗澡。这些研究法，不必花钱，而所得者，都是很真切的知识。

惟在研究科学教育时，有一点要注意、要预防。小学中的教师，捉到一只蝶儿、蚱蜢，便用针一根，活活的钉在一块板上，把它处死，说是做标本。这我以为不对，因为我们观察生物，是要观察活的生物，要观察生物的自然活动。如今将活的生物剥制成死的标本，致将生物学成了死物学，生物陈列所变成僵尸陈列所。我近来曾写信和研究生物学的朋友讨论及此。我以为生物不应当把它处死做标本，只可待他死了以后，再用防腐剂保护它，看作朋友死亡了，保存遗躯留个纪念。把活的东西弄死，太嫌残忍，增长儿童残酷的心理，这是不行的。这种意见，我常与研究生物的朋友讨论，他们都说对，他们和我讨论的时候态度很诚恳，想不至于奚落我罢！上海科学社中养有白鼠，工人要拿几只回去，我不许，恐怕他拿了回去要弄死。我们教小孩子能仁慈，知道爱惜生物，这点是很紧要。达尔文研究生物学，他也不轻易杀害生物。中国老年人多爱惜生物，放生戒杀，虽近迷信，也是仁者胸怀。中国的蛙，向来由政府禁止捕捉的，但是在英国，别说普通人的捕捉，便是生物实验室中想要解剖一只蛙，也要向政府去纳护照。这是很正当的。所以我们要教小孩子养生，不当教小孩子杀生。生物学是一种有兴味的科学，研究起来，也要有许多材料，但是少杀生是要注意的。

我还可以申述我得到的感触。我们知道蛙是从蝌蚪变成的，蝌蚪是粒状，像灵隐的念佛珠般大小。有一天，一个孩子从河边，淘到一群蝌蚪，移殖到天井中的一个小小池潭里，过了几天，蝌蚪生尾了，再过几天，蝌蚪生足了，小孩子观察得很快活。再过几天，蝌蚪挤得一片墨黑。但是不久，一个都没有了，这并不是成了蛙跳走了的，原来都死光了。这是因为蝌蚪长大了，还是蹲在小潭里，生活条件不适合，所以非死不可。如果我们抱着宇宙即学校的观念，那么野外的池塘，便是我们蛙的实验所，我们要看蝌蚪的变化，我们就时常到那个池塘里去看，为什么要把蝌蚪捉到家中来呢？我们任凭生物在大自然安居乐业，过它们的生活。要观察便率领小孩到自然界去观察。我们须把我们学校的范围扩展，海阔天空便是一个整个的学校。这样一来，所观察的也就比较真确可靠，生物学也不致成为死物学。不然，要讲蛙时，便捞取许多蝌蚪，养育在学校中所备的缸或瓶里，结果死得精光。我希望这样的科学教育不能提倡，否则科学教育提倡得愈利害，杀死的生物愈多，恐怕蝌蚪死尽，中国的蛙便绝迹了。

所以提倡科学教育，有一点很要注意。欧洲大战，人家都说是科学教育的结果。科学教育之提倡，徒使人类互相残杀。中国无科学，真是中国的长处。这是不信任科学、怀疑科学那一部分人的话。还有一部分人迷信科学，自己终日埋头的研究科学，然而忘了人类，所以拼命在科学上创造些杀人的利器。这实在错误之极。我们须知科学是一种工具，犹如一柄锋利的刀，刀可杀人，也可切菜；我们不能因为刀可杀人废弃不用，也不能专用刀去杀人，须要用刀来作切菜之用，做其有益人类的工作。科学是要谋大众幸福，解除大众苦痛。我们教小孩子科学，不要叫小孩子做少数富人的奴隶，要做大众的天使。不是徒供少数人的利用和享受，当使社会普遍的民众多受其实惠。应当用科学来养生，不当用科学来杀生。这是提倡科学教育最紧要的一点。

仍在不辍研究中的“活的教育”*

诸位同工：我的尊称诸位为同工，因为这“同工”二字很含意义，与我向来所研究的教育很相符。我国的教育历来只是教员教书，学生读书，刻板式的自古迄今不稍变易，就是读死书、死读书、读书死，因此弄成整个死的教育！惟有工作的教育才是活的。

我们与同工，同为新中国的创造者，工作大同小异，殊途同归。所以称为同工，是很有意思的。

晓庄停办已三年了，在这停办的时期中，我们仍然不辍的研究，满望这活的教育在中国得以实现。

晓庄是在国民革命军未到南京之前的旬日就开幕了，那日是三月十五日吧。开学时，只有四个帐幕，在天空的底下张搭；头上顶着青天，足下立着地球。东西南北的四极，就是我们的围墙；宇宙中的形形色色，就是我们的书本。我们无课室，社会就是课室；我们无学校，天地就是学校。谁都可以来入学！无形式范围的限制，所以不枯燥不困穷，亦不至于读死书。

我们晓庄教育的原则，是生活即教育。要先使有好的生活，才能得到好的教育；如社会上的生活，无条理、无目的的乱七八糟，那便要以教育去改造它。例如关坐在课室里，念改良劳动生

* 本篇原载1932年6月20日《消息》。

活的课本，而不身临其境，做个实地的试验者，终是不能明白了解的。

还有教学做合一，亦是晓庄的基本原则。就是会者教，不会者学；如何做，则如何教，亦如何学。曾有一首小诗说：“人生两块宝，双手与大脑”，旧时代可以动手不用脑，新时代则非脑手并用不可。光学而不做，或是光教而不做，都不是彻底的教育。王阳明说，“知为行之始，行为知之成”，我说，“行为知之始，知为行之成”。譬如骑脚踏车，不骑上脚踏车，不知车轮的如何转动；待骑上了车，始知道骑脚踏车的学识。骑大国的车亦是如此。训政须于运动上训练，民权须由实行做起，须得使四万万人都实行为主人翁，将民权交与人民之手，而加以训练才是。若一辈子不敢以民权交与人民，则人民将一辈子不知民权，谁都不会实行民权了。

本人不是单提倡实践，而轻看书本者。不过我们要用活书、活用书、用书活，以书本为工具，将书本置于两旁，而最要者还是做。拿书本与社会相对照，非为读书而读书，亦非因科学而科学。我还有一首小诗，形容读书说：“用书如用刀，不快便须磨；呆磨不切菜，何以见婆婆？”整日大磨其刀，连婆婆都饿死了，磨刀又何用？

晓庄的出发点是为爱心，爱人类、爱民族、爱三万万的村农。城市并不是不需要教育，惟城市的人民不如村农之多，故应先为多数者求出路。

晓庄教育的实施，第一点是侧重于自然的训练，亦可以说就是自然的科学。我们仿照罗马征服全欧的政策。罗马军到处首倡的两件事：就是第一掘井，第二筑路。我们校中掘有泉井一处，这井非但供给校内的饮喝，同时亦是公开的给村民取用。井小人多，井水时常不敷应用，而争来打水的人，几乎夜以继昼。我们因此请各村众，每家派出代表一人，以解决这困难的问题，号为“孔明团”。恰巧那天推举的主席，是一个十三岁的小孩，然而他倒很称职。第一幕就是代表中的一位太太发表意见，她说："我们人每日要休息，井亦应该有休息，日夜打水不有停止的时候，如何叫井生出水来？"此外相继发表意见者不少，都很自然。第二幕结果就是表决了四条决议案：第一，人要睡，井亦要多的"睡"，从下午七时起至次日早晨五时止，是井睡的时间，不能打水，违者罚洋一元。第二，先来先打，后来后打，不能争夺，违者罚洋半元。第三，派检察员一位，监视一切。第四，另凿新井一处，以相调剂，费用由大家公认，又将罚下来的钱，做凿井之用。从此以后，井水就永无枯涸之时。在这里，我们至少可得到下列四点结论：（一）社会即学校，能集中之，其力甚伟。（二）不可轻视乡下的老少，他们的头脑很清明而简单。（三）须要良好的领导者（孔明团之中须有诸葛亮）。（四）民权要实际拿在手内，才可以说训练。

第二点是生活即教育。一次，我们到了一爿修理钟表店，将表一只给与修理，而同时带了几位学生在旁看那表匠的装拆。回家以后，我们就着手学那表匠的动作，试拆试装。起初虽然很难，然而历数小时以后亦就完事了，并且同去的几个学生都统统学会。所不会者，只有我一个人，大概是因为吃书缘故，否则就是因为年纪大了，不肯细心劳神，亦说不定。

第三点是教学做合一。会的教，不会的学，七十二行，行行都有先生。即如上所提的钟表店就是学校，表匠就是先生。忆得晓庄中因无绘画教员，但是我们因为要编印课本，其中必须有许多图画才行，不得已我们均自己动手。开头当然涂鸦般不像样子，可是久而久之，便成老手，并且咸能熟中生巧，很能惟妙惟肖。我们总计前后所学的，不下五百余种。滑稽的说：就是五百余套的科学把戏，由科学的实验，而得到实验的结果。这是教学做合一。

对于乡村教育的一个新建议*

——乡村工学团之试验

乡村工学团是一个小工场，一个小学校，一个小社会。在这里面包含着生产的意义，长进的意义，平等互助、自卫卫人的意义。它是将工场、学校、社会打成一片，产生了一个改造乡村的富有生活力的新细胞。

乡村工学团由儿童组成的，称为乡村儿童工学团；由青年组成的，称为乡村青年工学团。青年的定义不根据年龄而根据求学的态度。老年人而有青年求学精神者，得入乡村青年工学团。

中华民族已经到了生死关头，我们要想起死回生，整个的民族须以最敏捷的手段，实施下列六大训练：

（一）普遍的军事训练；

（二）普遍的生产训练；

（三）普遍的科学训练；

（四）普遍的识字训练；

（五）普遍的民权训练；

（六）普遍的人种改造训练。

乡村工学团要将上列六大训练，具体而微的在自己乡村里尽

* 本篇写于1932年夏，载同年11月14日《光华半月刊》第3期。本文收入方与严编，1946年9月重庆民联书局初版的《陶行知教育论文选辑》时，补上了“一个乡村工学团第一年最低限度的概算”7项，改题为《乡村工学团试验初步计划说明书》。

量推进，把自己的乡村，造成中华民国的健全分子，并与全国一百万乡村联合起来，推进这六大训练，以造成一个伟大的、令人敬爱的中华民国。乡村工学团所采取之方法，与传统的方法根本不同。现撮要列举如下：

（一）传统的方法，是学校与社会隔离；乡村工学团主张以社会为学校。

（二）传统的方法，是生活与教育分家；乡村工学团主张生活即教育。

（三）传统的方法，把师生的界限分得太严；乡村工学团主张会的教人，不会的跟人学。我们跟农人学种田，农人跟我们学科学，这是相师相学的意思。我们还可以教大徒弟去教小徒弟，七十二行都有资格做先生，都有资格做太上先生。先生既多，学问自广。

（四）传统的方法，是先生教而不做，学生学而不做；乡村工学团主张先生在做上教，学生在做上学。教与学都以做为中心，这便是教学做合一之要义。

（五）传统的方法，是教劳心者不劳力，不教劳力者劳心；乡村工学团主张在劳力上劳心，才算真正的做，否则便是瞎做瞎学瞎教了。

（六）传统的方法，教人先费几年，把知识装满了再去行；乡村工学团主张“行是知之始”，我们要在行动上去追求真知识，有行的勇敢，才有知的收获。

（七）传统的方法，是教少数人升官发财；乡村工学团主张与大众共甘苦，同休戚，以取得整个中华民族之出路。

乡村工学团之主体，是本村之真农人。所谓真农人，是靠自己动手种地吃饭的人。我们所以要有这一个条件，是防备这件重要事业，落在坏人的手里，作为个人利益的工具。村外同志，只处于推动、赞助、辅导的地位。这种村外的推动、赞助、辅导，只适合本村需要的时期为限。推动的宗旨在求本村之自动；赞助之宗旨在求本村之自助；辅导之宗旨在求本村之自导。乡村改造运动者，最忌代替农人做；因为代替农人做得太多太久，农人仍旧不会自己做。农人不会自己做，终是无补于大局。我们要想农人自动、自助、自导的来改造他们的村庄，必须在发动的时候有此认识。从村外同志的发动，到本村完成主体健全之组织，其移转之步骤如下：

第一步骤　创办时，发起人组织乡村改造社，掌管筹款、用人、指导事宜，同时认识本村真正农人。

第二步骤　由真正农人产生董事会，接受改造社助款，聘任总指导，再由总指导聘任指导员。

第三步骤　本村工学团经济独立，改造社得以此款创办他村的工学团。

乡村工学团以充分运用本村固有之力量为原则。凡新时代生活所必需而为本村所无的，才运用外来力量。例如房屋，则以租借公共建筑物为原则，非到不得已时必不建造新屋；实验农场，则特约开通农友自办，不必买地。运动场之类，则租用荒地开辟。自卫武器，亦从集合本村原有武器，徐图扩充。甚至于小孩们用的桌凳，亦可由家中搬来使用，以待自造新的家具；虽一时外观不甚整齐，但惟有肯下如此决心，才能打破装饰品的教育。这样开办费必可减到极少，使得腾出余款从事生产一类的重要活动。

乡村工学团，可从事指导员之培养。其培养方法，则采艺友制。所谓艺友制，即在一种艺术上做朋友的意思。我们可以欢迎有志青年下乡，在办工学团上学办工学团。

附：

乡村工学团，事属创举，预算难以证确。现在第一个工学团的试办地址，尚在寻觅中，何种农艺宜加改良，何种工艺宜加提倡，必须候至具体村庄找着后才能细算。一个乡村工学团第一年最低限度的概算如后：

（一）通过指导薪金	九六〇元
（二）生产业指导薪金	九六〇元
（三）普及生产工具设备	一五〇〇元
（四）生产流动资本	一〇〇〇元
（五）修理费	三〇〇元
（六）租金	二八〇元
（七）乡村工学团指导员培养费	一〇〇〇元

上列预算，系依据最低需要而定。如果在同一工学团里增加事业或在他处加设工学团，则数目可以酌增。

国难与教育*

我们知道，教育的目的，在于解决问题，所以不能解决问题的，不是真教育。不能解决国难问题的，尤其不是真教育。我们一定有了真教育，才能对付国难。教育是什么？教育就是力的表现，力的变化。实则整个宇宙，也就是一个力的表现，力的变化的过程。我们现在要解除国难，先要有力量，因为我们力量不充分，所以才不能对付国难。因此，我们要对付国难，就须以教育为手段，使我们的力量起了变化，把不能对付国难的力量，变成能够对付国难的力量，这才能达到目的。

力量发生了变化，其大小之比较，可分别如下：就是少数人的力，比不上多数人的力；空谈的力，比不上行动的力；散漫的力，比不上组织的力；被动的力，比不上自动的力；头脑的力，比不上手脑并用的力。

我国的传统教育和现行的教育，只能造成少数人的力，空谈的力，散漫的力，被动的力，头脑的力。我们从此要改造教育，使教育普及于大众；使受教育者都能实践力行，从行动上去求得真知识，并使大众组织起来，自动去做他们的事；而仅用脑的知

* 本篇是1932年8月30日陶行知在上海沪江大学的演讲纪要。记录者：持大。摘自《陶行知与新中国教育》一文。记录者在文中说：陶行知的全篇演讲如详细记录下来，至少有五六千字，"只举出他的纲领，并没有记录他的解释"。本文原载《南华评论》，转引自孙铭勋、戴自俺编《晓庄批判》，1933年3月上海儿童书局版。

识分子，要使他们变成兼用手的工人，仅用手的工人、农人等都变成兼用脑的知识分子。这才能把少数人的力，变成多数人的力；空谈的力，变成行动的力；散漫的力，变成组织的力；被动的力，变成自动的力；仅用脑和仅用手的力，变成脑手并用的力。于是我们就可以造成极伟大的民族力量，来解除一切国难。

从教育上谋国难的出路*

——手脑并用

教育是解决问题的，如教育而不能解决问题，那就不算教育。那末教育究竟是什么呢？简单一句话，教育就是力的表现或变化。世界是力创造的，所以解决困难也必须拿力来才行。用力有以下几个定律：

1. 小的力敌不住大的力——以往传统的教育，因为专在少数人身上施行培养的工夫，所以产生不出力量。

2. 散漫的敌不过有组织的力量——散漫完全是由封建教育造成的，不过谈到组织要小心，切勿走上乡绅之路。所以第一要紧的，是直接认识自食其力的真农人，惟有如此才能使组织生出力量。

真农人真工人和假农人假工人的分，可以从下面的两个人看得出。

陶侃每天把砖由屋内搬出，然后再搬进去。他虽在工作，却不是真工人，因为他不靠做工吃饭，乃靠做官吃饭。

《儒林外史》上的王冕是真农人，因为他虽读书，却不靠读书吃饭。

3. 行动强于空谈——谈后继以行动，那就不算空谈。书本上得不到什么力量，惟有从行动上得来的真知识，才是真的力量。

* 本篇原载1932年9月20日《消息》。

王阳明的话我可以把他翻半个——180度的筋斗，意思就是把他的话来个倒栽葱。他说“知是行之始，行是知之成”，我的倒转法就是“行是知之始，知是行之成”。爱迪生是由试验才把电灯发明成功。婴儿明白火烫手，也是从实际经验得来。所以教育应培养行动，应当培养知识。

4. 被动敌不过自动——中国现在的教育完全是被动的，所以产生一种坏的现象，就是有的说而不动，有的简直不敢动。例如有人到乡间去办学办医院，这是替他们做事，所以不会生出力量。这好比小宝宝，由老祖母得到的抚摸一样。所以最要改的，是深入民间与他们同工。例如你同十人同工，走后还有九人能继下去，不然工作要停顿。所以惟有加入他们的队伍，才能把地狱变成合理的人间。

5. 用头脑不及手脑并用的力量大——读书人只能想出许多解决困难的方法，但却生不出力量。

传统教育的矛盾，可由孔老先生[①]来作总代表。他是地主，所以他说：“君子谋道不谋食。”他骂劳农是小人，然而他却说“非小人莫养君子”，这是多么的无赖。他又是好吃懒做的人，所以一个农人对子路骂他是“四体不勤，五谷不分”。“割不正”[②]一段话，很可代表他的好吃。“民可使由之不可使知之”，这是他所主张的教育。中国从这位老先生以来，可说完全造成了一个书呆国家。

总之，人所以比禽兽厉害，就因为他有手，手能打仗、能生产、能建设，也能创造。所以如是大家想应付困难，就当竭力把知识分子变成工人，把工人变成知识分子。小孩要注意并指导他竭力运用手的活动。

一个母亲把弄坏一只表的小儿痛打一顿，这与小儿无关，倒把一个小的爱迪生打死了。

歌：

第一歌

我是小工人，
我有双手万能；
我要造富的社会，
不造富的个人。

第二歌

我是小盘古，
我不怕吃苦；
我要开辟新天地，
看我手中双斧。

第三歌

人生两个宝，
双手与大脑。
用脑不用手，
快要被打倒；
用手不用脑，
饭也吃不饱。
手脑都会用，
才算开辟天地的大好佬。

所以四万万人，若都能用脑来指挥手，手来变化脑，那么组织起来，必能生惊人的力量，那时应付日本，一定不难。

注释

① 孔老先生　指孔子。

② 割不正　语出《论语·乡党篇第十》。孔子对食物有一大套讲究，说“食不厌精，脍不厌细”。如食物不新鲜，颜色，气味烹调不好都不吃，并且“割不正，不食”，即肉切得不方正也不吃。

目前中国教育的两条路线*

——教劳心者劳力，教劳力者劳心

中国有四千余年的历史，二千余年的文化，照理讲来应该站在时代的最前线。为什么现在不但不能和欧美各国并驾齐驱，而且还处处跟人不上？这个原因固很复杂，但是过去教育政策的失败，可以算是主因。

从前的教育是传统政策，单教劳心者，不教劳力者。《孟子》上有说："劳心者治人，劳力者治于人。"从这里就可以看得很透彻了。

一般的知识阶级，他们是劳心而不劳力，读书而不做工，所以形成了"书呆子"。教书的人是"教死书"，"死教书"，"教书死"；读书的人是"读死书"，"死读书"，"读书死"。充其量只是做一个活书橱，贩卖知识而已。除此之外，他们的一双手总是不肯拿来使用。我们常常可以看见一般老先生们的手，老是叉在袖内，现在的新学辈却因洋衣袖太狭叉不进去，所以换个方式叉在裤袋里。这可以十足地表现出来中国的知识阶级是不肯用他们的贵手来与农工合作的。现在有一段故事把它引来说说，更可以明白些：二千年前孔老夫子有一次跑到乡间，有个农家儿子要请教老夫子学农圃的事。老夫子答应得他好，你要学农圃的事，

---

* 本篇系陶行知在国立暨南大学教育学系的演讲记录，记录者：严格。原载1932年11月28日福建教育厅《教育周刊》第137期。

可以跟老农去学好了；我是教人读书的，不晓得农圃的事。由此可见一斑了。

农工阶级呢？他们是劳力而不劳心，做工而不读书，所以形成了“田呆子”。他们只知道“做死工”，“死做工”，“做工死”。除此之外，什么事情都可以不管，就使天翻地覆了，他们也只以为半天下雨，不知来由。他们受尽了剥削，还不知道什么道理，只是听天由命，叹几声命运的舛蹇而已。从前山东在张宗昌为督军时，连年饥馑，而张宗昌又极搜刮之能事，人民困厄，莫可言宣。但是当时的人民，反不知道这个原因究在哪里，只是晓得叩天求神来消除灾苦：试问哪里可以得到安慰？言之可悲而又可怜!

中国因为有了“书呆子”和“田呆子”，所以形成了一个“呆子”国家。读书的人除劳心以外，不去劳力，除读书以外，不去做工，以致不能生产。他们寄生在社会上，只是衣架饭囊，为社会国家蝥蠹。中国目前的坏，坏在哪里？可以说完全是坏在这一班人身上。做工的人除劳力以外，不去劳心，除做工以外，不去读书，以致不能自保其利益，而受他人的横搜直刮。要他们做国家的主人翁，那更是在做梦。

中国现在危机四伏，存亡一缕。做成这个的原因，就是这山穷水尽的传统教育。我们要挽回国家的危亡，必须打破传统的教育而寻生路。我觉得目前中国的教育只有两条路线可以走得通：

（1）教劳心者劳力——教读书的人做工；

（2）教劳力者劳心——教做工的人读书。

站在现在的时代前，劳心不劳力的固然不行，劳力不劳心的也是不行。中国比不上外国，原因即在乎此。现在英美法意日俄的教育都注意到教劳心的人劳力，教劳力的人劳心，尤以俄国为显现。中国的教育自然也应该走这两条路线——教读书的人做工，教做工的人读书。

中国读书的人不去生利，是一个极不好的现象。现在的教育者要把他们的头脑灌输成科学化，使他们为自己创造，为社会创造，为国家创造，为民族创造。更要把他们的一双手解放开来，使他们为自己生利，为社会生利，为国家生利，为民族生利，这才是对的。南通中学现在应了这个要求，招了六十个学生，先行试试脑手同训练。他们一星期上课，一星期做工，每日工作六小时，所做的工作为金工、土工、木工、竹工，甚至磨豆腐、包面包都来。实行了半年之后，考查他们的学业，程度和其他学生相等，不过教学差些。这六十个学生，既然能够做工，并且能赶得上他们的学业，这是他们已经把两手解放了。我希望他们学校当局推广之，都实行这种工读的设计，同时更希望全国学校都采用，尤其是对于高等教育更为必要。

中国做工的人，不去求知，这也是一个极大的缺憾。无论哪一个国家的工人比中国的工人程度总要胜过一筹，这是事实，无须我们置辩的。因此我国的工人也就只配作被支配的阶级，做被剥削的民众。若要拿“主人翁”的一等金交椅给他们坐，他们是无所措其手足。所以教做工的人读书，是最重要的，而且是刻不容缓的。

现在已经把用脑的人要用手，用手的人要用脑的理由说过了。希望我们负有教育责任的人，都要注意注意。现在还有一首诗拿来劝劝大家手脑并用：

人生两个宝，
双手与大脑。
用脑不用手，
快要被打倒；
用手不用脑，
饭也吃不饱。
手脑都会用，
才算是开天辟地的大好佬。

山海工学团创立文件*

呈为设立实验乡村学校，遵照部颁规程订定校董会章，仰祈鉴核备案事：窃以乡村教育为建国要图之一，非实验无以确定进行之路线，立廷[①]等历年研究所得，深信工学团为一最有效力之教育方法，亦即最有效力之乡村改造方法。所谓工学团即同时是一个工场，一个学校，一个团体，在这里面是包含着生产的意义，长进的意义，平等互助、自卫卫人的意义。本校实验即以工学团为中心，并参用下列七种主张：（一）社会即学校；（二）生活即教育；（三）相学相师，会者教人，不会者跟人学；（四）先生在做上教，学生在做上学，教与学都以做为中心；（五）在劳力上劳心；（六）行是知之始；（七）与大众共甘苦，同休戚，以取得整个中华民族之出路。拟以余庆桥[②]二华里内之村庄为初步实验区域。此区域位在上海特别市与宝山县之交界处，故定名“山海实验乡村学校”。现已筹得的款，聘有专家，从事筹备。兹拟订校董会章程，连同表式一份，遵章呈请钧局鉴核，准予设立；一面自当遵照规程，依序呈请立案。除呈报上海市教育局外，谨呈

宝山县教育局局长冯。

计呈校董会章程一张，表式一份，履历片四张。

---

* 本篇是陶行知写的呈文，原载1934年3月1日《生活教育》第1卷第2期。

私立山海实验乡村学校创办人　陈立廷

陶知行

沈嗣庄

丁柱中

中华民国二十一年十一月　日

附一：私立山海实验乡村学校校董会章程

第一条　本校设校董会，主持本校一切进行方针。

第二条　本校董会设董事九人，其中至少五人，由学校所在地之农人任之。

第三条　本校董会董事任期三年。惟第一任之董事任期一年、二年、三年者各三人，于第一次开董事会时抽签定之。三年后凡董事出缺，均由校董会补选任之。

第四条　本校董会设董事长、副董事长、书记、会计各一人，由董事互选任之。惟董事长必须是真农人，方能当选。

第五条　本校董会之职权如下：

一、规定本校教育方针及进行计划；

二、任免校长；

三、核准校长关于任免人员之建议；

四、审核预算决算；

五、监察全校实施状况与成绩；

六、审核各种重要规程；

七、报告校务进行，每学期一次；

八、筹集经费；

九、其他重要事项。

第六条　本校董会定期会每年两次，于一月、七月第二个星期六中午举行，遇有重要事故，得由董事长召集临时会。

第七条 本校董会董事均为名誉职，但赴会得照支旅费。

第八条 本章程如有不适或未尽之处，经本校校董会董事三分之二以上通过及创办人之同意得修改之。

注释

① 立廷 即陈立廷。

② 余庆桥 现属宝山县。

附二：宝山县政府批文

宝山县政府训令　　第250号　　令教育局

为令行事：案奉

江苏省教育厅，第400号指令——本府呈一件，为转呈筹备山海实验乡村学校祈核示由——内开："呈暨附件均悉。该创办人等热心兴学，改进乡村，殊堪嘉尚。核查所呈校董会用表及校董会章程，均与部颁私立学校规程之规定，尚无不合，应准设立。仰即转饬遵照。此令！"等因，附件存。奉此，合行令仰该局长转饬知照。此令！

中华民国二十二年一月二十一日 县长金庆章。

科学训练要从幼稚园开始*

幼稚园要开辟新路径，要创造新材料。现有的故事、游戏、歌曲等，都得重新改造。公主、王子的童话，时代已经过去了。叫小孩子爬在地上做猫捉老鼠的游戏，是要有极干净的地板才好做的。狼来了！狼来了！快些跑！快些跑！这一类的歌曲，简直把小羊的两只角砍掉了。用极精致的纸印刷极美丽的图来给小孩子认字，这是不适宜于大多数的一般的幼稚园。福氏和蒙氏的恩物①从前我们在晓庄时是没有，因为那时以为要花一百多块钱才可以到美国去买来。但是，现在我已经在徐家角②自己制造出来了。这两套恩物，我们虽然不同，但我们不能不知道它的用法。科学的训练是很重要，但是现在的一般幼稚园里是很少的。

注释

① 福氏和蒙氏的恩物　指德国学前教育家福禄培尔（1782—1852）于1837年创制的具有教育意义的儿童活动玩具和意大利幼儿教育家蒙台梭利（1870—1952）为使儿童的各种感官得到训练而创制的一套教具。“恩物”系福禄培尔

---

* 本篇是1932年12月陶行知与孙铭勋的谈话，由孙铭勋记录。原载孙铭勋、戴自俺等编著《晓庄幼稚教育》，1934年上海儿童书局版。

对他创制的儿童活动玩具的称谓。

② 徐家角　指上海徐家角乔民山庄。该山庄为陶行知所租用，专供从事于研究普及大众教育事业的人员之用。

手脑相长*

近来我在报纸上发表了卖艺的广告。过后不久就接得中社[①]一封信：请我于民国二十二年元旦正午的时候来演讲。我很高兴，不过社会上有许多人或尚对我怀疑。有一位朋友做了一首小诗，替我卖艺取一个名字叫做“水门汀文艺”。这位朋友告诉我的意思是很深的。譬如有人在新世界门口水门汀上写了一大篇文字，说因为没有路费回家，求人解囊相助。我觉得这个名字很好，非常欢迎。这是对于我卖艺的解释。其次，刚才李先生问我：卖艺的生意好不好？我不敢说不好，因我说不好，人家不相信。有人要问我：为什么你要卖艺？今天我也要报告一下。在我的卖艺广告里有一句说：“乡下先生难度日。”要晓得乡下先生有许许多多人难度日，不只我一个乡下先生难度日。中国现在有许多人不得日子过。我的卖艺广告是等于一个报告，使人家都知道乡下先生都难度日，就如那陶知行也在卖艺了。我有一首诗描写乡下先生的苦况，现在可来背一下：

“生长三家村，去来五里店。知己遍天下，终身不相见。雪花飞满天，身上犹无棉。一天吃两顿，有油没有盐；有油

* 本篇是陶行知1933年1月在上海中社的演讲。记录者：张书庚。原载1933年1月16日《新社会》半月刊第4卷第2号。

没有盐，饿肚看水仙。试问甜后苦，何如苦后甜。进城来索薪，轮流候茶园；薪水领不着，大家凑茶钱。爸爸长叹气，妈妈也埋怨。已经三十岁，还没有家眷。”

现在乡下先生只有三条路好走：（一）要么饿死，（二）要么革命，（三）要么去投河。在这种情形之下有十几万人没有把他们的出路问题解决。不过他们本身的问题不能在他们本身上解决。农民生活的问题没有解决，乡村教师的生活问题就不会解决。

我本来无产阶级出身，后来出洋回来渐渐变成了中产阶级中人。现在却由中产阶级渐渐地流落到无产阶级了。所以我对于中产阶级与无产阶级的情形都知道一点。我有一种信仰和决心：要从中产阶级不爬上去，而要爬下来。其实爬下来就是爬上去。要爬上去就要落下来。我为什么要走这一条路？可把我的一段历史来简单说一说：我在中产阶级登峰造极的时候，就是当中华文化教育基金委员会的干事，每月有四百元薪水、一百元公费。当时我家里的几个小孩子一起变成了少爷，没有小姐，因为我没有女孩子。他们添饭有人，铺床折被也有人。我小时候尚做些事，而他们现在一些事不做，将来大的时候不得了。慢慢享福惯了害我自己是小事，害这些小孩子是不得了的。因老妈子和佣人把我们小孩子的手都变坏了，成了无用的手；把我的小孩子的脚也变坏了，成了无用的脚。小时候不能动手用脚，大的时候当然一切事要别人做；小的时候做惯少爷，大的时候当然做老爷。我以为世界上最有贡献的人只有一种，就是头脑能指挥手指行动的人。中国都是用头脑的人不用手，用手的人不用头脑。年成虽好，农民生计仍很苦，这因为他们的头脑不会去想。一般人读书都是读死书，死读书，读死书。日本人打进来了，我们只会喊口号。可是我们干了几十年，到现在所用的电灯，所坐的汽车，都是外国人做的。我们自己不会造出来，这是什么缘故？这为了书呆子不去干科学的事业，因他不用手去试验，不用手去创造。一定要四万万人用手推动机器，才能把中华民国创造起来。头脑帮手生长，手帮头脑生长。

中国有两种病。一种是“软手软脚病”’一种是“笨头笨脑病”。害“软手软脚病”的人，便是读书人，他的头脑一定靠不住，是呆头呆脑的。而一般工人农民都是害的“笨头笨脑病”，所以都是粗手粗脚。一个人要有贡献于社会，一定要手与脑缔结大同盟。然后，可以创造，可以发明，可以建设国家，可以把东三省拿回来！要东三省拿回来，没有这么容易，必须要用手去拿回来！

老妈子和佣人天天替代我的小孩子的手，使他们的手都变成无用的手，故我决心把五百元一月的干事职位不要了，去当一百元一月的校长。②我们学校里没有一个听差，没有一个斋夫，各事都是学生自己干。我写了两首歌，一首是勉励学生的，一首是戒人不要做双料少爷。

> 第一首：“滴自己的汗，吃自己的饭；自己的事自己干。靠天靠祖上，不算是好汉！”
>
> 第二首：“自从家父做老爷，人人呼我阔少爷。谁知我还是自倒洗脸水，远不如进个学堂儿。上课看情书，下课拜小姐；不高兴闹个风潮儿，直要教员怕我如同儿子怕爹爹！请看今日卖国贼，哪一个不是当年的双料少爷！”

上面两首歌，一首是建设论，一首是破坏论。我们学校里没有听差，结果很好。男学生挑水烧饭，女学生倒马桶。饭是很好吃，为什么马桶不好倒？当那女学生初来投考我们的学校，我先要问她一声，愿意不愿意倒马桶？愿意倒马桶的来学。虽然倒马桶不能救国，但是它的进一步的意思很深。能倒马桶，小姐的架子打破了！她的一双手拿出来了，将来会玩出比外国更好的电灯出来，会玩出比外国更好的汽车出来，会玩出比外国更好的飞机出来。

至于各种人的手，如穿马褂子的人的一双手都缩拢在袖管里；穿西装的人的双手都插在裤袋里；老先生的一双手指甲留得长长，成一种曲线美，双手镶在袖管里；女学生的一双手都用手套子套了起来。因一双可以创造的手，套起来了，故把中华民国一起都套进去了，不能出头!

现在再讲脚。脚也要动动。从前女子绕小脚，用布包包。现在学外国新法绕小脚，应用几何学原理，高跟皮鞋就是一种几何三角形的道理。穿了这种皮鞋，脚不易走动了，弄得不好，就要跌跤。这样的女国民，能与日本去奋斗吗？多一个人穿高跟皮鞋，就是少一个人去奋斗。要解放脚，非打倒高跟皮鞋不可。要解放手，非打倒手套不可。新近我写了一首歌，知道的人已很多了。现在再来背一下：

人生两个宝，双手与大脑。用脑不用手，快要被打倒；用手不用脑，饭都吃不饱。手脑都会用，方是开天辟地的大好佬。

这大好佬，人人都会做! 只要两只手拿出来用就行。中华民国不是几千个人几万个人所能做得好的。一定要四万万人都来推动机器，才可创造成功! 这非用手不可。

脑与手没有力量，因血脉不相联通。我下了两帖药，叫它们的血脉联通起来。第一帖药名叫“脑化手”，使人人都有脑筋变化过的手。还有一帖要给无产阶级的农人和工人吃的，药的名字叫“手化脑”，就是一面用手，一面要有思想。倘然就把用脑不用手的人的呆头呆脑拿来装过去却是不配的。几百年来，瞎子教育的成绩证明我们的一双手可以变化我们的脑筋。手做了工，脑筋就变化了。一经变化之后，手与脑筋互相长进。怎样变化的法子，我可举一个例子来说明。我在上海办过一个小小的试验。就大场[3]地方租了一间房子，里面的凳子都是从乡下人那边借来用一下。我们要自己学来做，请了一个木匠师傅来。不当他小工，当他一位太上先生，由我这大书呆子带了一班小书呆子跟他学。我对他说："我们工钱不少你的，工钱照你的工作分配，所有四十只凳子一齐由你做好，我们一钱不给你。你能教会了一个书呆子做凳子，就有一个凳子的工钱。你教会了两个书呆子做凳子，就有两个凳子的工钱。"现在凳子都已做起来了，这样各人的手一用过后，自己买了一样科学仪器，自己就能仿造了。对这件事我已写了一首小诗：

> "他是木匠，我是先生。先生学木匠，木匠学先生。学学学，我变了木匠，他变了木匠先生。"

脑筋与手联合起来，才可产生力量，把"弱"与"愚"都可去掉。手与脑联起来，即有力量了。力量要在哪一方面表现出来？我以为力量要从两方面表现出来：

（一）要叫力量武装起来。全国的国民，武装了才有力量。这种力量才能广大。不说别的，就拿广西来说罢。据广西的民政厅长雷殷与新近从广西考察还沪的杜重远先生等讲，都很清楚，他们广西那边只有八个字，"寓兵于团，寓将于学"。过去的一年，已练成三十六万民团。预计五年可练二百万民团。不是个人来当民团，是个个人背了枪来干。各地的县长就是武装的团长。全省正式军队只有两师（即五万人）。他们把省下来的钱培养人民武力。老实说，日本人未来上海之前，他们早已在训练民团，整个的省份武装起来了。现在已经有成效。民众团体化、纪律化、武装起来，才能做中华民国的主人翁，才能消灭内战，才能打破外来的帝国主义侵略。几时日本兵要到北平？我们不知道。不过谁敢说日本兵不来？所以我们应该有这种准备！

（二）力量不只在武力上表现，还要在生产上表现。要有计划的组织的生产。一般年纪大的人，再要学起来很难，可是我们不要忘记我们的小孩子。有几个小孩子的，总得让他们多受一些科学的训练与生产的训练，从小的时候教起来。我们自己做一些粗工，不要老妈子和佣人去做，小孩子见了，也会跟着大人做了。我有几首儿童歌，是包含使儿童有创造的意思，现在背出来：

我是小盘古，不怕吃苦；我要开辟新天地，看我手中双斧！（《小盘古》）

我是小牛顿，让人说我笨；我要用我的头脑，向大自然追问。（《小牛顿》）

我是小孙文，我有革命精神；我要打倒帝国主义，像个球儿打滚。（《小孙文》）

我是小工人，我有双手万能；我要造富的社会，不造富的个人。（《小工人》）

今天所讲的可归纳为三点：（一）脑与手联合起来才能产生力量；（二）力量要在自卫政策上表现出来；（三）科学生产上头才把这力量表现出来。西洋人的耳朵只听得进的一个字，就是“力”字。你有力，他们听你；你没有力，他们不听你。

现在，我还有四句话要说，就是：

“不愿做工的，不配吃饭；不愿抵抗的，不算好汉。”

今天是我卖讲的头一回，也可说今天是我的处女讲。

注释

① 中社　即上海威海卫路656号（公寓）。1934—1936年秋，中国普及教育助成会筹备会曾设在此处。陶行知常来此主持工作，并作演讲。

② 指任晓庄试验乡村师范学校校长。

③ 大场　地名。属上海市宝山县，山海工学团所在地。

创造的教育*

诸位同学：

我今天的讲题是“创造的教育”。

什么是创造的教育？先说明“创造”两个字的意义。我举两个例子来说吧。鲁滨孙漂流到荒岛上去，口渴了，白天他走到海边用手去捧水喝，到黑夜里就没有办法了。他偶尔在灶的旁边，看见经火烧过的泥土，硬得如石子一样。他想到软的土经火烧了，就成坚固且硬的东西，于是他把土做成三个瓶子，放入火中去烧，烧碎了一个，其余的两个可以满满的盛着水。于是他口渴的问题完全解决了。我们把这件事分析起来，可以发现三点：他把手捧水喝，到黑夜发生了困难，是他的行动；发现泥土经过火烧变成坚固且硬的东西，也是他的行动；把泥土塑成了瓶，希望同烧过的土一样的坚固，是他的思想。结果，他瓶子盛水的计划成功了，是新价值的产生。由行动而发生思想，由思想产生新价值，这就是创造的过程。这个例子是“物质的创造”。再如《红楼梦》上刘姥姥游大观园，贾母请客，后来唤了二只船来，贾母同媳妇人等在前船先行，宝玉同姊妹们在后船后行。河内余满着破残荷叶，宝玉的船划不快，追不上前船。宝玉心里非常忿怒，

* 本篇系陶行知在上海大夏大学的演讲记录。记录者：华炜生。原载1933年3月《教育建设》第5集。

马上要铲光破荷叶。薛宝钗说："现在仆人们很忙碌，等他们空了，再叫他们铲除吧！"林黛玉说："我平生最不喜欢李义山的诗，只有一句还可以。"宝玉问她究竟是哪一句呢？黛玉说，"留得残荷听雨声"一句。宝玉一想，觉得破荷叶很有用处，就不再要铲荷叶了。这个例子中，船行到荷叶中去，是行动；破荷叶妨碍行船，是行动；林黛玉提出李义山的诗句，是思想；宝玉心中厌恶的破荷叶，一变而为可爱的天然乐器，是产生了新的价值。这种新观念的成立，是"心理的创造"。

我现在再讲行动，关于教育上的行动。中国现在的教育是关门来干的，只有思想，没有行动的。教员们教死书，死教书，教书死；学生们读死书，死读书，读书死。所以那种教育是死的教育，不是行动的教育。我们知道王阳明先生是提倡"知行合一"说的，他说"知是行之始，行是知之成"。他的意思是先要脑袋里装满了学问，方才可以行动。所以大家都认为学校是求知的地方，社会是行动的地方，好像学校与社会是漠不相关的，以致造成一班只知而不行的书呆子。所以阳明先生的二句话，很可以代表中国数千年的传统教育的思想。现在我要把他的话翻半个筋斗。如果翻一个筋斗，岂非仍是还原吗，所以叫他翻半个筋斗，就是说："行是知之始，知是行之成。"例如爱迪生发明电灯，不是从前的人告诉他的，是玩把戏而偶然发现的。小孩子不敢碰洋灯泡，是他弄火烫痛的经验；至于妈妈告诉他火是烫人的，不过使小孩子格外清楚一些。所以要有知识，是要从行动中去求来，不行动而求到的知识，是靠不住的。有人告诉你这是白的，那是黑的，你不行动，就不能知道哪个是真，哪个是假。有行动的勇敢，才有真知识的收获。书本子的东西，不过告诉你别人得来的知识。有许多人著书，东抄西袭，这种抄袭成章的知识，不是自己知识的贡献。你能行动，行动才生困难，想法解决了困难，才是真知识的获得。我现在介绍杜威先生思想的反省（Reflectria of Thinking）中的五个步骤：（一）感觉困难；（二）

审查困难所在；（三）设法去解决；（四）择一去尝试；（五）屡试屡验，得到结论。我的意思，要在“感觉困难”上边添一步：“行动”。因为惟其行动，到行不通的时候，方才觉得困难，困难而求解决，于是有新价值的产生。所以我说行动是老子，思想是儿子，创造是孙子。你要有孙子，非先有老子、儿子不可，这是一贯下来的。但是我们知道，单独的行动，也是不能创造的，如中国农夫耕种的方法，几千年来，间有小小的改良外，其余的都是墨守陈规，毫无创造。还有许多书呆子，书尽管读得多，也不能创造。所以要创造，非你在用脑的时候，同时用手去实验，用手的时候，同时用脑去想不可。手和脑在一块儿干，是创造教育的开始；手脑双全，是创造教育的目的。孟子说：“劳心者治人，劳力者治于人。”这是孟子当时的教育思想。时至今日，这种传统的思想已经起了一个极大的地震，渐渐的在那里崩溃了。我最近读了世界许多有名科学家的传记，觉得有发明的人，都是以头脑指挥他的行动，以行动的经验来充实他的头脑。中国的所谓学者，他们擅长的是高谈阔论，作空文章；而做劳工的人，又不读书，不肯用脑。所以一辈子在这种传统习尚下过生活，大科学家、大发明家哪里会产生？现在我们知道了，劳工教育啦，平民教育啦，都是时见时闻的。但是情势一变，“反动”、“嫌疑”等等名目都加上来，你就陷于四面碰壁的绝境。有许多教育界很有声望的、无阻无碍的人，他们又不愿去干，以致这种教育至今还尚在萌芽时代。

行动的教育，要从小的时候就干起。要解放小孩的自由，让他做有意思的活动，开展他们的天才。至于我们一辈，从小是受传统教育的熏陶，到现在觉悟起来，成为一个半路出家的和尚。和尚是半路出家，他往往会想起他的家来。例如不吃鸦片的人，一见鸦片就生厌恶，但吃过鸦片的人，虽然戒了，至少对它有相当的感情。我们小的时候，有天赋的行动本能，不过一切工作都被仆人们代做去了，被慈善的妈妈代做去了。稍长一些，我们到小学校去读书，有阎罗王般的教师坐在上面，不许我们动一动。中学和大学的课程是呆呆的订死在那里，你要动亦不得动。到现在始费尽九牛二虎之力，挣扎着改变久受束缚的人生，还不能回复自然的行动本能。但是我们不要灰心，时机也并不算晚，佛兰克林四十几岁才发明了电呢！[①]不过行动的教育，应当从小就要干起，因为小孩子还没有斫丧他行动的本能，小小的孩子，就是将来小小的科学家。假使我们给小孩子自由行动，我相信千百孩子之中，一定有一个小孩是天才，是一个创造者、发明者。爱迪生小时候，是个很喜欢行动的小孩子。当时美国的教育，也同中国一样，小学教员是禁止小孩子活动的。爱迪生违反了教师的训条，就蒙到"坏蛋"的声名，不到三个月，爱迪生被"坏蛋"的空气逼走了。爱迪生的母亲不服气，她以为她的儿子并不是"坏蛋"，"蛋"并没有"坏"，她就教他先在地窖里研究化学，后来研究物理，结果成了一个闻名的科学家。所以爱迪生的成功，幸而有他的妈妈，否则老早就把他的天才牺牲了。牛顿生下来的时候，小到像小老鼠一只，体重只有三磅。看护妇去请医生的时候，很不高兴的说："这样小老鼠一般大的东西，等到医生来，早已一命归天了。"岂料小老鼠一般的东西，就是以后闻名的科学家，还活到八十多岁呢。据说牛顿小的时候，并不聪明。可见小孩子的时代，很难看得出哪一个是天才的儿童。

四月四号是世界儿童节，中华慈幼协会[②]请我编了四支儿童歌：

（一）小盘古

我是小盘古，
我不怕吃苦；
我要开辟新天地，
看我手中双斧。

（二）小孙文

我是小孙文，
我有革命精神；
我要打倒帝国主义，
像个球儿打滚。

（三）小牛顿

我是小牛顿，
让人说我笨；
我要用我的头脑，
向大自然追问。

（四）小工人

我是小工人，
我有双手万能；
我要造富的社会，
不造富的个人。

我们要打倒传统的教育，同时要提倡创造的教育。他的办法是怎样呢？我们知道，传统的教育，他们一个教室容纳四五十人，试问教师的力量有多么大，能够完全去推动全级学生？所以就发生了教育方法上的错误。我们现在的办法是教师教大徒弟，大徒弟再去教小徒弟，先生在上了几堂课以后，鉴别了几个较有天才，聪明的大徒弟。以后教师就专门去教大徒弟，所以他的精神容易去推动他们，学问也容易灌输到他们头脑中去。大徒弟再把他所得到的，分别的去教那些小徒弟。学生们很活动的去找寻知识，解释困难，贡献他所求得的知识，先生不过站在旁边的地位略加指点而已。我们认为这种教育，是行动的教育。有行动才能得到知识，有知识才能创造，有创造才有热烈的兴趣。所以我们主张“行动”是中国教育的开始，“创造”是中国教育的完成。我曾经参观过一个学校，这个学校是小孩子办的。我问他们说：“你们是大小孩子教小小孩子吗？”有一个小孩子回答说：“是的，不过有许多时候小小孩子也教大小孩子呢。”我说：“你的话是对的，是真理，比我的意见更进一层。”现在中国传统教育下的知识阶级，根本就看不起小孩子，看不起农人、工人。但是试问他们的力量有多么大？倭奴侵占我们的东三省，你有力量赶走他吗？不可能！我们要启发小孩子，启发农人、工人，运用大多数人的力量，才能够去创造，才能救国雪耻。我来举一个例子，证明农人的力量并不弱。从前我办一个学校，在校的旁边凿了一口井，专门供给学校用水的。有一年大旱，乡村中旁的井水都汲干了，所以乡民都集中到校旁井内来汲。后来这口井也涸竭了，于是我们校里，因为水的恐慌开了一个会。当时有人主张，把井收回自用。我不以为然。我说：“我们的学校，是以社会作学校的，不应该把社会圈出于学校之外。假如这样，我们将来推广农事和民众教育就不容易办了。用水既是大众的事，还不如请大众共同来解决。”于是请各村庄每家派一个代表，男的、女的、小孩子在十三岁以上的都可以，没有多少时候，礼堂上已挤满了代表。我们教员们，自觉居于孔明的地位，三个臭皮匠合做一个诸葛亮的地位，所以黄龙宝座的主席，推了一个十三岁的小孩子。我们略略讲了几条会场规则之后，就正式开会。那一天的会，非常有精彩、有力量，当时发言最多且最好者，要推老太婆！好！我们来听有一个老太婆的宏论。她说人是要睡觉的，井也是要睡觉呢；井不让它睡觉，一辈子就没有水吃。所以当时一致议决井要睡觉。自下午七时起至翌晨五时止，不得唤醒井，违者罚大洋一元，作修井之用。当这个老太婆发言未完，另有一个老太婆，也想立起来发言，就有第三个老太婆牵牵她的衣襟，制止她的发言，说：“不是方才先生说过的吗？”你想他们非但能够自治，而且还能管理他人，所以当时会场发言的人非常多，秩序还是一丝不乱的。他们讨论了好久，还制成几条议案：第二条就是汲水的程序，先到者先汲，后到者后汲，违者罚大洋五角，作修井之用；第三条就是再开凿一井，把太平天国时留下淤塞的废井加以开凿，经费富者多捐，贫者少捐，茶店、豆腐店也多捐一些；其四，推举奉天刘君世厚为监察委员，掌理罚款，调解纠纷。结果，一个大钱都没有罚到，因为这是出于农人自动的议决，所以大家能遵守。你看农人的力量是多么大，他们的话多么的公正和有效，这种问题来的时候，岂是少数人所能干得了吗？不过他们的旁边，还是需有孔明在那里指示，否则恐怕到如今，井还没有开凿成功。所以创造的教育应该启发农人、工人、学生、……使他们得真的知识，才是真的创造。

其次我要讲的：现在中国的教育组织，是不能创造的。我们可以分两种来说：第一种是，学校是学校，社会是社会。他们认为学校是求知的地方，社会是行动的地方；他们说读书不忘救国，救国不忘读书。日本人的炮弹已经飞到他们面前，还是子曰子曰读他的书，这种教育是亡了中国还不够的。第二种，他们已经觉得学校是离不开社会的，所以他们主张“学校社会化”。他们想把社会的一切，都请到学校里来，所以学校里什么都有：公安局啦，卫生局啦，市政厅啦，什么都有。但是他们所做的与社会依旧是隔膜的。况且学校有多么大，能够包罗万象？他们的学校好像大的鸟笼，把鸟儿捉到笼里来养，又好像一只大缸，把鱼儿捉到缸里来养。结果鸟儿过不来鸟笼的生活，死了；鱼儿过不来鱼缸的生活，死了。所以这种似是而非的教育是不自然的、虚伪的和无力量的，也不是创造的教育。创造的教育是怎样呢？就是“以社会为学校”、“学校和社会打成一片”，彼此之间，很难识别的。社会含有学校的意味，学校含有社会的意味。我们要把学校的围墙拆去，那么才可与社会沟通。这种围墙不是真的围墙，是各人心中的心墙。各人把他的感情、态度从以前传统教育那边改变过来，解放起来。实则这种教育，只要有决心去干，是很容易办到的。例如大夏大学的附近有许多村庄，庄上的人，都是散漫的，无教育的。假使我们把学校与村庄沟通，大学生都负责去创造新村，村上的人，都接受到知识，形成活泼的有力量有生命的村庄，再把全中国所有的村庄联合起来，构成一个有大生命的中国，民众的力量可以集中，国难也可共赴。这样做去，要普及教育，一年就可以成功。我们自近而后远，先小而后大，着手办去，把小孩子、农人、工人都培养起来，这才是创造教育的目的。中国现在的教育不是平等发展的，是畸形发展的：一方面有博士、硕士；一方面有一大群无知识的民众。迟滞的表示不出多大贡献。

现在我再要讲，创造的教育是以生活为教育，就是生活中才可求到教育。教育是从生活中得来的，虽然书也是求知之一种工具，但生活中随处是工具，都是教育。况且一个人有整个的生活，才可得整个的教育。举个例来说吧，有一个儿子，他是喜欢赌博的，他的母亲训斥他。不过他的母亲却悄悄地到邻舍去赌博了，他在窗内看见他的母亲赌博，于是也到别处去赌博了。这个孩子过的是赌博生活，受的是赌博教育，不期而然而成赌博的人生。某学校反对我“生活即教育”的主张，我去参观他们的学校，适逢吃饭的时候。他们的饭菜是有等级的，厨子巴结先生，先生的菜特别好，学生的菜，简直坏之不堪。他们请我在先生一桌吃饭，我愿意同学生一块儿吃。学生的饭菜坏到怎样呢？他们名为一碗肉，肉仅在碗面上有几小块，学生在未下箸的时候，目光炯炯地早已看准那最大的一块，一下箸，一碗饭还没有吃完，而菜已吃得精光了。这种饕餮的状态，无形中在饭堂里更造成了许多小军阀。这个学校，是不把吃饭问题归入教育范围之内的。有许多学校对于男女学生的恋爱，他们是讳莫如深，但恋爱问题，往往闹遍在学校里。现在生活的教育是怎样呢？我们知道恋爱、吃饭等问题都是非常重要的。所以，恋爱先生我怕你，请你进来；吃饭先生我怕你，请你进来：我们一块儿干吧！我们的教育非但要教，并且要学要做。教而不学，学而不做，叫做“忘三”。我们要能够做，做的最高境界就是创造。我们要能够学，学从生活中去学，只知学而不知做，就不是真的学。我们要能够教，教要教得其所，要有整个的教育，平等的行动的教育，不要像现在畸形的教育。有人说我的创造教育，不成其为学校，我做了一首诗：“谁说非学校，就算非学校。依样画葫芦，简直太无聊。”

注释

① 佛兰克林四十几岁才发明了电　指富兰克林在研究大气电方面曾作出贡献，发明了避雷针。

② 中华慈幼协会　以完善幼儿保育为宗旨的慈善团体，为朱其慧筹创。

棉花与教育*

今天讲的题目是："棉花与教育"。

现在的情形，是棉花自棉花，教育自教育。棉花是什么？大家都懂得。教育是什么？诸位先生都能懂得，可是几位老农不懂。"教育"是教人多见识，教人会做。"棉花教育"四个字，先生都认得，老农也应当认得。"棉花教育"，我们今天把这四个字都认得了。

譬如说：棉花在这里，教育在那边，两个不生关系，不讲话。今天棉花与教育要干一下子，怎么干？譬如说：这位是棉花，我是教育，我们今天要联合起来，要拉拉手，好像一个男人一个女人，从前是不讲话的，现在要讲话，要结婚了。棉花是家主公，教育是家主婆，家主公与家主婆，组成一个家庭。

方才冯迈樱先生讲生产教育，和这意思有一些相同。男女两人结婚以后，就要生小孩，棉花和教育结婚之后，也要生东西。它们结婚之后，那末棉花要生得好，生得多；小孩也教得好，教得多。这话怎么讲？

现在一般人种棉花，种法不好，把种子随便撒，乱七八糟。

* 本篇原载《地方教育》副刊之一《教育与农村》第29期。《地方教育》系江苏各县筹备义务教育联合办事处编辑。《教育与农村》由该处附设普及教育实验区编行。这是陶行知在该实验区下属的宝山实验农民教育馆的讲话。时间当在1933年8月16日以后山海沈家楼棉花工学团诞生不久。记录者：朱学典、王浩英。

朱阜山先生告诉我，用条播来种，今年一亩棉花要比普通的多收三块钱。条播是新法子，新法子就是教育。用这新法子，一亩棉花就多收三块钱。棉花与教育结婚之后，一亩的棉花就要多收三块钱，就是使棉花的生产增加!

季钟和先生告诉我，他说："这儿的棉花一亩不止多收三块钱，每一棵的棉花子儿有二十个以上。我们平常没有这么多，平常一亩田收八十斤算是很好了吧？季先生种的一亩要收二百斤。平常一亩棉花卖十块钱，季先生因为棉花与教育结婚之后，一亩可得二十五块钱，比大家多十五块钱。所以教育的好方法一进来，棉花的生产就多了！这是一亩田的算法。方才冯局长报告过，宝山有二十万亩棉花，假如这二十万亩棉花一起和教育结婚，合起来要收多少钱？现在算他顶好的年成收一百万元，假如每一亩都用新法子种，那就可收二百五十万元，不是好极了吗？宝山一县，一年要多出一百五十万块银子。这数目岂不惊人？这数目给一个人数要多时候可以数了？假如一百块钱数一分钟，我们来算一算，一分钟数一百块钱，一点钟数六千，一天十个钟头去数，只可数六万，十天数六十万，一个月才能数了这个数目。现在，这个钱在哪里？只要农友受教育，和教育拉手，那钱就一块块的到我们荷包里了。

我还要讲：棉花与教育结婚之后，学校里的小孩也要多起来了。宝山有一百个学堂，一百个学堂有九千多学生；宝山人口有十六万，学龄儿童至少有一万六千，现在入学的只有九千，还有七千多的儿童没有进学校。宝山全县的教育经费是十三万，假使叫这些儿童都进学堂，就要增加十万块钱。但照现在的情形要增加这个数目是不成功的。棉花和教育结婚之后，就可增加一百五十万的收入，大家总可出些钱，到那时不是可以增加一百个学堂吗？这样一来，读书的人也多了，县政府里的钱也多了，不是很好的吗？

这十三万块钱是哪儿来的？都是从你们荷包里拿出来的，现在你们的荷包拿不出钱来，所以有七千多的儿童不能入学。将来你们多收了一百五十万，不是大家都可以拿出钱来办学堂了吗？

还有许多小孩，因为家里穷，不能进学堂；如果他们用季先生的法子来种棉花，用条播种，去年收一百元，今年就收二百五十元，去年叫小孩拾煤球、牧牛，今年可以叫他们入学堂求知识了。因为你们今年多了一百多块钱，家境好得多了！

所以棉花和教育结婚之后，教育就可以普及。现在空口说普及是不可能了，要棉花与教育结婚，教育才能普及！所以我们一携手之后，我也好，他也好，子子孙孙都好。

今天我们来做什么的？来听讲吗？不是，今天是好日子，是来吃喜酒的，我们是做喜事。是农友们和先生们结婚，这里是礼堂，学校是女家，农家是男宅，教育是女性，教育应当跟农田走。今天是喜事，过了今天之后，我就要预备向你们讨吃红蛋，因为棉花的收成好了！

从前宝山有位袁观澜先生。大家都知道，他在本县做了两件好事，但还没有做完。第一件事是义务教育，他的意思要全宝山的小孩都受义务教育；第二件事是创办植棉试验场。场办得很好，学校也办得很好，现在时候已经到了，应当快快结婚。我是什么人？我是媒人。冯先生是什么人？冯先生是主婚人。我是媒人兼证婚人。我们要把棉花弄好，要把教育弄好，要使棉花改进，教育也改进，这就可创造新的宝山！

孔子有句话，说“富而后教”，我不以为然。一般人以为先教育再使其富，这也不对。我以为要一面教育一面使他富才对！诸位先生担任的学校附近，大概都有棉花的吧？那么每一个学校，顶好都要做成一个媒人，使棉花与教育结婚。因为先生们能够看书，新的知识容易得到，先生们看到了新的法子，就要告诉农友，教他们去种。每一个学校，就在那一块地方做一地介绍人，每一个学校里面，必得有一个教育对于棉花有特殊的兴趣，继续不断的做介绍的工作。这是一件积德的事！因为目前教育经费非常困难，我们要想教育经费有办法，就要增加农友们的生产。要使农友们的生产增加，我们就要做介绍的工作，使得种棉的方法进步。

我们知道达材小学的郭先生，他现在就在做这工作，用条播的方法去指导农友们。他的成绩很好，因为他们已结婚。他是老前辈，今天他是来观礼的。

还有许多地方，我们也要设法介绍。前天我介绍山海工学团的先生来参观这里的棉花。山海工学团是一个为农人服务的机关。他们在八月九日带了十五个农友到这里来参观，回去之后，就组织了一个棉花工学团，过了一个礼拜，又有三十多个农友加入到工学团里，最近加入的更多。所以在山海地方，棉花工学团，已经有好几十家，大家都想试种条播，改良棉花。我希望宝山一百个学校，至少每校须成立一个棉花工学团，那末宝山全县就有一百个棉花工学团成立起来。

现在我要讲一讲“工学团”三个字的意思。

工是什么？“工”就是做工。譬如种棉花就是工。学是什么？“学”就是科学的知识，像选种等，都是学。团是什么？“团”就是团结，就是要有组织。为什么要团？举一个例子：像种棉花用的条播机，每一架要二十块钱，如果你买一架，他也买一架，那末像山海地方有三十家人家，每家买一架，就要六百块钱。“团”了以后，只要合举一架，就够用了。这样花的代价只有二十块钱，比之六百块钱，就可以省五百八十块钱。换句话说，“团”了一下就有五百八十元的代价，这就是“团”的好处。还有像卖棉花，一个人单独卖和几家人家合起来卖，每担可以多一块钱。所以一切的事业，都要“团”，“团”了以后，用的可以省，赚的可以多。我们为什么打不过日本？因为一个人一条心，不能团结。日兵打到东三省，北平的人在那里看；打到上海，四川的人在那里看。中国人因为这样的不团结，所以受人家的欺侮，如果大家都团结了，日本决不敢再来欺侮我们。所以

“团”是非常要紧的。

我希望每一个学校，都要组织一个棉花工学团，棉花工学团是棉花与教育组织的新家庭。

方才我说：我是做媒人的，媒人的责任，只要使你们结婚，等到你们结婚之后，我的责任就算尽了。以后，我要看你们如何组织、推行、改进？我要看一百五十万块雪白的银子，如何跑进你们的荷包？如果大家都能努力下去，那末新的宝山出现了，新的中国也出现了。到那时，我很愿意到这里来吃一个红蛋。

为农人服务的方针和做学问的方法*

诸位到乡下来，要定一个方针。方针是什么？方针是指导我们的方向。工学团为什么办在乡村里？工学团是为农人服务，帮助农人解除痛苦，帮助农人增进幸福。这是从晓庄到这里一贯的方针。

所以诸位到乡村里，要有一定方针。不是说在城市里做不到绅士，来到乡村里做绅士的；也不是说到乡村里做隐士，把乡村当做桃花源；更不是说城里少爷小姐多，乡村里也要少爷小姐来做点缀品。到乡村里来，完全为农人服务。每天每人自问：为农人服务没有？自己做学问，和农人发生直接或间接的关系没有？

这里有两种人：一是农人的孩子；一是从别处来的孩子。这个地方没有升官发财的机会。这里只有一个共同的目标，就是为农人服务。合乎这个目标，在这里过生活有意思的；不合乎这个目标，不必勉强在这里。大家想一想：有没有讨厌农人或农人的孩子的心思？

做学问最要紧的是定目标，没有目标，自己觉得无聊。工学团为农人活，为农人死，和农人共甘苦，同休戚。什么是真农人？靠自己动手种田吃饭的人是农人，是真农人！

---

* 本篇系陶行知1933年9月16日对山海少年工学团的谈话记录。摘自马侣贤、戴自俺等编著的《山海工学团》（1934年11月上海儿童书局版）一书。本篇与侣朋著的《小先生的信（第七封）》所记内容基本相同。

怎样做学问？做学问的方法，我自己用的方法：

（一）做学问要有先生指导。谁是我的先生？农人教我种田，农妇教我养蚕，木匠司务教我做桌凳，裁缝司务教我做衣服，字典教我认字，七十二行都能教我，都是我的先生。比方你们有问题问我，给我用脑筋来思索，来解决问题，我自己不也是在求长进吗？我做了一首歌，送给南京自动小学：

> 奇怪奇怪真奇怪，小孩自动教小孩。
> 七十二行皆先生，先生不在学如在。

先生越多，学问越大。学养鸡学养蜂的，就要拜鸡、蜂做先生，鸡、蜂是我们的太上先生。世界上头一个会养蜂的人，他的学问是跟蜂学的，是拜蜂为太上先生。

（二）自己求得学问，要告诉别人。有许多人，学问很大，只是每天坐在沙发上享福，不愿传给别人。我们要五分钟前认识的字，五分钟后就传给别人。先生多，自己学问广；学生多，社会可进步。这里是农村社会，学问来自世界，学问还给农人。

（三）求学问的技术。做学问要有改卷的先生，改卷的先生是谁？自己和书本合起来是先生。普通学校改卷的先生，每人多则一百本卷子，少则四五十本卷子。晚间急忙的改好，已到深夜十时了，唉声叹气，弄得头昏脑胀，实际对学生毫无效果。我们要改变一下才好。比方初学英文时选择一本教科书，第一要听熟、背熟、写熟；第二不间断；第三自己会了教不会的人。教别人自己也会长进，这叫做“以教人者教己”。从前我推广平民教育时有首歌：“你教我，我教他，他又教他。”循环教，上算不吃亏的。这样继续半年至一年，再采第二部方法：选一本最好的英文书，一本字典和一本最好的汉译书，一面看英文，一面翻译，把自己翻译的文字和汉译本比较看。这样继续不断的做下去，进步一定很快。

还有每个人定计划，有计划的生活是有计划的教育。工作不要太散漫，也不要太紧张，要有一定的计划。没有计划，把应做的重要事情丢掉，同时反养成懒惰。有计划的生活，不要太忙，也不要太闲。

为新安小学儿童旅行团拟的计划*

要参观的地方

一、帝国主义侵略之路线与证据：

1. 黄浦滩。
2. 海关。
3. 工部局。
4. 领事馆。
5. 外国银行——汇丰。
6. 外国工厂——美国烟工厂、日本纱厂、电力公司、自来水公司。
7. 殖民地中的外国儿童教育——日本小学、美国小学、法国小学。
8. 殖民地中的中国儿童教育——新闸路小学。
9. 洋泾浜章程的租界。
10. 租界的扩大——越界筑路。

二、帝国主义残暴的痕迹：

1. 五卅惨案的南京路。

---

* 本篇拟于1933年10月25日，载1935年4月上海儿童书局版《我们的旅行记》。

2. 一·二八惨案的北四川路、天通庵。

3. 闸北、江湾、吴淞。

三、中国资本主义的发展：

1. 金融机关——中国银行、上海银行。

2. 工厂——康源制罐厂、天原电化厂、大华无线电公司。

四、社会教育学术机关：

1. 中华职业学校。

2. 傅兰雅盲哑学校。

3. 闸北平民教养院。

4. 中央农业实验所。

5. 中央医学院。

6. 中央研究院。

7. 各大学。

8. 商务印书馆。

9. 世界书局。

10. 申报馆。

11. 时事新报馆。

12. 儿童科学通讯学校。

13. 晨更工学团。

14. 山海工学团。

五、娱乐场所：

1. 电影院——选看中外好影片。

2. 天蟾舞台。

3. 先施乐园。

4. 大世界。

5. 中华口琴会。

6. 听音乐。

六、消闲场所：

1. 跑马厅。

2. 跑狗场。

3. 公园——法国公园、外滩公园、兆丰公园、虹口公园。

七、海京伯马戏场：

1. 看马戏——动物教育。

2. 参观兽苑。

八、中国的上海：

1. 市政府。

2. 文庙路。

3. 小东门路。

4. 中山大马路。

5. 乡镇——西湾镇、北新泾。

九、中外宗教场所：

1. 城隍庙。

2. 文庙。

3. 天主堂。

4. 慕尔堂。

5. 基督教青年会。

6. 佛教会。

十、下层民众生活场所：

1. 码头工人。

2. 火车站工人。

3. 工厂工人。

4. 工人住宅。

5. 小菜场。

6. 苏州河船家。

7. 马路上的乞丐。

8. 四马路夜里的野妓。

9. 建筑工人。

参观要看真形*

你们来沪参观，不是随便看看人家这里好、那里好，末了就说他是一个刮刮叫的学校、工厂。我们不能这样，我们要把他的根本、不同的内容，找出来，就可以看出他的真面目了。就拿某某小学来说，要看出他的真形，不然就要被他的外象迷住。

现在我正在替你们介绍到外面的机关、学校、工厂去演讲，每次可以得五元或十元的代价。十一月一日就有地方请你们去演讲。到那里演讲时，先唱一首《锄头歌》，然后再着人上去讲，讲完，再唱一首《镰刀歌》就行了。

* 1933年10月，江苏淮安镇新安小学的7个小朋友自动组织儿童旅行团旅沪，受到陶行知无微不至的关怀和具体指导。本篇是陶行知10月26日对新安儿童旅行团的谈话记录。记录者：张俊卿。摘自1935年4月上海儿童书局版《我们的旅行记》中《讨论参观场地和到科学通讯学校》一文。

旧的平民教养院和新的平民教养院*

旧的平民教养院，是一班伪慈善家干的把戏。所谓“平”，是我有钱你没有钱，你就是平民；“教”是我教你这样，你不敢那样；“养”是我有钱有饭吃，你没钱没饭吃，我养你。新的平民教养院，“平”是路不平应当把它铲平；“教”是自己教自己；“养”是自己做工，自己养自己。……中国的一百个学校，有九十九个在造书呆子和少爷小姐，他们是“读死书，死读书，读书死”。现在的工厂，也是同样的“做死工，死做工，做工死”。我们现在应该“做活工，活做工，做工活”！……

现在他们七个人[①]是自动的到上海来，他们是“读活书，活读书，读书活”！他们到上海是读的上海的书，今天到贵院，就是读平民教养院一课。

……现在有许多许多的人在吃苦，而他们的境遇怎样？所以“能吃苦即无苦境”[②]这句话是不对的。

注释

①“他们七个人”　指新安儿童旅行团的7个小朋友：左义华（即左林）、

---

* 本篇是陶行知1933年10月27日陪同新安儿童旅行团参观上海闸北教养院时的演讲。记录者：杨永鑫。摘自1935年4月上海儿童书局版《我们的旅行记》中《到平民教养院演讲》一文。

程昌林、靖秉铨、杨永鑫、靖秉铎、刘昭朗、张俊卿。

②“能吃苦即无苦境”　这句话是平民教养院二门上对联的一句话。

农工教育对于社会改造的重要*

我们试看基督教对于本题有什么指导和可以给我们做参考的资料。

《罗马书》第十三章一至十三节说："在上有权柄的，人人当顺服他。因为没有权柄不是出于上帝的。凡掌权的都是上帝所命的。所以抗拒掌权的，就是抗拒上帝的命。抗拒的必自取刑罚。……"到如今，此为基督教的一派人的看法。若按照保罗这样说法，那么，纵使我们的头像萝卜似的被砍，也不应当响一声。

再瞧基督教另一派人的看法。《雅各书》第五章第四节说："工人给你们收割庄稼，你们亏欠他们的工钱。这工钱有声音呼叫。并且那收割之人的冤声，已经入了万军之主的耳了。"又，参看第二章一至四节，雅各告诉我们说，有钱的人的钱，躲在铁柜子里很着急的喊，为什么不让我们出来，去养活许多没衣穿没饭吃的人？

保罗是右派，是有产阶级的绅士派；雅各是左派，是无产阶级派。现在请耶稣基督出来，看看他怎样说。《路加福音》第十八章二十二节说："要变卖你一切所有的，分给穷人，……你还

* 本篇系陶行知在基督教女青年会上的演讲。记录者：李冠芳。原载1933年11月《女青年月刊》第12卷第9期。

要来跟从我。”耶稣没有说，你拿几个钱捐给我，然后我就来跟从你。耶稣又说：“骆驼穿过针的眼，比财主进上帝的国还容易呢。”骆驼穿过针的眼是什么意思？就是把骆驼当作一个富人，富人有钱，如一头骆驼那么庞大，它须要瘦得像一条线，才可以穿过。

耶稣又对门徒说：“你们贫穷的人有福了。因为上帝的国是你们的。”贫穷的人是谁？大多数就是农人、工人。

在《路加福音》第一章五十一至五十三节，耶稣的母亲玛利亚说：“他用膀臂施展大能。那狂傲的人，正心里妄想，就被他赶散了。他叫有权柄的失位，叫卑贱的升高，叫饥饿的得饱美食，叫富足的空手回去。”这样看来，耶稣是赞成雅各的，就是耶稣的母亲玛利亚也是赞成雅各的。至今教会中亦有雅各这样一派人。

女青年会[①] 现今谈到建造新社会以及农工教育对于社会改造的重要。因为什么重要呢？

第一，因为农工占据了人民一大部分，农民占百分之八十五，工人占百分之十。

第二，因为农工最受痛苦，最需要改造。

现在贡献几首歌谣，以见农工生活的一斑。

（一）摊贩老沈

新爱伦门前面一碗，
花了一十四个小铜板。
摊贩名字叫老沈，
自做伙计与老板。
每月可赚三十元，
教师不如摆面摊。
哪知他说“苦来些，
一夜只睡三点钟；

若要多睡一刻儿，
儿女冻饿谁做东？”
将他从头望到底，
一株枯树立秋风。
面儿代价我知了，
不是紫铜是血红！

（二）人与煤炭

机器正开工，
炉火通红。
人与煤炭忒相同：
胖子进来瘦子出，
俱入烟囱。
减少点把钟，
加几个铜，
工人不是主人翁。
如此人间即地狱，
翻造天宫。

（三）农夫歌

穿的树皮衣，
吃的草根饭，
背上背着没卖掉的孩儿，饿煞喊爹爹。
牵着牛大哥，
去耕别人田。
太阳晒在赤膊，
心里如滚油煎。
九折三分，
驮利纳粮钱。

良民变成匪，
问在何处伸冤？
人面蝗虫飞满天，
飞满天！
无有农夫，谁能活天地间？

有钱的人，不觉得需要改造，我亦替有钱的人做了一首歌，名叫：

高跟皮鞋上之小姐

瞧，瞧，瞧，
摩登小姐踩高跷，
一跷跷到白渡桥。
白渡桥上有人笑：
曲线三角真巧妙。
大脚婆儿变小脚，
走路不稳少爷扶，
少爷不扶就跌跤。
上桥跌一跤，
下桥跌一跤。
来瞧，来瞧，
摩登小姐蹩了腰，
蹩了腰，
还要踩高跷。

第三，用别人来替他们改良，行不行？

别人到农场、工场来参观，贡献他们一点意见，好像带来一杯水，请他们喝一口，是可以的，但到底不是个办法，必须要靠自己来改良自己。自己改良，则必须有点教育才行，最好的教育，是叫学生做自己的先生。

第四，农工自己要有理想，要用头脑，须自己画图样。若是别人打图样，至终他还是走不进去，如同人家代造的蜂窝，蜜蜂钻不进去一般。

至于农工教育的方法，且待小组委员会讨论，这里只说农工教育对于社会改造的重要的几点。女青年会的改造社会，以这一次叙会出席者有二十三位工人、八位农人看起来，足见得女青年会对于改造社会一层，是很彻底了。

新社会要改成什么样子？女青年会要改成什么样子？前数年，女青年会是个小姐会、太太会。如今怎样？把小姐太太的会脱掉，变成真正的女青年会，使得各种各级的青年女子，都有一份在其中，这才是名副其实的女青年会，也是女青年会改造的好样子。

注释

① 女青年会　指“中华基督教女青年会”。该会1908年成立于上海。1923年在杭州召开全国大会。

丧事不要浪费*

我的母亲是个劳动者，她一时一刻都在劳动的。我的几个孩子可算都是她带大的，她也可算是我的几个孩子的母亲。我的母亲去世，本不想告诉你们，可是瞒不了的。至于你们送花圈，实在是浪费。死了我的母亲，我不想叫许多人倒霉，而想要救活许多人。我不愿人送些浪费的礼给我，如果有人送钱，我倒可受着，因为现在有几个地方，为着经济的窘迫而不能发展。假使我有五千元的来源，你们新安一定要得一千，一千五。那么这样一分散，成就了多少大事，救活了若干人，救活了多少没饭吃的小孩子。

我是这般打量着。

* 陶行知的母亲曹翠仂因脑溢血于1933年11月26日晚在上海国立医学院逝世，27日新安儿童旅行团、山海工学团、儿童科学通讯学校等送去花圈寄托哀思。28日陶行知特地去新安儿童旅行团住所讲了这番话。记录者：刘昭朗。摘自1935年4月上海儿童书局版《我们的旅行记》中《送殡和参观自由农场》一文。

细胞分裂的教育办法*

现在的教育，是要普遍的细胞分裂的教育办法去行。怎么叫做细胞分裂的教育办法呢？就是使一个大细胞分裂开来，变成了许许多多的细胞。譬如，一个工学团，里面可以训练出两个也能创办工学团的人，于是，这两个能创办工学团的人，再领两个小徒弟去学创办工学团，训练得这两个小徒弟也能创办工学团了，于是这两个小徒弟再领四个小徒弟去学创办工学团。一个工学团变出两个工学团，两个工学团变出四个工学团，四变八，八变十六，十六变三十二，将来我们上海大场——原有个山海工学团——纵横十里二十里都有工学团的种子在发芽，也就有工学团的踪迹了。我们要普遍教育，就必得用细胞分裂的教育办法。

你们这次回去，应该将你们已经离开学校的校友，联合起来，组织校友会，任他外界有什么阻力，摧残不了你们，这也是件重要工作。

桥头、红桥，这两所庄子住的人，都是你们的佃户，学校即是淮安新安——你们拿了农民的钱，应该用在农民的身上，归还农民，为农民办学，把一些技术给农民，为农民谋幸福，这也是你们要着手干起来的。

---

* 本篇是陶行知1933年12月10日送别新安旅行团前往火车站时的谈话。记录者：刘昭朗。摘自1935年4月上海儿童书局版《我们的旅行记》中《离开上海回到镇江》一文。

一切乡村建设必须为农民谋福利*

穿的树皮衣，
吃的草根饭，
背上背着没卖掉的孩儿，饿煞喊爹爹。
牵着牛大哥，
去耕别人田。
太阳晒在赤膊，
心里如滚油煎。
九折三分，
驮利纳钱粮
良民变成匪，
问在何处伸冤？
人面蝗虫飞满天！
飞满天！
无有农夫，谁能活天地间？

这是中国农人的一幅小影。帝国主义压迫中国新兴工业使它不能依照自然顺序发展，以吸收农村过剩人口，于是农村田地愈

* 本篇是1933年12月陶行知对中华基督教会全国总会第三届常会关于《筹设乡农生活改进实验区以提高乡农生活案》所讲的意见。摘自《教育参考资料选集》第一集，1933年12月教育编译馆印。

分愈细，只见自耕农变为半自耕农，半自耕农变为佃农，佃农变为雇农。这过剩人口既不能被新兴工业所吸收，除了饿死之外，只有当兵做匪，以造成历年内乱之大祸。于是没有自卫准备的乡村首遭蹂躏，现金跟着地主跑了进城避难。城里资本更不敢投到乡下来。这样一来，中国乡村乃由衰落而濒于破产。

我们要想在这样的乡村里，做点建设工作，谈何容易！但是既做医生，必得研究病源，才能发药。分析起来，中国乡村是害了许多病，主要的如下：

1. 帝国主义已经伸张到乡村的深处，例如棉织物早已突破了我们最后的一道防线。

2. 乡下人是充满了个人自由主义，富有无政府脾气。他们是各人自扫门外雪。洋大人、贪官、污吏、土豪、劣绅、强盗，乃能将他们各个击破。

3. 重利盘剥。

4. 疾病，例如疟疾，是如同土豪劣绅一般的利害。

5. 迷信，例如蝗虫来了，农人以为是神虫下凡而不敢肃清。

6. 变相失业，每年农暇竟有五六月之久。

7. 多生主义，多福多寿多男子是一种根深蒂固的心理。他们不知道物品的生产过剩与人口的生产过剩是一样要闯祸的。

草头医生是有许许多多，我们现在要把他们所开的方子一个个加以审查：

1. 天使派——这派人下乡，好比是天使到地狱里来救苦救难。凡抱着慈悲心肠下乡的都属于这一派。我们只要一想到那三万万四千万的耕田大众，就知道他们所预备的面包是决不够充饥的。他们说，若不够吃，且忍一忍，死了，我带你进天堂，也不算迟。

2. 夫子派——这派人以为乡下人不懂事，要来教训他们。知识分子从前欢喜唱那“到民间去”的高调，便是这派人的先锋。他们戴着一个大头来。乡下人自己看看却有几分不敢与大头鬼亲近。这些人多数是书呆子，个个呆头呆脑。请问，假使农人虚心肯受你的教训，换上一副呆子的头脑，有何益处？

3. 模范派——这派人到乡下来建一个新村，希望农人也照他的样子改一改。他们以为全国的农村都改成新村一样，中国就好了，哪里知道吃着早饭愁着中饭的农人何能与你赛跑？

4. 桃花源派——这派人不但把中国农村看做固定，并且要把他们的工作区与世界划开，老死不相往来。他们只顾在乡村里工作，对于都市的生活，已是懒得与闻，何况世界之大，更是管不得这许多了。工人与农人在他们心里是不关痛痒的两种人。他们所划的小小范围，便注定了他们的前途。

5. 绅士派——这派人拥护原有的绅士做乡村的主体。他们贪图工作一时的便利，不知不觉的堕入反动的途径。十个绅士九个劣，利用绅士是最危险的！他们是士大夫在乡下的代表者，同时是贪官污吏的经纪人。建筑在绅士上之乡村事业，是建筑在流沙上的高楼大厦。利用绅士者，结果是伸张绅权，摧残民权。

6. 济富派——这一派想用金钱救济农村破产，而遇到农民借款，则要求财产抵押。请问佃农雇农哪里去找财产抵押？一般合作社，如不根本改变方针，势不能帮助大多数的贫农，而难免流为济富的工具。

7. 养猪派——这派人提倡科学农业，也要改善农民生活。但他们的目的，是在多收点租，或是多取些原料而少给些价钱。这简直是与养猪的心理无异。

那末，农村建设应当怎样进行呢？

这是我提出的几条建议：

1. 认定帝国主义是今日中国农村破产的主要原因，我们应当集中智慧与力量向帝国主义反抗，而后中国新兴有出路，中国农村亦有出路。

2. 认清中国不是一个固定的农业国，乃是一个向工业文明前进的农业国。我们要在农业上安根，在工业上出头。向工业文明前进的农业国的一切是变动的。我们要有动的道德，动的思想，动的法律，动的教育，动的人生观。有人说，知识要新，道德要旧，这是应该扫除的一种迷信。旧道德只能配合旧知识。新知识也得要求新道德。

3. 认清乡村建设的主人是真农人；一切乡村建设须以真农人之福利做根据。所谓真农人，即是靠自己动手种田吃饭的人。

4. 行动是老子，知识是儿子，创造是孙子。我们要教真农人在行动上取得真知识与真力量。

5. 代替人干是劳而无功。我们要培养农人自己干，用科学的方法干，大家联合起来干。最重要的，农人自己须有保护生产的力量。使贪官污吏土豪劣绅——国外国内的强盗不敢剥削。

6. 来到乡村工作的人，须放下天使、士大夫、少爷、小姐的架子，脱掉书呆子的蛇壳，站在农人的队伍里，共生活，共甘苦，共休息。

7. 教乡下人少生小孩子。我们不但要培养农人自己去从事乡村建设，我们还要培养农村的小孩子开始做一点小建设。小孩子便是乡村建设的小工人。这是我所写的一幅小工人的小影：

我是小工人，
我有双手万能。
我要造富的社会，
不造富的个人。

小孩子本领实在不小。中国已经有了一个自动学校是农人的小孩子自己办的，校长教师都是农人自己的孩子。我看了他们在四个月内所写的七十本日记，觉得我们以前所办乡村事业是没有一件比得上他们自己办的。这是我为他们画的一幅小照：

有个学校真奇怪，

小孩自动教小孩。
七十二行皆先生，
先生不在学如在。

8. 大处着眼，小处着手。小的村庄，要与大的世界沟通。

9. 依据乡村需要培养专门人才（例如，医生、工程师、农林学家、军事学专家、艺术家、幼稚园及小学教师）。现今是肯下乡的没有专门学术，有专门学术的不肯下乡。

10. 培养农人和农人的小孩子，把乡村创造成一个合理的人间，便是天国降临。

世界属于儿童*

“从前世界属大人，现在世界属儿童。”现在世界既然属于我们儿童，我们就得把这个担儿挑起，创造一个美满的快乐的世界，大家共同享受。我们要从这儿童节的大会当中，立一个大的志愿来纪念它!

我们要做一个“开创新世界”的儿童!
我们要做一个“即知即传人”的儿童!
我们要做一个“平等互助”的儿童!

好，诸位先生，诸位小朋友，请多多指教。

* 本篇系陶行知1934年4月4日在山海工学团庆祝儿童节大会上的讲话。记录者：方与严。摘自1934年11月上海儿童书局版马侣贤、戴自俺合编《山海工学团》中《乡下儿童节》一文。

武训兴义学*

武训是山东人，是一个有义气的叫化子。他一心一意要修义学。修义学是他惟一的大事。他讨饭与众不同，为的是讨些钱来办义学。我们要想普及教育，必得学武训。

我来背他自己做的诗给大家听。他的诗有三十二首，我只背几首。请听：

（一）

抗伙〔注〕教人欺，
不如讨饭随自己。
别看我讨饭，
早晚修个义学院。

〔注〕抗伙，即伙计。

（二）

吃的好，
不算好，

* 本篇是陶行知1934年4月4日在山海工学团庆祝儿童节大会上的演讲。记者录：方与严。摘自1934年11月上海儿童书局版马侣贤、戴自俺合编《山海工学团》中《乡下儿童节》一文。

修个义学才算好。

（三）

喝脏水，
不算脏，
不修义学真肮脏。

（四）

这边剃，
那边留，
修个义学不烦愁。
这边留，
那边剃，
修个义学不费力。

（五）

打破头，
出出火，
修个义学全在我。

（六）

人生七十古来稀，
五十三岁不娶妻。
亲戚朋友断个净，
临死落个义学痴。

他在山东兴了三个义学。我希望今天每一个农友都做一个武训，每一个小朋友都做一个小武训。

如何达到工以养生*

一、怎样看工以养生①

（1）首先，我们不能把工以养生看得太呆板。要说孩子没有工可做，或者是他们的工不能养生，这就是看得太呆板的缘故。我可以说，小孩在母体里，就有必做之工。他吸取母亲的血液以滋养他自己，就是工以养生。如果他没有一点小小的吸取母亲的血液的工，他在母体内也就会死掉。因此，我们可以说，一个胎儿的生命，是由他的做工而得来的。再说，生下地后，吃奶，他就要用他的舌头做一种工。很明白的例子：现在要我们任何一个成人用我们的舌头去吃奶，无论如何是不会了，就是我们的舌头已失掉了做那一种工的效能了。小孩再大一点。做工的分量就多一点，方法也就多些，而所获到的滋养料也就多些。一个儿童的生命，就是如此这般的长上来。再大一点，他的能力再加厚些，他就可以与别人共同生产，甚至以他的生产可以养活别的人。然因智力体力等等的不同，同年龄的儿童所能做的工也不一样，这又是我们应该知道的。

（2）小孩子能做的工，不是我们所能够坐在房里想得出的，

* 本篇摘自《怎样达到工以养生——山海工学团讨论会记录》，原载1934年7月16日《生活教育》第1卷第11期。记录者：戴自俺、吴锦璋。这是陶行知1934年5月6日在山海工学团全体工师及艺友讨论会上的三次发言，今在每次发言前加了一个小标题。

要我们能实地的参加到儿童的队伍里去，发现他们所欢喜做、必须做、能够做的工。如此做了一个相当时间，我们才能找出线索。

(3) 我们的同工，每人要成大众生产的一员。这也不要看得太呆板，譬如戴先生[②]，他有他的长处，要他去种棉花，不如要他辅助大家抚养幼儿来得有势。我们的态度应是：知识分子吸收科学知识的力量要大些。他能吸收种种科学的知识以为农人的滋养料，他可以帮助农人有好的大的生产。这是顶重要的。假如我们同工中再有对于某种生产事业有特殊兴趣的，我们还可以自己做一种特殊的试验。不过，要成功一个技术人员，不是一蹴而可跻的，是要经过相当时间的培养才行的。总说一句，我们不能把所有的问题或意见看得太呆板。我们把它看灵活一些，就不会没有办法。

二、知识分子与生产分子的合作[③]

(1) 知识分子不必靠狭义的自己种棉花——其他生产事业也是一样——吃饭，但他吸收各种科学的知识以帮助农人种棉花是可能的。譬如张世德[④]同志现在能够吸收这方面的知识帮助农人种棉花，以他一人的力量可以帮助不少的人，但如要他直接的去靠种棉花而维持他一己的生活，效率是不会大的。现在的农人没有工夫去吸收充分知识，这是事实。我们要把一般的知识分子变成参加生产分子的集团之成员。更进一步，我们要把农人变成知识分子，知识分子全变成农人，最后，变成同一的分子。这知识分子与农人之合作，就好比是阴阳电之配合，两者配合后，就可以有很伟大的力量发生出来。

(2) 操君[⑤]所指的一部分“害生”的工，这是后天造成的，我们当然要把它避掉。吃鸦片烟不是维持生命之本来的必要的行动。但也不能看得太呆板，就是小孩子吧，有时，有一种病，就是要服鸦片烟才可以医治的。

三、对戴自俺三点意见的解答[⑥]

（1）“出世就是破蒙”的意思，是“两个细胞构成一个有生命的东西的时候就是破蒙”，我原来的意思是包含得有的。因为母体是小生命所遇着的第一个环境，便是小生命所来到的第一个世界。

（2）我们要发现小孩子能做的工，不是在这狭小的范围里可以发现的，应该实地的走到小孩子的队伍里，跟着小孩子去跑。最近我对于电核团员与电子团员的解释是：那些守牛的，割柴的，在家烧锅、看守小弟妹的，是电核，是固定分子；能够到团里来的，是电子，是游离分子。这些游离分子，应该跟着固定分子跑。这样便可不致误了他们本来的工作。

（3）你的第三个意见，当然要用“团”来解决，不过要与社会科学打成一片。

注释

① 这是陶行知对讨论中提出的到底儿童能做什么工，工师艺友怎样与大众同工等问题发表的意见。

② 戴先生　指戴自俺。

③ 陶行知第一次发言后，操震球提出两个问题：一是如何变“害生”的工为“养生”的工？二是有无知识与生产“合作”的分子，这种分子从哪里产生？以下两段话是陶的答复。

④ 张世德　即张劲夫，当时负责棉花工学团，向农民传播科学种棉的知识。

⑤ 操君　即操震球。

⑥ 在陶行知上述发言后，戴自俺提出三点意见：（一）既然小孩在母体内就有工，那“破蒙”就“应该是两个细胞成功一个有生命的东西的时候”。（二）小孩子到校，反误了家里的工，如何补救？（三）好多工农生产技术好，终年辛劳，却工难养生，对这种社会条件如何处理？陶行知认为提出的几点意见很好，并作了简单的解答。

行知行*

谢育华先生看了《古庙敲钟录》之后对我说："你的理论，我明白了，是'知行知'。知行底下这个知字是安得何等有力！很少的人能喊出这样生动的口号。"我向他表示钦佩之意之后，对他说："恰恰相反。我的理论是，'行知行'。"他说："有了电的知识，才去开电灯厂；开了电灯厂，电的知识更能进步。这不是知行知吗？"我说："那最初的电的知识是从哪里来的？是像雨一样从天上落下来的吗？不是。是法拉第、爱迪生几个人从把戏中玩出来的。说得庄重些，电的知识是从实验中找出来的。其实，实验就是一种有目的、有计划、有组织、有步骤、有创意的把戏。把戏或实验都是一种行动。故最初的电的知识是由行动中得来。那么，它的进程是'行知行'，而不是'知行知'。"

"既是这样说，你就应该改名了。挂着'知行'的招牌，卖的是'行知'的货物，似乎有些不妥。"

改名！我久有此意了。在二十三年前，我开始研究王学①，信仰知行合一的道理，故取名"知行"。七年前，我提出"行是知之始，知是行之成"的理论，正与阳明先生的主张相反，那时以后，即有顽皮学生为我改名，常称我"行知吾师"。我很乐意接

* 本篇发表时，署名为陶行知，此后即改知行为行知。原载1934年7月16日《生活教育》第1卷第11期"行知行闲谈"栏，这个栏目是从这一期开始的。

受。自去年以来，德国朋友卫中先生，即傅有任先生，每每欢喜喊我“行知”。他说：“中国人如果懂得‘行知’的道理而放弃‘知行’的传统思想，才有希望。”近来有些人常用“知行”的笔名在报纸上发表文字，我不敢夺人之美，也不愿代人受过。本来，“知行”二字，不是我姓陶的所得据为私有。我现在所晓得的，在中国有黄知行先生，熊知行先生，在日本有雄滨知行先生，还有几位无姓的知行先生。知行队中，少我一个，也不见得寂寞，就恕我退出了吧。我对于二十三年来天天写、天天看、天天听的名字，难免有些恋恋不舍，但为求名实相符，我是不得不改了。

注释

① 王学　王阳明（守仁）的学说。

闲谈*

“你说，你不吃闲饭，不管闲事，不做闲人，于今却要写闲谈，是何道理?”

“我喜欢谈，有闲便谈。”

“喜欢谈就谈，何必要等有闲?”

“有闲去看，有闲去听，有闲去动，有闲去学，有闲去想，才有话可谈。”

“你有闲吗?”

“我一生之中没有闲年，一年之中没有闲月，一月之中没有闲日。一有闲日，就会害病。但是一日之中，我是愿有闲时。我的闲时，现在每天大约有一两个钟头。这一两个钟头的闲时是多么的宝贵啊！你就拿世界的一半来，我也不肯把它与你调换。”

“你一个人谈得起来吗？别人没有闲，你能和他闲谈吗?”

“不能。有人谈，无人听，谁高兴？有人谈，无人应，谁起劲？要众人有闲才能大谈而特谈。这些年来，天灾人祸，相逼而来，大家赶着救命：是忙的人多，闲的人少；忙之时长，闲之时短。能和我闲谈的人是渐渐的少，闲谈之时是渐渐的短，我怕会到一天是没有一个人能和我畅快的闲谈。到那时我的闲谈便写不

* 本篇原载1934年7月16日《生活教育》第1卷第11期。用自言自语的问答体。这类体裁，以后还有多篇。

下去了。不但如此，我自己的闲时也是很快的减少。它是从四五小时变为三四小时，从三四小时变为二三小时，从二三小时变为一二小时。若再这样的少下去，又如何能谈呢？因此，我们必须谈出一条‘人人得闲而没有一个闲人’的道理来，才能把这块‘闲谈’的招牌维持住。”

合作*

英国人口口声声要印度人和他们合作。有位印度人对于“合作”（Cooperate）的解释是：我们合（We co）；你来作（You operate）。这印度人可算是一位有趣而巧妙的拆字先生。一日，车上无事，把他这个意思写成了一首小诗：

英国人对印度人说：
“我们应该合作。”
印度人回英国人说：
“我，我们合，你来作。”

* 本篇原载1934年8月1日《生活教育》第1卷第12期。

四十万人民是参考书吗*

“汤茂如先生在《农村运动与大学教育》一篇文字里说：‘在定县从事研究实验的人们常说：定县是个大学，四十万人民是参考书，而他们自己是在实际生活里受教育的学生。这话在七八年前似乎是空想，现在却渐成事实了。’四十万人民是参考书这句话怎么讲？”

“知识分子下乡已经有了三个阶段。在第一个阶段里，他们个个头儿大大的，抱着教人的态度来。在他们的眼光里，乡下人就是乡愚，要等他们开化之后，才会有知识。可是他们下乡之后，麦苗与韭菜不能分别，棉与豆看作一样东西。经老农说明之后，他们才知道麦与韭、棉与豆究竟有什么不同。他们方才把自己的头儿缩小一些，再回过头来，始而把农人当作书读，继而和农人做朋友，终而拜农人做先生。在这个阶段里，知识分子是为着充实自己的知识而下乡。他们在这阶段的初期是把活的农人当作书读。有的很用功，险些把书儿翻破；有的简直做了书蠹，把书儿东蛀一个洞，西蛀一个洞；有的把自我求知的狭义观念放宽，走进了第三个阶段。在第三个阶段里，知识分子下了乡，便成为农人队伍中之一分子，和农人共甘苦，共休戚，辅导农人自己干，辅导农人的小孩子自己干。他们不再以‘教农人’或‘向

* 本篇原载1934年8月1日《生活教育》第1卷第12期。

农人请教’而自满。这个阶段里的特色是教农人联合起来自己教自己，教小孩联合起来自己教自己。汤先生的话是知识分子下乡的第二阶段初期的小影。在第三阶段里，我们应当说的是：

‘定县是个大学，四十万人民都是先生，都是同学，都是学生，都是创造新定县的工人和小工人’。”

评《分部教科书》*

儿童书局出版的分部教科书，是一个很有意义的尝试。它的效用，将如长江、珠江、黄河分道灌溉。若单靠长江，南北都有偏枯。我希望继分部教科书而起的，还要有人进而编辑特殊民族的教科书。这样，才是百川分流，泽及万方，合于教育机会均等之旨。

* 1934年，陈鹤琴等根据我国北部、中部、南部的不同特点，编辑了一套儿童国语分部教科书，并特约当时教育界的知名人士蔡元培、陶行知等撰写书评。本篇原载1934年8月1日《生活教育》第1卷第12期。

中国顶大的学校*

"我要换个学校，马上就去付学费，领上课证。"

"慢点走。你要进哪一个学校?"

"中国第一大学校!"

"中央大学吗? 北京大学吗?"

"不是。比它们要大几百几千倍咧。"

"这倒难猜了。中国哪有这样大的学校呀?"

"我告诉你吧。这个学校有伟大的组织，久远的计划。人才济济，一网打尽：文的有院长、部长、司长、厅长、县长、科长、科员；武的有军长、师长、旅长、团长、营长、连长，排长、士兵；又文又武的有警察、有学生军。富的有行长、厂长、老板、老板娘，少爷、小姐、太太、老爷；穷的有工人、农人、伙计、徒弟、车夫、听差、老妈子、小娘姨、小瘪三、洋服细民；又富又穷的有押掉家产的穷财主和中彩未领款的穷光蛋。老的有七十岁、八十岁的老头子；小的有七岁、八岁的小孩子；又老又少的有六十岁的老少年，十六岁的小老翁。论资格，博士、硕士、学士、翰林、进士、举人、秀才、童生都有；论性别，男人、女人、女男人、男女人俱全。学生则研究生、大学生、中学生、小学生、旁听生、见习生、试做生无一不备；教师则大教

* 本篇原载1934年8月16日《生活教育》第1卷第13期。

授、小先生分工合作。先生在做上教，学生在做上学。大家都是先生，都是同学，都是学生。”

“这倒有点像《古庙敲钟录》里所描写的那个古庙学校。”

“对！很像。但有点不同。古庙学校没有会考；我要进的这个学校是每逢两个月举行一次会考。上课证就是会考证。起码学费是一元，出一块钱学费就可以上课会考，也可以不上课而会考。有钱的买几张、几十张上课证，就容易考得取，考得高。穷人几个人凑起来，出一块钱学费才有会考资格。会考证每次发出五百万张。但我们的同学，像老妈子、人力车夫，常是几个人合领一张，公举代表上课会考。所以同学总数至少是一千万人，会考的也至少是一千万人。你看这个学校大不大？”

“你手上拿的是什么书？给我看看。”

“这就是我们的教科书，也可以说是我们的教学做指导。”

“《中签秘诀》！我知道了。你所说的中国第一大学校，原来就是航空公路建设奖券[①]，是不是？给你说破之后，我承认它委实是个伟大的学校。这个学校的宗旨，依我看来，是有两条：‘迎合发财心理，普及赌博教育’。无论你说的多么天花乱坠，买发财票，学赌博，我总不能赞成。”

“你能断定你所进的不是赌博学校吗？你们也有两条宗旨：‘迎合好名心理，普及升官教育’。不是吗？每年把你爸爸的血汗钱，几百几百的花在学校里，指望着毕年便是毕业，毕业就有官做。偏偏不饶你，官少学生多，使你孤注一掷的血汗钱化为乌有。幸而得个小官，本钱收了回来；再幸而升个大官，利上加利，变成一个小富翁。这算你赢了。可是官肥百姓瘦，能算真正的胜利吗？未赢之前，你必须连输许多场；偶然赢一局，所得尽是纸钱灰。这叫做必输之赌，远不如我在这航空奖券学校里上课，每月花它几毛钱，不幸而输，何伤皮毛？倘能胜利，一个穷光蛋立刻变为富家翁，还有那公路给人走，飞机给人飞，岂不是一举数得？这样，赢则独善其身，输则兼善天下，有何不可？你若赞成，我们再来同学。否则，你进你的升官学校，我进我的发财学校，各走各的路也好。”

注释

① 航空公路建设奖券　简称航空奖券，是由国民政府发行的彩票。

再度卖艺广告*

一　卖字　　每张拾元。

二　卖讲　　每讲二十元（外埠一天来回加倍，旅费在内）。

三　卖文　　每篇二十元，以小品文、儿歌为限，长篇另议。

* 本篇原载1934年8月16日《生活教育》第1卷第13期。

晓庄之伤风咳嗽*

蒋梦麟先生做教育部长的时候，对于晓庄学校很是关心。在十八年的秋天吧，一日，他忽然问我："晓庄进行得怎样？不会出毛病吗？"

我说："人也有时害病，一个团体要出点毛病，是意中事。晓庄是根据五种生活施行五种教育，有一个地方会伤风，一个地方会咳嗽。"

他问："哪五种生活？会出毛病的是哪两种？"

我说："我们的五种生活是：一、康健的生活；二、劳动的生活；三、科学的生活；四、艺术的生活；五、社会改造的生活。前三种，我可以担保不会闹乱子。您如果要过艺术的生活，便难免有浪漫虫混进来叫您伤风。您若想改造社会，处处会和土豪劣绅、贪官污吏短兵相接，有时咳几声就完了，有时会受重伤，甚而至于吐血。"

他说："何不把后面两种生活除掉？"

我说："五官全备，才像一个人。谁愿意因为怕伤风而把鼻子割掉？……"

我没有说完，他就抢着说；"那是不好割的。"

我说："嘴也不能封起来啊。"

"哈哈……"

---

* 本篇原载1934年9月1日《生活教育》第1卷第14期。

在山海工学团总集合大会上的讲话*

今天是九月一号，我们山海工学团开总集合大会。

总集合怎么讲法呢？就是大团圆。回去告诉爸爸妈妈，今天我们开会，开一个总集合大会，我们山海工学团的全体大小朋友大团圆。

今天，我要对大家讲几件事情：

第一，我觉得今天有一件事体，我们做得很好，很有意思，就是小朋友放炮。放炮，是叫我们练习胆子大。有些小朋友，放炮的时候，用两手把两个耳朵掩起来，这样，我们要和东洋人打起仗来，如何得了呢？我们新时代的小朋友，是要什么都不怕的：不怕鬼，不怕放炮，不怕打雷，不怕飞机大炮，不怕日本人！一天，日本人来了，我们个个小朋友都能和他开仗！

第二，刚才我看几位小先生讲话，有几点要改的：有的一道讲话，一道挖鼻子；有的一道讲话，一道摸屁股；还有的左左右右的乱摇乱摆；还有的话只讲在喉咙里，叫别人听不清楚；……这都是要改的。现在离十月一号还有一月。在下次总集合的时候，我们不能再看到今天的这几种毛病。

---

* 1934年，山海工学团规定每月举行一次总集合大会，以交流经验，互相激励。本篇是陶行知在第一次总集合大会上的讲话。摘自戴自俺《总集合》一文。原载1934年10月1日《生活教育》第1卷第16期。

第三，从前，一个工学团有一面旗子，今天没带来，哪去了？如缺少的，要想法补起来。还有，每一个小先生有一个绿布条子[①]那是我们小先生教人的徽章，哪去了？为什么不戴起来？十月一号，这两样东西都不能再少了。

第四，我们的小先生教人，已经是几个月了。每一个小先生至少要教两个人，我们小先生教人的成绩在哪里呢？十月一号，我们要把小先生教人的成绩陈列出来，开一个成绩展览会。

第五，这里是一个联合办事处，是五团[②]的一个总机关，是大家公有公用的。大家应该共同出力来把这个地方弄得格外有条有理些，然后，每一个人到此来了之后，才能叫他带着一种力量回去!

注释

① 绿布条子　山海工学团的小先生都发有一条绿布带，作小先生的成绩，用铜钉来表示。教一人，在绿布带上钉一枚铜钉，教两人，钉两枚……教得多钉得多，扫盲的成绩也就越大。

② 五团　指山海工学团、萧场工学团、红庙工学团、沈家楼工学团、赵泾港工学团等五团。

文学何时死*

吴稚晖先生说："文学不死，大祸不止。"我有一天在梦中对吴先生发了一个有趣的问题："文学要到什么时候才会死？"从这个问题讨论起，一直讨论到大祸和文学的关系。醒时别的话都忘了，只记得这一点：

什么是大祸？礼教吃人！菩萨吃人！洪水吃人！旱灾吃人！蝗虫吃人！人吃人！不肯给人吃而起来作战，战之前，战之时，战之后，战而胜，战而败，屡败而屡战，心灵里都会起一种不能自已而有节奏的跳动。这种不能自已而有节奏的跳动，用语言文字流露出来的，或是歌，或是诗，或是文，都是文学。我心里想，这个定义是不完全的。虽是不完全，可是在这里面，我是得了一个意想不到的答案。文学何时死？"大祸不止，文学不死。"这是我初醒时听见我自己所说的梦话。

* 本篇原载1934年9月16日《生活教育》第1卷第15期。

从大炮上晒裤子说起*

甲午之前，中国海军的力量比起日本来，差不多是倍上加倍，丁汝昌曾经一度率领到日本去示过威。为了水手们一点小冲突，便要求日本当地军警解除武装赔礼。那时日本人是和现在中国人一样的愤慨。东乡平八郎正任横须贺镇守府参谋长，劝大家忍耐一下，并说，中国海军不足怕，不久就可以把这口气争过来。人问他所以然。他说，中国兵船的大炮上是晒着裤子，纪律如此，士气可知，虽有一二名将，何能为力？这不是东乡造谣，平远舰上确实有这么一回事。九十四岁的马相伯先生还可以做见证。

兵船上的大炮好比是人身上的头脑壳，把一条裤子套在头上，则头儿是成了什么东西？况且是去示威，岂不更是笑话？在这上面是反映着主帅糊涂，将士放恣，全军紊乱。平时既可以在大炮上晒裤子，战时何不可以在战场上打扑克、抱小老婆？从甲午一直到现在，日本之所以胜和中国之所以败，都被东乡一语说破了。

在生存斗争之过程中，有有形之大炮，有无形之大炮。裤子也有有形与无形之分别。是先在无形的大炮上晒无形的裤子，渐渐的，那有形的裤子才晒到有形的大炮上来。

---

* 本篇原载1934年9月16日《生活教育》第1卷第15期。

教育的新生*

宇宙是在动，世界是在动，人生是在动，教育怎能不动？并且是要动得不歇，一歇就灭！怎样动？向着哪儿动？

我们要想寻得教育之动向，首先就要认识传统教育与生活教育之对立。一方面是生活教育向传统教育进攻；又一方面是传统教育向生活教育应战。在这空前的战场上徘徊的、缓冲的、时左时右的是改良教育。教育的动向就在这战场的前线上去找。

传统教育者是为办教育而办教育，教育与生活分离。改良一下，我们就遇着“教育生活化”和“教育即生活”的口号。生活教育者承认“生活即教育”：好生活就是好教育，坏生活就是坏教育，前进的生活就是前进的教育，倒退的生活就是倒退的教育；生活里起了变化，才算是起了教育的变化。我们主张以生活改造生活，真正的教育作用是使生活与生活摩擦。

为教育而办教育，在组织方面便是为学校而办学校，学校与社会中间是造了一道高墙。改良者主张半开门，使“学校社会化”。他们把社会里的东西，拣选几样，缩小一下搬进学校里去，“学校即社会”就成了一句时髦的格言。这样，一只小鸟笼是扩大而成为兆丰花园里的大鸟笼。但它总归是一只鸟笼，不是鸟世

* 本篇原载1934年10月13日《新生》第1卷第36期。《新生》周刊系杜重远主编。1933年2月10日在上海创刊，至1935年6月22日第2卷第22期停刊。

界。生活教育者主张把墙拆去。我们承认“社会即学校”：这种学校是以青天为顶、大地为底、二十八宿为围墙，人人都是先生都是学生都是同学；不运用社会的力量，便是无能的教育，不了解社会的需求，便是盲目的教育。倘使我们认定社会就是一个伟大无比的学校，就会自然而然的去运用社会的力量，以应济社会的需求。

为学校而办学校，它的方法必是注重在教训。给教训的是先生，受教训的是学生。改良一下，便成为教学——教学生学。先生教而不做，学生学而不做，有何用处？于是“教学做合一”之理论乃应运而起。事该怎样做便该怎样学，该怎样学便该怎样教。教而不做，不能算是教；学而不做，不能算是学。教与学都以做为中心，在做上教的是先生，在做上学的是学生。

教训藏在书里，先生是教死书，死教书，教书死；学生是读死书，死读书，读书死。改良家觉得不对，提倡半工半读。做的工与读的书无关，又多了一个死：做死工，死做工，做工死。工学团乃被迫而兴。工是做工，学是科学，团是集团。它的目的是：“工以养生”，“学以明生”，“团以保生”。团不是一个机关，是力之凝结，力之集中，力之组织，力之共同发挥。

教死书，读死书便不许发问，这时期是没有问题。改良派嫌它呆板，便有讨论问题之提议。课堂里因为有了高谈阔论，觉得有些生气。但是坐而言不能起而行，有何益处？问题到了生活教育者的手里是必须解决了才放手。问题是在生活里发现，问题是在生活里研究，问题是在生活里解决。

没有问题是心力都不劳。书呆子不但不劳力而且不劳心。进一步是：教人劳心。改良的生产教育者是在提倡教少爷小姐生产，他们挂的招牌是教劳心者劳力。费了许多工具玩了一会儿，得到一张文凭，少爷小姐们到底不去生产物品而去生产小孩。结果是加倍的消耗。生活教育者所主张的“在劳力上劳心”，是要贯彻到底，不得中途而废。

心力都不劳，是必须接受现成知识方可。先在学校里把现成的知识装满了，才进到社会里去行动。王阳明先生所说的“知是行之始，行是知之成”便是这种教育的写照。他说的“即知即行”和“知行合一”是代表进一步的思想。生活教育者根本推翻这个理论。我们所提出的是：“行是知之始，知是行之成。”行动是老子，知识是儿子，创造是孙子。有行动之勇敢，才有真知的收获。

传授现成知识的结果是法古。黄金时代在已往，进一步是复兴的信念。可是要“复”则不能“兴”，要“兴”则不可“复”。比如地球运行是永远的前进，没有回头的可能。人只见春夏秋冬，周而复始，不知道它是跟着太阳以很大的速率向织女星飞跑，今年地球所走的路绝不是它去年所走的路。我们只能向前开辟创造，没有什么可复。时代的车轮是在我们手里，黄金时代是在前面，是在未来。努力创造啊!

现成的知识在最初是传家宝，连对女儿都要守秘密。后来，普通的知识是当作商品卖。有钱，有闲、有脸的乃能得到这知识。那有特殊利害的知识仍为有权者所独占。生活教育者就要打破这知识的私有，天下为公是要建筑在普及教育上。

知识既是传家宝，最初得到这些宝贝的必是世家，必是士大夫。所以士之子常为士，士之子问了一问为农的道理便被骂为小人。在这种情形之下，教育只是为少数人所享受。改良者不满意，要把教育献给平民，便从士大夫的观点干起多数人的教育。近年来所举办的平民教育、民众教育，很少能跳出这个圈套。生活教育者是要教大众依着大众自己的志愿去干，不给知识分子玩把戏。真正觉悟的知识分子也不应该再耍这套猴子戏，教大众联合起来自己干，才是真正的大众教育。

知识既是传家宝，那么最初传这法宝的必是长辈。大人教小人是天经地义。后来大孩子做了先生的助手，班长、导生都是大孩教小孩的例子。但是小先生一出来，这些都天翻地覆了。我们亲眼看见：小孩不但教小孩，而且教大孩，教青年，教老人，教一切知识落伍的前辈。教小孩联合大众起来自己干，才是真正的儿童教育。小先生能解决普及女子初步教育的困难。小先生能叫中华民族返老还童。小先生实行“即知即传人”是粉碎了知识私有，以树起“天下为公”万古不拔的基础。

谈普及教育*

数年来余致力于普及教育，因现在国家危险万分，非使全国大众教育普及而现代化不能发挥力量，以救危亡。比如东北四省，日人现竭全力推行日语，数年以后东北四省同胞将不知国语，是乃真亡。假使教育早已普及，则国土虽亡，文化不亡，将来恢复比较容易，而今无及矣。上届全国教育会议时，余曾建议普及全国教育，但当时系欲借工商业发展力量，推进教育，故以二十年为期。今日见到已作不通，因我国工商业尚极幼稚，又外遭帝国主义者之压迫，内受农村破产影响，发展已属不易，况国难日亟，二十年已迫不能待。故余研究一法，一二年期间即可普及全国教育。办法为何？即用小先生。在穷的社会当中，以穷人用穷办法办穷教育。试验结果，成绩甚佳，故欲全国的一致去办。此次到津，已与河北教育厅长周炳琳晤商数次，并在南开大学作数度讲演与会议。一般小先生均高兴之至。此次到济，亦欲与何厅长①商洽办法，以资推行。上海设有普及教育助成会主持此事，希望政府与全国人民一致帮忙，政府协助于上，人民努力于下，各省皆成立普及教育助成会，逐步推广。余决见韩主席②

* 本篇系在济南的讲话，文首有编者引语云："普及教育专家陶行知氏，目前应南开大学邀请，赴津讲演。于十月十四日早九点半，由津到济。"原载1934年10月14日《教育与民众》第6卷第3期。

陈述此事，此与何厅长所提倡之求生教育，殊途同归。余认为吾国命运，全系于此，非此无以救危亡。普及教育助成会，已向中央呈请立案。中央派员调查，结果认为办法适当，决准予立案。今后全在吾人之努力，尚望何厅长与新闻界多加指教。至于用小先生之办法如何？即利用小学校的学生去教人，小学生即小先生。例如一小学内有三十个学生，在授课时间以外，每日腾出十分钟或二十分钟，教以将白日所学晚上教人办法，晚上他就可以去教人。假定每人教两人，则原来只能教育三十学生之学校，变为能教九十人之学校。若全国有一千万小学生，即可有三千万人同时识字，力量增加三倍。彼所教授之成绩，每日呈交与老先生（即小学教员）看看，有时加以纠正。试验结果，非常满意。广东有一二百学生之小学，已能教二千余人。山西舜帝庙地方，小学教员曹带江见报载吾等办法，加以试验，成绩极佳，并来信称“干一月薪仅七元四角之穷教员，早欲弃而之他，今试小先生结果良好，精神上得一大安慰，现虽有月薪百元之事，亦决不去干”。吾人闻此消息，更觉快慰。用小先生尚可解决教育上历来感受困难之三个问题：（一）女子教育吾国向来不发达，而缺少女教员，旧式年龄较大女子，不肯就先生受教，实为一大原因。用七八岁、十数岁之小先生，则此种困难立可解除。闺阁绣房、青年少女，可随便去教，而不发生嫌疑与阻碍。（二）返老归童。平时一般活泼青年，而受五六十岁之教师教之，学生每感不快，今则使十岁左右之小学生教之，小孩固属欢迎，而老年混入孩子队，亦不知不觉发生朝气，变为一老少年。关于此点，南京小学生丁广生者，正教其妹画画时，其父亦索纸画一菱角与乌龟，其儿不解，父曰：“菱角怕乌龟，乌龟欢喜吃菱角。”其子即将此十二字写出教其父认识，其父亦愿安承教。再则十年前，家母年五十七岁，余子年六岁，二十天期间，教家母读《平民千字课》一本。余在张家口就《千字课》中之字，写信与家母，是为家母第一次能看儿子的信，其喜可知。此即小先生能使老年人发生求知思想之铁证。（三）不受时间限制。平常学校姑不论，即民众学校上课亦有一定钟点，而受教育者之一般乡村男女民众，作事是不论钟点，到了上课时间，不一定有工夫。小先生则不一定使人来学，可以往教，其嫂正缝衣，其母正洗碗，彼亦可就地教之。除此三问题可解决外，尚有一最重要者，即将天下为公基础，建筑在知识为公上边。因我国向来是知识私有，不肯传人，比如敝处苏州制肉松者，传媳不传女。即学校教员亦是买卖式的，非给我薪水我不教你，非缴完学费，不准上学。现在小先生教书，则一概不要，打倒以前恶习。此等穷的办法系为穷所逼出。因当晓庄师范停办后，一般农村穷苦子弟，骤然失学，遂联合起来，组织一自动学校。校址假一破庙，互相研究，颇有成绩。余曾赠之诗曰："有个学校真奇怪，大孩自动教小孩。七十二行皆先生，先生不在学如在。"不料有一小孩提出抗议，为余将第二句大孩之"大"字改"小"字，大孩能自动，小孩亦能自动。余认为有理，此小孩即成余一字之师。我们在淮安办小学，有七个小学生带洋十元，组织淮安儿童自动旅行团，竟能到了上海。卖书，赴大夏、沪江、光华、中央医学院等各大学讲演，不惟大受欢迎，且能一洗"一·二八"③后沪人对江北汉奸之不良印象，其讲演集行将出版。回到淮安，尚剩了五十元。余曾赠以诗曰："一群小光棍，数数是七根。小的十二岁，大的未结婚，""没有父母带，先生亦不在。谁说小孩小，划分新时代。"以上均数年前事，当时已发觉小先生能教人，但未能抓住。直至近年，余经济感觉困难，而又欲研究教育，在上海宝山之间，联合四五同志，办一山海工学团。树的招牌是"来者不拒"，而学生越来越多，渐教不了。收费扩充，则有违素志，摘招牌又觉得面子难堪，遂忽想起学生能教人之事，逐渐实行，截至现在，大收效果。遂又添上招牌曰"不来的送上前去"。即不能到校求学者，我们往教。学生所在地，原名上宝，所以改为"山海"者，因山海关已成为国防第一线，以示不忘国耻。"工"是做工，工以养生；“学”是科学，学以明生；“团”是团结，团以保生。余为鼓励小学生更赠以二诗。一曰：“我是小学生，教人不害耕。你没有工夫来学，我教你在牛背上哼。”二曰：“我是小先生，热心好比火山喷。生来不怕碰钉子，碰着一根化一根。”

注释

① 何厅长　即何思源。

② 韩主席　即韩复榘。

③“一·二八”　全称是“一·二八事变”或“一·二八抗战”。也叫“淞沪抗战”。指日本侵略者在1932年1月28日进攻上海，国民革命军第十九路军在人民的支持下奋起抗战，给日军以沉重打击。但当时的国民政府却不许抵抗，并派代表同日本在5月5日签订了《上海停战协定及日军撤军协定》，规定双方即日停战，并划上海为非武装地区，中国不得在上海至苏州、昆山一带驻军，而日军却可以在上海附近许多地区驻军。

观战 *

中饭后，在房里洗脸，向窗外望望，见地上有一个白色的东西动着，仔细一看，是一条蛆，再仔细看看，有两三只蚂蚁向它进攻。它动得特别。我观察了一忽，知道它是一面应战，一面逃走。我立刻喊了三桃和蜜桃来看，看蚂蚁和蛆儿打仗。蜜桃说："蚂蚁的救兵来了。"是的，三五成群的蚂蚁，不断的向着同一的战场上来。十分钟内是来了差不多一百只。三桃说："这个大萝卜怎么不行?"蛆儿的身段比起小蚂蚁来，大概是有三十倍大。我说："小孩子联合起来，也可以打倒大块头。"小蚂蚁进攻的策略，是咬它的屁股，咬它的肚子，咬它的头。蛆儿应战的方法是把身体变成一个环，翻来覆去的滚个不歇，把一只只的蚂蚁翻下来。但是在它头部和尾部的几只蚂蚁是轮流的咬着它，死也不放。我看蛆儿顶痛苦的就是这一点。蚂蚁轮流作战，有休息；蛆儿是单身匹马，不到力气用完了不止。最后，来了两只好几倍大的大蚂蚁。蜜桃说："大帅来了。"小蚂蚁一见大蚂蚁来，是进攻得格外起劲。两位大帅是亲自出马作战，并不是在后方指挥。一个叮住蛆的头，一个叮住蛆的肚子，恶打了两三分钟，蛆儿是有点支持不住了。忽然，蜜桃说；"您看！一个大帅逃走了。"我说："我们要研究一下，才能下断语。"我们提出了四个假设：

* 本篇原载1934年10月16日《生活教育》第1卷第17期。

（一）它是不是逃走？蚂蚁性勇敢，不轻易逃走；和一条光棍的蛆儿打仗，用不着逃走；根本它就没有吃败仗，也用不着逃走。（二）它是不是去请救兵？兵马很多，用不着再请救兵；如果要请救兵，只须派几个小兵去报信，用不着大将出马。（三）是不是两位大将争功吃醋？没有看见它们内乱，不能下这断语。（四）最后我们相信这位大将之所以离开战场，怕是因为它们觉得一位大将就足够解决这条蛆儿，所以为人才经济起见，撤退一支兵马。它们好像是说："杀鸡焉用牛刀？杀蛆何用两大将？"这时一只红头大苍蝇飞来，三桃说："苍蝇是蛆儿的妈妈，为什么不飞来救儿子？"我说："不救同胞的人，就好比是一只苍蝇了。"蜜桃说："蚂蚁连苍蝇都能杀，我看过。"看了半小时，我疲倦了，去打瞌睡，三桃也回去写信，留了蜜桃一个人在那儿看胜负。蜜桃的报告是："我再看了半个钟头，蛆儿没有力气了，它想向前走，蚂蚁却把它向后拖，拖到很远的洞里去了。"

干什么去的*

“你来干什么？到定县去赴乡村建设讨论会[1]吗？”我一上了津浦车，就吃了这一问。回到上海来，朋友们也是接二连三的问：“乡村建设讨论会开得怎样？”我的回答是：“赴会一要有钱，二要有闲，我一样也没有，如何去得？不是完全没有，是不够呀。即使够，也还有更迫切的用途咧。不说别的，我一个人的旅费，就够二十个穷光蛋饱一个月的肚子。这种会，我指望将来能到。等到破产的农村，经过讨论之后，一个个都建设好了，那吃树皮草根、穿破布烂棉花的农民，都有空闲亲自参加讨论的时候，我是必定要跟着来叨福了。现在只好望着。”“那么，你到北边去干什么的？”“我是去卖艺，顺便撒了一些小先生的种子。爱听我演讲的几位朋友是代我出了旅费。这些种子怕是撒得太晚，也许还要遇着蝗虫。可是，我愿跟农人学。到一处，开一处的荒。我能因为收成拿不稳，就懒得下种吗？”

注释

① 乡村建设讨论会　1934年初，晏阳初具体领导的中华平民教育促进会在河北定县平民教育实验区召开的一次专题学术讨论会。

* 本篇原载1934年11月1日《生活教育》第1卷第18期。

读书与用书*

（一）三种人的生活

中国有三种人：书呆子是读死书，死读书，读书死。工人、农人、苦力、伙计是做死工，死做工，做工死。少爷、小姐、太太、老爷是享死福，死享福，享福死。

（二）三帖药

书呆子要动动手，把那呆头呆脑的样子改过来，你们要吃一帖“手化脑”才会好。我劝你们少读一点书，否则在脑里要长“痞块”咧。工人、农人、苦力、伙计要多读一点书，吃一帖“脑化手”，否则是一辈子要“劳而不获”。少爷、小姐、太太、老爷！你们是快乐死了。好，愿意死就快快的死掉吧。我代你们挖坟墓。倘使不愿意死，就得把手套解掉，把高跟鞋脱掉，把那享现成福的念头打断，把手儿、头脑儿拿出来服侍大众并为大众打算。药在你们自己的身上，我开不出别的药方来。

（三）读书人与吃饭人

与读书联成一气的有“读书人”一个名词。假使书是应该读的，便应使人人有书读；决不能单使一部分的人有书读叫做读书

* 本篇原载1934年11月10日《读书生活》第1卷第1期。《读书生活》为李公朴主编。

人，又一部分的人无书读叫做不读书人。比如饭是必须吃的，便应使人人有饭吃；决不能使一部分的人有饭吃叫做吃饭人，又一部分的人无饭吃叫做不吃饭人。从另一面看，只知道吃饭，不成为饭桶了吗？只知道读书，别的事一点也不会做，不成为一个活书架了吗？

（四）吃书与用书

有些人叫做蛀书虫。他们把书儿当作糖吃，甚至于当作大烟吃，吃糖是没有人反对，但是整天的吃糖，不要变成一个糖菩萨吗？何况是连日带夜的抽大烟，怪不得中国的文人，几乎个个黄皮骨瘦，好像鸦片烟鬼一样。我们不能否认，中国是吃书的人多，用书的人少。现在要换一换方针才行。

书只是一种工具，和锯子、锄头一样，都是给人用的。我们与其说“读书”，不如说“用书”。书里有真知识和假知识。读它一辈子不能分辨它的真假；可是用它一下，书的本来面目便显了出来，真的便用得出去，假的便用不出去。

农人要用书，工人要用书，商人要用书，兵士要用书，医生要用书，画家要用书，教师要用书，唱歌的要用书，做戏的要用书，三百六十行，行行要用书。行行都成了用书的人，真知识才愈益普及，愈易发现了。书是三百六十行之公物，不是读书人所能据为私有的。等到三百六十行都是用书人，读书的专利便完全打破，读书人除非改行，便不能混饭吃了。好，我们把我们所要用的书找出来用吧。

用书如用刀，
不快就要磨。
呆磨不切菜，
怎能见婆婆。

（五）书不可尽信

孟子说："尽信书则不如无书。"在书里没有上过大当的人，决不能说出这一句话来。连字典有时也不可以太相信。第五十一期的《论语》[①]的《半月要闻》内有这样一条：

> 据二卷十二期《图书评论》载：《王云五大辞典》将汤玉麟之承德归入察哈尔，张家口"收回"入河北，瀛台移入"故宫太夜池"，雨花台移入南京"城内"，大明湖移出"历城县西北"。

我叫小孩子们查一查《王云五大辞典》，究竟是不是这样，小孩们的报告是，《王云五大辞典》真的弄错了。只有一条不能断定，南京有内城、外城，雨花台是在内城之外，但是否在外城之内，因家中无志书，回答不出。总之，书不可尽信，连字典也不可尽信。

（六）戴东原的故事

书既不可以全信，那末，应当怀疑的地方就得问。学非问不明。戴东原先生在这一点上是给了我们一个很好的引导。东原先生十岁才能开口讲话。《大学》有《经》一章，《传》十章。有一条注解说这一章《经》是孔子的话，由曾子[②]写的；那十章《传》是曾子之意，由他的门徒记下来的。东原先生问塾师怎样知道是如此。塾师说：朱文公[③]（夫子）是这样注的。他问朱文公是何时人。塾师说是宋朝人。他又问孔子和曾子是何时人。塾师说是周朝人。"周朝离宋朝有多少年代？""差不多是二千年了。""那末，朱文公怎样能知道呢？"塾师答不出，赞叹了一声说："这真是个非常的小孩子呀！"

（七）王冕的故事

王冕十岁时，母亲叫他到面前说："儿啊！不是我有心耽误你，只因你父亲死后，我一个寡妇人家，年岁不好，柴米又贵，这几件旧衣服和些旧家伙都当卖了。只靠着我做些针线生活寻来的钱，如何供得你读书？如今没奈何，把你雇到隔壁人家放牛，每月可得几钱银子，你又有现成饭吃，只在明天就要去了。"王冕说："娘说的是。我在学堂里坐着，心里也闷，不如往他家放牛，倒快活些。假如我要读书，依旧可以带几本去读。"王冕自此只在秦家放牛。……每日点心钱也不用掉，聚到一两个月，偷空走到村学堂里，见那闯学堂的书客，就买几本旧书，逐日把牛拴了，坐在柳荫树下看。

现在学校教育是对穷孩子封锁，有钱、有闲、有面子才有书念。我们穷人就不要求学吗？不，社会就是我们的大学。关在门外的穷孩子，我们踏着王冕的脚迹来攀上知识的高塔吧。

注释

①《论语》　文艺半月刊，1932年9月16日创刊于上海，林语堂主编。

②曾子　即曾参。

③朱文公　即朱熹。

传统教育与生活教育有什么区别*

前星期日来晚了，听说大家在此地讨论一个很有趣的问题，叫“吃人教育与生活教育有什么区别?”我不能参加讨论，没有发表意见。今天，又来晚了，现在我发表我的一点意见。

吃人教育与生活教育有什么区别？我的意思，不如说“传统教育与生活教育有什么区别?”所谓吃人教育，就是指传统教育而言的。现在，我们可以这样说：传统教育，是吃人的教育；生活教育，是打倒吃人的教育。

传统教育怎样是吃人的教育呢？他有两种吃法：

（一）教学生自己吃自己

他教学生读死书，死读书；他消灭学生的生活力，创造力；他不教学生动手，用脑。在课堂里，只许听教师讲，不许问。好一点的，在课堂里允许问了，但他不许他出到大社会里、大自然界里去活动。从小学到大学，十六年的教育一受下来，便等于一个吸了鸦片烟的烟虫，肩不能挑，手不能提，面黄肌瘦，弱不禁风。再加以要经过那些月考、学期考、毕业考、会考、升学考等考试，到了一个大学毕业出来，足也瘫了，手也瘫了，脑子也用

* 本篇是陶行知1934年11月11日在山海工学团讨论会上的发言。记录者：戴自俺、吴锦璋。摘自《山海工学团星期总集合讨论会记录》，原载1934年12月1日《生活教育》第1卷第20期。

坏了，身体的健康也没有了，大学毕业，就进棺材。这叫做读书死。这就是教学生自己吃自己。

（二）教学生吃别人

传统教育，他教人劳心而不劳力。他不教劳力者劳心。他更说：“劳心者治人，劳力者治于人。”说得更明白一点，他就是教人升官发财。发谁的财呢？就是发农人、工人的财，因为只有农人、工人才是最大多数的生产者。他们吃农人、工人血汗，生产品使农人、工人自己不够吃，就叫做吃人的教育。

生活教育与传统教育则刚刚相反：

（一）他不教学生自己吃自己

他要教人做人，他要教人生活。健康是生活的出发点，他第一就注重健康。他反对杀人的各种考试，他只要创造的考成，也就是他不教人赶考赶人死。简单的说来，他是教人读活书，活读书，读书活。

（二）他也不教学生吃别人

他不教人升官发财，他只教中国的民众起来做主人，做自己的主人，做政府的主人，做机器的主人。他教人要在劳力上劳心。即使有人出来做官，他是要来服侍农人和工人，看看有吃农人或工人的人，他要帮助农人、工人把他干掉。做官并不坏，但只要能够服侍农人、工人就是好的。他更要教人做到“工以养生，学以明生，团以保生”。说得更清楚些是：教大众以大众的工作养活大众的生命；以大众的科学明了大众的生命；以大众的团体的力量保护大众的生命。

普及平民教育*

假使一个农家有四个小孩，只能使其长子入学，余下三个孩子：一个要看牛，一个要粑狗矢，一个要在家里打杂。那个读书的儿子就会渐渐的手也懒了，脚也懒了，也会看不起务农了。种田的爸爸，养蚕的妈妈，打杂、看牛、粑狗矢的弟弟、妹妹，也都不放在眼睛里。他把知识装满一脑袋，一点也不肯分给别人，但是大家也不以为奇，因为做先生，是要得了师范毕业文凭才有资格。他初小毕业，欠人的债，已把他老子的背脊骨压得弯起来；等到他高小毕业，老子又卖了一条牛。他从小学考进初中、高中、师范的时候，他的老子是要从自耕农跌到佃农、雇农的队伍里去了；弟弟们有的短命死了，有的长得像茅草一样。他自己是在师范求学，弄不到教员做，毕业不啻是失业，只好老起面皮做“守知奴”。吃着没知识的人的饭，还嫌不卫生；受了人栽培，却还骂人愚笨。如此，这一家人的结果，不免要家破人亡。但是，假使这个长子进的不是消费的传统学校，而是富有意义的工学团，那末，白天从工学团里学了生活所需要的知识和技能，晚上就可整个地教他父母、弟弟和妹妹。他对于学问贩来就卖，用

* 本篇原为天津《大公报》记者于上海采访陶行知的通讯，文首有记者引语云：“乡村教育家陶知行氏最近从北方演讲回来，记者往访，询问他所主张普及国民教育的动机和方法”。大标题下有两行副题：“使学能致用且能辗转传授”“随处造成有意义的工学团”。原载1934年11月12日、14日天津《大公报》。

不着的便不要。他认得一个字，便有资格教这个字，同时认定这是他的责任，把这个字又去教与别人。如果弟弟看牛没有回家，他尽可找到看牛的地方去教，不因时因地而懈怠自己应做的工作。假使父亲是个种棉花的农人，也可以把种棉的知识告诉他。这样办法虽然还嫌自私一点，但是，他尽可把自己对家庭的办法，进一步立时贡献给社会。如此，他自己又与家庭社会同时长进。学问没有止境，他的进步、他的家庭的进步、社会的进步，也都没有止境。他可以活到老学到老，学到老教到老，一直到进了棺材才算毕业。

上面所说这两个例，一样是穷人走的路线，可是结果便天悬地隔，迥不相同。同时这故事虽然是讲穷人走的两条路，同时也是穷国所走的两条路。第一条是灭亡的路，以前的中国是马上加鞭在这条路上飞跑；第二条是生命之路，从今以后，中国必须悬崖勒马，朝着这条路上走回来，才有希望。现在东北四省失去已经四年，咱们中国人是不是在慢慢设法再收回来且置不论，而日本人却在那里拼命地运用日语，消灭汉文。十年二十年以后，老的人民死掉了，小的生出来，就便学的一口日腔日调，根本就不知道他是中国人。结果他们和日本闹得怪亲热，虽然失地恢复，而大多数青年已非“王臣”。这才叫真正亡国。假使我们民众教育老早便普及了，国土虽失，文化不亡，收复自较容易。由此可见，普及民众教育更不容缓。

不过，现今的中国处处闹穷，要等着有钱再努力，不知要等到何日，所以我这样一个穷人，便想出以穷办法去办穷教育。我这个主意最初总以为不会有好结果的，可是事实上，试验的结果却使我得了无穷尽的安慰，就是从来连自己也不相信的东西，而今不但只是自信，并且下了决心，要把我的穷办法贯彻始终。我所主张普及的，并不是少爷教育、小姐教育、政客教育，更不是书呆子教育。我主张普及的是自动工学团。何以叫“自动”呢？自动是大众自己干，“工”是工作，“学”是科学，“团”是团体。说得再明白一点，就是工以养生，学以明生，团以保生；以大众的工作养活大众的生命，以大众的科学明了大众的生命，以大众团体的力量保护大众的生命。要一个个小工场、一个个小学校、一个个小社会，都能包含着生产和长进的意义，包含着平等、互助、自卫、卫人的意义，务必要使工厂、学校、社会打成一片，产生一个富有生活能力的新细胞。工学团的范围可大可小，几个人的家庭或店铺，几十个人的学校或庙宇，几百个人的村庄或监狱，几千个人的工厂，几万人的军队，都可造成一个富有意义的工学团，使社会即是学校，生活即是教育。

普及教育的工学团所要树立的第一个信念，便是小孩能做先生。这话初听见似乎觉得有点近于滑稽，但是我现在可以举出几个例证，证明小孩除了能教小孩外，还能够教大人。先说关于小孩能教小孩的故事。在南京晓庄的农人，自己曾创办一个乡村小学，这里面的校长、教师、学生、工人，就都是由小孩自己担任。因为他们完全是自己教自己，故我做了一首诗送给他们。这诗是“有个学校真奇怪，小孩自动教小孩。七十二行皆先生，先生不在学如在”。又淮安有一个小学，曾经有七个小学生，组织一个儿童旅行团，跑到上海来。既没有教师指导，也没有父母照应，他们只是运用团体的力量，制裁个人的行动。他们靠卖书、卖讲演过活，到上海的那一天，袋里十块钱；可是等到离开上海的时候，却有六十多块。我便送他们两首诗：（一）“一群小光棍，数数是七根。小的十二岁，大的未结婚。”（二）“没有父母带，先生也不在。谁说小孩小，划分新时代。”可见小孩能力，也并不小。

再说小孩能教大人的故事。依照传统观念来说，只有大人教小孩，哪有小孩能教大人？传统的教育学没有一本不承认教育只是成人对于小孩的训导。可是这许多学者，的确忽略了一半事实。譬如我开始提倡平民教育的时候，家母是五十七岁，当时曾发了宏愿，要读《平民千字课》。舍妹和我都忙于推广工作，没有空闲教她。那时我的儿子小桃才六岁，已读完第一册，我们就请他做小先生，教他祖母读书。不想这种大胆的尝试竟成功了，祖孙二人一面玩一面读，兴高采烈，一个月就把第一册读完。后来我到张家口，便依据《千字课》上的生字，写了一封信寄给家母，她居然能看得懂。这是一个很好的例。还有我上次曾为晓庄乡村小学写的一首诗，原稿的第二句是“大孩自动教小孩”。不想这班小朋友接到这首诗，就写一封信来谢我；但是提议要把那个“大”字改为“小”字。并且质问我，大孩能自动，小孩就不能自动吗？我被他们这一问，问得没有话说，只好依他们改为“小”字。结果这班小朋友成了我一字之师。再如，淮安那个小学的七个学生到上海以后，除了卖书，还到过大夏、沪江、光华等大学去演讲。我问一位大学中人：“小孩们讲得如何？”他说：“几乎把我们的饭碗打破了。”这话虽嫌说得过头一点，但是小孩能教大人已经成了不可否认的事实，同时也可以说是人类进步的象征。

在好久以前我已经有过这种感觉，但是没有抓住，直到近来，我人虽成了穷光蛋，却想对于普及国民教育有所贡献，居然又叫我想起这种穷办法。至于我个人体验的结果，便只是一个山海工学团。后来又于附近，如红庙、孟家木桥、萧场、沈家楼等村庄各成立一个工学团，每处开办的经费是大洋四十元，经常费每月十元，老先生（即小先生的先生）只吃饭不拿钱。抱定宗旨：“来者不拒，不来者送上门去。”照这样号召，自然不愁没有学生。如是等到他们受得相当知识，便又去教人。结果，原来只能教育三十个人的小学，假定每一个小先生教两个人，便变成能使九十个人受教。这个办法如推广出去，那末全国以一千万个小学生来说，同时便有三千万人可以识字明理，这便是我认为是最经济不过的普及教育办法。

再照目前国势来说，已经到了危如累卵的时候。十年生聚，十年教训，已是缓不济急。我觉得，如照我的办法去普及教育，可说是最迅速的了。我以为全国人民不一定个个都要有高深学问，但却不可不知道普通常识和做人的道理。小先生为想在他们的家长面前讨好，自然感觉到求学的兴趣。故平日我为鼓励他们，教他们唱两首歌：（一）“我是小先生，教人不害耕。你没有工夫来，我教你牛背上哼。”（二）“我是小先生，热心好比火山喷。生来不怕碰钉子，碰着一根化一根。”同时我又以为现代的中国人，已经成了没有创造力的民族，千年来的传统教育，便是斩杀小孩子创造力的刽子手。所以我决定，以消极方面反对专门引导儿童向享乐的路上走去，从积极方面创造出适合于幼儿的工具，以培植他们的创造力。我们要用科学的集团的力量，来支配每个儿童，使他们都有创造的机会与能力，更要保护他们的创造品不被掠夺，而使他们每个都有享受的权利与机会。

故我对于儿童的培养，不只是文字技术的训练，主要的任务还是在培植他们得到正确的人生观念与态度，用科学集团的力量，来解决他们本身现实生活的困难，取得本身现实生活的需要，满足本身现实生活的欲望，而促进人类更大的进展。

《我们的旅行记》序*

《我们的旅行记》是淮安县新安小学儿童旅行团七位小朋友心头滴下来的文字。这个旅行团是一个破天荒的尝试。他们没有父母照应，没有教师领导，从淮河北岸游到上海以卖讲取得他们的旅费。到了上海，这个中国经济首都便成了他们的大学，上海各层社会的大众便成了他们的先生，形形色色的生活便成了他们的教科书。这本小册子是他们的旅行生活的小影，亦即是他们在这伟大的社会大学里上课的笔记。许恪士先生说得好："从你们光棍生活上，我方懂得社会即学校的真意。"谁要知道社会即学校的理论，看了这本书就明白了。这的确是一本奇书。它是一本生活教育学，是一本儿童游记，是一本儿童文学，是一本创造儿童世界的宣言。

陶行知

二三年十一月二三日

* 本篇原题《序》。原载1935年4月上海儿童书局版《我们的旅行记》。

子钵先生捉虱子*

——答复他的《陶知行主义是中国教育的出路吗?》

民国二十年春天，我在《中华教育界》第十九卷第三期里，用何日平的笔名发表了一篇长文，题目是《中华民族之出路与中国教育之出路》。子钵[①]先生从今年十月二十九日起，在《大公报》的《明日之教育》上对我这篇文字发表了一篇很长的批判，分做四期登完。他所用的标题是《陶知行主义是中国教育的出路吗?》这个大标题之下，还有一个小标题，“陶知行主义人口统制论的教育之批判”。我很希望读者对于这两篇文字都看一看，然后再给我一个指正。[②]

记得一个夏天，有一位乡下先生在竹床上睡中觉，忽然走来了一个顽皮的孩子，拿了一支墨笔，轻轻的在他的面孔上画了一

---

* 陶行知在《中华民族之出路与中国教育之出路》一文中特别强调了人口与教育的关系，引起教育理论界的重视。1934年10月29日天津《大公报·明日之教育》周刊发起了“人口统制与教育”的讨论。该周刊由明日社主编、燕京大学刘廷芳教授任编辑主任。他在这个讨论开始时说：“陶知行先生——如今是陶行知先生了——对于教育事工之努力，二十年来，凡曾经参与教育工作者，无不知之。他是一位放胆思想、勇于试验的教育家。放胆思想者，必会时时发表许多临时性的主张；勇于试验者，必得时时做尝试与机误的实验。我们对于陶先生的有些临时性的主张以及尝试与机误的实验，固然不能一概赞同，然而我相信对于这些，无论赞同与否，大家应当随时讨论。”明日社社员子钵第一个发表长文，分4次于10月29日、11月12日、19日、26日登完。陶行知写了这篇答辩文章，先载1934年12月16日《生活教育》第1卷第21期，刊题为《答复子钵先生的批评》，接着又将此文作了个别文字改动刊于1935年1月14日的天津《大公报·明日之教育》第53期，题为《子钵先生捉虱子》。以后还有不少人著文参加，这个讨论持续到1935年6月。

个鬼脸，然后跑出去，叫了许多人来看，看的人把肚子都笑痛了。

子钵先生是在我的文章上画了鬼脸。他不但是断章取义，并且是把我的文章按他自己的意思修改了一下，再加以攻击。这是一个很巧妙的把戏。

我是同时提出了三条出路，这在全篇文字及结论里都说得很清楚，没有含混。哪三条出路呢？（一）教人少生小孩子。（二）教人造富的社会，不造富的个人。（三）教人建立平等互助的世界。"这便是我所说的大口出路，多口出路。我们的责任，不是像南京的南门的路客，老在城门口呆挤。我们要用科学教育的斧头把城门开得大些，多开几个洞，如果必需，或是把城墙连根拆掉。这三条出路是一套连环的出路。少生几个孩子便可以多做一些创造工作，多做一些创造工作便可以多得一点平等的地位与人互助，而这种平等互助又可以叫你放心大胆去少生几个孩子。"

子钵先生硬把我这三条同时并进的多口出路分成三个时期，或三个步骤。他说我们"以为……若欲打开一条生路，若欲进一步'教人创造富的社会'，进两步'教人建设平等互助的世界'，就必需要发动中国人口总退却"。这一步二步三步的办法是子钵先生的附会，我们决不如此主张。

我提出这三条出路好比是饭菜、空气、水。谁能把饭菜吃饱了再去吃空气，空气吃饱了再去吃水啊？

我从有三十亩地的自耕农说起，是要看他如何因多生而变成半自耕农，看他如何因多生而变成佃农，看他如何因多生而变成雇农，看他如何因多生而自然而然的完全破产。这三十亩的农人在我的原文里是在变动而不是固定的。我说他是一个具有代表性的中国人，这个代表性是指变动的过程，不是指固定的三十亩财产。这种变动的过程我说过几次。例如，"今日之佣工即昨日之佃农，昨日之佃农即前日之半自耕农，前日之半自耕农即大前日之自耕农”。这代表性既是指着这变动的过程，就包含着自耕农、半自耕农、佃农、雇农。这不是中国最大多数的大众吗？子钵先生硬把有三十亩地的农人咬住，硬说这固定的三十亩财产是我们理论的基础，硬说我们的理论只是为有固定三十亩地的自耕农谋出路，硬说我们的理论是挂着大众的招牌而实际上排斥了半自耕农以下的大众。殊不知这种变动的过程固然可以从三十亩算起，也可以从十五亩算起，也可以从十亩算起，并可以从雇农倒算上去，都不能丝毫改变我们的结论。难道从雇农算起，我们的理论就变成单单代表雇农的利益吗？我们整个的理论是以靠自己动手做工吃饭的真工人和靠自己动手种田吃饭的真农人和劳苦大众的小孩为基础。这七八年来的实际工作都是朝着这个方向努力，这种努力也只是我们的本分，用不着宣传，但也决不是坐在沙发椅上的大学教授喷几口香烟所能喷得掉的。

子钵先生是搜罗了许多数目字来证明我们的理论不对，他甚至于说每一个数目字都是我所跳不过的难关。我把他所举的数目字仔细审查了一番，觉得每一个正确的数目字都是我们理论的楼梯，或是我们理论的注解。每一个正确的数目字都证明中国人需要人口统制——不可乱生小孩。

子钵先生说，“也另有一种所谓‘农民’，他们的耕场不惟不缩减，反而看着增加”。这当然是铁打的事实。但我们与子钵先生不同的地方是“所谓农民”四个字不再假借了。我们将直称他为“地主”、“土豪”、“劣绅”。接着，我们要声明，在我们的词源里，中国没有“富农”。依我们所观察：为农不富，为富非农。所谓富农便是假农，其实就是地主。

我虽用人口增加来证明每家耕地缩小，但是我绝没有说人口增加是每家耕地缩小之惟一原因。在同一篇文字里我就说过，“倘若加以水旱、螟蝗、疾病、刀兵、盗匪、土豪、劣绅、帝国资本主义之压迫，那这种崩溃便如江河日下，格外进行得快。可是这些势力有相反之效果……它们会毁灭农民的资本而促农地分裂之进行，但是也会扫除农村过多的人口而维持后来者粮食之均衡”。不过人口增加为每家耕地缩小原因之一，实无可怀疑。子钵先生要否认人口增加为每家耕地缩小原因之一，必得证明地球无限大或中国新兴工业进步容量超过中国人口之增加[3]。子钵先生言外之意好像是我们有剥夺农人生育权之嫌疑。这断不是我们的主张。我们所提出的建议是人口统制，无论什么人都要受人口升降委员会的统制，工人、农民、商人、子钵先生、陶行知一律服从，无有例外。但是以地域论，人口升降委员会可以颁布特殊条例，允许人口稀少之边疆的人民，每人多生几个孩子。

子钵先生举了北美印第安人五百年来人口之减少来比方我们所主张之人口总退却。他并说，“历史的史实一再证明，殖民地及其他弱小民族的人口退却，即是自身力量的削减，是对方压迫者的力量的增厚”。这是天然淘汰的说明，不是人口统制的说明，历史上还没有人口统制这么一回事。人口的天然的退却，好一比是打败战的逃走。人口的统制的退却，好一比是战略上的有计划的退兵。前者是有退无进，后者是以退为进，统制的人口才有充分的力量以抵抗侵略。

无政府的商品生产过剩，无政府的小孩生产过剩，都是扰乱世界的根本原因。人口统制是永久出路之一。人口升降统制委员会应是一个永久的组织。这不是一个暂时缓冲的策略[4]。一位光棍的有志的青年干着一件大事，是像活龙活虎一样的猛勇。不久，找着一位女同志。他们在互相鼓励安慰之下，力量不是一加一等于二，而是一加一等于三，干得更有兴趣。再过十个月，生下一个小宝宝，女的要在家里扶养孩子，男的也心挂两头，时常偷回亭子间来看看老婆，看看小宝宝。女的说，“你来的正巧，我累死了，你陪小孩玩玩，让我睡一刻”。他得帮小孩撒尿，为小孩揩屎。倘使奶水不足，他想买牛奶粉喂他，钱不够要四处向朋友借。如果出疹、出天花，更要他连日带夜的奉陪。要出去干工作，才走到门口，只要孩子“额啊”、“额啊”的叫一两声，他得回过头来。他们俩对于社会工作的力量是变成一个人也不足了。接着再生一个孩子，他们两个人只能算做半个人了。假使他们问到您：“子钵先生！我可以不再生孩子吧？有什么办法呢？”您怎样答复他？当您遇着一个生过两个孩子而只够糊口的女工，倒在弄堂门口生第三个孩子的时候，您又如何指导她？当您遇着一个生过十个孩子只剩两个的农妇，卧在田里生第十一个小孩的时候，您又怎样去忠告她？

子钵先生说教育经费之负担者不是教育经费之享受者。农民出钱给别人的小孩读书，弄到自己的孩子反而没有书读。这是千真万确。但是为什么要说我们避开了这不平的现象？我们不是指出第三条出路要建设平等互助的世界吗？不是说过“必须有大平等的地位，才有互助之可言”吗？在我所写的《中国教育改造》、《古庙敲钟录》里也是很明显的指出这条大路。

从前的晓庄，现在的工学团与小先生普及教育运动，都是要为劳苦大众和他们的小孩努力服务[⑤]。天高皇帝远的子钵先生哪能知道？我也要引子钵先生自己的话来说，“事实却是一种顽固的东西”，决不是一笔可以勾销的。

子钵先生口口声声的说了许多次陶知行主义，而所包含的只是“中华民族之出路”一文，从这篇文里又只抓住人口统制一点，那是未免太狭窄了。我想要批评一个人的理论，最少要花费一些时间把那个人自己写的作品仔细看过一遍，把他所做的事业实地考查一番[⑥]才好动笔。而子钵先生似乎是没有这种打算，也没有这种准备，只是偶尔遇见一两篇文字，便拿来吹毛求疵。没有疵可找，一时计上心来，把身上带来的虱子放一个进去，大声疾呼的说：陶知行主义者生虱！如果我们的理论能成一个系统的话，那末除了《中华教育界》那篇文章所包括的之外，至少还有下列几点要请求教益：

（一）社会即学校；

（二）生活即教育；

（三）教学做合一；

（四）在劳力上劳心；

（五）行是知之始，知是行之成；

（六）小孩子能做小先生；

（七）教小孩联合起来自己干；

（八）教大众联合起来自己干；

（九）小孩子最好的先生是前进的小孩；

（十）工人最好的先生是前进的工人；

（十一）农人最好的先生是前进的农人；

（十二）工以养生、学以明生、团以保生之工学团。

注释

① 子钵　即尚仲衣，当时任北京大学教育系主任。

② 子钵这篇文章分九大段：一、中国教育的背景；二、陶知行主义的理论；三、教育者要认识这种理论；四、向陶知行主义提出几个问题；五、有田三十亩自耕农是否中国人的代表？六、耕场缩小是农民失学的原因吗？七、人口增加是耕场缩小的原因吗？八、生育限制是一般中国人的出路吗？九、“人口总退却”是中国的出路吗？他的这些观点集中在另一篇文章《陶知行先生的黄色烟幕弹》里，因此文比前一篇短得多，故作为附录放在文末，而未用前篇。

③ 此句登报时删去“或中国新兴工业……”等字。

④ 登报时删去“人口统制是永久出路之一。……策略”。改为“子钵先生得证明商品生产与小孩生产可以无需统制并且中国人口还嫌太少，才能修正我们一部分的理论”。

⑤ 此句登报时，文字叙述上有小变动。

⑥ 登报时删去“把他所做的事业实地考查一番”等字。

附：陶知行先生的黄色烟幕弹

去年十月二十九日起，我在本刊发表《陶知行主义是中国教育的出路吗？（一）》一文，分四期登完（明日之教育第四十二、四十四、四十五、四十六各期）。本月十四日陶知行先生在《子钵先生捉虱子》的标题下，给以反驳。陶先生又以同一的内容在他以前作过主编的《生活教育》第二十一期用另一个题目，《答复子钵先生的批评》登载出来。望读者诸君把这几篇文字，都参看一下。

陶知行先生在《子钵先生捉虱子》一文里劈头就说："记得一个夏天，有一位乡下先生在竹床上睡中觉，忽然走来了一个顽皮的孩子，拿了一支墨笔，轻轻的在他的面孔上画了一个鬼脸，然后跑出去，叫了许多人来看，看的人把肚子都笑痛了。"

的确，在陶知行先生的心目中，我那篇文字却有着顽皮的孩子的意味。不过，我们并非给"乡下先生"画上鬼脸，而是揭露那老市侩的伪善面具！

一

陶先生说："我们同时提出三条出路，……一、教人少生小孩子；二、教人造富的社会不造富的个人；三、教人建立平等互助的世界。"

关于第一条出路，在陶先生的文字里明明写着："中华民族之最根本的出路——即中国教育之最根本的出路——是什么？少生小孩子。中国现代之教育者之最大的责任是什么？叫人少生小孩子。"（重点是原有的，——作者。）

这样看来，小孩子显然是中国出路的"最根本"的障碍物。但客观的事实是：中国出路的最根本的障碍物，不是小孩子，而是"帝国主义"和中国的"贪官污吏，土豪劣绅"之间的密切榨取连环之整个系统。我们不能了解陶先生为什么拿“小孩子”的问题，来故意粉饰中国出路这一最严重而且最根本的障碍物。陶先生这种故意粉饰的作用是不是企图转移中国农人及一切广大群众，对于他们生存上的真正障碍物的认识？如果站在现实的富的分配的圈子里，来空言创造富源，必然地只能暂时地创造富的个人，不能创造富的社会。这一铁的经济原则，不知陶先生是否了解？现在陶先生立在这种“水旱、螟蝗、疾病、刀兵、盗匪、土豪、劣绅、帝国资本主义”之压迫下的中国广大群众中，忽略了这些压迫产生的根源，而乌托邦式地妄想用“少生小孩子”为“最根本”的工具以“创造富的社会，不创造富的个人”，以建立平等互助的世界。这简直是对于中国广大农人及一切生产群众的一种刻毒的嘲笑。

这种刻毒的嘲笑是一切不能超脱现实，而寄生在剥夺制度之上的乡绅市侩的原来面目。

二

再说到生育限制是否是“中国最大多的大众”的出路的问题。其文字里，陶先生视生育限制的训练，不特为“有田三十亩的自耕农”的出路，而且还是那有田三十亩的自耕农向着十五亩十亩五亩……的自耕农，半自耕农，佃农，雇农而变动的农家的一般的出路。这是说：这种训练，是中国一般的农民的“最根本”的出路。但前次所引的（见明日之教育四六期）戴乐仁所作的农村经济调查，业已把这种谬误的观念，根本推翻。在那些数目字上表明着：

以四五口的人家而论，假定施以陶知行主义者的生育限制训练，人口降到三口、四口，在河北仍有百分之八二·五，在安徽仍有百分之五二·一，在江苏仍有百分之五二·四，在浙江仍有百分之六四·三的农家是不能维持最低的饥寒的水平的。

“姑再假定，陶知行主义者所主张生育限制训练完全贯彻了，把农民们的生育权完全剥夺，每家只有夫妇二人，那末，按照戴氏的数字，江苏仍有百分之四五点八，浙江仍有百分之五八·三，安徽仍有百分之四六·四，河北仍有百分之八〇点五的无衣缺食的农民。当我们注意到江南生产品价格要高过于中国北部，注意到戴氏饥寒水准是按照河北农村物价而定的，我们即可肯定地说，即使陶知行主义者的生育限制的训练，满布了中国全部(注：此处前次排印时有错误，现改正)，将农民的生育权一概剥夺，使每个农家仅只二口……结果，中国的大众——百分之六十、七十、乃至八十的农民，依然嚎啼于饥寒水准以下。”

由这一段数目字里，我们看出能由陶知行先生的生育限制获得暂时出路的，只是那些富庶的有田三十亩，或三十亩以上的少量“农民”，而“绝大多数农民大众”，则绝对被陶知行先生及其忠实信徒，摈弃于出路之外。在这种铁一般的数目字前，我们仍然说：事实是一种顽固的东西，虽然“决不是一笔可以勾销的”，却也决不是一张市侩的嘴用无稽的圆滑字句，所可消灭得掉的。

三

最滑稽的是：陶知行先生不惟极尽圆滑之能事地来掩饰中国现实状况的罪恶，进而更为“帝国资本主义”的罪，作忠实地粉饰：把国际的“帝国资本主义”为着维持其商品最高利润而深入殖民地的剥削手段，所造成的层层压迫和非人的灾难，轻轻地粉饰掉，企图把这种“残暴”的罪恶，用“天行的淘汰”加诸农民自己身上；把“帝国资本主义”为着维持其最高利润，宰割世界的相互矛盾和冲突所形成的战争，也认为天然淘汰的说明——是“无政府的商品生产过剩，无政府的小孩子生产过剩”，所造成的事实。陶先生这一企图，在其自夸深入大众的呼声中，我们就大众利益的客观事实来研究，陶先生的确尽了“帝国资本主义”所派遣的教徒一般的麻醉和缓作用。至于说，“无政府的商品生产过剩，无政府的小孩生产过剩”，客观的事实是：商品之过剩只表现在各资本家的堆栈中！——而全世界绝大多数的消费者却感生产品过少，得不到他们应得的最低限度的必需品的；小孩生产过剩，则只表现于最后衣食也被剥夺了的生产者的家庭之中，而全世界的自然界所宝藏的富源，还静静地埋在地里，殷勤等待着更大更多的劳动力来开掘，并非因目前地面太小。这种常识，我们看着，大批大批的商品不顾生产者的需要，为着维持最高利润而被抛入大洋中去，大批大批的劳动力因要维持商品最高利润，离开同自然为人类幸福而争斗的健全道路，而被迫入饥寒的死亡中，当可明了一些吧？这硬是“帝国资本主义”在人类中所制造的惨酷历史，这也正是陶知行先生的“这七八年来的实际工作”——尤其是近三四年所竭力粉饰而未能粉饰掉的事实吧？

现在关于陶先生的“朝着这个方向努力”的热忱，无须用我们的话来批判，他那工学团的同工之一说得很清楚：（明日之教育，第五十期，潘天民先生的通信，民国二十三年十二月二十四日大公报。）“我到此地来参加实际生活，似乎每每感到失望。当在过去，我是以陶知行的教育主张只是‘改良主义’的，但今来我却以他不但不是‘改良主张’（疑为“义”字误——作者），且是现实社会的一种工具了。”

这原来就是陶知行主义本来的面目。（未完）

普及教育*

刚才谢先生① 介绍陶知行，陶知行已经死了，我现在的名字叫陶行知。让我先来介绍自己，陶行知出生才三个月，可以代表我的思想的转变。“知行”变成“行知”。陶知行这个名字，跟我已有二十四年，因为这个名字跟我太久，所以不愿改，并且有人说我喜欢花样翻新，所以终于没有改。三个月前忽然改了，改的原因何在呢？因为许多顽皮的小朋友，写信给我早就改称行知先生。还有一位德国朋友卫中先生，常常喜欢喊我“行知”，他说中国人如果懂得“行知”的道理，而放弃“知行”的传统思想，才有希望。我名“知行”，而主张“行知”，这不是挂羊头卖狗肉吗？经过许多朋友的鼓励，所以我毅然决然在苏州改名陶行知。我的朋友谢育华，看了《古庙敲钟录》之后对我说，你的理论我明白了，是“知行知”，底下这个“知”② 字是何等有动力，很少有人能喊出这样生动的口号。我向他表示钦佩之意后，对他说，恰恰相反，我的理论是“行知行”，所以改名为陶行知。他说，你的“行知行”不对，比如，有了电的知识，才能去开电灯厂，开了电灯厂，电的知识更能进步，这不是“知行知”吗？我说，那最初发明电的知识是从哪里来的？还不是从科学实验、玩

* 本篇是陶行知1934年12月24日在安徽大学的演讲记录，原载《安大周刊》第176期。当时编者曾在文中冠有31个小标题，现略去。

科学把戏中得来的吗？法拉第（Faraday）是一个订书店的徒弟，他订书订的很慢，订一本书就看一本书，大家向老板攻击他书订得慢，老板却说他是订一本书就吃一本书。有一次，装订《百科全书》，吃到电学，他还不够，适Davy[③]在卖讲演，他便求人做东，给他买了入场券去听讲。他就帮助Davy做助手，行动起来，用线接到指南针，拨动磁石，就发生了电。这就是行动。爱迪生发明了电灯丝，经过一千多次实验才成功，也是从行动中得来的。所以，行动是老子，知识是儿子，创造是孙子。因此我主张“行知行”。王阳明先生主张“知行合一”，有一点却拖下一根狐狸尾巴，说“知是行之始，行是知之成”。我们把他翻了个筋斗，提出“行是知之始，知是行之成”的理论，正与阳明先生的主张相反。因此，就改名“行知”。这是我对自己的介绍。

今天所要讲的题目是《普及教育》。这个题目，也是从行动中得来的，不然一定先要将美国普及教育如何，法、德普及教育是如何，俄国、日本又是如何先讲一讲，再讲到中国普及教育方案。不知道中国是一个穷国，已到了农村破产，民不聊生，农民已连饭都没有得吃了。拿富国的办法，引到中国来，无异是乡下人吃大菜。我有一首打油诗，形容乡下人吃大菜，那诗是：“乡下佬吃大菜，刀儿当作筷，我的妈呀！舌头割掉了一块。”两年前，我流浪在上海，跟随我的几个学生，也是穷光蛋，穷又不安分，还想办点教育。于是四个人背了留声机器，带了一点药，到宝山去，把留声机一开，乡下人就大家出来，听洋人哈哈笑，高兴得很。慢慢问他们有没有病，有病我这里有药，头痛送他一点阿斯匹林，打摆子就请他吃金鸡纳霜，结了感情，山海工学团就如此办起来了。

工学团是什么，工就是劳工，学就是科学，团就是团体。如果有外国朋友问起来，就告诉他是Labour Science Union[④]。说得清楚些，是工以养生，学以明生，团以保生。说得更清楚些，是以大众的工作，养活大众的生命；以大众的科学，明了大众的生命；以大众的团结的力量，保护大众的生命。说他是学校，他有工与团，不像学校；说他是工厂，他有学与团，不像工厂；说他是民团，他有工与学，不像民团。所以，工学团可以称为“三不象”。四个穷光蛋，挂的一块大招牌是“来者不拒”，来一个收一个，来两个收一双。后来来了两百人，随后增至三百人，真有点吃不消。正如面包夹火腿，打在夹板中间，招牌既不能下，法子又想不出来，我们就在这里头打滚。有一天，看见一个小孩子教四五十个小孩子做箭，教的极好。我看了半个钟头，非常高兴，觉得这块招牌可以不下了，另外还能添上一块招牌：“不能来者送上门去。”“小孩子能做小先生”，他们是负着把教育送上门去的责任，他们把教育送到牛背上去，送到山上去。这种方法，不是从书本中得来的，不是从头脑中想出来的，不是从听讲演学来的，乃是从行动中产生的。因此，想起在十一年前，我的母亲是五十七岁，我的第二个小孩子叫小桃，才六岁，他读完《平民千字课》第一册就教他的祖母，祖孙二人，一面读一面玩，兴高采烈，一个月就把第一册读完。读了十六天，我在张家口依据《千字课》上十六天的生字，写了一封信寄给家母，她自己便看懂了。

两年半以前，晓庄师范关了门。晓庄佘儿岗的农人要想办一个小学，苦于没有钱，请私塾先生，小孩又不愿。于是小孩自动起来办了一个农村小学，校长、教师、工人，都是小孩子。我为他们写的一幅小照：“有个学校真奇怪，大孩自动教小孩。七十二行皆先生，先生不在学如在。”他们回信说，原稿第二句那个“大”字，应改为“小”字。他们反问我，大孩能自动，难道小孩就不能自动吗？大孩能教小孩，难道小孩就不能教大孩吗？从此这首诗的第二句，便改为“小孩自动教小孩”。

第三个例子，我想到去年江苏淮安新安小学有七个孩子，自动出来，一飘飘到镇江，再飘飘到上海。来的时候，身边只有十块钱，他们靠卖书卖讲演过活。告别上海时，却有六十块钱了。

当他们来看我的时候，他们说听见我卖讲演，所以他们也卖讲演。我叫他们先讲给我听，一听果然不错。于是我介绍几处去讲演，别人也介绍了几处，后来就有人自动请他们讲演了。他们讲三分钟，准可使听众大鼓其掌。今天我讲了很多时间，还没有博得掌声（鼓掌）；我讲了二十几分钟，才博得掌声。可见我还不如他们讲得好。他们从小学讲到中学，讲到大学，大夏、光华、沪江等大学，统统去过。后来我问大夏教授邵爽秋先生讲的如何，他说几乎把我们教授饭碗打破了。当时我写了两首诗，答复他们的校长⑤：

一群小光棍，数数是七根。
小的十二岁，大的未结婚。

没有父母带，先生也不在。
谁说小孩小，划分新时代。

这七个小孩子，都是江北人。当"一·二八"后，上海人目江北人为汉奸。这些小孩子，经过这次讲演以后，大家心理一变，至少这七个小孩子，总不是汉奸。穷孩子到大学里去讲演，这次可以说破世界纪录。这七个小孩子将金刚之锥，把时代划分两个。

以上几个例子证明小孩子能做小先生。小孩子一个教两个极为容易。一个六岁小孩子，白天学了"青菜豆腐"四个字，晚上就会教给妈妈姐姐，一本书可供给三个人用。假如再给他一本簿子、一支铅笔，妈妈还可以划一两笔，像日记一样的缴给小先生看。

小先生的数字非常伟大。一千一百万小学生，一个教两个，便是三千三百万。义务教育，就算有了大进步。还有一千万私塾生，可命每个先生带两个学生来受培养，一个假定是他的儿子，一个是他的得意门生。这两个小先生回去，等到冬烘先生午睡、访友、上茶馆评理的时候，一定可以将新的思潮传入私塾，私塾马上就可以改良。有二千一百万小先生，六千三百万失学人问题就解决了。再按“即知即传人”的道理，另外还有八千万认字的成人在商店、家庭里，也可以每家抽出一二个人来受教育。再由这八千万人，一个再去教两个，便是一万万六千万人，成人教育就推动了。不过这确要有组织，才能共同发挥出力量。

现在的老观念，非用大炮来轰破不行。诸位知道，社会里有一种人叫做守财奴，这种人喜欢把金银弄到自己的腰包里去，腰包装满了，藏到皮箱去，埋到地下去。他惟一的遗憾，是棺材太小，虽然小，还是要拼命的装，带得多少便带多少去。当他活着的时候，肚子总是大大的，他的肚子比别人大，固然是因为平日补养得好；其实另一个原因，是那腰包点水不漏，纵然要一个铜板，比拔他一根毛发还痛。他有一个弟弟叫“守知奴”，就是大头鬼。他会用一种漆黑的东西，灌在脑袋里，不给他流出来，久而久之，他的头就大了。他一进小学，头就觉得大了些；进了中学，更大一些；进了大学，更大一些；如果还嫌不够大，可以出洋，那头就更大了。回国以后，到上海，到安庆，大家的头都比他小，知识在他脑海里只进不出，非钱不卖，只有用金钥匙才能开这锁。知识在小先生头脑中，就变成了空气，准许人自由呼吸。在上海只有空气不要买，安庆不知如何？所以，“知识为公”除了小先生不行；小先生一出，这知识的“买卖关”就攻破了。

第二关是“娘子关”。中国女子教育不普及，有百分之九十五的女子不识字。进攻娘子军的办法有两种，一种是男先生，一种是女先生。一位二三十岁的男子教一些十七八岁的大姑娘，或是十八九岁的大嫂子，乡下人是看不惯。谣言来了，放谣言的便是不愿意媳妇上学的婆婆；路上出鬼了，装鬼的便是丈夫们的鬼把戏。一直闹到女学生不敢再上学，男教员一败涂地了。换了一个女教员，如果有，那是天字第一号。但是因为女子教育不普及，女教员根本就很少。一个破庙里关了一个男校长，一两个女教员，也有点不方便。几个女子同下乡，那是再好没有了，但是没有男子的地方，女教员又怕鬼，怕贼，怕蛇。最好是夫妻学校。我在几年前，在晓庄师范就鼓励男女同学结婚。这种为事业而结婚，费用不上十块钱，结婚以后办点事业作为纪念，结婚的婚礼请我做证婚，我都到。不过这种夫妻学校，是和金刚钻一样的少，到如今算起来还不到一打。女子教育不解决，普及教育就无法解决。据估计，浙江省普及教育要四百年才行，杭州市要一百五十年，全国要三百年才能普及，小孩子义务教育要七十年才能普及。同时，还要具备三个条件：一要所有学生皆长生不老，万岁，万万岁；二要教育经费按比例源源增加；三要人口不再增加。全国三百年成人教育方能普及，七十年小孩义务教育方能普及。小先生一来，关门就大开，娘子军欢迎小将军进关，他们连新娘房都钻得进去上一课，灶前房角到处都可以做他的课堂。小先生比女教师还好，女学生最怕问人，在小先生的面前，最害羞的女子，也不怕难为情了。

一个先生住在古庙里，等于一只孤鸦，与社会不发生关系。有些思想新一点的先生，想去调查调查农村，常常跑到农人家里去问问，几次一去，不好了，谣言就起来了，只好仍回古庙做菩萨。小先生就不同了，每一个人都可以变成一条电线，从古庙四处放射，成一个电线网。先生变成大电线，可以通到外面去，于是“学校即社会”跟我们翻了个筋斗，变成“社会即学校”(Society as School)，活到老，做到老，学到老。现在这种小学六年、中学六年、大学四年的教育制度，都可以“短命教育”四字代表之。我们所要干的是整个寿命的教育，不是短命的教育。上海经过十个月的试验，自宝山、上海县普及到公共租界等地，已经有一万八千个小先生。现在这种制度，已经推行到十九省、四个特别市。诸位要参观，安庆的大渡口小学，镇江的车形小学，已经在仿行这种制度，可以去看看。

现在想普及教育，有三条路：一条是在民间组织普及教育助成会，诸位寒假回去，都可以去组织，帮助地方教育机关去做；第二条路，各省市应订普及教育方案；第三条路，政府应订法令，不准妨害进步。中国的家庭中，往往婆婆不愿媳妇读书，小工厂、商店老板，不愿学徒读书，连孔子的书也不准读，三民主义也不准读。这种妨害进步，政府必须以法律和命令制裁。我以为这种罪，是等于危害民国罪。我曾写了一文，名为《大学生普及教育运动》，可以供诸位参考。中国现在知识分子集中城市，形成庙小和尚多，不妨到乡村去。照我所提的法，两年内，安徽教育就可以普及。

注释

① 谢先生　即谢循初，当时任安徽大学教务长。

② 底下这个“知”字即“知行知”中后一“知”字。因当时书写和排印均为直书、竖排，故称“底下”的“知”。

③ Davy　通译戴维。

④ 英文，意为做工、科学、集团。

⑤ 指新安小学校长汪达之。

儿童的世界*

从前世界属大人，
以后世界属儿童。

这是今年儿童节我们所唱的两句歌词，也就是新世界与旧世界合拍的一幅小影。是的，从前世界里一切都归大人所有，连小孩子也变成大人的私产，甚至于可以当作商品卖。如不相信，请听我唱吧：

假母女，
养女如养猪。
谁个银子多，
可以买肥猪。

小孩子最大的敌人有时便是他们的亲生爹娘，谁能料得到呢？

世上一切既为大人所有，小孩子如果要想分一点肥，只有一个法子，非大人的话不敢说，非大人之行不敢动。他必须学做一个小大人，才能得大人之宠而共大人之产。于是：

* 本篇原载1935年1月1日上海《新儿童》杂志。

规矩和奶一齐吃，
六岁已变小老翁。

然而小孩子毕竟是小孩子，对于大人的压迫是不断的反抗。一座小小的火山，只要是活的，自然时常喷出火焰来。你看!

生来不自由，
生来要自由。
谁是真革命，
首推小朋友。

大人坐在针毡上，如何能安？他必须借外力来消灭革命的孩子。如果小孩子不受指挥，大人有的是糖果，怕你不软化；有的是威吓，怕你不屈服？你如果不愿意受他的麻醉，他会在门口造一只老虎吃你，在房里造一个恶鬼拖你，使你进退两难。总而言之，他是不许你动：

谁敢大胆动一动，
俺就断他是反动。

于是大人赐给小孩子的，是一个恐怖的世界。日里听了恐怖的话，夜里还要做恐怖的梦咧。为小孩子造成这样的恐怖世界已是不可宽恕，他还叫小孩子屈伏在恐怖之神之前，以造成不抵抗之劣根性，那更是罪大恶极了。

这种恐怖的瘴气，是笼罩在每一个小孩子的头上，几乎是没有一个小孩子能跳出这个圈套。然后依照家庭的地位，各种的小孩子是有各种的世界。有钱的小孩子，是在温柔的世界里享现成福，把自己造成了少爷小姐，互做玩物彼此玩，一直玩到死，死在安乐之窝里。一部分的少爷小姐，又在字纸篓的世界里蛀书吃字纸，把自己造成读死书，死读书，读书死的书呆子。穷人家的小孩子不能做少爷小姐，也读不起书，八九岁就送出门去，一面学手艺，一面做奴隶，或是送到工厂里去活活的给机器妖怪慢慢吸他的血，甚至于送命。没有工做的，就在街上打流，一不小心，给车马冲成肉酱。拐子老是像猫样在街头巷尾等候着：女孩子拐去卖入娼门，男孩子切作肉包饺子卖。如果生下地就养不起，大人全把小孩子抛到河里淹死，或送给育婴堂里去，弄得一个活的进去，一个死的出来。在大人的世界里，小孩子是这样的牺牲了。

我们要打破这个大人世界，打破大人所造成的谣言的世界、恐怖的世界、享福的世界、书呆的世界、惨酷的世界、奴隶的世界。

在大人的世界之遗迹上，我们要创造儿童的世界。儿童世界里，只有真话没有谣言，只有理智没有恐怖，只有创业没有享福，只有公道没有惨酷，只有用的书没有读的书，只有人——只有人中人，没有人上人，没有人下人，没有奴隶。

这个儿童世界不是由大人们造好之后，现现成成的交给小孩子去享受。大人代儿童造的世界必是于儿童有害的。儿童的世界是要由儿童自己动手去创造。我们要停止一切束缚，使儿童可以自由活动，这儿童的世界，才有出现的可能。所以我们最重要的工作在解放儿童的头脑与双手；儿童的手脑一经解放，这新的儿童世界自然会应运而来了。

人生两个宝：
双手与大脑。
用脑不用手，
快要被打倒；
用手不用脑，
饭也吃不饱。

手脑都会用，
才算是开天辟地的大好佬。

我们来解放儿童的头脑与双手吧，不够，不够。如果我们是书呆子，我们还得解放我们自己的软手软脚，解放我们自己的呆头呆脑。如果我们是田呆子、机器呆子，也得解放我们自己的笨头笨脑，解放我们自己的粗手粗脚啊！小朋友！你们也不要老是等着别人来解放您。您的脑袋是长在您的头颈上，你的双手是长在您的身体上，拿来用他一用，您就成了一个开辟儿童世界的小盘古了。拿把剪子来把那捆您的绳剪断：

世事须从小儿意，
不从儿意不成功。
谁敢欺负小孩子，
联合小拳向他攻。

我们还要知道这个儿童世界是大众的儿童世界，决不是少数的儿童的世界，也不是顾到这个儿童而忘了那个儿童的儿童世界。可是提倡儿童幸福的人们，有多少还是在那儿排演下面一类的惨剧啊？

奶妈的婆婆之悲哀

人人羡慕儿童节，
我家宝宝哭不歇。
张家新生小少爷，
雇个奶妈好过节。
媳妇做了奶妈去，
奶变张家少爷血。
张家少爷白又胖，

胖如冬瓜白如雪。

人人羡慕儿童节，
我家宝宝哭不歇。
老奶给他尝一尝，
无奈奶头久已瘪。
清水米汤吃不饱，
小儿苦恼向谁说？
红红绿绿争点缀！
问是谁的儿童节。

我们要把这种的剧本丢下火炉烧掉了，永远不再排演。我们要引导大众的儿童来造成这儿童世界，以供献于大众的儿童。

那末，大人在儿童世界里就没有地位吗？您是提倡儿童专政吗？也对也不对。让我的一首小诗来奉答您吧：

儿童园里无老翁，
老翁个个变儿童。
变儿童，
莫学孙悟空。
他在狮驼洞，
也曾变过小钻风。
小钻风，
脸儿模样般般像，
拖着一条尾巴儿两股红。

我们必得重生为小孩子，才能加入小孩子的队伍里去工作。变吧，变吧，大家都变成真的小孩子，那是多么够味儿的事啊！

言归正传，我们要依据上面几条原则在上海创办一个儿童世界。其实是培养一个儿童世界的细胞。在这里面，我们要编儿童用的书报，造儿童玩的玩物，制儿童做工的工具，并出卖大众儿童生活所需要的东西。我们这儿童世界是一个小小工场，是一个小小商店，是一个小小学园，是一个小小俱乐部。我们欢迎小孩子来玩、来学做工、来买东西。小孩子是我们的股东，是我们的伙计，是我们的工人，是我们的顾客，是我们的学生，同时也是我们的先生。我们先变了小孩子，再教小孩子自己把儿童世界的细胞造起来献给大众的儿童。

我们这个小小事业只是整个儿童世界的第一个细胞，一是千万之起点。我们希望这个细胞造成以后会自然而然的繁殖出去。大家一起来迎接这新生命之降临吧。大家一起来同声为这新生命的前途歌唱吧：

天也欢喜，
地也欢喜，
人也欢喜。
欢喜你多福多寿多儿子，
儿子又生孙，
孙又生儿子，
子子孙孙生到无穷期。
有几分儿像你，
有几分儿不像你。

不费钱的课本 *

读书一定要一种课本，并且要从头一本头一课教起，这也是一种成见。新学究还一定要用教科书，没有教科书，便坐在那儿等待教科书寄到。边远的地方，一等便是几个月。先生是活的，书本到处有，只要活用他就有办法。《三字经》活用起来，也能做普及现代生活教育的工具。路路通长安，大路断了走小路。一张发票，一张签诗，也可以当作教科书读。上海把旧的杂志旧的书报包东西，揩屁股，真是作孽。这都是我们内地求之不得的教科书呀！来它一个新的惜字运动，我们可以得到几万万不费钱的教科书。如果大家一定要教科书，我还有一个法子介绍。教小学生抄教科书给不能进学校的学生读。利用习字的纸，习字的笔，习字的墨，习字的时间来抄。纸当然要改良一下，格子要适合抄书的需要。平常初级课本的字是写得比多宝塔[①] 还合用，学生照着临，也能进步。先生也用批字的时间审订，免去圈叉麻烦。先生只须看学生抄得对不对，好不好，不对不好须重抄，抄到对了好了为止。平常先生批字，真是无聊，用王羲之、颜鲁公[②] 的标准批吗？要批死人。不批吗？校长要怪，家长要怪。不得已，闷起头来瞎批。骗人吗？是的。不骗就得翘辫子。如果改习字为抄课本，一切都有意义了。不要看轻这样一个小改革。不久以前，

* 本篇原载1935年1月1日《生活教育》第1卷第22期。

日本小学生总动员拾取香烟盒里的锡包，积起来，买得一架飞机。小学、私塾总动员改习字为抄课本，每年可得一万万部不费钱的教科书。

注释

①多宝塔　指《多宝塔感应碑》，唐碑。颜真卿正书，史华刻。碑在西安碑林。

②颜鲁公　即颜真卿。

拉夫教育*

“听得督学[1]今天到，先生拉我如拉夫。”这是传统教育最有趣的一幕。学生多就算成绩好，这是一件很可怀疑的事。我虽赞成强迫教育，但绝对反对拉夫教育。你若把牧童从牛背上拉来，把摘茶女从茶山上拉来，把采花姑娘从棉场里拉来，把养蚕妇从蚕室里拉来，把织布娘子从布机上拉来，把种菜的小二哥从菜园里拉来，所得能偿所失吗？减少经济力的强迫是不可施行。假使我是督学，到了采花时节，看见校长把能采花的孩子关在学校里，我一定要记他一大过。为什么不把帮助家人采花当作正课？为什么要叫学校妨害农务？我个人做事是风雨无阻，但办乡村学校，下雨时节是不劝学生来。如果不信，请听我唱吧：

“小宝宝！小宝宝！
今天天气不好。
你们回家要早，
雨来变成水鸡，
事情有些不妙。

明天下雨不要来。

* 本篇原载1935年1月1日《生活教育》第1卷第22期。

不下才好来。
破袜破布鞋，
弄坏没钱买。
受了潮湿，
还要把病害。
倒不如留在家里教奶奶，
没有奶奶教乖乖。”

下雨就教小孩在家里教人，岂不很好，一定要把小孩变成水鸡，拉来上学，我真不懂得这是什么教育。当然，我的主张遇着戴雨帽、穿雨衣、套雨鞋、没得事做的少爷小姐，又当别论了。

注释

① 督学　学官名。国民政府各级教育行政机构所设的专任人员，负责督察指导各地教育行政机构及学校工作。

谈日光教育*

四万万人，八千万家，家家读书，这可算是文字教育普及了。但是究竟要怎样才无流弊，我们必须绞脑筋，打破砂锅问（纹）到底。这是每一位普及教育者的责任。我曾拜托几位熟悉家务的穷朋友代我做了一些估计。点菜油灯，每天多点一小时，每盏灯每年要点一块钱的油，八千万盏灯每年就要多费八千万元。用洋油呢？每盏灯要四元一年，每年要费掉三万二千万元！美孚洋行的买办要高兴了。煤油大王晓得这个消息，也要笑得说不出话来。他可以打算再拔一根毛，到中国南方来办一个协和医院。这票买卖是被太阳夺去了。太阳老牌也会到地球上来争夺市场的，奇怪！普及教育者主张日光下施教育。还是《老少通》里的老调儿："起得早，睡得早，省油省灯草。"早点起床，稻草窠里少睡一刻，午饭少抽一袋烟，就省下这每年的三万二千万元，好不好？

* 本篇原载1935年1月16日《生活教育》第1卷第23期。

谈文字符号*

有两种极端的人：一是看重文字，把文字误看做教育的全体；二是藐视文字教育，如一般生产教育论者以为大众不需要文字，以为他们所需要的只是生计之改良。这两种观念都是错误的。人与禽兽的大分别就在人有语言文字，禽兽没有。文明人与野蛮人的大分别就在野蛮人只有语言，而文明人是语言文字都能灵便的运用。文字符号之妙是妙在这个“符”字。道士画符未必灵。士大夫画的符才真灵。他不种田，只须把符一画，好米就有得吃了。他又想，拿一身汗去换一担米还是不上算，再画一张符，叫种米的人挑米来给他吃。农人不会画符，劳而不获，种的米都给人家画符画去了。他眼看这个把戏很便当，也想画一画，自己老了，让儿子去学吧。束脩加上吃饭，每年至少四十元，忍痛把儿子送入私塾学画符。私塾先生就靠着会画几张蹩脚符吃饭，轻轻的传给人，饭碗不要敲破吗？孔夫子是早已警告了他，“后生可畏”的遗嘱是常常背的，不会忘记。一时计上心来，只教学生念咒，不教学生画符。念了几年咒，一张符也不会画。农人知难而退，只得把儿子叫回去依旧赶着老牛种田。取得面包的符号、保护面包的符号即等于面包，有谁能否认呢？但是文字虽然重要，不可离开生活去教。生活的符号要与生活打成一片去追

---

* 本篇原载1935年1月16日《生活教育》第1卷第23期。

求。否则便是书呆子的教育。文字在普及教育上的地位既是这样确定，那末，还是教汉字呢？教音符[1]呢？二者都教呢？在这过渡时期，我主张汉字与音符和拼音文三管齐下一起教。会教汉字的先生多至一万万，这是一个顶大的便利。如果根据大众语，用活的方法教，汉字也不像一般人所说的那样难。但汉文最好是拼起音来同时学，这样，中国的拼音大众文会自然而然的脱壳而出。

注释

①音符 指汉语拼音的注音符号。

谈调查学龄儿童*

传统的教育官还有一套偷懒的把戏。他说，做一件事必得预先调查清楚才能进行；要普及教育，先得调查学龄儿童和失学成人。谁能说他的话没道理？于是筹备调查，实行调查，调查后统计，统计后拟计划，计划拟定后呈报，等候批准，先试办几处。这样一来，官儿已经换了几任，新的学校还没有开门。调查是已经成为一种延宕的手段。这个纸做的盾牌必得戳破。中国满地是失学的人，随手捞来都是。如果要调查一个大概，几天就够了。再要多费精力也不能更加正确。传统教育官没有熟练而靠得住的人代他调查。他的调查多是敷衍的官样文章。普及教育不是不要调查。我们要一面干，一面调查；不是先调查完全了再干。一面干，一面培养调查的人，再从事精密的调查，那调查的结果，才靠得住。小先生才会干这种正确的调查咧。没有小先生，这种大调查，除非费大款，决不可能。先把网儿撒下去，把鱼儿捞了上岸再去数吧。

* 本篇原载1935年1月16日《生活教育》第1卷第23期。

胡适的普及教育理论*

新近胡适之先生到香港大学去接受名誉博士学位，于一月六日顺便在华侨中学演讲。据报纸上说，他的演讲词里面有这么一段：

> 我说东亚大陆有一个地方可以办强迫教育、普及教育的便是香港。因为香港这地方有钱，治安也好，接近外人，可借镜的地方很多。中国办新教育已经有三十多年了，却没有一个地方能够做得到办普及、义务、强迫教育。我以为香港是有这资格的。故此我说它是东亚大陆上一个办义务教育的地方。所以我第一希望香港能实现为第一个义务教育的地方。

照着胡先生所指示的路线，要想办普及教育，一要有钱，二要治安好，三要接近外人。具有这三种资格的，在东亚大陆上只有香港，故只有香港才配领导办普及教育。好！先把中国一起变成香港，再痛痛快快地来干它一个普及教育运动吧。到那时，不消说得，文学革命的巨子是一变而为英国远东殖民地普及教育之导师了。如果是香港的记者听不懂胡先生的徽州官话因而把他的话语记错了，那末，我愿意跟着那位记者更正这段闲谈。

---

* 本篇原载1935年2月1日《生活教育》第1卷第24期。

一来一去*

“教育下乡去；村人进城来。”

张仲述先生新近到南方来，在一次宴席上告诉我，北方有这么一副对联。我越想越觉得它有味。这味道就在它含有双层说法。一说是，教育自去，村人自来，各管各的，渺不相干；一说是，教育下乡为因，村人进城为果。土豪的教育者一下乡，便是圈地皮，盖洋房，做农场。耕地被人圈去的，只好进城了。绅士的教育者一下乡，便谋道不谋食。不谋食，食从何来？他多吃一口，农人便少吃一口，粮食被人占去的，只好进城了。官僚的教育者一下乡，便教人丢掉锄头学做官，官运不佳，锄头已锈，想过官瘾只好进城了。投机的教育者一下乡，便教人菲薄劳力学发财，财神不灵，手脚已软，侥幸性成，只好进城了。书呆子的教育者一下乡，便教人荒了田地读死书，书未读通，田已卖掉，还要死读，以至读死，只好进城。进城也不一定坏，坏在这样进城仍是死路一条。我们在乡下工作的人，看了这副对联能不反省吗？

---

* 本篇原载1935年2月1日《生活教育》第1卷第24期。

私塾改造会组织大纲草案*

定名　本会定名为□□县□□区私塾改造会。

宗旨　本会宗旨在改造私塾，使私塾现代化，以扶助普及现代生活教育之推进。

会员　本会会员分甲乙两项：

甲种会员为本区塾师；

乙种会员为私塾中之学生领袖，每私塾至少二人。

会期　本会每星期一次，于星期日上午九时至十一时举行，每年至少须举行三十次。不得迟到早退。此外，须利用寒暑假连续开会两星期，每天工作四小时。

会址　本会会址指定设在本区□□小学内。

会务　本会会务在谋私塾内容之改进，列举如下：

（甲）国语；

（乙）算术；

（丙）自然；

（丁）社会；

（戊）体育卫生；

（己）学校行政；

（庚）小学生普及教育运动。

*　本篇原载1935年3月1日《生活教育》第2卷第1期，注明陶行知拟。

辅导 本会辅导员有下列二种：

（甲）□□小学教师为当然辅导；

（乙）特约辅导由教育局临时聘请。

笔记 本会会员于开会时均须笔记，交辅导员审核。

证书 本会会员在一年之内到会一百小时，笔记详明、切实，改造私塾有成绩者，由教育局颁发丙种证书；在二年之内到会二百小时，笔记详明、切实，改造私塾有成绩者，由教育局颁发乙种证书；在三年之内到会三百小时，笔记详明、切实，改造私塾有成绩者，由教育局颁发甲种证书。

取缔 不愿加入本会之塾师，不得在本区设立私塾。

公约 凡本会会员，均应指导学生做小先生，从事普及教育。

附则 本大纲由教育局订定施行。

怎样做小先生 *

诸位小朋友：

我到武汉的第一个快乐，就是前天在报上看到了汉口市立三小试行小先生制先锋团的新闻。当时我在吃饭，就把这个新闻当饭吃了。今天有机会来看看你们，真是高兴极了。

小先生的贡献，是非常之大的。要创造新的中华民国，就非要重用小先生不可。我们全中国有一千一百万小学生，每人教三个，就有三千三百万学生，蒙童馆的学生每人教三个就又有三千万，一共就有了六千三百万学生了。这六千三百万学生，要请大先生请不起，所以干普及教育运动，只有靠小先生。而且不识字的人女子最多，你们这里，虽有这多女先生，可是不识字的女子，还是多极了。教女子识字，也只有小先生最方便。

中国有两个妖怪。一个是守财奴。他顶喜欢的是白的银元，一块一块的装进去。肚子装大了，把它埋到庭院的地下去；死了，还想把它带到棺材里去。街上的乞丐饿得要死，要他一个钱也要不到。他只恨银钱带不到棺材里去。

守财奴的弟弟是守知奴。他把知识一个字一个字的装进去，头是越装越大了，可是他不肯拿出来教人。你要他教你，他要你

---

* 本篇是陶行知1935年3月8日对汉口市立第三小学小先生的讲话。记录者：祭星。原载汉口市立第三小学编《汉口市三小小先生第一集》，1935年4月版。

的薪水。我在一个朋友家里，看到一个老妈子不识字，我的朋友都不教给她。第二日，我又去了，我问那个老妈子，你们的先生呢？她说："昨夜上南京去了，中央大学聘他作教员，三百块一个月。"啊！我才明白，谁有三百块钱他就教谁，他是把知识当作私有财产的。我唱一个歌你们听：

两个妖怪

自利太太，
自私先生，
生下一对妖怪：
大肚的守财奴可鄙，
大头的守知奴更坏。
传下一代一代又一代，
造成了中华民族的大失败。
开刀打针要赶快，
放出一个个脑袋里的毒汁，
取出一个个肚皮里的痞块。
如果再马虎，
天然淘汰！

说到这里，我要问问你们，你们有没有愿做守财奴或守知奴的？有的请举手（没有一人举手）。好极了，没有一个愿意做。我再问你们，若愿意做小先生的请举手（一齐举手）。真好极了，你们都愿意做小先生，那末汉口的教育一定容易普及。湖北，全中国，也就容易普及了。

不过有人还不敢相信小先生，觉得一定要高年级的学生才可以当，初级的学生是不能当的。这也不对。六岁的小孩子就可以教几十岁的老人，怎见得？譬如六岁的小学生，早上在学校里学了"青菜，豆腐，青菜汤，豆腐汤，青菜豆腐汤"。晚上回家去，爸爸坐在左边，妈妈坐在右边，就可以告诉爸爸妈妈认字，这有什么害处？

我的妈五十六岁，我的儿子只有六岁，我的儿子，就教了我的妈妈。所以你们的胆子要放大些，不要怕。

但是，你们还要记着：一、小先生不是今天当，明天就不当了的。不要只有五分钟的热度，要有恒心，要能继续不断的做，要一年干到头，一生干到老。二、要不怕碰钉子。我们乡下，有些流氓骂小先生说："乌龟教鳖，越教越拙。"我说，他们再骂的时候，你就说；"乌龟教鳖，教得不歇，鳖变乌龟，乌龟变鳖。"比方说，我读书，他种菜，我教他读书，他教我种菜，我们都会读书，都会种菜了。

一天到晚做小先生，你爸爸也许会叫你不做。他要你读《百家姓》，他要你读《三字经》，他要你种田。好的，你都做，你可以说："爸爸要我做的，我都做；我要做的，爸爸可不许我不做。"我有一首不怕碰钉子的歌，念给你们听一听：

你是小先生，
烈焰好比火山喷。
生来不怕碰钉子，
碰了一根化一根。

最后，我很希望你们每人都做小先生，我恭贺大家胜利，成功。

附：汉口市三小小先生普及教育先锋团给陶行知的信

行知先生：

在整个中国都是患的穷病的情形之下，我们认为先生所倡导的小先生制，确是一个最经济最有效的办法，才毅然决然的于三月一日决定实行的步骤，开始进行。三月八日承先生亲临指导，给了我们许多新的启示，这是我们非常感激的。

本团自从三月十八日总动员以后，经各导师的热心指导，进行很顺利，并且都感觉到“做小先生”是很有趣味的工作。本团实行不及半月，颇承社会人士之赞许与注意，前来参观与索函章者则络绎不绝，为适应急需起见，已将初步的工作情形，编印了一本小册子，叫做《汉口市三小小先生第一集》，兹特奉上一本，盼望先生能够给我们切实指正！关于小先生实际的工作成绩，决定在本校出版的《小伴侣》和《时代儿童》上随时发表，并拟于本学期终了时汇编第二集，作个有系统的报告。

本团导师及小团长、大队长，小队长等，曾经随时视察和指导，看见许多小先生的学生默书写字，非常用心，有些小先生把一本《老少通》业已教完了，顶少的也教了十几课，以前一个字都不认识的人，现在也能够拿起笔来写几个不成形的大字，或者写写家用账，如果不是亲眼看见，一定不会十分相信。前几天有几位教育界的先生到本校来访问，我们曾经引他们到几位小先生家里去，他们都认为成绩很好，并且把亲眼看见老学生写的字带回去了。

还有许多小先生的家长对我们说；“这个小先生普及教育的办法，真是想得不错，实在有益无损，不但对小先生的功课没有妨碍，并且因为要教学生，所以他们比从前越发用功了。”这样看来，可见小先生们的家长对小先生制都很热心赞助呢。

我们为着扩大宣传起见，已于四月二十日起，商准汉口广播电台设立小先生普及教育讲座，每逢三个学期的第六学日下午五时至五时半，由本校导师和小先生担任讲演或报告。现在已经播音两次，社会上的一般人，大部分对于“小先生”都有了相当的认识，虽然不能十分坚定他们的信念。当一件事初办的时候，总难免有许多人怀疑的；但是只要有实际的成绩给人们看，就是再会唱反调，或是说风凉话，也不成功。“做小先生”，是我们应有的责任，今后自当站在普及教育旗帜之下，与全国小先生共同努力。

全国小先生应该有相当的联络，那末，力量一定来得大，进行一定来得快。所以我们特地发起全国小先生通讯，并拟定了一个简则，征求全国实行小先生制的各学校各团体的意见。想先生一定是乐于赞助的。

这一封简单的信和《全国小先生通讯简则》，如果先生认为有发表的价值，就请你在《生活教育》上发表出来。

最后还希望先生时赐教言，指示一切。再关于小先生的书报，亦请多多的介绍，无任盼祷！敬祝康健！

汉口市三小小先生普及教育
先锋团谨启 五月二十日

（原载1935年5月28日上海《新夜报·普及教育》周刊）

对于上海市普及初步教育之意见*

一、上海市普及初步教育之对象为市内六岁以上五十岁以下之不识字民众与儿童，估计为一百二十万人。租界内同年龄之五十万不识字民众与儿童，亦须设法使之享受同等教育。

二、上海市依据“即知即传人”之原则，运用现成之六十万识字者教导不识字者，以四种方式施行之：

甲、成人教小孩；

乙、成人教成人；

丙、小孩教小孩；

丁、小孩教成人。

三、上海市为扩大效力起见，采取下列两种组织：

甲、无学校之区域添设学校，以容纳有暇来校求学之民众儿童，或全日，或半日，或二部，或一小时二小时均可。

乙、创造下层文化细胞，令每家、每店铺、每工厂、每机关、每集团自组生活教育团（或自学团），由团内识字者、程度高者教导不识字者、程度低者，以谋各该团内分子继续不断之长进。生活教育团内无识字者应请附近校长派人指导。不能进学校者只须参加生活教育团便行。进学校者仍须辅导生活教育团内之程度较低之分子。

---

* 本篇原载1935年6月1日《生活教育》第2卷第7期。

四、全市设普及教育委员会司设计、调查、指导、督促之责，以谋全市教育迅速的进展。

五、全市分二十二区，每区设普及教育委员会以总其成。该委员会指定区内校长一人兼任委员长，公安分局局长为副委员长。

六、区内每一学校由校长领导担负一地段普及教育之责。教师应在国语、社会、自然上课时间内提取精华，指导学生传人并加以考核。习字时间应指导学生抄写《千字课》送人。

七、区内应设私塾改造会，令每一私塾教师偕同学生二人来会学习，学习时间为每天一小时，满一个月，亦划一小地段归其负责，仍继续来会学习，到及格为止。私塾办理普及教育有成绩者，可升为代用学校。

八、每所小学、初中、私塾、民众学校至少要有二分之一的学生从事教人，超过四分之三者，传令嘉奖其校长教师。不及二分之一者警告，不及三分之一者撤职。

九、小学二年级以上初中以下学生，每人必须教两位不识字之人，一年级生任其自动。高中以上学生须办民众学校与假期学校或参加私塾改造会，其教人成绩与操行、体育并重，不及格者不得升级毕业。

十、家中、店中、厂中、机关中及任何集团中之识字者，对于应予负责之不识字分子不肯教导者，罚“守知奴捐”一角并公布之。阻碍幼辈、属下教人者，罚“守知奴捐”一元并公布之。阻碍幼辈、属下求学者，罚“妨害进步捐”一元并公布之。

十一、全市六岁以上五十岁以下之失学成人或儿童，限于民国二十五年五月一日前读毕《千字课》一种。但初步教育除《千字课》外，须充分运用无线电及科学电影施教。电影可先教说明书而后放映。无线电节目能用文字辅助者，亦应充分运用文字辅助之。

十二、民国二十五年五月一日起，派识字警察站在车站、码头及交通要道，手持《千字课》，抽验来往行人一课，不会讲解者每次通过罚铜元一枚，并追究其负责人。

十三、民国二十五年五月一日以后，家里、店里、厂里、机关里及任何集团里，在强迫年龄内如有无故不识字的人，按人数每月罚银一元，由家长、店主、工厂经理、机关主持人或任何集团之负责人缴纳。

十四、规定每天十二时三十分至一时为普及教育时，全市市民在可能范围内须利用此半小时，力求长进。（……）全市无线电在此时间内须广播一种《千字课》，教导不识字之成人、儿童。

十五、各区各段在民国二十五年四月底以前扫除文盲在百分之七十以上者方为及格，超过百分之八十者嘉奖其区长、校长及其他出力人员；少于百分之六十者警告，少于百分之五十者撤职。

十六、劝导有钱者捐资兴学送书，在工厂、乡村及公共场所安置无线电收音机。

十七、报纸均应辟一栏用大众语文写，以便粗识字义者阅读。

十八、租界内之任何学校，均须指导学生教导不识字之人。亦以半数教人为标准，少于三分之一者撤销其立案。

十九、市长于本年五月一日下普及教育动员令，述普及教育之重要，确示识字者、不识字者、家长、店主、厂长及一切主持人之责任，并预告二十五年五月一日之总清算。

从跑狗场谈到教育*

有一天晚上，我到中法大学药科去会朋友。从辣斐德路沿着亚尔培路走，看见许许多多汽车停在路边。特别引我注意的是，那么多的绿色的公共汽车，也是密密的停在街上。我走到西爱咸斯路的时候，倒想退回来把它们数一数。只因时间太匆促，不许我清算，笼统说一句，大大小小总有几百部汽车，就想数也是不容易数清楚的。我怀疑这里左近是在举行一个顶大的集会，因为我从来也没有看见过这么多的汽车停在一块儿。好奇心逼着我问一位同路人："这里开的什么会？"他说："狗开会！有名的跑狗场，你不知道吗？"

跑狗场！那是久仰了。我虽没有进去看过，但它的故事我是听够了。因为耳朵听够了，所以也不想去看了。这里面的把戏就是教狗赛跑。跑的结果有第一名，第二名，第三名，……那些汽车的主人和公共汽车的乘客是来看狗赛跑。说得正确些，他们是来赌博。有许多人的命运是悬在狗身上：狗胜他也胜，狗败他也败；有的笑，有的上吊，只看他那狗儿跑得妙不妙。

人会和狗发生如此密切的关系！狗儿除了看门、打猎、陪伴之外，还来这样一个会考，大出风头，有趣！

一次，一位没落的摩登少奶奶，垂头丧气的从跑狗场回家里

---

* 本篇原载1935年7月1日《生活教育》第2卷第9期。

来。她的等门等得不耐烦的丈夫，希望她下次再不要玩这个把戏。她说：不要啰唆，你们办学堂还不是一样!

对! 一针见血。办学堂和跑狗一样。世界运动会、演说竞进会、清洁比赛会、月考、学期考、毕业考、会考、升学考都没有二样。这些都是被“个人竞争”一条原则所支配。

同样的，每一个学生是父母、亲戚、朋友的赌具。大家帮助他读书是要他升官发财。一人学成，亲友名利双收；学不成，大家倒霉。

这种跑狗式的赌博教育还值得干下去吗?

一次，有几位小朋友要练习演说。好险啊!

我们是几乎跌进跑狗场的迷魂阵。我找了一些时候，才找着一条出路。最后我建议根本废除第一、第二、第三的分别，并提出一条评判的总标准：

“代表团体发言。”

依据这条标准评判，谁肯努力，谁都能取得；谁不肯努力，谁都不能取得“代表团体发言”权。只要他的思想、组织以及说话的技术由大家公认为可以代表团体发言，他的演说便算是及格。这样，我们就不是为争第一而演说，也不为演说而演说，乃是为代表团体发言而演说，是比较有意义了。

这只是一个小试验。我很希望大家把整个的教育来他一个总检查，把一切有“跑狗”色彩的东西都肃清掉。

恋爱当饭吃*

有一天，张健小先生对我说："陶先生！我有一件要紧的事告诉你，有些人恋爱当饭吃，必须整顿！"我说："恋爱当饭吃，我不反对。"他说："你是说笑话吧？"我说："那倒不是。我说的是老实话。你一天吃几餐饭？每餐花几分钟？""三餐，每餐十分钟。""吃饱了饭，求学做事是不是格外有力量？""那当然的喽。""好，假使一个青年每天只花三十分钟在恋爱上面，求学做事又格外的有力量，那不是成了一个很有希望的青年吗？恋爱当饭吃，有什么可以反对的啊！"

张健说："他们不是像你这样说的啊。这几个人是一天到晚的干恋爱，什么事也不高兴做，这种人怎样要得呢？"那是的确要不得。我从前曾为这种人写了一幅小照，现在背给你听听：

吃饭睡觉不高兴，
读书做事不起劲；
千劝万劝不肯听，
一封信来救了命！

"他们是不是这个样子啊？""就是这个样子，一点也不错。"

* 本篇原载1935年10月1日《生活教育》第2卷第15期。

“我告诉你吧，这种人自命为恋爱至上主义者，其实，他们是把恋爱当作大烟抽！在我们的队伍里，把恋爱当作大烟抽的人是没有地位的。”

谈结婚*

大家都说，结婚是终身大事。最有趣的是，高唱终身大事的人却把结婚当作戏儿做。老法子结婚是做戏，新法子结婚还是做戏。新郎新娘都装成戏子模样，认真的做——做戏给人看。老戏中最好看的一幕，恐怕要算“新娘哭”。在皆大欢喜的时候哭，懂了事的孩子们是不懂，他要看个明白，是真哭还是假哭。新戏中最耐人寻味的一幕是证婚。一次，有一个顽皮的青年对证婚人问了一个问题：“你能证明他们是到了今天才结婚的吗？”谁能答复这个问题啊！但是，我们也不必过于认真，结婚既是做戏，证婚就是戏中之一幕，证婚人也只是许多配角中之一个角色。他不是来会考，似乎是没有答复这问题之义务。

有钱有闲的人尽管去做戏给人家看好了，用不着我们烦心。我所担忧的是穷光蛋拼命跟着富人学。农村破产到这个地步，农人为了这件所谓终身大事还是在那儿借恶债做戏给人看咧。

结婚给人看，
无钱怎么办？
借钱办喜事，
办了喝稀饭。

* 本篇原载1935年10月16日《生活教育》第2卷第16期。

倘使能够齐眉偕老，就是一辈子喝稀饭也情愿。可是事实不许如此乐观。这齐眉偕老的幸福是有些拿不稳。

穷人讨老婆，
高利把债驮。
利钱付不起，
赔牛卖老婆。

讨老婆的时候没有好好的打算，说不定是要闹出卖老婆的乱子。

都市里的情形也是同样的令人担忧。有一位女工，头脑还是比较清楚的，在婚期还没决定好久好久以前，已经是在那儿忙着预备出嫁的衣服——做旦脚的行头。这位女工显然是在学小姐——从小姐学到少奶奶。有趣的新发现！我从来没有想到新时代的女工会跟着没落的小姐学。我当时就拿起笔来把这个深刻的印象写下：

女工学小姐，
越学越倒霉。
既已上高山，
为何跳下水？

但仔细考查一下，这个做戏关的确有些难过。男子要过这一关还比较容易；女子呢，那是千难万难。人人都做戏，不容你不做；亲戚朋友要看戏，不容你不做；父母在你身上花了许多钱，要想借做戏来收回一些成本，不容你不做。正是：

大家都做戏，
不做大家奇。

爸爸拍桌子，
妈妈哭啼啼。

在这种又硬又软的夹攻之下，青年的穷女孩靠个人的力量实在是难以抵抗。多数只好半推半就，扭扭捏捏的上起台来。

台上人不得不做，台下人不得不看！而且要买票才能看。票是不得不买，一元、两元、肆元、拾元，比梅兰芳的戏券还要贵。没有钱又怎样办呢？和做戏的人一样：借债，当衣服……

看戏钱何在？
不看有人怪。
两片面包里，
火腿夹一块。（注：这是西洋点心，叫做火腿三明治）

这种左右做人难的关口，也不是个人的力量所能打得破。我们必须有一个团体来帮助贫穷的青年男女来和旧式结婚与摩登结婚作战。

这团体可以称为“婚姻改革会”。会里的公约要包含下面几点：

（一）事业与爱情为结婚之双层基础；

（二）仪式简单，采取茶话会办法；

（三）行礼费用不得超过五元；

（四）节省之钱，一部分须捐作推进社会公益之用。

当初，我们的公约只有前面三条。后来新事实发现了：结婚省了钱，新夫妇乃大度其蜜月，充分的去享个人的幸福。这是缺欠正确的意义。为了要使个人与社会同得到简易结婚的好处，我们规定每对新夫妇要在所节省的款子里，拨一部分，数目不拘，作一件推进社会之公益，以为他们结合之永久纪念。试行以来，大家都觉得是更有意义了。

这三年来，我对于演戏式的婚礼是一概没有参加，这种婚姻改革会是给了我很大的勇气去拒绝至亲密友之邀请。同时也有好些青年得了团体的力量，居然克服了一切困难，达到了他们结合的目的。

这种茶会式的结婚，有些人还嫌它不彻底。我不能反对这个批评。但是这种组织好比是种牛痘，打伤寒针。它的作用是叫人害一点小天花以抵抗真天花，害一点小伤寒以抵抗伤寒。简易省钱的茶会式的结婚，是有力量掩护贫穷青年男女去抵抗那虚荣而靡费的演戏式的结婚。有了这种团体出现，贫穷的青年乃能联合起来，战胜自己，战胜亲友，战胜数千年传下来的妨害进步的婚姻恶俗。

新诗路线*

陈子展先生新近在《立报》上谈新诗[①]，引了胡适之先生新写的《桂游小赞》做例子，并且说不妨将它作为新诗人可以走的一条路。没有讨论之前，让我先把这首小赞抄下来给大家看看：

看尽柳州山，
看尽桂林水。
天上不须半日，
地上五千里。

古人辛苦学神仙，
要受千百戒。
看我不修不炼，
也凌云无碍。

这就是陈子展所说之“胡适之体”而介绍新诗人的一条路线。其实，这种文学把戏，辛稼轩一流人早已玩过了。我想“胡适之体”这个封号连适之先生自己也不能承认吧。新诗之所以走进绝路，主要的原因是由于内容充实的作家，技术未免幼稚；而技术熟练的作家，内容又未免空虚。《桂游小赞》是属于后一类。它是一幅天空行乐图，也可以说是一幅现代仙人逍遥图。它只是一位有闲华人自摄的安享小照。我们的诗人的想像力，没有跳出他所整理的国故和所乘坐的飞机。你看在那半日的时间和五千里的空间里，他只看见了自己一个人。再有，就是他所赛过的

* 本篇原载1935年11月1日《生活教育》第2卷第17期。

古神仙。这种害了贫血症的文艺，根本没有力量走路，还要教青年诗人跟在它后面走，这使我不能忍耐。不能忍耐又怎样？它既害了贫血症，那就应该打一些活的血轮[②]进去。试试看，这里是我们对《桂游小赞》的答复：

流尽工农汗， 还流泪不息。 天上不须半日， 地上千万滴！	辛辛苦苦造飞机， 无法上天嬉。 让你看山看水， 这事倒希奇。

我把这首诗读给乡下人听的时候，张健小先生站起来说："这种事并不希奇。我想把末尾一句改为'让你看山看水，还要吹牛皮！'"他这一改，是把胡诗人描写得格外活跃了。但我这希奇的境界是从觉悟中发现出来的。照平常的目光看来，是没有什么希奇，但一经觉悟，哪能不感到奇怪？

我们不敢说已经找着新诗的正确路线，只是指出像《桂游小赞》一类的作品，决不是我们可以走的路。

注释

① 指陈子展教授在《立报》上所发表的《新诗》一文。该文把当时的诗一味骂倒，把胡适的《飞行小赞》（即《桂游小赞》）一诗捧为中国新诗的出路。

② 血轮　血球的旧名。

也是比武*

——对全国运动会感想

墨梭里尼① 嫌罗马的运动场太小，派了二十万人马到爱西阿皮亚〔注一〕去圈地皮，爱王② 动员全国的人民出来拼命抵抗。他们用的都是真枪真炮，杀得血肉横飞。爱西阿皮亚人这样干法，在老成一点的中国人看来，似乎是傻得很。这些中国人的国策：第一是要开一个运动会，把人民的身体锻炼好；第二是要痛痛快快的流点眼泪，表示不忘国耻；第三是等待五十年再动手，在这期间内，即使要退到云南、贵州也没有什么不可以。你看，当东菲洲③ 打得热闹的时候，我们是在举行空前的运动大会。会场建筑花它一笔，便是一百多万！三千选手来往盘费，又是一百多万！十天的看众至少一百万人，每人所费的光阴的价钱就算它每天一元，又是一百多万！每人车费、零用费也算它每人一元，又是一百多万！在这期间内，开的是运动会，看的是运动会，谈的是运动会，忙的是运动会。为了运动会，什么都忘了，东四省忘了，华北忘了，黄河水灾忘了〔注二〕，长江水灾忘了，两层水灾夹着的旱灾忘了。总而言之，整个的国难都忘了。为什么呢？教育部王部长④ 说得好："运动会的宗旨，在普及人民体育，造就模范青年。"是的，等到人民的身体强壮了，青年的品行都可以做模范了，那时什么东北、华北、水灾、旱灾都可以随手解决了。不是

* 本篇原载1935年11月1日《生活教育》第2卷第17期。

吗？你说为了运动会大家就把东北四省忘了，这句话是太冤枉人了。当东北各省选手出阵的时候，每队前面是张着一面大旗，旗上画着亡省的地图，地图四周画以引人注意的黑边，全场看众在热烈的欢迎中是滴了热烈的眼泪！这可见是运动不忘救国。对！练习流眼泪恰是我们的第二项国策啊。流了眼泪之后怎样呢？依旧是：跑的跑，跳的跳，说的说，笑的笑。

我们再钻进去看看。所说的普及人民体育，想来这人民总是包括穷光蛋和穷孩子吧。不知道哪一位体育官大发慈悲，发出一个广告，说是穷苦的人看运动会可以免费。后来一打听，知道只以五百人为限。在一百万人当中，穷苦人居然得到五百个位次，数目虽少，总算没有一概抹煞。于是我们的穷孩子当中，有些便想吃天鹅肉。但是凑不出路费，终于学不到这种“好”的体育。事后，我花了一块钱，买了《东方杂志》出版的运动会特刊给大家看看图画。记得贵州盐少，有些地方挂一块盐在桌子中间，吃饭的时候若嫌味道太淡，舔它一下就算了，甚至于对着盐看看就像有了咸味似的。我买运动会图画给穷孩子看，远比不上看盐，简直是让他们看盐影罢了。上海的穷苦人尚且是这样，那些水灾、旱灾地带吃树皮草根的老百姓，更是连盐影和运动影都没得看了，还说什么体育普及？

至于模范青年，尤为国家之大宝。这次来的模范青年，可惜已无缘见面，在报纸上倒领教很多。杨秀琼女士总可算为模范之模范吧？雨园茶房阿三在《小晨报》上写了许多篇起居日注，很能给我们参考。十月十七日的有一段说：

> “但是今日的五十米，鱼小姐⑤竟会被广东刘桂珍压倒。她上岸时，在此一刹那间，尚不知第一已属于他人，还以为两旁的鼓掌为着自己，望着随她上岸的陈焕琼微笑。立定后，听见有同乡的声音，大喊着‘刬鱼’。‘刬鱼’起于四座，她回首看看裁判员及刘桂珍，始知屈居第二，便掩面泪

下，急急行入更衣室。同时抱着省界之见太深及不满于她的人们，嘘嘘之声不绝于耳。至得选者拍照时，她俯着首，非常懊丧。

“爱女情深的鱼父母，大概虚荣心太重吧？在更衣室一见鱼女，即顿足大骂。鱼小姐双泪直流，俯首不语。珍姊谓其不应该仰首四望，被刘桂珍乘此快了一肩，左手到岸。莫夫人说，她下水时，听见右座有人喊‘阿琼当心的啊’一语，她向右一望始跳下，所以慢了步。陈子青云，我昨日观看练习时，已知道刘桂珍可畏，着你试一试来比较，你不允。众人你言我语，鱼小姐并不回说一句。鱼父谓，如果下场百米又输了，我无面见人，将先返香港了。……

“最后，鱼小姐对人说，她下水即知道慢了一步，便俯首拼命向前，心中度着已到五十米了，始仰首一望，讵此一仰首便成大恨，被刘桂珍得选。但仰首左右望时，并不见刘快过自己，故跳上岸时，仍以自己为第一。

“经此一挫，百米鱼小姐便向人说誓夺第一，如再落选，此后便永不游泳。除洗面与沐浴外，与水绝缘。”

原来花几百万小钱开运动会，为的是要造就这样的青年给全国做模范女！人非圣贤，谁能无过？你不要心急，再等五十年！

〔注一〕爱西阿皮亚（通译埃塞俄比亚——编者）人自称他们的国家为爱西阿皮亚，欧洲人称他为阿比西尼亚。阿比西尼亚的意思就是野蛮。

〔注二〕今天是□□□□□□□，离开运动会闭幕已经是二十天了，上海童子军才出来为水灾募捐。

注释

① 墨梭里尼　通译墨索里尼。

② 爱王　指当时埃塞俄比亚的国王海尔·塞拉西。

③ 菲洲　通译非洲。

④ 王部长　即王世杰。

⑤ 鱼小姐　即杨秀琼。

马可尼*

去年，我有一个孩子要学做无线电收音机，因此，我也从书本杂志上认识了几位无线电发明家。当然，马可尼这个名字是时常见着。不久，我知道他对于无线电是有很大的贡献；同时，我发现他是拿着他的无线电发明，向帝国主义者投效，甘心情愿做他们的工具，并且以得做这种工具为荣。用世俗的目光来看，当今在科学上能做到名利双收的，恐怕没有人比得上马可尼。

马可尼到中国来的时候，几位科学界的朋友约我参加欢迎。我说："如果我只知道他一半的故事，一定会参加。不幸关于他的事，我还知道了另外的一半，请你们恕我少陪吧。"

今天有一位青年写信告诉我说，如果他能够站在世界科学家的队伍当中，他就觉得顶高兴了。我告诉他说："你这句话要有条件。如果你加入在马可尼一群当中，做帝国主义的工具的工具，有什么可以高兴？"

过一些时候，又有一位青年问我怎样可以做一个前进的科学家。我回答他说："除了你的科学教授所指导你的技术之外，我只想说一句：不要学马可尼，拍卖科学。"

自从墨梭里尼动员对爱西阿皮亚人施行大屠杀[①]，马可尼是做了他的科学刽子手。马可尼亲自跑到东非洲前线去实验科学屠

* 本篇原载1935年12月1日《生活教育》第2卷第19期。

杀法。他不但是自己做了帮凶，并且诱惑意大利的科学家都跟着他跑。

十一月十七日罗马哈瓦斯社来了一个电报，更证明这个所谓之科学家，不是我们所应当效法的。

"意国王家学士院年会于本日开幕，该院院长即系著名之无线电发明家参议员马可尼，彼于开幕时发表演说，略谓：'自明日起，日内瓦方面[②]将向意国从事经济财政上不人道之征伐，而此意国则又曾与参加制裁之大多数国家共历患难者也。今竟以怨报德，其谁能信之！意国何罪？罪在防卫以流血代价所征服了之殖民属地而已，罪在向黑暗原始部落民族宣扬文化而已。意国国旗所至之处，基督教之光辉赖以重振，土著部落，箪食壶浆，以迎王师，然不图竟以是而获罪于国联会也。'"

马可尼所知道的人道，只是帝国主义之道，墨梭里尼之道，屠杀弱小民族之道。为着马可尼一个人之错误，我也犯不着来多嘴。所不幸的是有许多青年科学家在不知不觉之中，大步阔步的跟着马可尼走错路。

真正的科学家是追求科学的真理，拿着科学的火把救人。至于运用科学为个人或帝国主义争权夺利，甚至于杀人身体灭人国也毫无顾忌，这叫做科学强盗、科学走狗、科学刽子手，我们是要重新为他们估估价了。

注释

① 指1935年10月3日意大利对埃塞俄比亚的侵略战争。

② 指当时设在瑞士日内瓦的国际联盟。意大利入侵埃塞俄比亚后，国际联盟行政院议决：意大利为侵略国，并决定对意大利实行经济制裁。

自力更生*

一次，有一位朋友告诉我说：“‘自力更生’才是中国的出路。”这是多么奇怪啊！帝国主义者要想独占中国，故意制造这个“自力更生”的烟幕弹，我们倒把它用来当作救命仙丹，你能说不奇怪吗？比方有一群人走到荒野里去，遇着几只老虎，有些人被老虎压倒在地，一只特别凶猛的老虎正在那儿把他们大吃、特吃，吃得高兴的时候，还说一句俏皮话：“你们要自力更生啊。”假使这些被吃的人，毫不抵抗，别人的援助也一概拒绝，还跟着老虎瞎说，我要单凭我自己的力量翻身。天下有这样呆人呆事吗？老实说，单靠自力，不能更生。自力更生是一句谎话。中华民族应该走的路线是：联合世界以平等待我之民族共同奋斗。既说联合，便包含着自己应负的责任。纯粹依赖别人的人，是没有资格和别人联合。最后我对我的那位朋友说：“你每次参加纪念周的时候，大概是在那儿做你的甜蜜之梦吧？不然，你怎么把中山先生的遗嘱里面最重要的一句话也忘掉了呢？”

---

* 本篇原载1935年12月16日《生活教育》第2卷第20期。

两天内两大洲上的民族革命*

十二月八日埃及开罗大学生开始反英示威运动。埃及亲英政府授权警察，准许开枪射击示威群众，结果学生受伤十八人，被捕七十五人。九日在中国北平也爆发同样意义的学生运动，参加学生二千余人，反对以外力策动之“自治”伪组织，也同样的被本国警察弹压。这两个学生运动，一在非洲，一在亚洲，路程离得很远，意义实在相近：都是半殖民地学生群众对帝国主义之反抗。有人说这次北平的学生运动和五四是有同样的意义。我以为这话不大对。五四学生运动只是对国贼反抗。这次北平的学生运动是对汉奸与帝国主义的双层反抗。我们只须看到北平学生群众在帝国主义的飞机之下活动，就立刻了解它的更重大的意义。读死书、死读书、读书死的时代是早已过去了。踏着埃及与北平学生群众的脚迹去过着民族革命的生活，才算是受着民族革命的教育。

* 本篇原载1935年12月16日《生活教育》第2卷第20期。

十二月运动与五四运动*

十二月九日和十六日的北平的学生运动①，在两个星期内就普遍到十六省。有些人看见这个现象，就联想到五四学生运动②，甚至于说它是五四学生运动的复演。这种联想是很自然的，但说它是五四学生运动的复演，那就是毫无根据了。说这种话的人，不但是对于十二月运动的意义没有了解，而且是对于五四运动的意义也没有弄清楚。拿十二月运动和五四运动比较一下，我们可以看出六个根本不同的特点。

一、五四运动是德莫克拉西向旧礼教斗争，现在是大众的真正的德莫克拉西和反大众者群的对垒③。

二、五四运动是要打倒卖国贼，现在虽也要打倒卖国贼，但是进一步要对准着帝国主义进攻。五四时代是连帝国主义这一个名词也没有出现，而现在打倒帝国主义是成了中华民族解放之十分明确的目标。

三、参加五四运动的人是谁也不知道会发生什么危险；现在参加的人根据“五卅”④、“三一八”⑤的经验，个个是看清楚了危险。在敌人的飞机之下，汉奸的刺刀之前，从从容容的尽他

* 本篇原载1936年1月1日《生活教育》第2卷第21期，后作者对第一个根本不同特点作了重要修改，再刊于1936年1月18日《大众生活》第1卷第10期。此次按《大众生活》版排印。

们救国的责任，他们的勇敢的精神比起五四来是起了质的变化。

四、五四学生运动一起来，商人不久就罢市，作学生的后盾，所以五四运动是得了大商人的拥护。现在国家的危险比五四时代要严重一百倍，但是二三十天的时间过去了，商人还没有起来作有效的表示。因为现在中国的大商人是更加变成了帝国主义的买办，所以是和学生走上相反之路了。学生运动只是整个民族解放运动里的先锋队，大商人既已靠不住，那么现在学生运动的惟一后盾只是中国被压迫的大众了。不但学生要知道自己的使命是唤起大众，而且大众也知道自己的使命是民族解放的主力。

五、五四运动除了抬举德莫克拉西先生之外，还请出了一位赛恩士先生[⑥]。那时的赛恩士只是自然科学，现在的赛恩士是社会科学与自然科学。说得正确些，从民族解放运动的目光看来，是社会科学重于自然科学。

六、五四运动产生了少数人的新文化运动，可以称它为小众的新文化运动；十二月运动前后所酝酿的是绝大多数人的新文化运动，可以称它为大众的新文化运动。胡适之先生说五四新文化运动是一切价值的重估。这句话是未免过于夸张。五四时代新文化运动的学者连大众社会的价值都没有认识，如何谈得到重估？说得正确些，五四的新文化运动所发生的效果，是小众价值的重估；至于大众价值之重估，甚至于一切价值之重估，乃是大众新文化运动正要动手做的工作。

照上面所说的几点看来，五四运动复演一类的话，只是闭起眼睛说出来的。历史决不是照样画葫芦，也不是像朗德山那样左一次右一次的玩老把戏。新时代已经来到，每一种新的运动必有它的新的意义。我们必须把十二月运动的新意义看清楚，才不至于跟人瞎说走错路。

注释

① 十二月九日和十六日的北平（今北京）学生运动　通称“一二·九运动”。日本帝国主义者在1931年制造九一八事变，侵占中国东北四省后，接着又向华北发动侵略。到1935年下半年，日本除进一步控制察哈尔省以外，并指使汉奸殷汝耕在冀东成立傀儡政权。当时国民政府仍坚持不抵抗政策，一心“剿共”，竟准备成立“冀察政务委员会”，以适应日本提出的“华北政权特殊化”要求。中国共产党这年8月1日发表宣言，号召全国团结起来抗日救国。1935年12月9日，北平6000多学生在中国共产党领导下，举行爱国示威游行，高呼“停止内战，一致对外，打倒日本帝国主义”等口号，受到国民政府军警残暴镇压。次日，北平各校学生宣布罢课。16日，北平学生和市民一万余人继续举行游行示威，迫使亲日的“冀察政务委员会”延期成立。上海、杭州、广州、南京、天津、武汉、长沙等地学生相继举行爱国示威游行。各地爱国人士纷纷成立各界救国会，要求国民政府停止内战，枪口对外，一致抗日，形成全国人民抗日救亡运动新高潮。

② 五四学生运动　1919年5月4日，由北平学生发起的反对军阀政府准备接受巴黎和会关于把德国在中国山东省的特权交给日本接管的决定的学生运动，它很快发展成全国性的群众运动，是中国人民反对帝国主义和封建主义的伟大革命运动。它还将1915年创刊的《新青年》杂志首倡的新文化运动推向新的高峰，并为中国共产党的诞生奠定了思想基础，促使中国的旧民主主义革命转变为新民主主义革命。

③ 德莫克拉西　英文“Democrac”的音译，意译为“民主”。这段话在1936年1月1日《生活教育》第2卷第21期上发表时为：“现在是社会主义与法西斯主义的对垒”。

④“五卅”　通称五卅运动，亦称五卅惨案。是1925年中国人民在中国共产党领导下所进行的全国性的反帝爱国运动。运动的初始原因，是上海日本纱厂资本家1925年5月15日枪杀了罢工工人顾正红。直接原因，是5月30日英帝国主义对声援罢工的学生和群众游行到租界时，除逮捕了百多人外，还打死十余人，造成震惊中外的“五卅惨案”。接着全国各地人民纷纷进行罢工、罢课、罢市的声援运动，拉开了1925—1927年大革命的序幕。

⑤“三一八”　通称“三一八惨案”。1926年3月12日，日本帝国主义军舰

掩护奉系军阀进军大沽口，被冯玉祥所部国民军击退。日本竟联合英美等八国要求由北洋军阀段祺瑞执政府撤除大沽口国防设备等无理要求。时称“大沽口事件”。3月18日，北京群众五千余人在李大钊等人带领下，在天安门前集会抗议，游行请愿，要求拒绝八国通牒。段祺瑞竟下令开枪，死47人、伤150人，激起全国人民的怒火。

⑥ 赛恩士先生　英文Science的音译，意译为“科学”。

白话文与大众文*

昨天在商务印书馆[①]里把《胡适论学近著》翻了一翻，内面有一篇文章引起了我的注意。这篇文章的题目是：《大众语在哪儿?》这个我可以简单的说一句：大众语在大众的嘴巴上。胡先生或者要驳我说：白话不也是嘴巴讲的吗？这个我又可以简单的说一句：白话在小众的嘴巴上。说得正确些，白话已经从小众的嘴巴跳到小众的笔头上去了。近年来的白话诗和白话文，嘴巴念起来，连小众也听不懂。胡先生又可以说：这不是一个语言文字的问题，只是一个技术的问题。他并且具体的指出一个方法，说：我们如果真有心做大众语的文章，最好的训练是时时想象自己站在无线电发音机面前向那绝大多数的农村老百姓说话，要字字句句他们都听得懂。用一个字不要忘了大众，造一句句子不要忘了大众，说一个比喻不要忘了大众。这样训练的结果，自然是大众语了。这个我有三点意思要说。第一点是语言。小众说“结婚”，大众说“做亲”；小众说“恋爱”，大众说“轧姘头”。我们能说这种分别是毫无问题吗？第二点是文字。大众语只有拼音的新文字[②]才可以把它忠实的写出来。汉字是没有这个本领，汉字难写难认。它是普及大众教育最大的障碍物。我们不能靠它来提高大众的文化。我们要想建设大众文，必须采取那容易认、容易

* 本篇原载1936年1月16日《生活教育》第2卷第22期。

写、容易学的拼音新文字。有了拼音新文字，大众自己就可以根据大众语和前进大众意识来创造大众高兴看、高兴读、高兴听的大众文。新文字拿在手里，大众自己就能产生文化粮食。他们再不至于做文化饿鬼，也不至于做文化乞丐，也不至于苦苦的哀求小众拿吃不了的文化面包来赈济他们了。到那时，大众的队伍里自然有他们的诗人和科学家了。第三点是技术。胡先生所指示我们的方法是不够的，也可以说是错误的。他叫我们写文章的时候要想象大众在面前，不要忘了大众……都是唯心论的办法。他存心虽好，但是照他的法子行出来，所得的结果决不是大众文。近来中国有一种播音，先请专家对着无线电发音机讲话，再把讲话的稿子登在报纸上，叫做“教育播音专刊”。这的确是实行胡先生的方法：想象自己站在无线电发音机面前向那绝大多数的农村老百姓说话，要字字句句他们都听得懂。我看过好几篇这样的文字，仍旧是小众的白话文。究竟是什么缘故呢？农人种瓜得瓜，种豆得豆，是实实在在的种瓜方才可以得瓜，实实在在的种豆方才可以得豆。如果农人单单想象种瓜，不忘种豆，他有什么东西可得？你想象在播音台前讲话，农村老百姓听得懂听不懂，你是不知道的。不知道而以为知道，那是没有用的。我在《大众生活》[③]上曾经对大众文同志介绍四个先生，即：（一）耳朵先生，（二）大众先生，（三）生活先生，（四）新文字先生。这四位先生可以指导我们怎样写大众文。我们如果真有心做大众语的文章，最好的训练是钻进大众的队伍里去和大众的生活打成一片，感受大众的压迫，觉悟大众的问题，发现大众的生路，然后说一句话便是大众要说要听的话，写一篇文章便是大众要写要看的文章了。

注释

① 商务印书馆　我国历史悠久的出版机构之一。1897年创办于上海。解放

后，总馆迁北京。

② 拼音的新文字　即拼音新文字，也称拉丁化新文字，是用拉丁字母拼写汉语的重要方案之一。产生于1931年在海参崴举行的中国新文字第一次代表大会。1933年后，国内各地相继成立不少团体，进行研究推广。因其词法不够精密，1955年全国文字改革委员会成立后停止使用。

③《大众生活》　1935年11月16日在上海创刊，为邹韬奋主编的进步周刊。该刊因宣传救亡运动，坚持团结抗日、民主自由的政治主张，1936年3月被国民党当局查封。共出16期。1941年5月17日在香港复刊为新一号，同年12月6日出至新三十号，因太平洋战争爆发停刊。

战斗 *

战斗即生命，在战斗中我们取得生命的力量，在战斗中我们取得生命的意义。没有力量、没有意义的生命，要它干什么？但是人类当中，有的高兴战斗，有的不高兴战斗，这是什么道理？这战斗性怎样可以失掉？

有人说战斗力是会被更大的战斗力消灭。这是浅见。一个意识前进的集团的战斗力，遇着一个意识落后的集团的更大的战斗力，是受着一时的镇压。这种镇压叫它产生出新的战斗技术，繁殖出新的战斗分子，到后来，便能把那更大的战斗力克服。意识前进的战斗力是愈被镇压而愈受磨练，而愈发光辉，而愈能冲锋陷阵。那末能消灭战斗性的东西究竟是什么？黄金！美人！醇酒！大官！还有比这些麻醉力伟大十倍一百倍的，是那许许多多歪曲的理论：博爱！爱敌！明哲保身！听天由命！等待五十年！三天亡中国！不抵抗主义！长期抵抗主义！一面交涉一面抵抗主义！武器不够不能抵抗主义！十年生聚十年教训主义！身体发肤受之父母不敢毁伤主义！攘外必先安内，安内才能攘外主义！读书救国，科学救国，建设救国，币制救国，本位救国，英雄救国主义！我们只须把这些有形无形的麻醉品一扫而空，那伟大的中华民族的战斗力便如千军万马向前冲来，谁能抵挡？

---

* 本篇原载1936年2月1日《生活教育》第2卷第23期。

战斗生勇敢。你一做了民族解放联合战线上的斗士就立刻勇敢百倍，什么都不怕了。你既知道民族解放必定可以用战斗取得，也自然会乐观起来。若是隔岸看火，不肯参加战斗，你一定是要害怕、悲观、失望、堕落，甚而至于自杀。这是无可逃避的。

不参加战斗的人是成了比赛的足球，分割的西瓜，出卖的猪仔，简直是不像人了。至于敌人来到，自己不肯应战，反而麻醉威吓别人，叫别人都不抵抗，那更是民族的罪人了。传说有一次有些××兵走到××省政府门口，在卫兵的刺刀上刮洋火抽香烟。那卫兵是被麻醉的理论训练得一动也不动，变成了一块打火石，他是完全失掉了战斗性，从万物之灵走进矿物的队伍里去了。

除了麻醉物之外，我们还得指出一个要不得的东西，这东西便是私斗，是一种似是而非的战斗。为了一句话，一个字眼，一个铜板，一点意义，有些人是可以打得头破血出，竟把公共的大仇敌忘掉。这些千千万万的小小的私斗，是浪费了民族的战斗力。所以，把这可耻的私斗情绪连根拔掉，我们才配站在民族的联合战线上来做斗士。

不平等的战斗，是非常的战斗，是造历史的战斗。中华民族用落后的军器和日本帝国主义战斗，当然是一个极不平等的战斗。同样，阿比西尼亚反抗意大利帝国主义，也是一个极不平等的战斗。

在不平等的战斗上，我们的枪炮飞机虽比敌人落后，都不足怕，只要联合的意识比敌人前进，必能克服一切艰难，取得最后胜利。

中华民族已到存亡关头，凡是受麻醉而不战斗，或迷恋在私斗里的人，都要被历史的巨浪所淘汰，留下真正的斗士用他们的热汗和鲜血，把新的历史一页一页的写成。

“一·二八”的战斗就是这一部光荣的新历史的一页。它打破了“三日可亡中国”的错误的推测。它明白告诉我们，只有战斗才是中华民族的出路；它也明白地告诉我们，只有参加中华民族解放战斗才有做中国人的意义，才能算是真正的中国人；它还明白地告诉我们，“民族英雄”靠不住，要大众组织起来担负救国的责任，才是真正的救国。这篇文字完全是“一·二八”的战斗，东北义勇军[①]的战斗和别的抗敌的战斗供给我们的内容，它一方面说明了“一·二八”战斗的意义，一方面要全国国民都得着并扩大这战斗的意义，一齐起来，用我们的汗和血继续的写这部伟大而光荣的新历史。

注释

① 东北义勇军　1931年“九一八”事变后，中国共产党号召人民武装抗日，东北各地人民和国民党一部分在东北的爱国军队，纷纷组成义勇军、救国军、自卫军等抗日武装，通称“东北抗日义勇军”。但只有中国共产党领导的义勇军才坚持到抗日战争的胜利。

民族解放大学校*

你一看见“大学校”三个字，或者要疑心我想谈一谈“中央大学”[①] 一类的学府。其实我心里所想说的，并不是这样的学府，而是比这样学府要大二三十万倍的大学校。

这个大学校，自二十四年十二月九日起，已经开学，还没有取名字，我姑且送它一块校牌，叫做“民族解放大学校”。

这个大学校是没有围墙，万里长城还嫌太短，勉强的说，现在中华民国的国界就算是我们这个大学校的“四至”。

它也用不着花几百万去建造武汉大学[②] 那皇宫一般的校舍。工厂、农村、店铺、家庭、戏台、茶馆、军营、学校、庙宇、监牢都成了这个大学校的数不清的分校。连坟墓都做了我们的课堂。谁能说庙行的无名英雄墓[③] 和古北口的支那勇士墓[④] 不是我们最好的课堂啊？

它并且没有校长。的确，一直到现在，我们还没有找到这样的一个校长。大概这校长怕不是一个人做得起来，照趋势看来恐怕是要由四万万人合做一个集体校长，或是由大家的公意产生一个校长团。

它的导师多着咧！前进的大众，前进的小孩，前进的知识分子，都有资格做这大学校的导师。学生们学得一点真理，立刻就

---

* 本篇原载1936年2月16日《生活教育》第2卷第24期。

负了教人的义务，也立刻成了先生了。广义的说起来，是四万万人都是先生。

它的学生也是一样的多，顶少也有四万万。在这所大学校里，大家共同追求真理，活到老、学到老、教到老、干到老、团到老。

我说四万万人这句话是有毛病。一因全中国的人是没有正确的统计，二因少数汉奸卖国贼必得开除出去，三因我们不能关起国门来办教育。这个大学校的国外学生、同学、导师，谁能数得清呢？

学校虽大，功课只有一门。这门功课叫“民族解放教学做”，简单一点，它叫做“救国教学做”。先生教什么？教救国。学生学什么？学救国。教与学都以做为中心。先生要在救国的行动上教救国，学生要在救国的行动上学救国，这样才是真正的救国教学做，这样才是真正的民族解放教学做。这门伟大的功课当然有许多细目可以分出来。例如政治、经济、军事之演讲，作战防卫技术之操练，医药救护之操练，交通工具之操练，戏剧唱歌之演习，国防科学之研究，大众教育之推进，拼音新文字之普及等等，都是这门功课里所应当包括的细目。这些细目都是以民族解放之实际行动为中心，有计划有组织的各种实际行动的过程，便是这个大学校的课程。

照上面的观点看来，救国不忘读书的口号是站不住了。救国与读书是分不开的。我们只读可以救国的书，救国的行动要求什么书我们才读什么书。最近教育部通告里说“教育之生命即民族之生命”。这句话也要颠倒过来才是真理：民族之生命即教育之生命。不救民族之生命，哪能救教育之生命？这个大学校只救民族之生命，则教育自然有生命了。

这个大学校的教育法也特别。前进的生活法便是前进的教育法。前进的生活法是什么？一是批判，二是战斗。这个大学是要根据大众的利害来批评一切歪曲的理论，要为民族解放前途向汉奸卖国贼封建势力帝国主义拼命的战斗。

这个大学也要办毕业，它也有会考⑤。等到一切失地收回，主权恢复，中华民族完全得到了自由平等，我们就算会考及格，定期举行毕业典礼。

这样的会考，当然不是写几篇文章就能及格。我们的民族解放的证书是用血写的，我们的民族解放毕业是打出来的。我们所纳的学费不是金子银子，乃是我们的生命。我们所要得到的不是方块帽、漏斗袋，乃是万万年的整个中华民族之自由平等!

够了! 你这个人是多么自私自利啊，单为你自己一个民族打算! 对，你的话虽然骂得不错，但是你不要心急，民族解放大学只是一个初级大学（Junior College），在它上面，还有一个更大的人类的高级大学（Senior College）咧。

注释

① 中央大学　文理科综合大学，校址在南京，创办于1902年。其前身为三江师范学堂，后改为两江师范学堂、南京高等师范学校，东南大学。1928年改为中央大学。抗日战争时期迁重庆，抗战胜利后迁回南京。解放后改名为南京大学。

② 武汉大学　文理科综合大学，校址在武昌珞珈山。前身为武昌高等师范学校，1923年改为武昌师范大学。1925年改为武昌大学，1928年改为武汉大学。抗日战争时期迁四川乐山。抗战胜利后迁回武昌。

③ 庙行的无名英雄墓　位于上海市北郊的庙行镇，是1932年“一·二八”抗日战争中死难将士的墓地。

④ 古北口的支那勇士墓　古北口是长城关隘之一，位于北京密云县北。“支那”是外国人对中国的一种称呼，该处勇士墓所埋葬的勇士，是1935年5月为抵抗日本侵略军侵入华北而牺牲的将士。

⑤ 会考　国民党统治时期对中学毕业生所实行的统一考试。

黄浦江边不白冤*

去年十二月一日，在周家嘴路、新记浜路口，一个小弄口，有一个中国男子，名字叫马德标的，害病睡在地上。一七二八号华捕[①]看见，即向公共租界[②]嘉兴路捕房用电话报告。西捕[③]头英国人彼得和加得两个人接到报告，即于上午四十五分坐了汽车，由三〇六七号华捕开去，把马德标放上汽车，预备送回捕房。但开到半路，两西捕忽然把马德标丢掉虹口浜里。这时已经是早晨三时左右。菜蔬小贩孙金生听到虹口浜里有人喊救命。开门看见斐伦路、鸭绿路口停有八五〇二号捕房汽车一辆，里面坐着两个西捕急急忙忙的开走了。他跟着喊救的声音跑到浜边，只见有人浮在河心，就请求附近船户，将他捞起，并将汽车号码报告附近站岗的巡捕。马德标被送到医院救治，但因流血喝水过多，不久就一命呜呼。

这案发生后，彼得和加得即由总警务处收押，并由检察官提起公诉。因为有治外法权[④]，英国人犯了罪是由英国驻华按察使审理。案中最重要的证人是三〇六七号开汽车的华捕和菜贩孙金生。他们是亲眼看见凶手谋害的证人。二月八日过了一堂。二月十日又提交所谓人民选出之十二位陪审员讨论，结果是说检察官对本案虽有充分证据，但案中尚有不少疑点，故被控杀人罪无法

* 本篇原载1936年3月1日《生活教育》第3卷第1期。

成立。最后由法官宣告彼得和加得无罪开释。

证据既然充分，何以又有疑点？纵使有些疑点，又何能无罪开释？这个问题在退庭时英国侨民的随便谈话中，我们可以得到一些解释。

宣判一发表，英侨鼓掌而退。有的说，死了一只黄狗，也值得这样认真的办吗？有的说，我们的青年巡捕，长得这样漂亮，穿得那么整洁，哪有会杀人的道理？有的说，为着一个乞丐要叫两个有作为的青年抵罪，何能算是公理？是的，他们是异口同声的咬定马德标为一个乞丐。种族和乞丐死了活该。中国的乞丐死了更是活该。我现在要问：马德标果真是一个乞丐吗？上海的职业的乞丐是有组织的，害了病决不会露宿。他至少是一个难民。被天灾人祸所压迫，他从破产的农村里逃出来，跑到上海找不着工做，遇不到朋友，饿了没有饭吃，冻了没有衣穿，以至于病倒在地。马德标是一个颠连无告的中国劳苦大众。谁能武断的说他是一个乞丐？退一百步说，就算是个乞丐，也没有被人谋害而不偿命的义务。

最后，在马德标这一案上，我们看出所谓陪审制度内在的不公平。十二位陪审员个个都是站在漂亮整洁的立场上审判案子，难怪我们的破布烂棉花的马德标，当然是白白的死了。

马德标之死，无疑是由于种族阶级的成见，也是因为这种成见之存在，所以他生时走投无路，死后有冤无处伸。我们一方面要请法律界帮助进行此案，以求昭雪；一方面要设法取消治外法权，使这类惨无人道之事不再发生；一方面要根本改造社会，以树立真正公平之法律制度。

注释

① 华捕　帝国主义国家在租界地内雇用中国人充当的巡捕。

② 租界　帝国主义国家强制半殖民地国家在其通商都市内“租借”给他们

做进一步侵略据点的地区。几个帝国主义国家联合“租借”的地区，称“公共租界”。某个帝国主义国家单独“租借”的地区，称“某（国）租界”。

③ 西捕　帝国主义国家在租界地内雇用的外籍巡捕。

④ 治外法权　国家间彼此授予对方政府首脑、外交官及其他服务于国际的政治机关的官员的特权，包括人身、住所不可侵犯，不受当地司法、行政的管辖，免除捐税和服役等。

生活教育之特质*

您如果看过《狸猫换太子》那出戏，一定还记得那里面有一件最有趣的事情，就是出现了两个包龙图：一个是真的，还有一个是假的。我们仔细想想，是越想越觉得有趣味了。世界上无论什么事，都好像是有两个包龙图。就拿教育来说吧，您立刻可以看出两种不同的教育：一种叫做传统教育，另一种叫做生活教育。又拿生活教育来说吧，您又可以发现两种不同的说法：一种主张“教育即生活”；另一种是主张“生活即教育”。我现在想把生活教育的特质指出来，目的不但要使大家知道生活教育与传统教育之不同，并且要使大家知道把假的生活教育和真的生活教育分别出来。

（一）生活的 生活教育的第一个特点是生活的。传统的学校要收学费，要有闲空工夫去学，要有名人阔老介绍才能进去。有钱、有闲、有面子，才有书念，那么无钱、无闲、无面子的人又怎么办呢？听天由命吗？等待黄金时代从天空落下来吗？不！我们要从生活的斗争里钻出真理来。我们钻进去越深，越觉得生活的变化便是教育的变化。生活与生活一摩擦便立刻起教育的作用。摩擦者与被摩擦者都起了变化，便都受了教育。有人说：这是“生活”与“教育”的对立，便是“生活”与“教育”的摩

* 本篇原载1936年3月16日《生活教育》第3卷第2期。

擦。我以为教育只是生活反映出来的影子，不能有摩擦的作用。比如一块石头从山上滚下来，碰着一块石头，就立刻发出火花，倘若它只碰着一个石头的影子，那是不会发出火花的。说得正确些，是受过某种教育的生活与没有受过某种教育的生活，摩擦起来，便发出生活的火花，即教育的火花，发出生活的变化，即教育的变化。

（二）行动的 生活与生活摩擦，便包含了行动的主导地位。如果行动不在生活中取得主导的地位，那末，传统教育者就可以拿“读书的生活便是读书的教育”来做他们掩护的盾牌了。行动既是主导的生活，那末，只有“为行动而读书，在行动上读书”才可说得通。我们还得追本推源的问：书是从哪里来的？书里的真知识是从哪里来的？我们是毫不迟疑的回答说：“行是知之始”，“即行即知”，书和书中的知识都是著书人从行动中得来的。我要声明著书人和注书人抄书人是有分别。人类和个人的知识的妈妈都是行动。行动产生理论，发展理论。行动所产生发展的理论，还是为的要指导行动，引着整个生活冲入更高的境界。为了争取生活之满足与存在，这行动必需是有理论、有组织、有计划的战斗的行动。

（三）大众的 少爷小姐有的是钱，大可以为读书而读书，这叫做小众教育。大众只可以在生活里找教育，为生活而教育。当大众没有解放之前，生活斗争是大众惟一的教育。并且孤立的去干生活教育是不可能的。大众要联合起来才有生活可过；即要联合起来，才有教育可受。从真正的生活教育看来，大众都是先生，大众都是同学，大众都是学生。教学做合一，即知即传是大众的生活法，即是大众的教育法。总说一句，生活教育是大众的教育，大众自己办的教育，大众为生活解放而办的教育。

（四）前进的 有人说，生活既是教育，那末，自古以来便有生活，即有教育，又何必要我们去办教育呢？他这句话，分析是对的，断语是错的。我们承认自古以来便有生活即有教育。但同在一个社会里，有的人是过着前进的生活，有的人是过着落后的生活。我们要用前进的生活来引导落后的生活，要大家一起来过前进的生活，受前进的教育。前进的意识要通过生活才算是教人真正的向前去。

（五）世界的　课堂里既不许生活进去，又收不下广大的大众，又不许人动一动，又只许人向后退不许人向前进，那末，我们只好承认社会是我们的惟一的学校了。马路、弄堂、乡村、工厂、店铺、监牢、战场，凡是生活的场所，都是我们教育自己的场所，那末，我们所失掉的是鸟笼，而所得的倒是伟大无比的森林了。为着要过有意义的生活，我们的生活力是必然的冲开校门，冲开村门，冲开城门，冲开国门，冲开无论什么自私自利的人所造的铁门。所以，整个的中华民国和整个的世界，才是我们真正的学校咧。

（六）有历史联系的　这里应该从两方面来说。第一，人类从几千年生活斗争中所得到而留下来的宝贵的历史教训，我们必须用选择的态度来接受。但是我们要留心，千万不可为读历史而读历史。我们必须把历史的教训和个人或集团的生活联系起来。历史教训必须通过现生活，从现生活中滤下来，才有指导生活的作用。这样经生活滤过的历史教训，可以使我们的生活倍上加倍的丰富起来。倘使一个人停留在自我或少数同伴的生活上，而拒绝广大人类的历史教训，那便是懒惰不长进，跌在狭义的经验论的泥沟里，甘心情愿的做一只小泥鳅。第二，中国已经到了生死关头，争取大众解放的生活教育，自有它应负的历史的使命。为着要争取大众解放，它必须争取中华民族的解放；为着要争取中华民族之解放，它必须教育大众联合起来解决国难。因此，推进大众文化以保卫中华民国领土主权之完整，而争取中华民族之自由平等，是成了每一个生活教育同志当前所不可推却的天职了。

谈谈儿童节*

谁的儿童节？是前年的儿童节吧，我在大家兴高采烈的时候，发现了这样一个悲惨的问题：谁的儿童节？这个问题引导我联想一幕一幕的亲眼看过的苦儿生活。我不知道从哪里来的力量，立刻抓住一件伤心事，写成一篇《奶妈的婆婆的悲哀》：

人人羡慕儿童节，
我家宝宝哭不歇。
张家新生小少爷，
雇个奶妈好过节。
媳妇做了奶妈去，
奶变张家少爷血。
张家少爷白而胖，
胖如冬瓜白如雪。
人人羡慕儿童节，
我家宝宝哭不歇。
老奶给他尝一尝，
无奈奶头久已瘪。
清水米汤吃不饱，

* 本篇原载1936年4月4日《永生》周刊第1卷第5期。

小孩苦恼向谁说？
红红绿绿争点缀，
问是谁的儿童节？

“儿童是人生的黄金时代。”这句话是有多少真理？我们不能不怀疑。世界上有多少小孩的黄金时代是被贫穷埋没掉了，是被坏人和不公平的制度剥削掉了。过节的意思，有的是纪念已往，有的是享受现在，有的是创造将来。已往只有悲哀，现在无可享受的穷孩子是要把这儿童节的刺激变成奋斗的力量，从今日起就开始动手创将来的黄金时代。

儿童要什么？创造这个黄金时代，儿童需要我们给他们的是什么东西？儿童节我们该送什么礼物？我从前认为他们需要爱。我也曾经给过他们一些神秘的爱。我现在知道他们不需要这种歪曲的爱。爱的教育是不能兑现的。爱的教育容易捧，容易哄。溺爱是有害的，把小孩拉住使他们不能向前跑。小孩所需要的不是爱而是了解。下面是我的《儿童年献歌》，发挥这个了解儿童的意义。

弄咚一弄咚，
今年属儿童。
不要你哄，
不要你捧，
只要你懂——
懂得我们还是小儿童，
不要教成小老翁。

我们要懂得儿童，这是父母先生的顶大的责任。我们要懂得儿童不做小古董，给人玩耍誓不容；懂得儿童不做小笼统，千问万问要问懂；懂得儿童不做蛀书虫，求学只是为大众；懂得儿童不享现成福，手脑双挥要劳动；懂得儿童爱拆自鸣钟，拆得散来凑不拢；懂得穷孩肚子快饿通，饿死穷孩大不懂；懂得教师应敬小朋友，不再打人摆威风；懂得儿童能做小先生，即知即传向前冲；懂得帝国主义该打倒，联合小拳总进攻。

儿童能做什么？社会上的人往往说，小孩能做什么？他们是看轻小孩子，尤其是看轻穷孩子。我们加入在小孩子的队伍里的时候，立刻发现小孩子的力量是出人意料之大。在《儿童年献歌》里已经指出，小孩能做小先生和打倒帝国主义的小先锋。在整个的民族解放运动中，我们必须承认小孩有伟大的力量，并且必须允许这种力量充分的发挥出来。我们应当动员全国的小学生做小先生。是的！

我是小学生，
变成小先生；
粉碎那知识私有，
把时代儿划分。

做小先生是家境好一点的小孩替穷孩子和妇女及劳苦大众最好的服务。要叫这种服务得到最大的效力，需用拼音的新文字并且与救国运动密切联系起来。

四月四[1]，四月四，
小孩也能做大事。
做什么大事？学新文字！
教新文字！有了新文字，
老老少少都识字。

四月四，四月四，
小孩也能做大事。

做什么大事？研究国事！
报告国事！明白了国事！
百姓个个会管事。

四月四，四月四，
小孩也能做大事。
做什么大事？嘴上长刺！
手上长刺！遇着敌人来，
千千万万向前刺。

注释

① 四月四　这是国民政府1930年规定的儿童节日。

教育逃走*

自从华北伪自治发动以来，华北教育界有好几位领袖即纷纷准备……准备什么？不是准备抵抗，乃是准备搬家。说得好听些，是准备设立分校，更好听些是准备扩充范围。老实不客气的说一句，乃是准备逃走。

这些高等华人平日所干的本是逃走教育。怎么叫做逃走教育？逃避现实的教育便是逃走教育。等到灾难临头，他们必然的是要来它一幕教育逃走，那是没有什么稀奇的。

首先反对教育逃走的是华北的学生。学校当局拿“设立分校”的美名来蒙蔽的时候，学生便毫不客气的断定他们是“南迁”。接着就是上海文化界救国会向平津学校[①]当局的质问，但马相伯[②]先生所得到的答复是说没有搬家这回事。果真没有这回事吗？

三月二十三日平津各报都登载国立清华大学[③]当局将在湖南长沙前湘雅大学[④]校址设立分校，并由湖南省政府拨山地六千亩充建筑校舍及农学院试验场之用。该校学生救国会即于二十四日举行“南迁问题”公开讨论会，以表明全体同学之意见。结果还没有知道。两个月前平津校长致电马相伯先生否认南迁，清华梅贻琦校长也在联名之列，而现在“清华南迁”竟成了半公开的秘

* 本篇原载1936年4月16日《生活教育》第3卷第4期。

密。

还有定县平民教育促进会[5]更是神通广大，据我所知道的他们早已开始向四川、广西、广东活动。那不消说他们是“扩充范围”，“增设实验区”。但是定县也有许多说老实话的人，承认这是变相的逃走。我们知道平民教育和高等教育不同。高等教育可以跟着高等华人一起逃光，平民教育却不能这样干脆。真的平民是逃不掉的。如果教育逃得掉，那便是平民所不需要的教育。平民所不需要的教育，逃得越远越好，顶好是逃到堪察加[6]去。这样我们才剩下纯粹的大众的生活斗争，即纯粹的大众的生活教育。

有人说，逃走教育是要比帮凶教育好一些；你只看见人家搬家，而没有看见那些忙着修改教科书的人是更加无耻。我承认逃走是比帮凶的人软一些。有的人的确是怕被迫帮凶而逃走。但是等到他们想逃而没有逃掉的时候，只剩下帮凶与抵抗两条路线，你想他们会走哪条路？

逃避现实的教育不是真教育。真教育必与现实格斗。在中华民族解放运动中，我们所需要的是与现实格斗的真教育。

注释

① 平津学校　指北平、天津两地的学校。

② 马相伯（1840—1939）原名建常。改名良，字相伯，江苏丹阳人。清朝末年，当过多次外交使节，支持过戊戌变法。变法失败，移居上海，先后创办了震旦学院、复旦大学。民国成立后，一度代理北京大学校长，反对袁世凯称帝。九一八后，积极参加救国工作，被誉为爱国老人，是上海文化界救国会和全国各界救国联合会的主要负责人之一。

③ 清华大学　多科性理工科大学，校址在北京。原为1919年清政府用美国“退还”的“庚子赔款”办的一所留美预备学校。以后逐步改为大学。1928年改名“国立清华大学”。抗日战争时期迁昆明，同北京大学、南开大学合组为西南联合大学。抗战胜利后，迁回北京复校。

④ 湘雅大学　校址在长沙。原为美国基督教教会在旧中国开办的湘雅医学专门学校。1921年改为湘雅医科大学，1935年改称湘雅医学院，1951年改为湖南医学院。

⑤ 定县平民教育促进会　中华平民教育促进会的地方分支机构。河北省定县是该会推行“平民教育下乡”运动的试点地区，先后在该地办了“平民教育实验区”和“河北县政建设研究院”。

⑥ 堪察加　即苏联的堪察加半岛，位于亚洲东北部的白令海与鄂霍次克海之间。

新文字和国语罗马字*

——答复黎锦熙先生

俗话说：三句话不离本行。我因为要想把教育普及给大众，所以凡是可以帮助教育快点普及的工具，都引起了我的兴趣。因此，注音字母①、国语罗马字②、拉丁化新文字③都和我们的普及教育运动发生过不少的关系。当然，看到黎锦熙先生出马高谈这个问题的时候，我是免不了要加入讨论的。对于黎先生在第八十二期《文化与教育》上登载那封《复济南青年文化社书》，我想发表下面的一些意见。

第一，黎先生开口就说他只能站在"技术的立场"来说话，完全离开"政治"的立场。如果黎先生坚守这个立场，倒也不失为科学家的态度。但是，我们一看他的题目便不能不怀疑。他的标题是：《苏俄的"中国字拉丁化"与国定的"国语罗马字"之比较》。这个标题好像是一个推销国货的标语。他好像是告诉人说：国语罗马字是国货，中国字拉丁化是洋货，而且是通红的洋货。推销国货的当然是爱国志士，推销洋货的便是奸商，甚而至于是红色奸商。黎先生的用意想来是不至如此，但他的标题是与事实不符。北方话拉丁化方案，的确是在海参崴④产生的。但制造这方案的是海参崴的华侨。海参崴的华侨不是中国人吗？现在北方话拉丁化方案已经由中国新文字研究会⑤改为北方话新文字

* 本篇原载1936年4月16日《生活教育》第3卷第4期。

方案[6]。新近由该会发表的上海话新文字方案，乃是在中国领土上由中国人制造的。那将要发表的福州话、广州话等新文字方案，也必定是由中国人自己制造而成的。因为北方话新文字一个方案的出生地关系，就把全中国的新文字运动划归苏俄所有，如果没有恶意，便是考据有些疏忽。依黎先生的论断，日本人在上海所开的纱厂的出品都能算是中国货了。

第二，现在的新文字运动是主张拿易写易认的新文字教大众，不主张拿难写难认的汉字教大众。从速废止汉字是对于大众教育而说。小众吃汉字如同吃鸦片烟一样早已吃上了瘾，现在谁要向小众主张废止汉字是一个大呆子。但是对于知识分子也得提出“打倒汉字独裁”的口号。小众也应当学学新文字去为大众服务，把新文字免费教给大众。民国十二年的“汉字改革号”[7]的老调可以不弹，民国二十五年的“大众新文字教育”的新调是要大弹而特弹了。

第三，现在的新文字运动是反对北平话独裁，即反对国语独裁。如果有真正的统一国语，又有谁来反对国语统一呢？我们所反对的是提倡一种假国语来勉强全国大众学。原因还是因为各处大众没有这许多时间金钱来同时学北平语又学罗马字；而且将来有做统一国语资格的是北平语是上海语还是别种语，现在还不能确定。北方话新文字方案虽然以北方普通话为根据，但新文字运动决不希望把北方话当做国语提倡，也决不勉强来它一个运动勉强教上海人学北方话新文字。至于公共场合需要所谓“国语”一层也得分析。依照我们的经验，不但是农村的公共场合不需要这种“假国语”，城市里工人的公共场合也不需要这种“假国语”，只有仕商的公共场合是需要这种“假国语”。归总一句，只是有钱有闲的小众的公共场合需要这种“假国语”，而无钱无闲的大众的公共场合不需要这种“假国语”。至于全国的思想如何沟通，各地的文化如何联络，在《我们对于推行新文字之意见》中已经详细说明，这里只好从略。那篇意见里所提出的要点，是无需借重汉字做媒介，而可以叫全国的思想文化得到超速度之沟通与联络。

第四，关于声调的符号，初学的人是觉得很麻烦。黎先生说："不标声，拼法简单，词儿不长，较易拼写；标声，面孔明白，词儿不混淆，易于认读。两害相权取其轻，两利相权取其重；害谁轻？利谁重？请候实验，毋作空谈。"我想这个态度是对的。我们应该等待双方实验的报告再作批判。因此，黎先生随后所提出的一些例子，也等到将来一并讨论。

第五，黎先生说"拉丁化"压根儿就不大注意这个技术问题，这未免是武断，可是我要说在技术方面，拉丁化新文字与国语罗马字所注重之点是有些不同。国语罗马字好比是注重刺绣的技术，为太太小姐绣花；拉丁化新文字是注重平常针线的技术，为大众缝老布衣。新文字研究者所省略的正是国语罗马字研究者所舍不得的。

第六，黎先生说；"G.R（国语罗马字）十分认识清楚了，将来这种新文字实实在在是要政治的大力量来推动的，我们管不着。"我们在这一点上也和黎先生的见解不同。我们十分认识清楚了，现在这种新文字（中国新文字），实实在在是中华民族大众争取解放之重要工具，要由整个民族的大力量来推动，我们既是国民一分子，就得尽一分子的力量，就管得着!

注释

① 注音字母　是1956年全国人民代表大会批准推行《汉语拼音方案》前通行的汉字注音和学习普通话的一套音标。1913年由读音统一会制定，1918年由北洋政府教育部公布。

② 国语罗马字　用拉丁字母（亦称罗马字母）拼写汉语的重要方案之一。方案特点是用字母变化来表示声调变化。1926年国语统一筹备会制定《国语罗马拼音法式》，1928年由国民政府大学院公布。

③ 新文字　即拼音新文字，也叫拉丁化新文字。

④ 海参崴　苏联远东的海港。“中国新文字第一次代表大会”于1931年9月26日在这里召开，到会的有吴玉章、林伯渠、萧三和苏联各地华侨代表、远东华侨工人以及苏联的汉学家等。大会讨论通过了《中国汉字拉丁化的原则和规则》方案。

⑤ 中国新文字研究会　宣传和执行中国新文字第一次代表大会关于推广拉丁化新文字的决议的团体。1933年后，在上海、北京、西安、重庆、汉口、广州等二十多处地方，先后成立了七十多个团体研究推广新文字，并在上海成立了全国总会。

⑥ 北方话新文字方案　全称是北方语拉丁化新文字方案，简称“北拉”。即1931年在苏联海参崴召开的中国新文字第一次代表大会所通过的方案《中国汉字拉丁化的原则和规则》。这一方案是以北方话为拼音标准。这样称呼，是为了区别于以其他地方方言用拉丁字母拼写的方案。

⑦ 汉字改革号　即1923年（民国十二年）《国语月刊》出版的“汉字改革号”。黎锦熙等学者在上面撰文呼吁汉字革命和汉字拼音采用罗马字母。

粉碎日本的大陆政策*

前些时候，行知在上海听见好些朋友讲及和在报上看到关于广东方面的英勇的救国运动，觉得非常钦佩。这回行知代表上海文化界救国会到广东来，第一个任务就要对诸位表示慰劳的意思。今天承邹校长命来讲演，兄弟觉得是很大胆。可是大家心目中有一个共同的问题，这个问题需要我们讨论出一个办法来。今天兄弟就想把那个共同的问题提出来和诸位讨论，但是这个问题可用种种题目来说，兄弟现在采取日本的大陆政策这个题目，就是：我们怎样才能够粉碎日本的大陆政策？

所谓大陆政策，我们可在“伪满”① 的教科书中找得说明。他们是这样讲法的：“满洲定而华北定，华北定而支那定，支那定而东亚定，东亚定而世界大同。”他们就是这么一套。

从近年的事实看来，我们已了然知道他的大陆政策就是要把中国一口吞下去。他拿去了我们辽宁的铁，拿去了我们吉林的森林，现在又想拿去我们山西的煤炭，华北的棉，福建的根据地……我们不要以为他只是想拿了中国的富源，做一个富家翁，安享现成福就算了，还要我们四万万同胞当他们的奴隶，还要我们进一步做他侵略的炮灰，所谓“中国定而东亚定，东亚定而世界

* 本篇原载1936年5月4日《石牌生活周刊》，系作者应中山大学校长邹鲁之请，4月30日下午到该校所作的讲演。

大同”，他是想做世界的霸王。所以大陆政策就是要灭亡中国的一个政策！凡是不愿做亡国奴的，凡是不愿意做日本人的炮灰的，现在就要联合起来，把他这种大陆政策粉碎！

兄弟这一次到南方来，不禁回想到十年前[②]的一件事：十年前兄弟有一次乘坐一艘日本船去香港，船行到汕头的时候，我们一班中国的客人（客人当中，尤以三等舱的客人最多）和一些船上的中国水手，合起来大概是二百人左右，在船头围拢起来开一个小小的国民大会。当时有一些日本的客人也在旁看着，还有日本人的船主也带了翻译立在甲板上看着底下开会。我们开会在谈到日本帝国主义者怎样压迫我们，和我们应当怎样去对付他，到最后，我们二百多人齐声喊口号，声音如同打雷。我们喊的口号是：打倒日本帝国主义！打倒日本帝国主义！打倒日本帝国主义！在日本人的船里，高喊打倒日本帝国主义，这是十年前的情形。

这次到香港，情形便大不相同。我到香港时，有人告诉我，香港学校中的教员若是讲及“九一八”或是“一·二八”这类事件，被视学员看到或听到，立刻就要被革职。回想起十年前那次的情形，真叫人发生今昔之感。

我们要粉碎日本的大陆政策，一定要有十年前在日本船上开会那种精神。那种精神是什么？就是大众起来抗日的精神。要粉碎日本的大陆政策，第一件事就是要大众起来抗日！

有些人在那儿做梦，以为只要靠了少数的当国者，就能够抗拒敌人，把中国复兴起来。这是没有的事！又有许多学者也正在那里做梦。以为写两篇“告日本国民书”，就可以把国难去掉。还有一两位先生，我知道他们这几天正准备到日本去游说日本的朝野，我看他们将来终归要失望。他们都是书呆子，都是在做梦。

要抗日救国，第一步就要把全国大众联合起来，并且是要不分区域地联合起来。我们不能说东四省[③]不是广东，华北问题不是广东问题，我们广东人管不着。我们认定东四省问题是中国问题，华北问题是中国问题，我们全国的大众应该联合起来，这种联合是没有地域性的。

有些人又说，既然是不分区域的联合，那么我们全国的文化界联合起来就行了。这句话我承认它有一半是对的。全国的文化界自然是要联合起来，但是这还不够，还要其他的民众都联合起来才行。有人一谈到农民要起来救国，他们就有点害怕；一谈到工人要起来救国，他们也有点害怕。害怕农民工人，就不必谈救国！要救国定要农民、工人、文化界、学生以至兵士一齐大联合起来才行！我们要认定，这种民族革命的斗争是我们神圣的天职，我们不可以逃避，逃避的就是汉奸！

又有人说，我们诚然要对日抗战，可是我们要准备一下才能实行抗战，你们不能责备我不抗日。我们要问，讲这句话的是什么人？如果他手上是有枪杆子，有飞机大炮的，他的责任是保卫国土，敌人来了就要和敌人开火。敌人来了，他说他要准备一下，这不是骗人的话？我们老百姓纳了许多税，请你老人家带许多的兵守卫国土，我国失了东四省一大块，他说还要准备一下，冀察[4]失了一大块，说还要准备一下，究竟要准备到什么时候？上海有些我们的同胞替这种准备的论调辩护，说：我们被割掉了鼻子不要紧，再被割掉了耳朵也不要紧，只要我们的脑勺子还在就行，我们能够准备一下，将来有人要割我们的脑勺的时候，我们就能立刻把他打倒。这些话不是很可笑的吗？可是他们竟是很严肃的说，仿佛他们这样子才是救国，而你们那样子则是害国。这种准备论，不消说，我们东四省的失掉和华北的沦亡就是牺牲在这种论调底下。我们再不能相信这种论调的了。

在五中全会[5]开会的时候，有许多人说，现在是要打仗了，现在四面八方都拉夫，甚至连和尚都要拉去挑担子了。南京开的五中全会就是为的想法打东洋鬼子[6]。这自然不是假的。但是一种民族解放的斗争，决不是空口说准备，或是做一种花样，叫人看到我们是在“打脸子”就行的，要实实在在去干，日本人到了那块地方，那块地方就和他开火，全国就立刻响应，这才是真正的抗战。这是我们的神圣不可侵犯的天职。如果我们不把这责任担负起来，就什么都完了。打个比喻：有害的微生物若是进了我们的血管里，血管里的白血球一和它们接触就和它们斗，死了一千来一千，死了一万来一万，不顾死生的继续和它们搏斗。因为白血球的作用就好比是我们身体上的军队，是用来和有害的微生物作战的。白血球不能遇到了微生物，说要准备一下才来作战，要是那样就会小病变成大病，大病变成跷辫子。拿这个比喻来说，武力抵抗是我国惟一的出路！我们的身体上没有一个要准备的白血球！我拿了这个例子和一位朋友说，这位朋友就拿汪精卫先生背上没有取出的子弹做例，说是如果这颗子弹在骨头，也可不必一定要把它取出来，硬要取出来，恐怕于身体上反为有害。这种说法颇有点妙，道理不能说没有。我对他说，这颗子弹如果真的动也不动，那么不取出来也勉强可以，如果它还是在动，还是有跷辫子的危险，那就非取出不可。现在日本可不是子弹，它是有害的微生物。要是子弹，也是一个动的子弹。这个动的子弹，我们非把它取出来不可，否则就不行，这条生命会呜呼哀哉。所以就这些例子来说，我们做中国国民的神圣的天职，只有和日本帝国主义拼命抵抗！这是粉碎日本大陆政策的第一颗炸弹。

第二个炸弹是什么？我们要知道日本的老百姓是和我们一样的受苦的。日本军阀对于老百姓压迫很凶，日本六千多万的老百姓为了供给侵略的费用而要负担一百万万的公债。我们中国人要卖孩子，日本的老百姓也是在那里卖孩子。他们老百姓也要病了才能吃到白米饭，树皮草根当柴烧。晚上无家可归露天睡在火车路轨底下的不知多少，就在东京这有名的都市我也亲眼看到几千几百的这样的穷苦的人。我前次到日本东京，日本招待我们的官吏专带我们去看好的地方，指点着很表面的事实说是他们能够多么的照顾到老百姓。可是日本的穷朋友都对我们说：你们看日本的老百姓看得生厌了，我给你们看别的更好的东西。他们带我们这里那里去看，看了简直叫人忍不住眼泪，全和中国的老百姓是一个样子。

为什么日本的穷苦的老百姓不起来反抗他们的军阀？因为军阀告诉他们：你看我们不费一兵一卒，东四省就拿过来了，只是两块钱一个人的收买了一班人，冀察也弄到了手，是这样的便当。你们老百姓要是爱国的，也不好意思不负担一点军费。这么说来，岂不是我们中国人倒害了日本的老百姓受苦吗？假使我国当时起来抵抗，东四省就不会失掉，华北就不会陷于今日的地位。我们试看现在意大利侵略阿国[7]，几个月来花了五万万多的里拉[8]，只占了阿国的六分之一的土地，意大利的人民已经起来讲话了。如果我们当时在辽宁就抵抗，使日军花了不少的钱，牺牲了不少的生命，还不能占据辽宁一省，日本的老百姓一定会起来责备政府了。试看淞沪之役，十九路军抵抗了几个月，日本军队中已经有不肯打仗的。如果中国和他打上一年半年，日本的军人，就要罢战，老百姓就要起来罢工，而反抗日本的侵略者。到日本的老百姓也起来反抗日本的侵略者，日本的大陆政策就要被粉碎！所以我们第二个炸弹，就是太平洋各国民众来一个反抗侵略战争的运动。

自然，太平洋反抗侵略战争的运动，主要的力量是在日本的老百姓，因为他们受侵略战争的痛苦最大，我们发动了这种运动，他们必定起来做我们的声援。但是这第二颗炸弹是要等第一颗炸弹爆发了，它才能爆发。这好比是一个新式的开花弹，外头的一层开了，第二层才能开，跟着第三层才能够开，于是才能轰然一声全爆开。所以我们要先发出第一颗炸弹——大众起来对日抗战。

第三颗炸弹就是太平洋的集体安全制。大家都知道，现在欧洲正有集体安全的运动，这是一种反抗侵略者的运动。如小协约国的互助公约[9]，法苏的互助公约[10]，就是这种表现。这种公约的用意，就是在共同防止侵略者的压迫，如果当事国有受侵略者压迫时，其他国家要起来帮忙，合力打退侵略者。这是由政府方面发动的。我们太平洋沿岸的国家也可来实行这种集体安全制，以抵抗日本的大陆政策。在这一方面我们当然不能有什么奢望，因为各国政府相互间有许多矛盾的地方。这种集体安全制有哪几国可赞成，哪几国不赞成，不赞成的国家的民众能赞成这种制度的程度又怎样，都是很成问题的。我们虽不能有怎样希望，但是我们也不能够把它一笔勾销，完全不理。所以不妨把它当作第三颗炸弹看。

这三类炸弹原是互相联络，很有关系的。中国人神圣的天职是民族革命的斗争，而太平洋的反抗侵略者运动，和太平洋沿岸国家的集体安全，对于我们的民族解放都是很有帮助，对于日本的大陆政策都是能够加以阻止的。可是现在还有一种歪曲的理论通行着，这是从日本来的，是所谓“自力更生”的论调。日本侵略者说：你们中国人要靠自己的力量才能恢复国势，靠外国人是不行的，靠国联也是不行的；如果靠外国人，也只有靠日本人才行；如果你们不愿靠日本人，那么只有靠自己。这便是日本人要骗我们所提出的自力更生的论调。一些日本留学生受了日本人的骗，以为这种说法很不错，回国后，就大倡这种论调，自欺欺人。不错的，要救中国，非我们起来拼命不可，这个谁不承认？我就首先承认。但是只是靠自己才能救国家，很难令人相信。打个比喻：有一班人走入山林里，碰着了老虎，其中有几位不幸被虎咬倒了，眼看他们鼻子被老虎一口咬掉了，耳朵也被一口咬掉了，其他的人想过去拯救，而他们却说不必用拯救，他可以“自力更生”。这不是很笑话吗？我们自己固然要拼命拯救自己，但是如果有人愿意来帮助我们，我们怎么不表示欢迎？

我们不会忘记中山先生临终说的一句话：“唤起民众，及联合世界上以平等待我之民族，共同奋斗。”这便是我刚才所说的三颗炸弹，能粉碎日本大陆政策的三个炸弹。

注释

① 伪满　伪满洲国的简称。1931年日本帝国主义侵占中国东北后制造的傀儡政权，1932年3月在长春成立，1934年3月自称“满洲帝国”。1945年中国人民抗日胜利后被摧毁。

② 十年前　时间可能记录有误。

③ 东四省　亦称东北四省，是黑龙江、吉林、辽宁、热河四省的总称。1956年，热河省并入河北、辽宁两省及内蒙古自治区。

④ 冀察　冀是河北省的简称，察是察哈尔省的简称。察省属地已在1952年并入河北、山西两省。

⑤ 五中全会　指1934年12月召开的国民党第四届代表大会第五次中央全会。

⑥ 东洋鬼子　指日本帝国主义者。

⑦ 阿国　全称是阿比西尼亚。即现在的埃塞俄比亚。意大利法西斯入侵该国，发生在1935年10月3日。

⑧ 里拉　意大利的货币单位。

⑨ 小协约国的互助公约　原称小协约国组织公约，是捷克斯洛伐克、罗马尼亚和南斯拉夫1933年2月在法国支持下为防范德国侵犯而签订。

⑩ 法苏的互助公约　亦称法苏同盟条约，1935年5月签订。

附 录

关于儿童科学通讯学校的两个文件*

一、登记证书

私立儿童科学通讯学校业经审查合格
准予登记
特给此证

上海市教育局局长徐佩璜
中华民国二十一年八月　日
第　五　号

二、儿童科学通讯学校招生启事

校长陶行知　指导员均聘请各门专家担任

二十世纪的世界是一个科学的世界。在科学的世界里，只有科学的国家才能存在。我们必须使中华民族具备科学的本领，成为科学的民族，以适应现代生活，生存于现代世界。但是科学要从小教起，我们要想造一个科学的民族，必得要加工培植嫩芽的儿童。本校感觉儿童科学教育之重要，特发起创立，期使科学的

* 原载1935年4月16日《生活教育》第2卷第5期。

民族早日产生。凡爱好科学的儿童与有志指导儿童学习科学的教师和家长，均请报名入学，共同研究，共同实验，不胜欢迎之至!

<table>
<tr><th colspan="2">级别及入学程度</th><th colspan="6">学　　费</th><th rowspan="3">修业年限</th><th rowspan="3">报名入学手续</th></tr>
<tr><th rowspan="2">初　级</th><th rowspan="2">高　级</th><th colspan="3">初　　级</th><th colspan="3">高　级</th></tr>
<tr><th>一次缴</th><th>二次缴</th><th>四次缴</th><th>一次缴</th><th>二次缴</th><th>四次缴</th></tr>
<tr><td>初小教师，师范生，家长，初小学生和略识大众文的青年，都可报名入学。</td><td>高小教师，师范生，家长，初中学生，高小学生，和文字通顺的青年，都可报名入学。</td><td>八元</td><td>每次五元</td><td>每次三元</td><td>十六元</td><td>每次十元</td><td>每次六元</td><td>二年</td><td>填明本校制成的空白志愿书和报名单(可向儿童书局索取)，连同学费，一并寄交上海浙江路儿童书局，或各省儿童书局分局和特约所。</td></tr>
</table>

总报名处及缴费处上海浙江路五马路南首儿童书局总店(承索本校章程不取分文)

中山文化教育馆聘书

中字第伍拾壹号

兹敦聘

先生为本馆中山文库审订委员会委员

此致

陶知行先生

理事长　孙科

附上中山文库缘起与编译规程一份

中华民国二十二年九月十五日

谈普及教育的八个问题*

——张宗麟致陶行知信（摘录）

半月以前，接读赐书，嘱写“根据在各省观察的情形，中国应该怎样普及他的教育”一文。当时又回想到三个月前中社（当时生活教育社在上海借以聚会的地方——编者）里一夕的谈话，眼前突然发生极苦涩的问题数则，现在先把这几个问题写完后，再写我想说的话：

一、中国需要教育普及呢？还是需要普及教育？

二、若中国厉行教育普及，那末今日的公子大学、少爷中学以及养老的教育研究机关等是否也要普及？

三、普及教育是否是义务教育？是否是国民最低限度的教育？是否是文盲开眼的教育，还是更有别种意义的教育？

四、中国文盲数或者不如外国人替我们估计的那么多，这是事实。但是文盲的标准是否已经有确定？

五、文字教育普及以后，第二步工作又是什么呢？

六、识字与做人的相关度有多少？因此，普及教育实行以后，对于救民族，救中国究竟有多少影响？

七、无论实施普及教育或厉行教育普及，必须有相当的条件。所谓社会的安定（至少是暂时可安枕），人民生计的稍裕（至少不像灾民的流离）以及政治上的允许（至少不是秦始皇的

* 原载1934年《中华教育界》第22卷第7期。

焚书坑儒），试问今日全国已经合乎这个条件吗？

八、假定教育可以对社会民族等直接发生影响，那末教育的内容及其他一切都需要有一贯的主张。试问今日中国若实施普及教育，所谓一贯的主张是什么？

这些问题常常萦回在胸，终不得解决，趁此机会，作一个综合的叩询，或者，本书号（即《中华教育界》第22卷第7期《普及教育问题专号》——编者）出版之日，可以从文字上找到几许答案。（下略）

中国普及教育助成会工作会员之工作与报告*

二十三年十一月九日筹备会通过

凡合乎下列资格之一，对于本会每三个月提出一次书面报告者皆得认为实际参加普及生活教育之工作人：

（一）现任中小学校教职员赞成本会宗旨，指导学生担任小先生者。

（二）现任民众学校教职员赞成本会宗旨，指导学生担任传递先生者。

（三）捐资创办民众或小学校一所以上，并鼓励其学生担任小先生或传递先生者。

（四）教育行政人员，鼓励指导所属学校，培养小先生及传递先生者。

（五）家庭店铺及任何机关负责人，鼓励指导幼辈徒弟伙计职员担任小先生或传递先生将知识技能免费传人者。

（六）凡以生活知识技能继续不断免费传人者。例如小先生传递先生为大众小孩义务努力之人。

注：寻常未满十六岁之学生，每人至少教导二位不能进学校之人，即称为小先生。受过教育十六岁以上的成人，每人至少教导二位不能进学校之人，即称为传递先生。

---

* 原载1935年3月1日《生活教育》第2卷第1期。

推行手头字缘起*

我们日常有许多便当的字，手头上大家都这么写。可是书本上并不这么印，识一个字须得认两种以上的形体，何等不便。现在我们主张把“手头字”用到印刷上去，省掉读书人记忆几种字体的麻烦，使得文字比较容易识，容易写，更能够普及到大众。这种主张从前也有人提出过，可是他们没有实在做，所以没有什么影响。现在我们决定把“手头字”铸成铜模浇出铅字来，拿来排印书本。先选出手头常用的三百个字来作为第一期推行的字汇，以后再逐渐加添，直到“手头字”跟印刷体一样为止。希望关心文化的先生们赞同我们的主张，并且尽量采用这个字汇。

先生如果赞同这种主张，请加入做发起人，将后面这张字条签字寄还发信人，转给本会。（字条略）

手头字推行会敬启

* 原载1935年2月20日《太白》半月刊第1卷第11期，原附《手头字第一期字汇》及发起人蔡元培、陶行知等200人的名单略。

生活教育社通告*

各位同志：

我们已经加入了手头字推行会，采用这个字汇，使生活的符号容易识、容易写、容易地普及到大众的队伍里去。希望以后对于本刊投稿的诸位先生们，一律采用手头字，否则，来稿恕不登载。

生活教育社启

* 原载1935年3月1日《生活教育》第2卷第1期。

全国小先生普及教育表*

省市别	所　在　地	主持机关或主持人
江苏省	宝山大场孟家木桥	山海孟家木桥工学团
江苏省	宝山大场沈家楼	山海沈家楼工学团
江苏省	宝山大场萧场	山海萧场工学团
江苏省	宝山大场赵泾港	山海赵泾港工学团
江苏省	上海大场红庙	山海红庙工学团
江苏省	上海俞塘	俞塘民众教育馆
江苏省	无锡北夏实验区	实验民校
江苏省	大港聂滩乡	叶竞民
江苏省	宜兴西桥	西桥工学团
江苏省	海州陈家港	盐务小学
江苏省	淮安河下莲花街	新安小学
江苏省	嘉定潘家桥	潘家桥工学团
江苏省	东台新丰镇	新丰镇中心小学
江苏省	苏州南显子巷	旅苏安徽公学
浙江省	嘉兴余贤埭	余贤埭中心小学

* 原载1935年3月1日《生活教育》第2卷第1期。

续表 1

省市别	所在地	主持机关或主持人
浙江省	鄞县全县中小学民教馆民众学校	教育局长叶谦谅
浙江省	兰谿实验县自治实验区	游埠中心小学
山东省	邹平	乡村建设研究院
山东省	济南	济南东街 104 号
山东省	省立民众教育实验区祝甸乡	俞异君
山东省	泰安泰山	泰山十小学
山东省	德州	扈惠民
安徽省	安庆大渡口	大渡口小学
安徽省	安庆	世则小学
安徽省	安庆	省城各小学
安徽省	当涂采石矶	采石矶小学
安徽省	歙县堨田王充	歙县第一工学团
江西省	临川	自治实验区促进委员会主任王朝桢
河南省	辉县百泉	乡村师范
河南省	孟县高端岗	高端岗小学
河北省	天津	南开小学
河北省	定县	中华平民教育促进会
湖南省	安化	胡英才
湖北省	武昌	程其保张宗麟筹备
湖北省	襄阳民众教育馆	任寿祺
湖北省	江陵全县	陈志中
山西省	安邑舜帝庙李烈士陵园学校	曹带江

续表2

省市别	所　在　地	主持机关或主持人
陕西省	西安	省立小学教育训练所菊林小学
福建省	阳湖	阳湖儿童自动普及主人教育先锋团
广东省	汕头大埔百侯	百侯中学各小学
广西省	南宁	潘一尘筹备
四川省	北碚	卢作孚
云南省	昆明	龚自知筹备
甘肃省	兰州	水梓筹备
贵州省	镇宁	三民学校卢国勋
宁夏省	宁夏	傅作霖筹备
上海市	公共租界新闸路	工部局新闸小学
上海市	浦东高桥	上海市卫生实验区办事处
上海市	赵家花园	花村民众基础学校
上海市	愚园路兆丰花园对面	儿童普及教育团
南京市	和平门外晓庄佘儿岗	儿童自动学校
北平市		张雪门戴自俺筹备
青岛市	全市高小中学	雷法章

儿童社会成立记*

陆德森

儿童的力量是被大多数人抹杀了，在大多数人的心目中，都以为儿童是无用的。

陶行知先生是相信儿童有儿童的力量，并且以为儿童力量很大。为了要知道儿童的力量真正的有多大，所以有儿童社会的发起。

一月二十四日下午，陶先生和小先生开了一个谈话会。他说：现在的山海工学团，名誉上是小先生干，实际上还是大先生代替你们干，这样的下去，你们儿童的力量发展很慢。我现在想了一个办法，就是把山海工学团的儿童事业交给你们儿童自己管理自己干。小先生高兴得都举起手来赞成。于是小先生推举主席和记录开始讨论进行办法。

主席：张健。　记录：张顺根。

议决：

每团小先生推举二个代表，在明日下午到联合办事处来开儿童社会筹备委员会。

第一次儿童社会筹备委员会

时间：一月二十五日下午一时。

地点：孟家木桥。

* 原载1935年3月1日《生活教育》第2卷第1期。

主席：张顺根。

出席代表：

一、赵泾港儿童自动工学团代表张健、陆德森。

二、红庙儿童自动工学团代表马善业、张顺根。

三、孟家木桥儿童自动工学团代表李翠珍、孟阿宝。

四、沈家楼儿童自动工学团代表沈翼飞、赵文明。

五、萧场儿童自动工学团代表张耀祖、俞文华。

列席者有陶行知、马侣贤、王佐舟及张金弟等小先生十五人。

开会：

1. 唱《锄头歌》（第一段）。

2. 主席报告开儿童社会筹备会的宗旨。

3. 陶行知先生发表意见，说儿童社会应有组织大纲及宣言书，并宜推举委员起草。

4. 讨论：推举三位小先生起草山海儿童社会组织大纲，和山海儿童社会宣言。

议决：通过。推举张健、俞文华、马善业三人为起草委员，并限一月二十五日起至三十日止完成。

儿童社会第二次筹备委员会

时间：一月三十日。

主席：马善业。　记录：陆德森。

唱歌开会后

1. 主席宣读山海儿童社会组织大纲草案，

2. 张健解释儿童社会组织大纲草案，

3. 主席宣读儿童社会宣言草案。

4. 讨论：（一）山海儿童社会组织大纲及宣言书通过，推举陆德森、沈柏生、张健三人将儿童社会宣言、组织大纲油印出来。

（二）根据组织大纲，组织临时执行委员会，议决通过。

正　　　　张健。

委员长

副　　　　沈增善。

裁判长　　张顺根。

书记　　　陆德森。

会计　　　马善业。

　　　　　沈柏生。

纪律委员　俞文华。

　　　　　张耀祖。

（三）议决推举陶行知先生为辅助团主任。

（四）二月四日上午十一时，在山海工学团开同乐会。放炮竹、吃糖果，报告儿童社会创办经过。

5. 散会。

儿童社会第三次筹备会

时间：一月三十一日。

主席：张健

1. 主席报告。

2. 陶行知先生报告：（一）俞庆堂先生把稿费四十元捐给山海工学团。山海工学团拟将这款转给儿童社会里做开办费，大家接受否？如接受请写一封信去谢谢俞先生。（二）儿童社会临时学术辅导员，我拟了一个名单，请大家表决是否同意。

自然科学　戴白桃。

社会　　　王洞若。

算术　　　李仪寿。

记账　　　尹子柯。

英文、国语、时事　刘冠龙

卫生　　　操震球

3. 讨论：一、议决接受俞庆堂先生四十元捐款，写信答谢俞庆堂先生。

二、写一封信到日本生活学校小朋友。

三、订定辅导员来会的时间。

四、推马善业、张健为儿童社会图书馆管理。

山海儿童社会组织大纲*

一、定名——山海儿童社会。

二、宗旨——使山海工学团范围内之各村儿童自动工学团，联合起来，实行工以养生，学以明生、团以保生的生活，以参加新村、新国、新世界之创造。

三、会员——凡在山海工学团，工作区域内，十六岁以下、六岁以上之儿童加入各村儿童工学团者，皆为山海儿童社会之会员。

四、会员大会——职权如下：

（一）审核计划预算；

（二）审核执行委员会报告；

（三）审理总弹劾。

会员大会，每学期开一次，由会员互推主席、书记各一人。

五、执行委员会——执行委员会，由每村儿童自动工学团，各推委员二人组织之，设委员长一人，副委员长一人，裁判长一人，书记一人，会计一人，每村纪律委员一人，由执行委员互选任之，执行委员会之职权如下：

（一）提议一年计划预算；

（二）总理一切进行事宜；

（三）聘请辅助团主任；

（四）根据辅助团主任之建议聘请辅助员；

* 原载1935年4月1日《生活教育》第2卷第3期。

（五）受理上诉案件；

（六）开会员大会报告。

六、公约——约法六条：

（一）舞弊者开除；

（二）不长进者在世界被压迫民族地图前自省；

（三）不教人者不教他；

（四）骂人者不理他；

（五）私斗者在东北地图前自省；

（六）偷东西者查明原因分别教导处罚。

犯第一条者，如不服纪律委员判决，得向裁判长上诉。犯第二条以下各条者，均由各村纪律委员处罚。

七、弹劾——执行委员个人失职时，会员得向执行委员会弹劾。如弹劾成立，即免职，另由原选举人改选之。

执行委员会失职时，由会员十人以上，签名召集全体会员大会弹劾之，如弹劾成立时，举行总改选。

八、辅助团——辅助团分经济辅助团、学术辅助团，由执行委员推请同情儿童社会者一人为主任。再由该主任提名征求执行委员会同意组织之。

九、组织系统

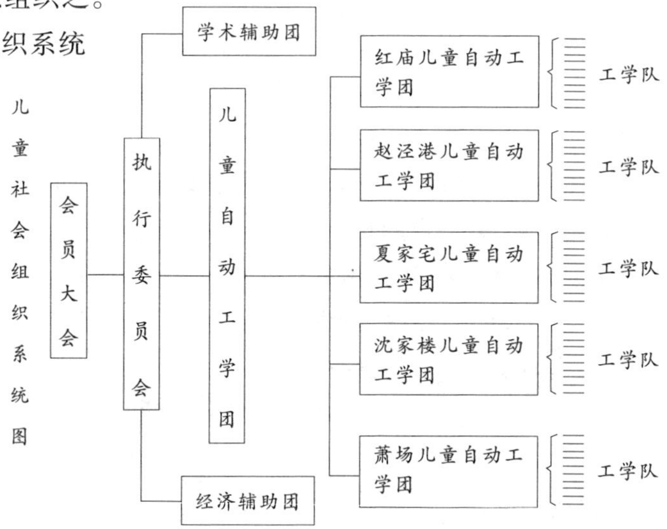

十、下层组织——儿童社会之下层组织，为儿童自动工学团，每团又依小村之多少，分为若干工学队，其组织大纲另订之。

十一、附则——本组织大纲，经各个儿童自动工学团代表会议通过施行，以后修改的手续同。

上海文化界救国运动宣言*

国难日亟，东北四省被占之后，华北五省又在朝不保夕的危机之下了！“以土事敌，土不尽，敌不餍。”在这生死存亡、间不容发的关头，负着指导社会使命的文化界，再也不能苟且偷安，而应当立刻奋起，站在民众的前面，领导救国运动！华北教育界“最后一课”的决心，是值得赞佩的。华北青年热烈的救国运动，尤其引起我们十二万分的同情。因为华北事件的教训，我们应该进一步的觉悟！与其到了敌人刀口放在我们颈项上的时候，再下最后最大的决心，毋宁早日奋起，更有效的保存民族元气，争取民族解放。

四年余的事实告诉我们：敌人对中国的侵略，决不是少数人的盲动和野心，而是帝国主义发展的必然结果——积重难返的经济恐慌和财政赤字，造成了他积极侵略的大陆政策。假如到了今日，还有人想用妥协、提携、亲善，甚至游说的方式，希求敌人的觉悟，那真是与虎谋皮了！

争取民族的解放，不单是中国人民的天经地义，而且是任何被压迫民族的天经地义。敌人的压迫愈严重，中国人民对民族解放的要求，只有愈高涨。尽量的组织民众，一心一德的拿铁和血与敌人作殊死战，是中华民族的惟一出路。这样的一个神圣战

---

* 原载1935年12月21日《大众生活》第1卷第6期。

争，世界上凡是有理性的人，都会给我们以深切的同情。一切苟且因循的政策，都只有分散民族阵线，使敌人可能逐个逐步的消灭我们。因此，我们主张：

（一）坚持领土主权的完整，否认一切有损领土主权的条约和协定；

（二）坚决反对在中国领土内以任何名义成立由外力策动的特殊行政组织；

（三）坚决否认以地方事件解决东北问题和华北问题——这是整个的中国领土主权问题；

（四）要求即日出兵讨伐冀东及东北伪组织；

（五）要求用全国的兵力、财力反抗敌人的侵略；

（六）严惩一切卖国贼并抄没其财产；

（七）要求人民结社、集会、言论、出版之绝对自由；

（八）全国民众自动组织起来，采取有效的手段实力自卫。

（马相伯、沈钧儒、胡愈之、陶行知等281人签名略）

上海文化界救国会第二次宣言*

（1935年12月27日通过）

上海文化界同人对华北分离运动所酿成的新的民族危机，曾经发表过一次宣言，我们同情于华北学生热情的爱国运动，提出了“坚持领土主权完整，否认一切有损领土主权的条约和协定”、“坚决反对中国领土内以任何名义成立由外力策动的特殊行政组织”、“坚决否认以地方事件解决东北问题和华北问题”、“要求即日出兵讨伐冀东及东北伪组织”、“要求用全国的兵力、财力反抗敌人的侵略”、“严惩一切卖国贼并抄没其财产”六项主张。这种主张虽已获得了广大的知识者群及大众的响应，但却未有被我们的政府所采纳。在目前，华北自治运动仍在冀察政务委员会的名义下化装出现；冀东伪委员会甚至在扩大组织与区域，察东六县又陷在敌机、重炮下，而且也预备放弃了。敌军在华北公然地增兵，对全国更提出“三大原则”作全盘的并吞，并逼迫我国政府缔结中日军事同盟，驱使中国大众作进攻苏联的先遣队。凡此一切，都在说明民族危机的迅速发展，敌人的侵略决无止境，中华民族已到了和平绝望的时候，牺牲已到了最后的关头，不容我们一误再误，徘徊犹豫了。

在当前严重的危机下，全国大众已超过了忍耐的限度，目下全国学生的爱国救亡的高潮，明显的是全国大众一致奋起救亡图

---

* 原载1936年1月11日《大众生活》第1卷第9期。

存的先导。这一爱国运动正在开展中，钢铁般的民族阵线，将由全国大众自动建立起来，形成不可侮的巨力。可惜，我们的政府未见及此，爱国运动正在被军警摧残。最近上海的学生请愿运动，弄成可歌可泣的悲剧，致使民情不能宣泄，甚或逮捕爱国民众，向手无寸铁的人民宣布戒严。凡此，我们都认为措置失当，不能不提出抗议的。

同时，我们对于上海及全国文化界的工作者，也觉得还要说几句话：我们文化界人在当前爱国救亡运动的高潮中，实在还没有能尽我们时代的任务。全国各级教师们，还未站在学生的前面，负起领导学生救亡的责任。从事新闻事业的人们，还在新闻检查制度下，隐匿事实，颠倒是非，没有站在大众前，负起舆论的领导；杂志编辑及作家们尚未做到尽自己的良心，用自己的笔代表大众说话，并指导大众的行动。其他如出版、戏剧、电影等部门的工作者，也未能尽自己的领域内应尽的天职。这不能不说是我们的耻辱。

就是因为我们过去的工作是万分不够，所以，我们现在要先组织自己，用集团的力量，来负担我们时代的任务。在上海文化界救国会成立的今天，我们再对全国宣言：我们过去提出的政治主张，在原则上仍然没有改变；而在总的救亡的主张上，我们更具体地提出：

一、根本改变目前外交政策，公布过去的外交经过；

二、开放民众组织，保护爱国运动，迅速建立起民族统一阵线；

三、停止一切内战；

四、武装全国民众；

五、保障集会、结社、言论、出版的绝对自由；

六、罢免并严惩一切卖国的亲敌官吏；

七、对敌经济绝交，全国恢复抵制仇货；

八、释放一切政治犯，共赴国难。

同时对于目前各地当局的失态，我们要求政府予以纠正，马上执行：

一、严惩各地摧残救国运动的负责长官；

二、取消对爱国运动的戒严令；

三、撤废新闻检查制度，开放新闻封锁；

四、释放被捕爱国学生及市民，并保证以后不得再有同样事件发生。

对于全国文化界工作者，我们要求：

一、大中小学的教师们，赶速的站在学生前面，领导学生救国运动；

二、从事新闻事业的人们，忠实地报告救国运动消息，树立公正舆论；

三、著作家们，本着各自的文化领域，用各种方式，激发大众斗争的意识，建立正义的理论领导；

四、反对文化统制，反对文化界汉奸！

五、全国文化界联合组成救亡的统一阵线，领导民族解放运动。

上海各界纪念“一·二八”四周年大会宣言*

四年前的今天，日本帝国主义驻沪总领事，向上海市政当局提出了一个灭绝人理的最后通牒，这个最后通牒，当局在一贯的屈辱忍让政策之下，终于是完全接受了！然而，日本的海军陆战队，依然要向闸北我军进攻，因而引起历史上有名的淞沪抗日战争。

这一个历史的教训，这一个血的教训，除了揭露出日本帝国主义的凶残面目和惨无人道的屠杀手段以外，它还明明白白的告诉我们：忍让屈辱只有长敌人的气焰，只有奋起抗争才是我们的出路。

在这个战争中间，我们的第十九路军和第五军将士，事前没有充分准备，事后没有军力的补充，然而，在全国民众和国外侨胞的热烈援助之下，他们激动了火一般的热情，锻炼成钢一般的意志；他们用低劣的武器，和数倍之众具有高度武装的敌人抗战。在敌人飞机大炮的重重袭击之下，在血肉横飞山崩地塌的威胁之中，支持了三十四日之久。敌人在初时预言四小时可以取胜，结果三易主帅，调动了十二万名的军力，才占领了闸北吴淞一隅之地。

这种铁一般的事实，证明弱小民族只要一致奋起，以武装抗

---

* 原载1936年2月16日《生活教育》第2卷第24期。

敌自卫，它虽然武器远不如人，然而必然可以争取解放。这种事实证明了替敌人的武力宣传的唯武器论的破产，证明了民众力量的伟大。就在这种意义上，淞沪抗日战争变成标本的民族解放战争，它不但指点出中国民族的出路，而且指点出全世界被压迫民族的出路。这种历史的意义，这种国际的意义，使“一·二八”这一个光荣的日子，不但值得中国人民纪念，而且值得全世界被压迫大众纪念。

倘中国在那时能出动全国的军力继续抗敌，我们这时候也许已经取到了民族解放的最后胜利。即使退一步，我们如能在淞沪停战之后，在过去的四年中间，停止一切的内战，集中全国的武力去对付敌人的侵略，用舆论的力量唤起全国人民的抗敌情绪，用组织的力量动员全国的民众，我们也许以后就不至再有华北之战，目下更不至有华北问题和华南问题。我们虽然在淞沪之战支付了很大的代价，我们以后也许可以避免更大的牺牲。

不幸得很，我们的当局是刚刚走上相反的一条路，在汉奸的包围之下，淞沪战争一开始就变成孤军一隅之战，以至于败退，汉奸们便立刻重新进行他们的妥协运动，而订立下辱国丧权的上海协定。在停战以后，当局更建立下先安内而后攘外的国策；在这个国策之下，把国力在内争上牺牲得几乎净尽，同时新闻的检查和言论的统制，使文化的力量几乎变成敌人的工具，民众组织的摧残，使民众救国的热情，消耗在零零碎碎的对内的反抗，而不能发挥对外的伟大的作用。因此，过去四年间的成绩，是领土一天一天的缩小，主权一天一天的剥夺，人民一天一天的被奴役、被屠杀！国内大部分的报纸，成为汉奸的舆论机关，而在华北，汉奸甚至一度公然冒称民众。总而言之，是敌人利用我们的弱点，利用汉奸的活动，一步一步的完成它以华灭华的毒计。

我们今天纪念“一·二八”，决不是消极的感慨伤怀就算了事，而是要积极的根本的纠正过去的错误，用更大的规模，复活“一·二八”的抗敌精神。我们不能再容忍，我们反对再以准备掩饰懦怯，我们要求：一、停止一切内战；二、开放言论自由，撤销新闻检查；三、争取救国自由，反对压迫人民救国组织及干涉人民救国运动；四、全国总动员武装抗敌，收复失地；五、严惩误国官吏，铲除卖国汉奸。

上海文化界救国会对“一·二八”四周年纪念宣传大纲*

一、“一·二八”四周年史略

（一）日帝国主义在一九三一年，九月十八日占据沈阳，侵吞东北四省，因中国采不抵抗主义，西方帝国主义为经济恐慌所困，为共同利害所牵制，对远东问题又暂守沉默，日本更巧妙的利用了反苏联的旗帜，对中国的侵略更明目张胆起来，除东北外，并接连在天津、青岛、福州、汕头、武汉、上海、南京等重要都市，或指挥军队，或利用浪人，向中国挑衅，杀戮掠夺，无不做到极点。

（二）一九三二年一月二十八日，上海日本领事忽发出最强硬的最后通牒，对于这个最后通牒，中国政府已经正式屈服，日本外交官宪也称满意了，但帝国主义的诡计多端，驻上海的日本军队就突然偷袭上海华界区域，实行不宣而战的军事行动，发动海陆空巨大的军力，利用大炮、轰炸机、炸弹、坦克车、毒气及军舰，屠杀完全没有武装的中国大众，因为这里遇到了十九路军第五军及上海市民大众联合作战，于是有“一·二八”光荣的民族自卫的战役。

（三）这一场战争，中国的损失自然很大，上海及附近的大小车站全被毁了。产业及文化机关被毁在炮火中的也不少，如商

* 原载1936年2月16日《生活教育》第2卷第24期。

务印书馆、东方图书馆、永安纱厂、三友实业社，上海北部的大学，有复旦、同济、持志、暨南、商学院、法学院、劳动大学、中国公学等，人民生命财产的损失更无详细的统计。但因这战争而致失业的工人在七十万以上，失学的青年，超过十二万，流离失所的人也在二十万以外。总之，这是帝国主义对中国最近几十年来空前的大屠杀，也同时是中国大众几十年来没有的一次大反抗。

（四）这一次战争支持了一月零四日。因为政府未接济抗日的军队及武装的上海市民，结果以上海屈辱的协定宣告结束，接着来的这三年多，日帝国主义的侵略战，并未停止过一日，又在军事、外交、经济、文化各种形式下击攻，并用了“亲善”、“提携”、“剿匪”、“自治”等美名，和汉奸的合作，而掩饰其强盗行为，中国政府和他订了许多卖身契约，公开的有塘沽协定、梅津协定，还有许多不知道的。东北四省失去后，接着失去的有热河，最近华北五省又在闹“自治运动”，冀东出现了殷汝耕的傀儡组织，冀东出现了变相的自治政府——冀察政委会，察东六县被伪军侵据，日来更进一步宣告内蒙独立了，华北新的事件天天在发生，五省“自治”尚在制造中。除开华北外，日本还在谋华南的发展，还提出什么三大原则，要并吞整个的中国，实现他的大陆政策，中国民族危机，在当前已到了最后最重的关头。

（五）在大众方面，虽然因政府的不抵抗主义，不能扩大广大的民族战争，但东北失去后，东北的大众就组织了义勇军，一直抗争到现在，并且一天天在扩大了，全国内地民众的反帝反日高潮，也达到了最高点，最近由于敌人新的进攻，学生救亡运动突破了城市的沉寂，城市大众抗日反帝的高潮更表面化了。凡不想当亡国奴的人们，都有了新的觉悟，愿意放弃彼此间不同的意见，共同携手，起来御侮，只有汉奸及准汉奸辈，才甘心卖国，这是目前今年“一·二八”当前的形势。

二、“一·二八”的意义与教训

（六）“一·二八”战争虽然仍以屈辱告终，虽然遭受了巨大的损失，但它是一件伟大的中国民族斗争的“杰作”，它正确的指示了中国民族打开当前国难的道路，指示了一切弱小民族解放的道路。

（七）“一·二八”把中国人过去对于自己的虚怯，自卑的成见与顽固粉碎了。它把不抵抗主义，中国武器不及他人的“惟武器主义”，准备五十年后再收复失地的准备论，各种宿命论，以及空喊“精神团结”等各种各样的亡国论在事实前打翻，同时揭破了敌人的夸大狂，他们以为四小时可占领全上海，后来延长到一个月零四天尚未达到目的，甚至换了三次主将，遭了想不到的损失。

（八）“一·二八”提示了我们，要抵抗强敌，我们国内需要大家合作，造成一条民族联合阵线，“一·二八”战争中，十九路军第五军和上海市民的合作，作出了最模范的例子，奠下了各阶级彼此放弃一切成见、利害，大家携手，停止内战等真理的基础。

（九）“一·二八”向世界，尤其是全世界弱小民族，提出了一种最成功的、惊人的街市战的艺术，我们在这次战争中，看出街道上的坦克车和铁甲汽车，如果得不到房屋上面几层和屋顶上火力的帮助，是要失去作用的。而我们的战士却巧妙的利用了屋顶上的射击，击败了坦克车和铁甲汽车，并且特别有成效的扑灭了进攻的部队，我们在石头房子□□的优等射手的藏身地，给了日本军队以莫大的损失，日本航空队曾企图从上面扫射，已成为不可能，有几个飞机，反被我们优等的射手所击落了。战争是一种艺术，但“一·二八”之战，是一种成功的作品。

（十）“一·二八”的屠杀，也把帝国主义的真面目侵略战争的性质越弄明白了，同时在自己的方面，也看出谁是抗敌的，谁是汉奸，把民族阵线和奴才阵线越弄明白了。反抗民族的敌人，同时不能忽视和汉奸斗争。

三、今年“一·二八”的特殊意义

（十一）今年”一·二八”的特殊意义，就是因为它通过了四年来的国难，碰到了当前民族的新危机，以及广大的民众的醒悟，尤其是当前已成为全国的学生救亡运动等客观现实，愈使“一·二八”斗争的教训在万亿人心中燃烧起来，在国际方面，因为阿比西尼亚的胜利，也使中国大众认清了“一·二八”斗争的价值，看出了民族生存的前途，中国大众今日也感觉现在对民族敌人再不能退让了，一切和平都到了尽头，一切自欺欺人的骗言，都不能掩盖危机了。现在大家要求的是出于抵抗的一线，是“一·二八”的复生、延续、展开。这是就总的意义上说的。

（十二）今年“一·二八”既然有着以上利于斗争展开的形势，那么今年的特殊意义，就在利用这形势，转变这形势，把中国从不抵抗主义的泥坑中救出来。这里我们首先要求的是扩大“一·二八”，告诉我们的民族联合阵线，要把各阶级，各政党，各种不同宗教派别的集团或个人，在不想当亡国奴的一点上，放弃一切私仇旧恨，大家携手起来，共同自救，集合各方面的代表交换意见，速开全国大众救亡大会，讨论国防和御侮。

（十三）在民族联合阵线的前提下，马上要做到停止一切内战，要真的做到一切枪口都对外，自己不乱耗费一颗子弹，一切不同性质的武力，不论过去有怎样的仇恨，只要枪口对外，一切都可不问。赶快集合各方面的代表，军事人才，共开国防会议，组成统一的全民族的自卫军。

（十四）要完成以上的任务，那么我们的目光就不能只看见帝国主义，还应多多看看自己，要努力肃清汉奸，要团结全国大众，保护民族斗争的胜利。

四、宣传的要点

（十五）整个文化界的工作者或团体，首先要明白以上的意义，接受“一·二八”的教训，接受我们最近宣言中的政治主张，全体动员起来纪念“一·二八”四周年，从一月二十八日到三月六日一个月以上的大宣传，这是最基本的一点。

（十六）每一个文化团体，或个人应就自己的文化特殊领域，好好的利用环境，发挥以上的战斗的任务。新闻记者应该设法突破新闻检查制度，忠诚的为民族服务，尽可能的提出以上大众的救亡的主张，为争取纪念“一·二八”的记载与公论而斗争，大中小学教师们应赶快站在学生前面去，领导“一·二八”纪念活动，领导学生运动，督促国难教育方案的实施，作家们戏剧电影等工作者们，无线电工作者们及一切专家们应把自己的专门技术应用到民族斗争上来，配合着“一·二八”纪念推进民族斗争。妇女们应负起广大的妇女群众教育的责任，领导她们走出厨房，参加民族斗争。学生大众们应普遍的“深入群众”负起大众教育者和组织者的责任来。一切团体应在大众起核心、领导、组织的作用，每一个个人，要尽可能的在你的周围继续活动，对于周围的每一个人都不能放松，对于每一种歪曲的理论，每一个欺骗的谎言，都要加以批判、说明、打碎。

（十七）“一·二八”宣传定为一个多月，但实际应该是长期的，它应该是民族斗争，公开和民族敌人开仗的一种意识的组织过程，“一·二八”不过把这一整个救亡宣传集中到这纪念日罢了。不是这纪念日过后，宣传就结束了。宣传要达到对日战争，取得战争的胜利，才说到终止。

“一·二八”四周年致祭无名英雄*

上海文化界救国会、上海妇女救国会、上海市民联合会等百余团体于今晨九时在市商会召开“一·二八”纪念大会，主席团有王晓籁、马相伯、何香凝、陶行知等十余人，会毕群往庙行镇致祭“一·二八”无名英雄墓，兹将上海文化界救国会祭文录之于后：“维中华民国二十五年一月二十八日，上海文化界救国会谨以热血和泪，致祭于吾无名英雄之灵曰：呜呼，哀哉，今日何日，扪天如漆，哀此宗国，如本斯拨，万飑罗首，横海一嘬，忆昔岁末，谓可晁食，岂秦无人，突起异军，无敌无我，取义成仁，前僵后仆，狂寇夜狺，四易其渠，终莫获伸，莽莽淞皋，白骨黄蒿，忠易孰辨，忠魂谁招，峥嵘废垒，血渍魂飘，生也何雄，死也为豪，有气排山，壁此寸土，正义之府，民族之圄，炎黄斯冯，亿兆斯字，呜呼，旋常终古，旧物未复，吾民之羞，灵其有知，克相吾谋，先哲所诏，九世之仇，不忘在莒，后死敢渝，蜿蜿庙行，峨峨墓门，灵旗风雨，毅魄永宁，孰贰其国，明神不歆，神其来享，此鉴下诚，呜呼哀哉，尚飨。”

* 原载1936年2月16日《生活教育》第2卷第24期。

上海文化界救国会对中宣部告国人书之辨正*

我们读了国民党中央宣传部二月十一日发表的告国人书，心中感觉到无限的失望，无限的疑虑，无限的危惧。为了国民党的生命，为了民族的前途，为了历史上的是非，我们不能不用血一般的赤诚，详加辨正。

上海的救国运动，兴起于华北伪自治运动抬头的时候。当时华北汉奸，组织烟民，冒称民众；华北报纸，甚至公然以汉奸理论代表民意。中宣部在那是非颠倒，国格危殆的时候，默不一言；政治当局也未能当机立断，为有效之制裁。我们在悲愤之余，感匹夫之责，才有救国运动之发起。两月以来，赖各地学生及民众救国运动的勃发，和文化界正确理论的开展，舆论为之清澄，人心为之振奋，汉奸为之匿迹。如果党国诸公，真能以民族利益为前提，对于这种现象，应该是如何的爱护？即使中间有错误的所在，应该是如何的加以善意的指导？不幸得很，中宣部对于汉奸运动，则默加容许，对于救国运动反严辞厉色，诬陷侮蔑，无所不用其极！这是我们所感到无限的失望的。

中宣部所谆谆告诫我们的，是勿受利用，而其所举之事实，则为“前闻共党密议，欲利用文化团体及知识分子，在救国的口号掩护之下，作卷土重来之计。果然不久，上海即有电影救国会

* 原载1936年3月1日《生活教育》第3卷第1期。

之出现，不久又有文化救国会之产生。……”我们是不是受人利用？我们不愿加以申辩，好在公道自在人心，中宣部既然要国人相信他们的“丹心耿耿，一片赤诚”，我们也不过希望中宣部推己及人而已。至于所举事实，上半段共党密议，内情如何，我们不得而知；但后半段涉及救国会产生的程序，则显与事实不符。上海救国会的产生，最初为妇女界，次为文化界，次为大学教授，再次始为电影界。中宣部所得的情报，对于这一类粗浅的事实，尚且颠倒若此，其他可知。中宣部又谓救国团体之宣言，“不曰反对中央，即曰颠覆政府”。我们检查所有救国会的宣言，绝对没有此种激烈的文句。这许多铁一般的错误，足以证明中宣部显然是受人蒙蔽，更足以证明其所谓“受人利用”云云，也都不过是奸人捏造事实，诬陷救国运动。这种人造谣生事，为虎作伥，究竟是何居心？中宣部何以会被其蒙蔽？是否所谓“受人利用”者，正为中宣部本身？这是我们所感到无限疑虑的。

中宣部的文告当中，居然重提久已消沉的所谓“赤色帝国主义”。我们回想到过去外交上的失策，真感觉无限的悲怀。白色帝国主义的存在，我们有过去四年余血的经验来证明；而所谓“赤色帝国主义”的口号，除了曾经一度造成中苏关系的恶化，造成中国国际地位的孤立，种下近年丧权失地的远因以外，目下已不能公然存在于国际之间。欧洲大国如英法，小国如捷克、罗马尼亚，从前都是苏联的死仇，现在都变成了友好。国家不能有一成不变的政策；在这种历史的教训之下，在这样的国际形势之中，如果当局还要固执着过去的错误，那恐怕保持自己的历史则不足，而牺牲民族的历史则有余。在这国难万分严重的关头，我们正希望当局重振中山先生“联合以平等待我之民族”的遗训，在外交上作正确的开展。然而，这国际视听所系的中宣部，竟在这时发表这种轻率的言论！我们瞻望民族的前途，真不能不感到无限的危惧。

中宣部所提出“集中力量，上下一心”的原则，正是我们所馨香祈求的一件事。我们主张各党各派的合作，主张停止一切内战，全力对外，便是这种意旨。我们顾念到集中现今以后的中国，事实上已经提取到民族最后的一滴血。这最后的一滴血，我们观察中外历史的先例，认为只能很郑重的用在对外抗敌救亡的战争上面，而不能再在对内的战争上作孤注之一掷。倘使那样，那不但陷民族于覆亡，而且要根本斩绝民族的生机，而置之于万劫不复之境。这是我们所不能不垂涕而道，希望各方万分注意的。

过去政策上种种一切的错误，我们决不愿在国势危殆的今日，再忍心来算老账；我们批评过去，为的是要使民族的前途，不要再进一步的掉入错误的深渊。在这种情形之下，当局只须坦白为怀，承认过去的错误，明示今后的方针；人民只求政府今后确能为抗敌救亡的政府，自然会一致拥护政府。我们也并不坚持立刻对敌作战。然而，为了焦虑到民族的前途，为了寒心于过去的因循坐误，现在不能不要求一个切实有效的抗敌准备。中国的抗敌战争，谁都不能否认中心的力量还是民众。为了战争的胜算，我们不能不认唤起民众和组织民众是比军事力量更迫切的准备工作。然而，在过去几年中间，政府不但不唤起民众抗敌，组织民众抗敌，而且还要强迫人民亲敌。颓风所布，正气消沉，汉奸乃敢冒称群众。这种亡国灭种的政策，倘使没有一种明白的纠正，我们敢说一切的抗敌准备都是徒然。我们还得指出：过去若干带有民众国防意义的设施，有的变成徒具形骸的官僚化，有的忽略了政治训练而变成危险的单纯技术化、工具化。这种准备，是万万不够的。简单的说：抗敌救亡决不是少数人垄断的权利，而必然要是大众共有的义务。政府为示大信于人民，必须立刻解除舆论的压迫，开放民众组织的自由。只要这两点能够办到，一切民众力量都是政府的力量。上下一心，还有什么问题？

目下的问题，已经是政府肯不肯和人民合作的问题，而不是人民肯不肯和政府合作的问题。政府只须幡然觉悟，与民更始，以抗敌决心求统一，以政策转变示大信，则一切困难，皆迎刃而解。在抗敌救亡的意义之下，尤其希望当局对敌人勿再超过最大限度的容忍，对人民从速建立最低限度的宽容。倘使一面对汉奸以厚禄，而一面对于纯洁爱国的良民，非但睚眦必报，甚且妄加诬陷，那么，充其极，恐怕要造成党外无人民，党内无同志的恶果。这在贤明的当局，我们相信是决不会出此下策的。然而，中宣部意见不及此，在皇皇文告中，捕风捉影，见鬼疑神；对外既以白色帝国主义与赤色帝国主义笼统之并列，以招国际上更进一步的孤立，对内复图分配全民于白色汉奸，赤色汉奸，及被赤色汉奸利用者之三大类，以期造成独夫救国的悲境。这样的舍本逐末，自绝于人民，我们想念到民族的前途，真觉得是欲泪无从!

“三军可夺帅，匹夫不可夺志”，我们倘使是中宣部一纸诬蔑文告所能恫吓得倒的人，我们早就不敢在“救国有罪”的环境之下公然以救国相号召。中宣部倘使希望全国的知识分子，都变成这样无耻的懦夫，那显然是欲使全国人民尽变为汉奸顺民而后快。这样，国家还有救吗？过去知识分子被杀害，青年被屠戮，已不为不多。我们所希望于当局的，是从今日起，立刻明是非，树正义，爱惜犹存的民族元气，维系仅有的未去人心，以树立上下一心，共赴国难的基础。但是少数播弄是非，不顾大局，蒙蔽中宣部的奸徒，现在显然是不惜对于可以领导民众的知识分子，用诬陷侮蔑的手段损毁其地位；将来或者他们更不惜以栽赃伪证的手段妨害其生命。这在我们既已经以身许国，死生原所不计。我们所忧惧的，是国是不立，正气不伸的结果，必然要招致汉奸理论的抬头；焚书坑儒之再现，必然要葬送民族文化的鬼墟；千夫所指，当局恐怕也不能再抑制人民的愤慨。那样，当局自毁其长城，自乱其阵线，哪里还谈得到抗敌救亡？

总之，民族阵线的完整和破裂，这责任完全在当局。我们希望中宣部顾全国民党的历史，顾全民族的前途，有勇气自己出来纠正自己的谬误！国民党里面尽多贤明之士，他们为了党的历史，为了民族的前途，一定也会出来主持正义纠正这种错误。

北平文化界救国会第一次宣言*

中国是民众的中国，土地是民众的土地，不像现皇帝统治的时代，“朕即国家”，因内政外交上的失败，将一块一块的土地让给帝国主义的列强，还说：“宁给朋友，不给家奴”，叫民众连眼睛也不敢瞪一瞪。可是九一八以来，丧失了东三省，断送了热河，民众在“一面交涉一面抵抗”的国策底下，忍气吞声地待上三四年，以为政府应该收复失地，保守疆土，奈何东北四省未曾收复一角，整个的华北又将拱手让人了，冀察政务委员会成立以后，冀东的伪组织反而扩大，由外力策动建立了名存实亡的华北政权，敌人所派的无名总监，已将常驻天津，监视着接收冀察，更进而囊括华北。华北民众，全国的民众，是否仍旧保持着在皇帝统治时代不敢瞪一眼的态度，坐以待亡？

不！民众的态度表示得何等明白，一方面由外力策动华北“自治”的时候，使尽了百计千方，结果是出四毛钱一个买得几十个流氓乞丐，举行“请愿”，还被那不识时务的请愿者，供出了“我们是奉上头的命令来的呀！”另一方面，真正的民意正在预备着全体武装，为最后的奋斗。所以一二·九和一二·一六北平学生示威运动，便如电掣雷兴地起来；各地的学生运动也如崩山倒海地继续发展。他们费了父母的“血汗之资”来入学校，希望

* 原载1936年3月1日《生活教育》第3卷第1期。

学成后做个社会的中坚分子、国家的柱石良材。决不是不知艰难的黄口稚子，决不是爱出风头的无聊政客，决不是浑水捞鱼的腐败官僚，决不是被人收买的捣乱分子；而是为爱国心所驱使，为民众争生存，愿意牺牲他们的光阴，愿意以赤血洗白刃而为民众的先驱，为救国的斗士。

中国的危亡已到最后关头，除非无耻的汉奸花言巧语来遮掩他们的卖国勾当以外，怕没人敢说华北靠得住还是中华民国的华北吧；那么，华北的民众，全国的民众，应该一致起来，抗敌救亡，决不能再坐视已为先驱的青年民众，粉骨碎首，独力支持救亡的阵容。

很惭愧的负了北平文化责任的我们，平日将什么智仁勇呀，礼义廉耻呀，教化青年民众。这是什么时候，是不是我们应当实现所谓智仁勇和礼义廉耻最后的机会来了？我们期望着政府决定国策，已经挨过了四年，如今敌人得寸进尺，竟有所谓新二十一条如华北特别区，沿江沿海亲善区，某某三省独立区和其他的策划，都要在所谓“广田三原则”底下实现出来；那么不但华北垂亡，整个的民族，快要沦为奴隶，“覆巢之下，安有完卵”，我们还能等待么？还能迟疑么？还能埋头在一堆一堆的文化材料之中，进行着所谓文化救国的生活么？

事实告诉我们，除了我们等候着做顺民以外，只有起来抵抗，是民族的生路，也是我们的责任，抵抗是敌人所最怕的，所以九一八以来，不断地压迫我们的政府，来制止我们民众的抵抗运动，这是敌人自己给我们最忠实的证明；他知道这抵抗的力量，是不可轻视的，他知道我们民众是不肯屈服的，他知道我们政府会和平对付他的，所以用自相残害的方法，要我们政府来制止我们的抵抗。我们情愿中敌人的奸计呢？还是立即起来抵抗呢？

我们很知道一主张抵抗，双重的压迫立刻就可以加到我们的身上，他们加压迫于我们而给我们的罪名，我们可以预想到的，便是“共党”呀，“通共”呀，这一些无上可怕的名义。但是我们为爱国心所驱使，决不因他们的诬蔑而改变！我们救国的行动决不因他们的压迫而挫折；我们宁为自由而死，不为奴隶而生。

我们这时候才起来做救国运动，是惭愧到十二万分。现在上海的文化界已先我们而发动了；他们对国家的苦心热诚，他们认清了事实的真相，他们下了最大的决心，都是叫我们十二万分钦佩的，他们两次宣言提出的一切主张，我们完全赞同。他们第一次宣言所提出的八项主张，即是，“坚持领土主权的完整，否认一切有损领土主权的条约和协定”，“坚决反对在中国领土内以任何名义成立由外力策动的特殊行政组织”，“坚决否认以地方事件解决东北问题和华北问题”，“要求即日出兵讨伐冀东及东北伪组织”，“要求用全国的兵力、财力反抗敌人的侵略”，“严惩一切卖国贼并抄没其财产”，“要求人民结社、集会、言论、出版之自由”，“全国民众立刻自动组织起来，采取有效手段，贯彻我们的救国主张”。我们承认这是保障中华民族独立自由最低限度的条件，也是挽救华北危亡的惟一出路。我们鉴于华北危机更严重的发展，坚决地反对正在进行中的广田三原则下的亡国外交，以及一切断送华北的新阴谋。

我们以抗敌救亡的决心，督促政府变更向来的妥协政策，不是与政府为难；我们对于现在负责者，不尊重民众的意思的误国行动，决不能承颜察色奉命唯谨；我们站在民众的立场，为民众的生存而提出救亡的主张；在基于民意而产生的政府，应该完全接受。

北平文化界救国会，是下了牺牲的决心，任何压迫，无所畏惧。我们希望：全国文化界火速起来，促进全国民众的抗敌救亡运动，不要偷安退缩，准备做亡国奴才。华北的民众，全国的民众，起来！赶快起来！抵抗敌人的侵略。救护我们的国家，收复我们的失地，争取我们的自由！

马叙伦等148人

上海话新文字方案*

"中国新文字研究会"成立以后，认为首先应当动手做的重要工作之一便是上海话新文字的制定。因此它特别组织了一个委员会专门从事这一工作。这委员会先后开会讨论了五六次，中间经过两三月的详细考虑，结果才草定了如下所公布的这个方案。

这个方案曾提到"中国新文字研究会"的理事会上通过。并由理事会交给另一专家加以修正。因为大家都认为这是一件很有重大意义的工作，虽然我们并不以为这一个方案一公布，就可毫不经过修改地通用无阻，不过在公布之前，总应该加以郑重的考虑，尽可能减少需要修正的地方。现在这方案是公布了，我们等待大家的批评!

这方案本拟单独发行，但因发行上的便利决先请《新文字月刊》把它发表。同时并拟请旁的刊物也加以转载。

第一，我们的原则

（一）北方话新文字从产生到现在已经有四年多了，在国内广大地区推行也有一年多了。根据新文字运动的原则，本来是要按照各地方言分布的情形把中国划分为若干音区，而在每一音区中建立一种新文字的。因此，光有了北方话新文字方案是不

* 原载1936年3月16日《生活教育》第3卷第2期。

能够满足各地人的要求的。上海是中国经济的中心，是最国际化的一个都市，上海话新文字方案的制定自然是一个非常迫切的工作。

（二）新文字运动固然是坚决反对传统的国语统一运动的，然而同时它并不过分地强调方言土话分裂的情形，它并不主张摄影式地记录某一地方的土话，而是要根据同一音区内的各种不同的方音，观察它们的演变和互相影响的情形，来规定一种统一性最大的方案的。因此我们这里所说的“上海话”并不是指浦东话或是江湾大场话，而是指那上海土话加入了苏州话宁波话而形成一种新的大众语——上海普通话。我们有理由相信根据这一种普通话而制定的新文字是可以通行在整个吴语区域中间的。

（三）拉丁化是主张文字和语言的一致的。但这所谓“一致”，是从相对的意义上说的。我们决不应当希望有一套字母表，可以把我们的口头说话中的声音的最细微的差别都标识出来。（要是真的做到这样，那并不是文字，而是如国际音标样的音标了。）因此我们所拟定的这个方案并不是可以“绝对准确”地记录出属于吴语区内的一切地方的声音的。我们有意地抛弃了一些偏僻地方的音素，或是“旧式的”正在向淘汰的路走去的若干音素。——我们这样地做，是为了使我们的方案简易，明快，而且也是为了促进统一的民族语的成立。

（四）北方话新文字虽然并不就是全国各区语文中的权威，然而因为它创立在先，而且更主要的是为了它们已经在实践中得到第一步的，也是决定的胜利了。因此，我们认为，在建立其他各区方案时，应当竭力顾到这已有的方案，在字母的读音，写法上尽可能地和它保持统一。这样，至少可以使将来，这一区的人学习那一区的文字时不致感到太多的不便，而且也可以使各区方案的统一更加容易了。

（五）可是北方话中的音素很少，和上海话一比较，便可看出：把北方话新文字的字母表照样移到上海一带来是无论如何不够用的。北方话新文字在创造时，因为只图把拉丁字母牵就北方话，所以许多地方都很激烈地和国际的习惯用法相矛盾。要是我们在创立上海话新文字时还是沿袭了这样的矛盾，那不但是错误，而且在某些地方还会遇到意料不及的困难的。因此，我们在制定上海话新文字时，虽然尽力顾全和北方话新文字的“书面统一”，可是在不得已时，我们不得不使它和后者发生不一致的地方。这个不一致，我们相信，还是可以在实践中去消除的。——要是把已有的北方话新文字字母表根据我们这个方案略微变动一些，（只不过是几个字母的改写吧了。）对于它并不会有什么妨碍的，但却可以使它更加便于实用，更加国际化了。

第二，我们所拟定的字母表

（一）决定了上面这些原则后，我们就着手拟定上海话的字母表。我们一方面利用了赵元任及其他诸位先生调查吴语区音素所得的值得宝贵的成绩，一方面又尽可能去寻觅热心新文字运动的人们，已拟定各种上海话新文字方案，拿它们做讨论的根据。结果，我们决定了如下的一张字母表。自然我们不敢说：这张字母表已经是尽善尽美的了。我们所希望的是，大家都来不客气地批评；我们还希望大家马上拿它去实用起来。——因为新文字并不是在暖房中生长的花草，它一定要到旷野中间去，到广泛的实践中间去，才能生长得更为强固，更为完美!

（二）我们在决定每一个字母的时候，也有两个原则。第一个原则是为了使印刷打字和书写便利，我们尽可能不在字母上加其他符号，全体字母中只有一个符号，那是加在字母右上角的一小撇，但是这记号是任何印刷所，只要它能排印西文，总是能印的；而打字机上也是可以打出这记号来的。第二个原则是尽力使字母能适合于国际化与“区际化”这两个要求。但是，前面一章中已经说明过：北方话拉丁化方案有时是和“国际化”这要求冲突得很厉害的。在“国际化”和“区际化”不能两全的场合，我们大抵是牺牲了“区际化”而去牵就“国际化”的。底下，我们在上海话字母表的后面还附上上海话和北方话字母的对照，从这对照表中我们可以看出，这两种方案的差别只是在于若干字母的写法的不同，而并不是，在它们的整个体系中有着何种无法再使之统一起来的矛盾的。

（三）我们现在先把我们所决定的上海话拉丁化的基本字母，按照它们的发音部位，列表如下：

	双唇	唇齿	舌尖	舌前	舌面	舌中	舌根	喉头
破裂音 清	p		t				k	q
破裂音 清气	p′		t′				k′	
破裂音 浊	b		d				g	
鼻音	m		n				ng	
边音			l					
破裂摩擦音 清			c	(ch)i	ki			
破裂摩擦音 清气			c′		k′i			
破裂摩擦音 浊			cz	(c′c′i)	gi			
摩擦音 清		f	s	(sh)	xi		x	x
摩擦音 浊		v	z	(Rh)	hi		h	h
头母					j		W	
高音					i′yz		u	
中元音 高					ei		eu	
中元音 中						oe	o	
中元音 低					e		ao	
低元音					ɑ	ɑ	ɑ	

注： 1. 加括弧的这几个字母在上海话里用不着，只有北方话里用到。
2. 双线之前是不圆唇音，之后是圆唇音。

我们再来把这张表中所列举的字母按照通常的字母排列次序，排列如下：（下表中第一行是我们所拟的方案中的字母，第二行是用汉字注出它的读音，自然，这汉字是要按照上海方音读的，第三行是现在通用的北方话拉丁化的字母。）

a	b	c	c′	d	e	f	g	h	i	j	k	k′	l	m	n	ng	o	p	p′
															湖州二				
啊	勃	兹	雌	特	哀	弗	搿	合	衣	衣	革	克	勒	呒	↓	五	哑	拨	泼
a	—	z	c	—	e	l	—	—	i	j	g	k	l	m	n	ng	o	b	n

r	s	t	t′	u	v	w	x	y	z
而	斯	得	忒	乌	物	乌	喝	迂	似
r	s	d	t	u	—	w	x	y	—

(c′h)	(sh)	(ch)	(rh)
ch	sh	zh	rh

b，d，g，h，v，z，这几个浊音字母，在北方话中用不到。c′h，sh，ch，rh这几个字母自然在南方话中都是用不到的，列在这里，只是说明了按照我们这字母表的系统，这几个北方话中所独有的音素应该如何写法罢了。

（四）在上面这张字母表中共六个单母音——a，e，i，o，u，y。自然我们还得有许多复杂母音才能足够使用。现在把我们的复杂母音分类写在下面：

1. 用两个或三个单母音连在一起而造成的，共有九个：ao（奥）ei（妹的母音）eu（欧）ia（雅）iao（妖）ie（文言的也）ieu（忧）io（靴的母音）ua（坏）ue（喂）。

2. 在母音后面加上g这字母，即成一种声音短促的音，这样造成的母音共有十个：ag（阿）eg（厄母音）ig（逸）iag（荣）ieg（吃的母音）iog（唷）og（屋）uog（挖）ueg（骨的母音）yeg（月）。

3. 在母音后面加n或ng（即北方话新文字中的ng）即成带鼻音的母音。这一类的母音共有十三个：ang（樱）aong（盎）an（宁波的晏）en（恩）iang（央）iaong（旺）ien（杭州的烟）iong（雍）ong（翁）on（安）un（温）uang（横的母音）uaeng（汪）yn（云）yon（冤）。

第三，对于这张字母表的一点声明

上面我们所拟定的这张字母表，倘若不加上一点说明，一定会引起人许多疑问的，现在我们把比较最成问题的几点说明如下：

（一）清浊音的问题是拟定上海话的方案时的一个大难关。拉丁字母表中只有b，h；d，t；g，k这三组字母。而北方话里没有浊音，它只有六个清音，——三个不吐气的清音（就是现在通用的北方话新文字中的b，d，g，这三个字母）和三个吐气的清音（就是现在通用的北方话拉丁化中的p，t，k这三个字母），所以刚好配上了拉丁字母够用。然而在上海话里却有三个浊音和六个清音。在我们的字母表中，对这个问题的解决办法，是把b，d，g还照国际习惯读成浊音，p，t，k，自然读做清音，另外再规定：在清音字母的右上角加上一小撇作为吐气的符号。于是p′，t′，k′就来代现在通用的北方话新文字中的p，t，k了。

（二）f，v两个字母没有问题；前者做清音，后者做浊音。可是遇到s，z问题又来了。照国际习惯，自然把s字做清音z字做浊音，可是在北方话中没有南方话的“似”这个音素，所以他们把z字拿去代表“子”的音了。倘然在这里我们要顾全北方话新文字，那一定会把上海话新文字弄得很可笑了。我们决计仍旧拿“z”字代表“似”的音，但是拿“z”做了“s”的浊音之后，我们怎样记录“子”这音呢？在北方音新文字中本来有“z”“c”这一组字母，“z”是清音，而“c”是清音吐气的，按照上一节中所说的办法，我们把c加上吐气的符号（c′）代替北方话新文字中的c，于是北方话中的c自然就用c′来代替了。而c的浊音就用c^2这个复杂子音来表示，好在这个浊音上海话中根本没有，只有宁波话中才有，所以即使我们的字母表中不摆入c^2这个字母也没有什么不可以。

（三）在我们这字母表中，x字的读法还是和在北方话新文字一样，可是在上海话里还应当有一个x的浊音。我们便拿现成的h这字来代表这个浊音。（xi是“希”，hi是“夷”，因为北方话新文字中的“g，h，x”在软母音之前须变音的原则，我们觉得，在上海话新文字中还是可以保留的。所以ki是“哥”，k′i是“欺”，gi是基，xi是希，hi是夷。）

（四）在我们的字母表中，规定了两个头母，就是j和w。这和i，u两字母的读法是完全相同的，但是因为中国话里用这两个字起头的音节实在太多了，倘然都用i和u，难免不和前面的子音纠缠，因此我们决定凡是子音性的i和u起头的字，不论在什么地方，都加上j和w，（如jizang，wuja）如果后面还有母音，就拿j来代i，w来代u（如ja写做ia，uang写做wang）。

（五）我们不用nq却用了ng，理由是q字本身有音连写在一个词里面，常易发生混乱。用了g就没有这毛病，我们可以把这里的g算做是鼻音的口化符号，它自己的音值可以说是喉头的破裂音。（因此，我们又用它来加在母音的后面，使这母音发音短促——也就是所谓入声。）

（六）六个基本元音的读法是：三个高元音：前元音不圆唇的用i，圆唇的用y，后元音圆唇的用u；两个中元音偏前的用e，偏后的用o；一个低元音是a。这些都不成问题。可是在o，e之间还有一个不前不后的音，在北方话新文字里就用e来表示的，但在上海话里面e字是读做“哀”的，因此我们想可以拿oe来表示这种不前不后的音。但为简单起见，在n，ng，g的前面仍作e，而独用的oe（安）我们又以为应加鼻音作on，结果这个字母就用不到了。

（七）复杂母音的拟定大体是根据北方话新文字的。譬如上海人念“奥”音和北方人念“奥”并不完全相同，但我们还是用ao来记音。用意自然是在于顾全书面上的统一。但有时也不得不新造一些复母音，但这种复母音的形式和北方话新文字中的还是竭力求其相仿，譬如北方话中的ou，我们这里就用eu。

（八）带鼻音的母音也是难题之一。我们的办法：i，y，e，u，后面的鼻音一律用n，樱，盎，翁里的鼻音一律用ng；晏、安、烟、渊里面的鼻音，在上海话里虽然已经没有，但是因为就在江浙，保留它的地方还是很多，而且又为了可以和北方话保持相当的一致，因此也一概加上n。

（九）舌尖韵在吴语区很多有圆唇不圆唇之分，在上海话里这种圆唇音趋向于消灭，所以我们的字母表里没有用到。但如一定要分出来，就可在那些舌尖音后加w，如苏州“书”sw，“猪”cw，“欧”c′w，“如”zw，宁波“住”czw。

发起组织国难教育社缘起*

整个中华民族已经到了最后的生死关头了。我们的领土敌人可以随时占领；我们的主权，敌人可以随时摧残。黄河以北的领土已经不属于中国；华北五省将紧随着“冀东防共自治政府”和变相的自治组织——“冀察政务委员会”而出现，蒙古王公的傀儡组织已使得“伪满”的溥仪获得了同道。敌人的进攻中国，利用汉奸来占领中国的手段，是越来越毒辣了。

我们清楚地认识：敌人的进攻中国，是它一贯的大陆政策，它一天不将中国沦为它的殖民地，便一天不肯放手；只有汉奸和准汉奸才会希望敌人的进攻适可而止，才会幻想用和平外交可以解决敌人和我们之间的“悬案”。我们除了反抗敌人的侵略，没有法子可以获得民族解放；我们除了流血，不会获得民族自由。

我们认为，一九三五年底中国各大都市的学生运动，是蓬勃地表现了整个中国民族解放运动的要求，是英勇地执行了半殖民地知识分子的先锋的任务。在不到半个月内，这一运动获得了各方面的同情与响应，文化界、妇女、店员都在这一运动的影响下面组织起来。

这里尤其值得我们注意的，是上海文化界救国会所提出的救亡主张，它在广大的知识者群和大众里面已经获得了广大的影

* 原载1936年3月16日《生活教育》第3卷第2期。

响。最近他们又提出一个《国难教育方案》，认定国难教育的对象是："教育大众联合起来，解决国难；教育知识分子将民族危机之知识向大众传播。"像这一教育方案，在民族危机到达极点的今日提出来，这不但是必须，而且是最正确的。一切学生运动和文化界救国运动，倘若没有大众来做民族解放斗争的主力军，则结果都免不了要惨遭失败的。

不过，问题不在我们空有了这一方案，却在我们怎样去执行并实现这一方案。教育大众起来担负民族解放的伟大任务，这不是件容易的事。它要求一切愿意执行这个方案的人们联合起来，互相督促，往前工作，互相交换工作的经验，同时它更需要一个集中的领导。所以我们在这里要向中国文化界提出一个要求，就是组织一个国难教育社来实施我们的国难教育方案，来完成我们民族解放斗争的伟大任务。

我们希望一切同情于我们这个主张的人，热烈地加入国难教育社。

国难教育社成立宣言*

我们在《发起组织国难教育社缘起》里面，已经明白地指出了整个中华民族的最后危机，并且认定了：“我们除了反抗敌人的侵略，没有法子可以获得民族解放；我们除了流血，不会获得民族自由。”最后我们在“缘起”里面，又指出了：国难教育社在救亡运动中的重要，并且认定上海文化界救国会所提出的《国难教育方案》在现阶段上，不但是必须的，而且是最正确的。同时又指出了：要执行这一方案，必须联合一切愿意执行这方案的人们，组织一个国难教育社，担负起推动并指导国难教育的工作。

今天国难教育社的成立，便是根据上面所说的认识和需要而来的。每一个到会的社员，都认清了中华民族的最后危机，都认清了在中华民族解放斗争中所担负的重大责任，都愿意热烈地坚决地来执行国难教育的工作。在国难教育社成立的今日，我们郑重地宣言如次：

第一，国难教育，是民族解放斗争中最重要的工作，这决不是少数人能够担负起来的。因此，不但国难教育社的社员，从今日起，应该热烈地坚决地执行这一最重要的工作，并且我们要求全国同意于我们的主张的人们，也赶紧地加入国难教育社，共同

* 原载1936年3月16日《生活教育》第3卷第2期。

担负起这一重要的工作。

第二，抢救中华民族的危亡，是每一个不愿意做亡国奴或汉奸的中国人所应有的责任，决不是某一党某一派所能包办得了的。因此，不但我们诚恳地欢迎同意于我们的主张的人们踊跃地加入，并且我们要求和全国各地类似国难教育社的组织和团体，取得密切的联系，共同担负起国难教育的工作。

第三，要执行国难教育的工作，最主要的，就在暴露并廓清“奴化教育”和“买办教育”的理论，就在暴露并廓清一切歪曲事实麻醉大众的理论。只有这样，我们才能够统一我们的阵容，用同一的步调，向着民族解放斗争的伟大工作迈进。

第四，单有理论，没有行动，还是不够的。因此，我们每一个社员，都应积极地参加并执行国难教育的工作。我们不但把理论和行动打成一片，并且在行动中在实践中，使我们的理论更充实起来，更丰富起来。

第五，国难教育社是我们行动的指导机关，是我们行动的设计机关，我们不但要积极地拥护它，并且要诚意接受它的指导，执行它的设计。同时我们不要忘记：只有有组织的力量，才是真的战斗的力量，只有集体的行动，才是真的战斗的行动。

警钟响了！危机迫在眼前了！从今日起，我们应该总动员，奋勇地执行国难教育的工作，坚决地担负起国难教育的工作，争取中华民族的解放和自由。最后我们高呼：

一、全国愿意执行《国难教育方案》的人们联合起来！

二、在国难教育社指导之下坚决执行国难教育的工作！

三、反对奴化教育和买办教育！

四、打倒卖国贼和汉奸！

五、打倒日本帝国主义！

六、中华民族解放万岁！

国难教育社简章*

第一章　总纲

第一条　本社定名为国难教育社。

第二条　本社谋推进大众文化，实施国难教育，以启发中国大众争取中华民族之自由平等，保卫中华民国领土与主权之完整为宗旨。

第三条　本社设总社于上海，于全国各地设立分社。

第二章　社员

第四条　凡同意本社宗旨，并愿努力国难教育工作之个人或团体，经本社社员二人以上之介绍，复经常务委员会之通过，得为本社社员。

第五条　本社社员，有遵守本社一切议决案之义务。

第六条　凡本社社员之言行，有违本社宗旨者，经执行委员

* 原载1936年3月16日《生活教育》第3卷第2期。

会之议决，得取消其社籍。

第三章　组织

第七条　本社以全体社员代表大会为最高权力机关。全体社员大会每年开常会一次。

第八条　由全体社员代表大会选举委员十一人，候补委员三人，组织执行委员会。于全体社员大会或代表大会闭幕后，执行本社一切事宜。执行委员任期一年，连选得连任。执行委员会每月开常会一次。

第九条　由执行委员会互选五人，组织常务委员会处理本社日常事务。常务委员会每二星期开常会一次。

第十条　各种会议于必要时均得召开临时会。

第十一条　常务委员会设总务，组织、指导、编辑、宣传五部，每部设主任一人，由常务委员分任之。总务部主任，负召集执行委员会、常务委员会，并担任主席之责。

第十二条　各部组织及职权：

总务部　负总揽本社社务之责。下设干事若干人，分掌文书、会计、庶务、交际等事宜。

组织部　负本社组织工作之责。下设干事若干人，分掌调查、统计、登记、征求、联络等事宜。

指导部　负本社教育工作之指导责。下设干事若干人，分掌乡村、职工、学校、妇女、儿童等教育事宜。

编辑部　负本社编辑工作之责。下设干事若干人，分掌编辑、出版、发行等事宜。

宣传部　负本社宣传工作之责。下设干事若干人，分掌演讲、戏剧、电影、歌唱、播音等事宜。

第十三条　本社于必要时，由常务委员会议决，得设特种委员会，负担特种工作。

第十四条 本社地方分社之组织，得按地方实际情形拟定之。

第四章 经费

第十五条 凡本社社员，于入社时须缴纳社费大洋一角。

第十六条 凡本社社员，每年须自认年捐若干。

第十七条 本社于必要时，得向社员征收特别捐。并得向社外募捐。

第十八条 本简章于社员大会或代表大会通过之日起施行。

第十九条 本简章有未尽善处，经社员五人以上之提议，得由代表大会决议修正之。

国难教育社工作大纲*

一、确定本社国难教育方案及实施办法。

二、组织分社及社员团。

三、开办大众学校，读书会，时事研究会。

四、开办新文字补习班。

五、开办国难教育讲习班。

六、举办军事，防毒救护，运用交通工具等常识技术讲习班。

七、举办国难演讲，旅行演讲。

八、组织巡回电影开映团，巡回演讲团，巡回唱歌团，巡回戏剧团，弄堂流通图书馆，马路流通图书馆，乡村流通图书馆。

九、出版大众社会小丛书，大众自然小丛书，大众剧本，大众诗歌，大众小说，大众唱本，大众说书，大众连环画。

十、出版大众国难读本，各级学校国难补充教材。

十一、特约教育刊物发表本社言论。

十二、调查各地国难教育之设施，及敌人文化侵略之实况。

十三、指导分社及社员团。

十四、介绍前进书报。

十五、联络其他救国团体一致进行。

十六、募集国难教育实施经费。

* 原载1936年3月16日《生活教育》第3卷第2期。

小先生联合会组织大纲*

1. 宗旨　前进的小孩子联合起来，普及大众教育，图谋儿童与大众的幸福。

2. 会员　凡赞成本会宗旨，有实际行动之成绩者，都可做本会的会员。

3. 入会手续　经本会会员二人以上的介绍并写志愿书一份，由介绍人交常务委员会，由该会通过后才能认为正式会员。

4. 会务　本会会务如下：

（1）领导会员工作；

（2）研究工作问题；

（3）介绍前进图书；

（4）举行学术演讲；

（5）编辑儿童刊物。

5. 会员的责任　本会会员信条如下：

（1）自我批评；

（2）互相帮助；

（2）追求真理；

（4）即知即传；

（5）联合起来。

---

*　原载1936年4月1日《生活教育》第3卷第3期。

6. 组织　由会员选举五人为常务委员会；由常务委员会推举总干事，书记，会计，事务，发行各一人。常务委员会的职权如下：

（1）领导本会会员的行动；

（2）检讨本会工作；

（3）拟订本会计划；

（4）报告本会会务。

7. 分会　凡有会员五人以上的地方，经联合会许可得组织分会。职权如下：

（1）发展本会组织；

（2）执行总会决议；

（3）每月向总会用书面报告及口头报告；

（4）领导分会会员工作；

（5）每年指派二人代表出席联合会。

8. 纪律　（1）不私斗；　（2）不投机；

（3）不骄傲；　（4）不依赖；

（5）不懒惰；　（6）不手淫；

（7）不抽烟；　（8）不喝酒；

（9）不瞎干；　（10）百折不回。

9. 会费　每人每月至少铜元五枚。

10. 会期　联合会每年一次，分会每星期一次，临时会议由常务委员召集。

附则

本组织大纲如有修改，须经会员五人以上之提议，联合会出席会员三分之二以上通过，方为有效。

上海各界救国联合会对时局紧急宣言*

二月二十六日日本空前的大政变，给予我们的教训是怎样呢？

它告诉我们：日本的法西斯势力，在人民的极端的厌恶之下，是在进一步的发挥他们的疯狂。最近日本选举中法西斯势力的没落，表示人民对于他们的厌恶；但是，他们正和其他各国的法西斯势力一样，是要用屠杀的力量，违反众意，以取得他们的胜利。他们除了已经压迫、屠杀成千成万的日本前进青年和觉悟劳工以外，连一个一般日本国民认为是远谋深算的惟一元老西园寺都图谋加以杀害；连一个一般日本国民认为是赤诚为国的八十四岁重臣高桥都要惨加杀害！对于忠诚的元老尚且不能谅解，对于人民的意志尚且要顽抗的日本法西斯势力，而说中国的亲善政策能够感动他们，中国人民的容忍能够和缓他们的情绪，那不但是梦想，而且真正是替敌人打算了。

因此，我们不能不大声疾呼的告诉四万五千万同胞：我们除了用铁和血对法西斯化的日本帝国主义作殊死战以外，没有第二条出路；一切亲敌媚外的政策，都只有增加耻辱，扩大失地，麻醉了国内的人心，而决不能遏止敌人的凶焰!

我们更不能不大声疾呼的告诉日本人民：你们只有用革命的

* 原载1936年4月1日《生活教育》第3卷第3期。

力量，推翻法西斯势力，改造社会制度，才能解除你们经济的政治的压迫。才能和中国人民维持和平亲善的关系！

* * *

其实，由沈阳事变到锦州事变，由锦州事变到淞沪战争，由淞沪战争到长城战争，再到过去不久的华北事变，以及正在酝酿中的福建事变，哪一件事实不证明我们估量的正确？然而，不幸得很，亲日派的势力，依然是在试它的最后挣扎！所谓广田三原则，外交部虽然声明并没有接受，而各地对于反日势力的污蔑和压迫，却明明白白的已经执行了三原则中的两项。他们用共党的罪名，加诸毫无背景的救国青年，再来压迫、逮捕他们；北平一处被捕的教授和学生，听说就已经有二百人之多。这样，他们是迎合了土肥原消灭赤色救国运动的意旨，用一箭双雕的手段，执行了三原则中消灭反日势力和共同反共的两个原则；目下所没有公然表观出来的，只有承认满洲伪国一项了！

最近各地对于救国运动的摧残，大都引用二月二十日发布的维持治安紧急法令。这个法令，如果是为对付汉奸活动而设，它虽然违反约法，我们决不愿加以反对。然而，事实上证明，这个法令，已经被用作摧残救国运动的主要工具！这是比用戒严令对付徒手学生更进一步的手段！这是敌视救国人民的整个表现！这是袁世凯的治安警察法还要变本加厉的一个乱命！

* * *

和华北压迫学生运动遥遥相对的，便有中央宣传部一面对报馆记者公然撒谎，称各救国会多已自动解散；一面用停止检查新片的手段，压迫上海电影界救国会。该救国会被迫发表停止活动启事以后，犹以未声明自动解散为不满，依然继续它的压迫。同时，为了恼羞成怒于上海文化界救国会对于它所发表告国人书的辨正，更有事前未加警告，一次查封期刊二十四种的空前暴举。这二十四种期刊，代表救国刊物的百分之九十。这不但是救国运动的一个重大打击，而且是文化界的空前浩劫！为了民族的前途，为了文化的前途，我们不能不提出严重的抗议。

同时，和封闭期刊事件紧紧对照的，便有上海大康纱厂工人梅世钧被日人谋杀，和泥水工人马阿桃被日人殴毙，我们的外交官不但没有提半字的抗议，而且置诸不问不闻！他们对内的压迫是如此，而对外的懦弱是如彼！中国的国家在哪里？中国人民生命财产的保障又在哪里？

* * *

全国同胞！全世界被压迫大众！中国还没有灭亡，中国人民已经没有救国的自由！我们所要争取的，不过只是救国的言论自由和救国的民众组织自由；然而，我们所得到的，是压迫救国运动的维持治安紧急法令，是救国青年的大量逮捕，是救国言论的整个摧残！在这种情形之下，我们只有反抗，只有拼死的反抗！

全国同胞！全世界的被压迫大众！真理是历史上顶顶坚强的武器，大众是全世界上顶顶伟大的力量。我们只要有大众的同情，有真理的保证，最后的胜利一定是我们的。且看，在国内，目下最严重的压迫之下，各地的救国势力只有更膨胀，救国阵线只有愈扩大。说到国外的情形，虽然有人在夸大意大利对阿比西尼亚战争的胜利，为帝国主义张目；然而，我们得明白，阿比西尼亚的总领土，不及我们已丧失的东四省的四分之三，他的人口，只有我们东四省的四分之一，它目下所丧失的领土，还不到总领土的十分之一，而我们的失地，已经超过了二十八行省总面积的五分之一。这样，我们有脸孔和它比量吗？何况，阿比西尼亚的抗战，目下依然还在进行呢？更何况，抗战败挫的民族，那刺激起来的情绪，就足以奠定复兴的基础，和不战而败的民族是不可同日而语呢？

全国同胞！全世界的被压迫大众！对压迫的抗争，是神圣的，是必然要取得最后的胜利的！让我们高喊：

一、联合日本及全世界被压迫大众！

二、打倒法西斯化的日本帝国主义！

三、反对广田三原则!

四、争取中国人民的救国自由!

五、反对维持治安紧急法令!

六、抗议摧残救国刊物!

七、援助被捕救国学生及民众!

八、惩办杀害梅世钧及马阿桃凶手!

上海各界救国联合会为抗议军警围捕复旦学生宣言*

三月二十四日晚，夜半三时以后，上海市军警当局，依照预定的计划，调动了五六百的军警，和许多的便衣男女侦探，带着各种新式武器，在黑暗的寒风中，衔枚疾驰到江湾，把复旦大学紧紧地包围起来。当时，从睡梦中他们一部分闯入男女生宿舍，把救国会的重要职员黄拔山、莫自新、江勇俊、蒋文燕、包毅、郑通鹭等八人捕去。第二天下午一时，学生开全体大会，商议办法，军警又冲入校内，逢人便打，大有格杀勿论之概。除打伤男女学生数十人外，文学院长余楠秋、秘书长金通尹、事务主任齐云方婉劝学生退让，亦被痛殴！同时又捕去多人，救国会主席杨伯鹏及纠察队长皆在被捕之列。我们对于这种残忍和疯狂的举动，不能不提出极严重的抗议。谁也知道，在目前的中国，外敌有的是，汉奸有的是，贪官污吏政治豺虎更有的是。军警当局不去包围，拘捕他们，却用尽全力来对付摧残手无寸铁的青年学生。数月前北平的军警，杀伤学生二百余人，数星期前又捕去学生教授一百零七人。不料这种惨剧而今又在上海重演起来。我们要问；难道压迫学生，已成为中国当局惟一的职务么？捕杀青年，已成为中国军警惟一的嗜好么？

我们知道每次被捕被杀的学生，在学校中，都是最热心、最

* 原载1936年4月16日《生活教育》第3卷第4期。

有为、为同学所推重、为学校所爱护的青年。他们的思想是正确的，他们的意志是纯洁的。用种种方法去诬陷他们，这不只是无据，简直是无耻。在救国运动中，他们因具有为公、坚忍牺牲的美德。所以，都是站在最前线上领导青年，同时唤醒民众。这些青年不但是目前教育的精华，而且是未来国家的栋梁。如果当局真为民族前途打算，正嫌其数小，方尽力培植之不暇，何至必尽数铲除之而后快？对于这种愚蠢自杀政策，我们更不能不大声疾呼，表示我们的痛创和忿怒。

我们知道，帝国主义者正在嘱咐其走狗，铲除一切于彼不利的障碍。所谓广田三大原则① 之一，便是要斩绝中国的救国运动。只有走狗们要效忠于他们主上，才会忍心地采取如此凶残的手段来摧残我们可爱的青年。我们所最不解的是：我们的当局平日口口声声爱护青年，平日口口声声决心抗×，而今日事实的表现，原来是爱之以拘捕！而护之以毒打！我们还有何说？

在这些空前的压迫和残忍中，我们不能不请当局严重注意，长此下去，让整千整万的青年，认识了压迫的来源，和残忍的程度，结果今后青年的反抗，不只是无法平息，而且只有更加扩大。为当局计，不如及早觉悟，变更政策，或尚有挽回的余地。

同时，我们更要唤起全国同胞及为父母兄长的，一致起来要求当局迅速释放被捕学生，严惩负责长官，并要求保证以后不再有同样事件发生。

此外，我们更要大声号召全国民众一致起来，推翻帝国主义及一切傀儡势力，以期最后取得中华民族的解放。

注释

① 广田三大原则　是指1935年10月28日日本外相广田弘毅提出的《对华三原则》，即（一）中国取缔一切抗日运动；（二）树立中、日、“满”经济合作；（三）中日共同防共。

儿童节穷苦儿童联合纪念会宣言*

日子真过得快，第六周年的儿童节又到了，我们是交关的欢喜，同时我们又是交关的悲痛！

国家快亡了！东洋人已经打到我们的屋子里厢来了！东北佬早是归了敌人，华北也实在是亡掉了，华中华南也危险来兮，一般汉奸卖国贼，连救国他也不准许你救，这还成个啥世界？

国家是不许亡的！

我们小孩在现在也是国家的主人翁中的小主人，并且将来的国家，完全是我们儿童的国家，我们儿童若让人把国家出卖掉，我们不是终身要做亡国奴吗？小朋友起来！谁个敢看不起我们儿童，谁个敢虐待我们儿童，谁个敢卖掉我们的国家，谁就是儿童的公敌！

回忆一下，在这五年当中，我们所看到所听到的，是些甚么？固然，有一小部分有钱有势的小开大小姐，可以享到奶妈、佣人、玩具、糖果、幼稚园、学校、洋房、汽车的幸福；可是，在机器下面的儿童，整天没有见过天日，不顾生命地在拍卖他的劳力，工作和成人一样，工钱一个月就只有一块二块洋钿，这是奴隶呀！这是小牛马呀！哪里是幸福的儿童？在田塍边上，牛栏里厢的儿童，一身都是牛屎臭，天天看牛打杂，牧管鸡鸭，一年

* 原载1936年4月16日《生活教育》第3卷第4期。

到头，所得到的不过是一套粗布衣裤；甚或只吃一点饭，养活这条命就是了。在垃圾桶旁，煤屑堆里泥人似的小孩，整天在翻找别人弃掉不要的烂铁、破布、煤渣、纸屑、木头，去兑换一两个烧饼来充自己的饥肠；在铺店里厢当学徒、在公馆里厢做丫头的小人，简直是小奴隶；替老板娘洗裤子、倒马桶，没有哪天脑袋上不是几个包！没有哪天，不是在偷着流泪！在街头巷口卖油条、卖甘蔗的小贩，时常提心吊胆，怕碰到了阿三要铜钿、要照会，总是沿着街边，摸摸梭梭地过着恐怖的生涯，吃的，不是活鱼汤泡饭，就是三个铜钿的花生米，和一碗稀粥；还有背在背上，挑在担子里厢的小商品、小猪猡，“一岁一块钱”的叫卖着；还有把“童男童女”活埋去祭菩萨、去祭死了的阔人。在战区××帝国主义更以残害孩子的手段来灭人种族。在灾区里厢饿死的也不知几多！前天报纸上还说：四川有人把小人交换煮着吃的。唉！谁个没有爹妈？谁个没有子女？有钱有势的人们哟！你们看了也过得下去吗？

不过，要说明的，我们的爹妈，也并不是铁打的心肠，只因为自己失业，流离讨饭，甚至于死了还没有人收埋，你要叫他怎样能够顾及到自己的骨肉？

现在再谈到教育上，在东北，连自己中国书，也不准读，要读日本书，做东洋崽，就是全中国恐怕也差不多要受亡国奴的奴化教育，学习一些做汉奸卖国贼的知识、亡国的思想。当然，中间还传授一些剥削大众、统治大众的经验，这都是教小孩自己杀自己，多狠毒呀！至于成千成万的贫苦儿童，更谈不到教育，根本就没有资格踏进学校的门槛。

但是，我们再看看和我们交关接近的苏联的儿童，他们真是全世界上惟一的幸运儿童，有不化铜钿的学校，有公共托儿所，有儿童戏院，有儿童公园，有儿童科学院，有儿童实习工作的特别工场。所以，都是一样的儿童，而他们可以发明铁路上的几种指挥火车的机械，在电气上也有些新发现。我们的天才，又往啥个地方去了呢？他们那样爱护儿童、重视儿童，而我们就这么轻视儿童、抹杀儿童，硬说年纪太小，没有能力，这是怎样的侮辱我们，危害我们！难道苏联的儿童就比全世界任何国家的儿童大些吗？难道他们的能力，就比任何国家的儿童强些吗？不是，决不是！他们儿童所不同的，就是有动的机会，自动的机会，和联合自动的机会。我们呢？连动也不许你动一动，还谈得到联合自动的机会吗？

小朋友从今天这个节日起，我们是要联合全世界的儿童，尤其是日本的儿童，一同起来反对轻视儿童压迫儿童的人，反对用奴化教育来残杀儿童！并且我们要实际的行动起来，来参加抗×的联合阵线，因为东亚的儿童所受的一切压迫、饥饿、死亡、失学、苦恼，都是从××帝国主义侵略中国的罪恶上发生的。比方："九一八"、"一·二八"和现在华北的战争，中国的儿童，因为父母失业，家庭破产，而挨冻挨饿，离散、死亡、失学、苦恼的是交关多！就是日本国里厢的儿童，因为军费多来兮，家庭捐税的负担重了，甚或有的爸爸哥哥战死在国外，所以他们吃的苦头，并不比我们少。还有压迫我们一动也不能动的汉奸卖国贼们，他们假若不是××帝国主义豢养着的话，他是决不能生长的，所以只有一同起来抗×救亡，东亚的儿童，才能求得真正解放，真正的幸福，别的路是走不通的。

在抗×救亡的行动中，我英勇的小朋友哟，我们要担当起交关重要的事体：洗衣裳、烧饭菜、当救护、放哨、吹号、做侦探，当小兵向大众宣传、维持后方的治安，还有喂马、送信……等等的事体。起来吧！不愿做奴隶的小朋友啊！起来吧——